COURS
DE
LITTÉRATURE CELTIQUE

PAR

H. D'ARBOIS DE JUBAINVILLE

MEMBRE DE L'INSTITUT

TOME VI

LA CIVILISATION DES CELTES ET CELLE DE L'ÉPOPÉE HOMÉRIQUE

PARIS

ANCIENNE LIBRAIRIE THORIN ET FILS

ALBERT FONTEMOING, Éditeur

LIBRAIRE DES ÉCOLES FRANÇAISES D'ATHÈNES ET DE ROME
DU COLLÈGE DE FRANCE, DE L'ÉCOLE NORMALE SUPÉRIEURE
ET DE LA SOCIÉTÉ DES ÉTUDES HISTORIQUES

4, Rue Le Goff, 4

OUVRAGES DE M. H. D'ARBOIS DE JUBAINVILLE

EN VENTE

À la librairie ALBERT FONTEMOING, 4, rue Le Goff, à Paris

COURS DE LITTÉRATURE CELTIQUE. Tome I-VIII. In-8°.
  Chaque volume se vend séparément : 8 fr.
  Tome I : Introduction à l'étude de la littérature celtique. 1883. 1 vol.
  — II : Le cycle mythologique irlandais et la mythologie celtique. 1884. 1 vol.
  — III, IV : Les Mabinogion (contes gallois), traduits en entier, pour la première fois, en français, avec un commentaire explicatif et des notes critiques, par J. Loth, professeur à la Faculté des lettres de Rennes. 1889. 2 vol.
    Ouvrage couronné par l'Académie française (prix Langlois).
  — V : L'Épopée celtique en Irlande, avec la collaboration de MM. Georges Dottin, maître de conférences à la Faculté des lettres de Dijon; Maurice Grammont, agrégé de l'Université; Louis Duvau, maître de conférences à l'École des Hautes-Études; Ferdinand Lot, ancien élève de l'École des Chartes. 1892. T. Ier, 1 vol.
  — VI : La Civilisation des Celtes et celle de l'épopée homérique. 1 vol.
  — VII, VIII : Études sur le droit celtique. 2 vol.

LES PREMIERS HABITANTS DE L'EUROPE, d'après les écrivains de l'antiquité et les travaux des linguistes. *Seconde édition*, corrigée et considérablement augmentée par l'auteur, avec la collaboration de G. Dottin, secrétaire de la rédaction de la *Revue celtique*. 2 vol. grand in-8° raisin.
  Tome I : 1° Peuples étrangers à la race indo-européenne (habitants des cavernes, Ibères, Pélasges, Étrusques, Phéniciens); — 2° Indo-Européens. (Scythes, Thraces, Illyriens, Ligures). 1889. 1 vol.   10 »
  — II : Les Hellènes, les Italiotes, les Gaulois, les Germains. 1892. 1 vol.   12 »

ESSAI D'UN CATALOGUE DE LA LITTÉRATURE ÉPIQUE DE L'IRLANDE, précédé d'une étude sur les manuscrits en langue irlandaise conservés dans les îles Britanniques et sur le continent. 1883. 1 vol. in-8°.   12 »

RECHERCHES SUR L'ORIGINE DE LA PROPRIÉTÉ FONCIÈRE et des noms de lieux habités en France (période celtique et période romaine). Avec la collaboration de M. G. Dottin. 1891. 1 fort vol. gr. in-8° raisin, avec Tables.   16 »

HISTOIRE DES DUCS ET DES COMTES DE CHAMPAGNE, avec la collaboration de M. L. Pigeotte. 1859-1869. 6 tomes en 7 volumes in-8°. (*Épuisé*.)   52 50

CATALOGUE D'ACTES DES COMTES DE BRIENNE (950-1350). 1872. Gr. in-8°, 48 pages.   3 50

INVENTAIRE SOMMAIRE DES ARCHIVES COMMUNALES ANTÉRIEURES A 1790.
  VILLE DE BAR-SUR-SEINE. Grand in-4°.   5 »

La librairie FONTEMOING est en mesure de procurer à sa clientèle les ouvrages suivants de M. d'Arbois de Jubainville :

RÉPERTOIRE ARCHÉOLOGIQUE DU DÉPARTEMENT DE L'AUBE, publié par ordre du ministre de l'Instruction publique. 1861, in-4°, 146 pages.

L'ADMINISTRATION DES INTENDANTS, d'après les archives de l'Aube. 1880, in 8°, xviii-231 pages.

ÉTUDES GRAMMATICALES SUR LES LANGUES CELTIQUES, par MM. d'Arbois de Jubainville et Emile Ernault. Deux volumes in-8°, dont le second, xxviii-833 pages, 1895-1896, contient un glossaire du breton moyen, par M. E. Ernault.

LES NOMS GAULOIS CHEZ CÉSAR ET HIRTIUS, *De bello gallico*. Première série : Les composés dont *rix* est le dernier terme, par M. d'Arbois de Jubainville, avec la collaboration de MM. E. Ernault et G. Dottin. 1891, in-12, xv-259 pages.

DEUX MANIÈRES D'ÉCRIRE L'HISTOIRE. Critique de Bossuet, d'Augustin Thierry et de Fustel de Coulanges. 1896, xxvii-277 pages.

INVENTAIRE SOMMAIRE DES ARCHIVES DÉPARTEMENTALES ANTÉRIEURES A 1790, AUBE, archives ecclésiastiques, série G. Deux volumes in-4°, l'un publié en 1873, lxviii-489 pages, l'autre achevé par M. Francisque André en 1896, xxviii-479 pages. Le volume des archives civiles, 1864, in-4°, 85-355-35 pages, est épuisé.

La REVUE CELTIQUE, fondée par M. Gaidoz et dirigée, à partir du tome VII, par M. d'Arbois de Jubainville, avec le concours de MM. J. Loth, E. Ernault, G. Dottin, L. Duvau, Whitley Stokes, etc., atteint en ce moment son tome XIX.

La même librairie fournira, après un délai suffisant pour la recherche, les ouvrages du même auteur qui ne se trouvent plus en librairie, savoir :

RECHERCHES SUR LA MINORITÉ EN DROIT FÉODAL FRANÇAIS, extrait de la *Bibliothèque de l'Ecole des Chartes*. 1852, in-8°, 81 pages.

POUILLÉ DU DIOCÈSE DE TROYES. 1853, in-8°, 318 pages.

VOYAGE PALÉOGRAPHIQUE DANS LE DÉPARTEMENT DE L'AUBE. 1855, in-8°, 356 pages.

ÉTUDES SUR L'ÉTAT INTÉRIEUR DES ABBAYES CISTERCIENNES, ET PRINCIPALEMENT DE CLAIRVAUX AU XII° et au XIII° SIÈCLE, avec la collaboration de M. L. Pigeotte. 1858, in-8°, xviii-489 pages.

HISTOIRE DE BAR-SUR-AUBE SOUS LES COMTES DE CHAMPAGNE, avec la collaboration de M. L. Pigeotte. 1859, in-8°, 164 pages.

LA DÉCLINAISON LATINE EN GAULE A L'ÉPOQUE MÉROVINGIENNE. 1872, in-8°, 162 pages.

COURS

DE

LITTÉRATURE CELTIQUE

VI

TOULOUSE. — IMP. A. CHAUVIN ET FILS, RUE DES SALENQUES, 28.

COURS

DE

LITTÉRATURE CELTIQUE

PAR

H. D'ARBOIS DE JUBAINVILLE

MEMBRE DE L'INSTITUT

TOME VI

PARIS

ANCIENNE LIBRAIRIE THORIN ET FILS

ALBERT FONTEMOING, Editeur

LIBRAIRE DES ÉCOLES FRANÇAISES D'ATHÈNES ET DE ROME
DU COLLÈGE DE FRANCE, DE L'ÉCOLE NORMALE SUPÉRIEURE
ET DE LA SOCIÉTÉ DES ÉTUDES HISTORIQUES

4, RUE LE GOFF, 4, PARIS

1899

LA

CIVILISATION DES CELTES

ET

CELLE DE L'ÉPOPÉE HOMÉRIQUE

PAR

H. D'ARBOIS DE JUBAINVILLE

MEMBRE DE L'INSTITUT

PARIS

ANCIENNE LIBRAIRIE THORIN ET FILS

ALBERT FONTEMOING, Editeur

LIBRAIRE DES ÉCOLES FRANÇAISES D'ATHÈNES ET DE ROME
DU COLLÈGE DE FRANCE, DE L'ÉCOLE NORMALE SUPÉRIEURE
ET DE LA SOCIÉTÉ DES ÉTUDES HISTORIQUES
4, RUE LE GOFF, 4, PARIS

—

1899

PRÉFACE

Une étude grammaticale, entreprise il y a deux ans, m'a fait parcourir les premiers livres de l'*Iliade*; je voulais y recueillir des exemples de tmèse analogues à ceux que nous offre le vieil irlandais : dans cette langue, la tmèse, tantôt présente, tantôt absente, et en même temps la règle qui exige l'accent sur l'initiale, produisent des phénomènes qu'un celtiste très distingué a cru pouvoir expliquer par une loi du sanscrit tout à fait étrangère à la question. L'étude du grec archaïque me semblait propre à éclaircir ce sujet grammatical. Je connaissais fort mal la littérature homérique, dont je m'étais très peu occupé depuis ma sortie du collège, c'est-à-dire depuis plus de cinquante ans. Recommençant à lire Homère, j'ai été surpris des nombreuses ressemblances que la civilisation décrite dans l'*Iliade* et l'*Odyssée* offre avec celle que nous dépeignent les auteurs grecs et latins quand ils nous montrent ce qu'étaient les Celtes indépendants pendant les trois premiers siècles qui ont précédé l'ère chrétienne, et, plus tard, pendant toute la durée de l'empire romain d'Occident. Que dis-je? Même après la chute de cet empire, la plus ancienne littérature de l'Irlande nous offre encore le tableau de la même civilisation dans cette île au commencement du moyen âge.

De mon étude probablement trop rapide d'Homère résulte le volume que j'offre au public et qui contient le texte de leçons professées au Collège de France pendant l'année scolaire 1897-1898. Les hellénistes y trouveront sans aucun doute nombre d'erreurs à relever. Je me suis aidé de deux ouvrages d'une grande valeur : 1° les *Homerische Realien*, de M. Buchholz, où j'ai trouvé signalés plusieurs faits importants qui, malgré une lecture réitérée de l'*Iliade* et de l'*Odyssée*, étaient pour moi restés inaperçus ; 2° le *Lexicon Homericum*, de M. H. Ebeling. Mais ces deux grands livres sont malheureusement pour moi des connaissances bien nouvelles. Ainsi, jusqu'il y a un an, ma bibliothèque contenait en tout sur le vocabulaire homérique deux ouvrages spéciaux, le *Woerterbuch zu den homerischen Gedichten*, de Georg Autenrieth, 1887, et le soi-disant *Dictionnaire complet d'Homère et des Homérides*, de N. Theil, 1841. Ce dernier livre, œuvre d'un jeune homme tout à fait inexpérimenté, n'est ni complet ni exact et ne pouvait pas me servir à grand'chose ; cependant, je considère comme un devoir de consacrer ici quelques mots à la mémoire de l'auteur que j'ai eu comme professeur au collège royal de Nancy dans la classe de troisième pendant l'année scolaire 1842-1843, un an après la publication de son *Dictionnaire d'Homère*. C'est à N. Theil que je dois les premières notions que j'ai reçues de grammaire comparée ; elles ne valaient pas le cours de M. Michel Bréal au Collège de France ; elles étaient ce qui convenait à des auditeurs de quatorze et quinze ans. J'entends encore N. Theil nous disant de sa voix si claire et si sympathique : en sanscrit *asmi*, *asi*, *asti*, en grec εἰμί, εἶ, ἐστί. Les quelques mots qu'il nous a dits sur deux étymologies du verbe français « dérober, » expliqué soit par le français « robe, » soit par l'allemand *rauben*, ne sont jamais sortis de ma mémoire.

Nous n'étions pas sur tous points du même avis. Cette année-là, le Père Lacordaire prêchait à la cathédrale de Nancy une station de l'Avent ou du Carême, je ne me rappelle plus lequel des deux ; c'était le dimanche qu'il parlait. Tous les lundis, Theil nous faisait son appréciation critique du sermon de la veille ; j'étais quelquefois du côté du dominicain contre le brillant professeur, mais je gardais pour moi mon opinion. Il m'est arrivé une fois sur un autre point de dire ma façon de penser. Quand Theil avait terminé ce qu'il considérait comme essentiel, il faisait lire un auteur français, or son auteur favori était Alexandre Dumas, à la grande joie de la plupart des élèves, et aujourd'hui je suis porté à croire qu'il avait raison. Tel n'était point alors mon avis. Je me hasardai un jour à demander au professeur si une explication d'auteur grec ou latin ne serait pas plus utile. A la sortie de la classe je fus, bien qu'externe, roué de coups de poing par le plus grand, le plus vigoureux des élèves internes, qui était en même temps un des plus paresseux. Mais Theil ne m'en voulut pas. A la fin de l'année scolaire, nommé professeur de troisième à Paris, au collège Henri IV, il demanda à mon père de lui permettre de m'emmener avec lui : je devais, disait-il, en redoublant la classe, avoir des nominations au concours général à Paris. Mon père refusa pour moi la gloire de ce succès incertain et médiocre, et qui alors m'aurait beaucoup flatté. Mon père a eu, je crois, raison.

Je rencontrai de nouveau N. Theil à Paris en 1848. C'était à l'Odéon, dans une réunion électorale où se discutaient les titres des candidats au grade de colonel et de lieutenant-colonel de la garde nationale dans la onzième légion. Il y avait trois partis : 1° celui de la réaction, c'est-à-dire de l'ancien colonel Boulay de la Meurthe, plus tard vice-président de la République française; 2° le parti de la république modérée, c'est-à-dire des doctrines du journal *le National*, dont le candidat est resté dans l'obscurité; 3° un groupe plus avancé, qui proposait au choix des électeurs Edgar Quinet, professeur au collège de France, et qui devait triompher. J'étais du second parti. Les premiers-Paris de Marrast, le futur président de l'Assemblée nationale, n'avaient pas de plus grand admirateur que moi. A la tribune, qui était placée sur la scène du théâtre, je pris la parole pour défendre mon opinion. N. Theil, qui était du troisième parti, vint me dire à l'oreille qu'il n'approuvait pas ma thèse. Quelques jours après, élu chef de bataillon, il vint, un jour de revue, vêtu de son uniforme, serrer la main dans les rangs à son ancien élève d'Arbois, simple fusilier.

Depuis je ne l'ai plus rencontré, mais j'ai quelquefois manié ses traductions de la grammaire latine de Madvig et du Dictionnaire de Freund. Quand, après un long séjour en province, je suis revenu à Paris, j'ai demandé de ses nouvelles, j'ai appris qu'à la retraite, il habitait Provins, et que sans fortune, voulant suppléer à l'insuffisance de sa modeste pension, il était réduit à préparer au baccalaureat les victimes de la juste sévérité des professeurs de Faculté, les émules du robuste camarade dont il me semble encore sentir sur mes vieilles épaules les coups de poing si durs. Puis on m'a annoncé sa mort, et, comme souvenir de lui, j'ai acheté son exemplaire du dictionnaire de Forcellini. Cet exemplaire ne me sert à rien, il est placé sur un des rayons les plus élevés de ma bibliothèque ; plus bas, j'ai l'édition bien postérieure donnée par le P. De-vit. Mais toutes les fois que mes regards se portent sur les quatre volumes sortis de la bibliothèque de mon défunt maître pour entrer dans la mienne, il me semble voir paraître devant mes yeux la physionomie sympathique de cet excellent professeur, et je me rappelle avec plaisir son enseignement, un des plus intéressants qu'il m'ait été donné de suivre. Je dédie donc mon livre à la mémoire de N. Theil.

Il est un des premiers qui dans l'Université aient senti la nécessité de connaître les travaux des savants allemands sur les langues grecque et latine. Au début, déjà homme fait, il ne savait guère l'allemand, il dut l'apprendre péniblement, mais avec un courage qui n'a jamais défailli. Si ce qu'on racontait à Nancy est exact, il en savait peu encore quand il a commencé son travail lexicographique sur Homère. Ce travail devait avoir pour base une traduction du dictionnaire élémentaire d'Homère publié en allemand à l'usage des écoliers, par G.-Ch. Crusius en 1836 : *Voll-*

ständiges griechisch-deutsches Wörterbuch über die Gedichte des Homers und der Homeriden, Leipzig, 1836. N. Theil, alors aussi ardent qu'inexpérimenté, était convenu de livrer la copie d'une feuille d'impression toutes les semaines ou tous les quinze jours, je ne me rappelle plus exactement; et l'imprimeur nancéyen Raybois devait la faire composer dans le même délai; en cas de retard, soit de l'auteur, soit de l'imprimeur, il y avait lieu à dommages-intérêts. N. Theil, qui avait exigé ces conditions draconiennes, en aurait été la première victime. Mais l'imprimeur eut pitié du jeune et trop zélé professeur. Il lui procura un collaborateur qui, moins fort en grec, savait un peu plus d'allemand, et voilà, paraît-il, comment il se fait que sur le titre du *Dictionnaire complet d'Homère et des Homérides*, au-dessous du nom de « N. Theil, agrégé des classes supé- » rieures, professeur au collège royal de Nancy, » on lit : « et Hipp. Hallez d'Arroz, juge suppléant » au tribunal de Bar-le-Duc. »

Mais *fabricando fit faber*, et, pour ses livres postérieurs, je n'ai pas entendu dire que N. Theil ait eu besoin du concours de M. Hipp. Hallez d'Arroz.

H. D'ARBOIS DE JUBAINVILLE.

Jubainville (Vosges), le 5 novembre 1898.

N. B. — Je me suis, en général, attaché à reproduire la notation antique des noms propres grecs de personnes et de dieux : ainsi je dis Eumaïos et non Eumée, Héra et non Junon. J'ai fait exception pour les noms de personnes qui ont une forme française consacrée par l'usage. J'ai écrit par exemple Ulysse et non Odusseus, Télémaque et non Télémachos, etc.; de là une absence d'uniformité qui choquera certains lecteurs, mais qui, à tort ou à raison, m'a semblé inévitable.

LA CIVILISATION DES CELTES

ET

CELLE DE L'ÉPOPÉE HOMÉRIQUE

CHAPITRE PREMIER.

OBSERVATIONS PRÉLIMINAIRES.

LE DUEL DANS LES BATAILLES RANGÉES. — LE MORCEAU DU HÉROS. — LE CHIEN DE COMBAT. — LE DÉCAPITÉ SURVIVANT.

Comparer les mœurs celtiques à celles que décrivent l'*Iliade* et l'*Odyssée* peut sembler une entreprise un peu hardie. L'aire géographique fréquentée par les Grecs à l'époque où vivaient l'auteur ou les auteurs de l'épopée homérique est située fort loin à l'orient de celle où les textes les plus anciens, ceux du Ve siècle av. J.-C., mettent le domaine des populations celtiques. Au point de vue chronologique, nous trouvons en face de nous une distance analogue. Les hellénistes s'accordent généralement pour placer environ huit ou neuf siècles avant notre ère la composition des poèmes épiques attribués à Homère. Or les renseignements les plus anciens que nous ayons sur les mœurs des Celtes ne remontent pas au delà du troisième siècle avant Jésus-Christ, et, pour compléter ces textes, nous serons obligés de nous servir de documents beaucoup plus récents, de descendre, avec Poseidonios, César, Diodore de Sicile, au premier siècle avant notre ère; Strabon, Pline, Appien, Dion Cassius, Julien l'Apostat et les plus anciens documents irlandais nous éloignent davantage encore de la date reculée à laquelle ont été composés les poèmes homériques.

De cet intervalle chronologique il y a un effet qui est surtout frappant : le fer n'apparaît que par exception dans l'épopée homérique; elle appartient encore à la période du bronze (1). Sans doute les archéologues constatent dans les pays donnés pour celtiques par les textes l'existence d'une période du bronze qui a précédé celle du fer et qui a été elle-même précédée par des périodes plus anciennes où les métaux étaient inconnus. Mais qui habitait ces régions à ces dates reculées? Nous n'en savons rien. Les populations guerrières n'ont pas la stabilité géographique que certains auteurs

---

(1) Sur le bronze et le fer dans l'*Iliade* et l'*Odyssée*, voir E. Buchholz, *Homerische Realien*, t. I, seconde partie, p. 321 et suiv. L'épopée homérique date des derniers temps de l'époque du bronze.

paraissent admettre comme une sorte de dogme. L'histoire moderne s'accorde avec l'histoire ancienne pour établir la mobilité géographique de ces populations.

Il y a donc entre la civilisation celtique telle que nous la connaissons et la civilisation homérique une différence importante. Nous en signalerons d'autres dans le cours de cette étude. Cependant ces deux civilisations ont eu de grandes ressemblances, et il en est une qui a été relevée, il y a plus de dix-neuf siècles, par un des historiens les plus savants de l'antiquité classique, par Diodore de Sicile, dans le grand ouvrage connu sous le nom de *Bibliothèque historique*, œuvre en partie perdue, mais dont il nous reste de précieux et importants débris.

Dans un de ces fragments, Diodore de Sicile décrit les mœurs celtiques. Entre autres sujets, il parle des repas qui se donnent chez les Celtes. Pour honorer les hommes les plus braves on leur sert dans les festins, dit-il, les plus beaux morceaux de viande (1). Cet usage, ajoute-t-il, est conforme à ce que rapporte le poète quand il raconte qu'Aias

---

(1) Nous verrons plus loin que cette coutume qui, suivant Diodore, aurait encore existé de son temps, était déjà passée de mode quand écrivait Poseidonios, c'est-à-dire au commencement du premier siècle avant Jésus-Christ, dans la seconde moitié duquel écrivait Diodore de Sicile; or Diodore ne paraît pas avoir eu sur ce point d'autre source que Poseidonios.

(les Romains ont défiguré ce nom en Ajax), vainqueur d'Hector en combat singulier, reçut d'Agamemnon le dos entier du bœuf dont les autres morceaux furent partagés entre les autres héros grecs (1).

A une date plus récente, on lui aurait donné un sabre d'honneur ou une décoration, plus de l'avancement. Mais la mode des sabres d'honneur et des décorations n'avait pas encore apparu. Quant à l'avancement, Aias, fils de Télamon, était cousin germain d'Achille, fils de Péleus (2); il était venu de Salamine avec douze vaisseaux (3); il commandait aux guerriers que ces vaisseaux avaient amenés; il n'avait pas, semble-t-il, d'autre ambition politique que de rester leur chef. Eux lui servaient d'auxiliaires dans les combats, et, quand il fallut manger l'immense part de bœuf que lui avait donnée Agamemnon, il trouva dans leurs mâchoires un concours semblable à celui que leurs bras lui apportaient contre les Troyens aux jours de bataille générale.

---

(1) *Iliade*, VII, 321. Cf. Diodore de Sicile, V, 28, édition Didot, t. V, p. 271, l. 4-8. Coùgny, *Extraits des auteurs grecs concernant la géographie et l'histoire des Gaules*, t. II, p. 382 : « Τοὺς δ' ἀγαθοὺς ἄνδρας ταῖς καλλίσταις τῶν κρεῶν μοίραις γεραίουσι [Κελτοί], καθάπερ ὁ ποιητὴς τὸν Αἴαντα παρεισάγει τιμώμενον ὑπὸ τῶν ἀριστέων ὅτε πρὸς Ἕκτορα μονομαχήσας ἐνίκησε ·

Νώτοισιν δ' Αἴαντα διηνεκέεσσι γέραιρεν. »

(2) Scolie sur l'*Iliade*, XVI, 14. Guillaume Dindorf, *Scholia graeca in Homeri Iliadem*, t. II, p. 91.

(3) *Iliade*, II, 557.

On sait dans quelles circonstances Aias, fils de Télamon, fut ainsi traité. Une bataille meurtrière se livrait entre les Grecs et les Troyens. Athéna, la protectrice des Grecs, Apollon, qui donne aux Troyens son appui, s'entendent pour faire cesser le carnage : Hector provoquera le plus brave des Grecs à un combat singulier; son défi sera accepté, et, pour donner aux deux guerriers le loisir de combattre, la bataille sera suspendue. Hélénos, un des fils de Priam, inspiré par les deux divinités, conseilla à son frère Hector de jeter aux Grecs le défi voulu par elles.

Hector suivit le conseil d'Hélénos. A sa parole, les deux armées s'arrêtèrent, et aussitôt les Grecs se demandèrent qui accepterait la provocation. Ménélas, dont les malheurs avaient été cause de la guerre, s'offrit le premier, c'était de lui qu'il s'agissait de venger les injures. Mais Agamemnon l'arrêta : « Pour toi, » lui dit-il, « vouloir combattre » un aussi redoutable adversaire, c'est courir à » une perte certaine. »

Alors neuf autres héros grecs briguèrent l'honneur de se mesurer avec le plus grand des guerriers de Troie. Il y avait un choix à faire; le sort en fut chargé, il désigna Aias, fils de Télamon. Aias, après avoir reçu d'Hector deux coups de lance qui ne le blessèrent point, et lui en avoir rendu deux, dont le second fit couler le sang, repoussa avec son bouclier une pierre jetée par Hector, et d'une pierre plus grosse terrassa le guerrier troyen. Hector, aidé par Apollon, se releva et saisit son épée. Aias tirait la sienne quand les Grecs et les Troyens s'accordèrent pour les arrêter tous deux; la nuit commençait.

Il semble que nous avons là le type du duel moderne, arrêté au premier sang. On dirait aujourd'hui : les deux combattants se séparèrent en se donnant la main. Les héros homériques se firent des présents : Hector offrit au guerrier grec son épée; Aias l'accepta, et, en échange, il donna son ceinturon au Troyen. Aias était le vainqueur, puisqu'il avait fait couler le sang de son adversaire et l'avait terrassé, sans être blessé ni même ébranlé par lui; il reçut donc à bon droit le bon et gros morceau de bœuf qui était la récompense du meilleur guerrier.

Le duel d'Hector et de Patrocle (1), celui d'Achille et d'Hector (2) eurent un résultat plus tragique, et dans le monde celtique, cette forme plus sérieuse du combat singulier était la règle ordinaire.

On trouve dans l'histoire celtique plusieurs récits de combats singuliers, livrés entre deux guerriers de marque, en présence de deux armées. Nous parlerons d'abord de quatre de ces combats, dont le récit appartient à l'histoire traditionnelle des guerres soutenues par les Romains contre les

---

(1) *Iliade*, XVI, 818-863.
(2) *Iliade*, XXII, 131-376. Cf. Ménélas et Paris, III, 340-381.

Gaulois. Naturellement, dans ces récits, le Romain est toujours vainqueur. Le premier de ces Romains est Titus Manlius Torquatus, en l'an 367 ou 361 avant notre ère ; le second, Marcus Valerius Corvus, en 349 ; le troisième, M. Claudius Marcellus, en 222 ; le quatrième, Publius Cornelius Scipio Aemilianus, en 151. Nous terminerons par les exemples que nous offre la littérature épique de l'Irlande.

Des quatre combats singuliers entre Romains et Gaulois dont nous venons de parler, les deux premiers sont légendaires ; les victoires de Titus Manlius Torquatus et de M. Valerius Corvus ont été inventées vers le commencement du premier siècle avant Jésus-Christ ; leur modèle a dû être celle de Publius Cornelius Scipio Aemilianus, qui avait eu lieu en 151. Elles ont fait probablement leur première apparition dans ces *laudationes funebres* prononcées aux funérailles des grands seigneurs romains, et où l'orateur plaçait, avec l'éloge du mort, l'éloge plus ou moins bien documenté de ses aïeux. Les *laudationes funebres* ont encombré de récits légendaires les plus anciennes annales de Rome (1).

---

(1) « Nec facile est aut rem rei aut auctorem auctori praeferre. Vitiatam memoriam funebribus laudibus reor, falsisque imaginum titulis, dum familiae ad se quaeque famam rerum gestarum honorumque fallenti mendacio trahunt. Inde certe et singulorum gesta et publica monumenta rerum confusa. Nec quisquam aequalis temporibus illis scriptor exstat, quo satis certo auctore stetur »

CHAP. I. OBSERVATIONS PRÉLIMINAIRES.

Le premier des combats singuliers dont il s'agit a été inventé pour expliquer le surnom de *Torquatus,* donné à une branche de la *gens Manlia.* L'annaliste Q. Claudius Quadrigarius, écrivant entre les années 80 et 70 avant notre ère le récit des événements de l'année 367 avant Jésus-Christ, nous montre en présence l'une de l'autre deux armées, l'une gauloise, l'autre romaine, séparées par l'Anio, sur lequel était un pont où la bataille était commencée. Sur le pont s'avance un Gaulois, armé d'un bouclier et de deux épées, ayant pour parure un collier et des bracelets, du reste complètement nu (1). De la main il fait signe aux combattants de s'arrêter, puis, élevant la voix, il provoque à un combat singulier quiconque, parmi les Romains, osera accepter le défi. Il était si grand

(Tite-Live, l. VIII, c. 40, § 3-5. Je cite cet auteur et la plupart des auteurs latins d'après la plus récente édition Teubner). L'historien romain doute de la valeur des *laudationes* quand elles se contredisent. Il accepte leur autorité dans le cas contraire. Pour un érudit sérieux, il n'y a pas à distinguer. Cf. Cicéron, *Brutus*, XVI, 62 : « His laudationibus historia rerum nostrarum est facta mendosior. Multa enim scripta sunt in eis, quae facta non sunt : falsi triumphi, plures consulatus, genera etiam falsa et ad plebem transitiones, cum homines humiliores in alienum ejusdem nominis infunderentur genus. Sur ce sujet, voyez Marquardt, *Handbuch der römischen Alterthümer*, t. VII, 2ᵉ édition, p. 357-358; *Manuel des antiquités romaines* de la librairie Fontemoing, *La Vie privée des Romains*, traduction de M. Victor Henry, t. I, p. 417 et suivante.

(1) Sur la nudité des guerriers gaulois, voyez Salomon Reinach dans la *Revue Critique*, 1896, t. I, p. 363, et dans la *Revue archéologique*, 1889, t. I, p. 333, 335, 337. Cf. Tite-Live, XXII, 46, 6.

et avait l'air si terrible, que de prime abord personne ne se présenta. Le Gaulois se mit à rire, et d'un air moqueur il tirait la langue en regardant les Romains. Enfin un jeune guerrier, humilié de cette insulte, releva le défi. Ce fut Titus Manlius, fils de Lucius Manlius Imperiosus qui devait être dictateur quatre ans plus tard. Il s'avança au-devant du Gaulois. Evitant la longue épée de fer tranchante mais sans pointe dont était armé son brave mais maladroit ennemi, il le perça de la pointe aiguë de son épée espagnole, *gladio hispanico*, lui coupa la tête, et enlevant au vaincu mort son collier, *torques*, tout sanglant, il se le mit autour du cou, d'où le surnom de *Torquatus* (1), porté après lui par ses descendants.

Ce récit paraît avoir obtenu à Rome une grande popularité. Cicéron en parle dans trois de ses traités : 1° *De officiis*, l. III, § 112, écrit l'an 46 av. J.-C. ; 2° *De finibus bonorum et malorum*, l. I, § 23, écrit l'an 45 ; 3° *Tusculanes*, l. IV, § 49, écrites l'an 44.

Tite-Live, qui a terminé à l'an 9 av. J.-C. son grand ouvrage historique, a remanié le récit de Q. Claudius Quadrigarius en le changeant de date. D'accord avec plusieurs auteurs, dit-il d'abord en son livre VI, il place le combat singulier de Titus

---

(1) Q. Claudius Quadrigarius, *Annales*, l. I, cité par Tite-Live, l. VI, c. 42, § 3 ; Aulu-Gelle, l. IX, c. 8 ; Hermann Peter, *Historicorum romanorum relliquiae*, t. I (1870), p. 207-210 ; *Historicorum romanorum fragmenta* (1883), p. 137-138.

Manlius et du Gaulois dix ans après l'année indiquée par Claudius Quadrigarius, 387 de Rome, av. J.-C. 367 (1). Puis, se contredisant, dans le livre suivant, il met ce combat célèbre en l'an de Rome 393, qui est l'an 361 av. J.-C., c'est-à-dire six ans et non dix ans plus tard (2) que la date donnée par Claudius Quadrigarius.

La vérité est que ce combat est imaginaire. Suivant le récit de Claudius Quadrigarius, il aurait été précédé d'une bataille : *proelio commoto atque utrisque summo studio pugnantibus;* c'est aussi ce que raconte Tite-Live : *proelia de occupando ponte crebra erant, nec qui potirentur incertis viribus satis discerni poterat.* Or nous savons par Polybe, l. II, c. 18, qu'en 367 comme en 361 il n'y eut aucune bataille entre les Gaulois et les Romains (3). Polybe a écrit les premiers livres de ses savantes histoires à Rome un peu antérieurement à l'année 150 av. J.-C., soixante-dix ou quatre-vingts ans avant Claudius Quadrigarius (4). A l'époque de Polybe, le combat singulier de T. Manlius et du Gaulois n'était pas connu encore, il est donc fabuleux (5).

---

(1) « Decem haud minus annos post ea acta, » l. VI, c. 42, § 6.
(2) Tite-Live, l. VII, c. 9-10, 7ᵉ éd., Weissenborn, III, 123-125.
(3) Edition Didot, t. I, p. 81; Cougny, *Extraits des auteurs grecs*, t. II, p. 62, 64.
(4) Wilhelm Christ, *Geschichte der griechischen Litteratur*, dans le *Handbuch der klassischen Altertumswissenschaft* d'Iwan Müller, t. VII, p. 426.
(5) Cf. B. Niese chez Iwan Müller, *Handbuch der klassischen Altertumswissenschaft*, t. III, p. 594.

Un détail confirme cette doctrine, c'est l'emploi de l'épée espagnole par T. Manlius. Polybe nous apprend que l'épée espagnole n'est devenue en usage chez les Romains que pendant la seconde guerre punique, 218-202; ils l'ont empruntée aux Celtibères (1). Du récit fait par Tite-Live de la bataille de Cannes en 216, il semble résulter que les Romains ont, en ce jour funeste, appris à connaître le mérite de cette arme, en la comparant surtout à la longue arme sans pointe des Gaulois cisalpins (2). Titus Manlius se serait servi de l'épée espagnole un siècle et demi trop tôt.

Le récit du combat singulier de T. Manlius a dû être imaginé vers le commencement du premier siècle av. J.-C., probablement pour flatter les deux Manlius Torquatus dont Cicéron parle dans son plaidoyer *pro Cn. Plancio*, c. xi, § 27, prononcé en 55 et publié en 54. L'un de ces Manlius Torquatus, dont le prénom était Aulus, avait été préteur vers l'année 77, et fut envoyé comme propréteur en Afrique; l'autre, distingué par le prénom de Titus, était oncle et beau-père du premier (3). Ce qui montre combien, à cette date, les mœurs romaines étaient différentes des mœurs homériques et celtiques, c'est la récompense que, suivant Tite-

---

(1) Polybe, fragment XIV, extrait de Suidas, au mot μάχαιρα, édit. de Polybe donnée par Didot, t. II, p. 155.
(2) Tite-Live, XXII, 46. Comparez un article de M. Beurlier; Saglio, *Dictionnaire des antiquités*, t. II, p. 1605.
(3) De-vit, *Totius latinitatis onomasticon*, t. IV, p. 310, 311.

Live, Titus Manlius Torquatus, après sa victoire sur le Gaulois, aurait reçue du dictateur, général en chef de l'armée ; cette récompense, au lieu d'un morceau de bœuf, aurait été une couronne d'or.

La légende du combat singulier de T. Manlius Torquatus et du guerrier gaulois a été mentionnée après Tite-Live par la plupart des autres auteurs de l'antiquité dont les récits sont le fondement de nos connaissances sur l'histoire de la République romaine. Tels sont, au premier siècle de notre ère, Valère Maxime (1) et Pline le Naturaliste (2) ; au deuxième siècle, Florus (3) et Ampelius (4) ; au troisième siècle, Dion Cassius (5) ; au quatrième siècle, Aurelius Victor (6) et Eutrope (7) ; au cinquième siècle, Orose (8). A cette liste nous pourrions évidemment ajouter Denys d'Halicarnasse, si nous possédions au complet la Ῥωμαϊκὴ ἀρχαιολογία de ce savant auteur, an 8 av. J.-C.

Les débris de cet ouvrage nous ont conservé un récit du second des duels légendaires entre Gau-

---

(1) Valère Maxime, l. III, c. 2, § 6 ; éd. Halm, p. 115.
(2) Pline, l. XXXIII, § 15 ; 2ᵉ éd., Ian, t. III, p, 5.
(3) Florus, l. I, c. 8 ; éd. Rossbach, p. 27.
(4) Ampelius, l. XXII, c. 1 ; éd. Woelfflin, p. 20.
(5) Dion Cassius, édition d'Emmanuel Bekker, p. 27, fragm. 31 ; Cougny, *Extraits des auteurs grecs*, t. IV, p. 208, n° LXX.
(6) Aurelius Victor, *De viris illustribus*, c. 28.
(7) Eutrope, l. II, c. 5, édit. Mommsen, p. 26.
(8) Orose, *Historiae adversus paganos*, l. III, c. 6, édition de Charles Zangemeister pour l'Académie de Vienne, p. 149-150.

lois et Romains. Le héros de celui-ci est Marcus Valerius, surnommé Corvus. Comme pour le duel de Titus Manlius Torquatus, le premier annaliste romain qui des *laudationes funebres* ait fait passer le récit de ce combat dans une narration historique d'un caractère plus général paraît avoir été Q. Claudius Quadrigarius.

Deux armées, l'une gauloise et l'autre romaine, étaient en face l'une de l'autre. Les Romains étaient commandés par le consul L. Furius Camillus, nom devenu depuis célèbre. C'était en l'année 349 av. J.-C. Le général des Gaulois s'avança entre les deux armées et demanda si quelqu'un serait assez hardi pour venir se mesurer avec lui. Marcus Valerius, alors tribun militaire, sortit des rangs avec le consentement de ses chefs et vint au-devant du Gaulois. Le duel commença. Le Romain eut un auxiliaire imprévu : un corbeau vint tout à coup se placer sur son casque et se mit à déchirer à coups de bec la figure et les yeux du Gaulois, à coups de griffes sa main. Ce concours inattendu assura la victoire de Marcus Valerius. Ensuite la bataille générale commença ; l'armée gauloise fut vaincue et mise en fuite.

Tel est le résumé de ce que Tite-Live nous rapporte (1), d'accord avec un fragment de Quadrigarius reproduit par Aulu-Gelle (2), et avec un

(1) Tite-Live, l. VII, c. 26 ; 7ᵉ éd. Weissenborn, t. III, p. 156.
(2) Aulu-Gelle, l. IX, c. 11. Cf. H. Peter, *Historicorum roma-*

fragment de Denys d'Halicarnasse (1). C'était, disons-nous, en 349.

Mais suivant Polybe, il n'y eut pas de bataille livrée entre Gaulois et Romains cette année-là. Il est bien vrai qu'une armée gauloise s'avança sur le territoire romain. Rome et ses alliés réunirent une armée qui vint au-devant de l'ennemi. Les Gaulois, qui ne s'attendaient pas à trouver de résistance, aimèrent mieux battre en retraite que de livrer bataille, et ils se retirèrent sans qu'il y eût une goutte du sang versée (2).

Les Romains et leurs amis considérèrent ce résultat comme une victoire, et le départ des Gaulois sembla très glorieux pour le consul L. Furius Camillus, qui commandait en chef l'armée réunie par les Romains. Le bruit de ce succès, le premier depuis le désastre de l'Allia, fut grossi par la distance, parvint jusqu'à Athènes, où vivait alors le grand philosophe Aristote, et dans un de ses livres, aujourd'hui perdu, il écrivit, dit Plutarque, qu'un certain Λεύκιος avait sauvé Rome (3). Lucius Furius

---

norum relliquiae (1870), t. I, p. 211, 212; *Historicorum romanorum fragmenta* (1883), p. 138, 139.

(1) Denys d'Halicarnasse, l. XV, c. 1, édit. Didot, p. 706; Cougny, *Extraits des auteurs grecs*, t. II, p. 490, 492.

(2) Polybe, l. II, c. 18, § 7 et 8, édit. Didot, p. 81; Cougny, *Extraits des auteurs grecs*, t. II, p. 64.

(3) « Ἀριστοτέλης δὲ ὁ φιλόσοφος τὸ μὲν ἁλῶναι τὴν πόλιν ὑπὸ Κελτῶν ἀκριβῶς δῆλός ἐστιν ἀκηκοώς, τὸν δὲ σώσαντα Λεύκιον εἶναι φησίν » (Plutarque, *Camille*, c. 22). — Aristote, éd. Didot, t. IV, 2ᵉ partie, p. 299, fragment 608; Cougny, *Extraits des auteurs grecs*, t. III,

Camillus était fils de Marcus, auquel une légende inspirée par le succès relatif de Lucius attribue une victoire imaginaire sur l'armée gauloise précédemment victorieuse à la bataille de l'Allia en l'an 390 avant notre ère.

Cicéron, dans son traité *De senectute*, raconte que Marcus Valerius Corvus fut six fois consul et mourut dans sa centième année (1). Mais il ne dit pas un mot du combat singulier contre le Gaulois. Ce combat devint célèbre sous Auguste à cause de Marcus Valerius Messalla Corvinus, né en l'an 59 avant notre ère, et fameux à la fois comme homme de guerre et comme homme de lettres, mais qui surtout dut une haute situation à l'habileté politique avec laquelle il sut passer du parti vaincu des meurtriers de César dans celui d'Antoine, et du parti vaincu d'Antoine dans celui du fils adoptif de César, c'est-à-dire de l'empereur Auguste (2).

Son influence fit changer en Corvinus le surnom de *Corvus* qui distinguait des autres *Valerii* le Marcus Valerius du quatrième siècle. Cette transformation s'accomplit en dépit du témoignage de Cicéron, de Tite-Live, des Fastes consulaires (3) et des Actes triomphaux (4). Marcus Valerius Cor-

---

p. 66. Cf. Mommsen, *Römische Geschichte*, 6ᵉ édit., t. I, p. 333.
(1) *Cato major, de senectute*, c. XVII, § 59.
(2) Pauly, *Real-encyclopaedie*, t. VI, p. 2352-2354.
(3) *Corpus inscriptionum latinarum*, t. I, 1ʳᵉ édit., p. 510, 516; 2ᵉ édit., p. 129, 132.
(4) *Ibid.*, t. I, 1ʳᵉ édit., p. 455; 2ᵉ édit., p. 170.

vus reçoit déjà le surnom de Corvinus chez Denys d'Halicarnasse, qui a terminé son ouvrage l'an 8 avant notre ère (1).

Auguste, voulant être agréable à Marcus Valerius Messalla Corvinus, fit dresser dans le forum une statue qui était censée représenter le héros du combat singulier de l'année 349. Un corbeau sur le casque était le signe distinctif du guerrier légendaire, et dans l'inscription, le surnom était écrit Corvinus (2).

Denys d'Halicarnasse note ce surnom Κορβῖνος. Il ajoute que les Romains appellent le corbeau κόρβος, et que les statues et les tableaux qui représentent le personnage le montrent toujours avec un corbeau sur le casque (3). Cette forme *Corvinus*, Κορβῖνος, se retrouve chez tous les écrivains postérieurs, c'est-à-dire au premier siècle de notre ère chez Valère Maxime (4) et Pline l'Ancien (5), au deuxième siècle chez Florus (6), Ampelius (7) et Appien (8),

---

(1) Wilhelm Christ, *Griechische Litteraturgeschichte* dans le *Handbuch der klassischen Altertumswissenschaft* d'Iwan Müller, t. VII, p. 474.

(2) Aulu-Gelle, l. IX, c. 11, § 10; éd. Herz, p. 245.

(3) Denys d'Halicarnasse, l. XV, c. 1, édit. Didot, p. 606, l. 50, p. 607, l. 1, 2; Cougny, *Extraits des auteurs grecs*, t. II, p. 492.

(4) Valère Maxime, VIII, 13, 1; éd. Halm, p. 413.

(5) Pline le Naturaliste, l. VII, § 157; 2ᵉ éd. Ian, t. II, p. 30.

(6) Florus, l. I, c. 8; éd. Rossbach, p. 26.

(7) Ampelius, l. XXII, c. 2; éd. Woelfflin, p. 20.

(8) Appien, *Celtica*, X, édit. Didot, p. 27; Cougny, *Extraits des auteurs grecs*, t. IV, p. 24.

au troisième siècle chez Dion Cassius (1), au quatrième siècle chez Aurelius Victor (2) et Eutrope (3), au cinquième siècle chez Orose (4).

Suivant Tite-Live, Marcus Valerius Corvus aurait, comme récompense, reçu de L. Furius Camillus non pas le dos entier d'un bœuf, mais dix bœufs, plus une couronne d'or. Il aurait donc été beaucoup mieux partagé que le vainqueur d'Hector.

Ces récits fabuleux des victoires de T. Manlius Torquatus et de M. Valerius Corvus n'auraient pu être composés et admis, si l'histoire authentique n'avait placé entre les mains des gens de lettres des récits analogues et vrais.

Le premier de ces récits authentiques concerne un fait arrivé en l'an 222 avant Jésus-Christ. C'est un détail, évidemment secondaire, d'une campagne heureuse dirigée dans la Gaule Cisalpine par les deux consuls de cette année, Gnaeus Cornelius Scipio Calvus et Marcus Claudius Marcellus contre les Gaulois Insubres, dont la capitale était Milan, et contre leurs alliés transalpins, les Gaisates, venus à leur secours.

(1) Dion Cassius, fragment 34, édit. d'Immanuel Bekker, t. I, p. 27; Cougny, *Extraits des auteurs grecs*, t. IV, p. 208, n° LXXIII.
(2) *De Viris illustribus*, c. 29.
(3) Eutrope, l. II, c. 6, édit. Mommsen, p. 26, 28.
(4) Orose, l. III, c. 6; édit. de l'Académie de Vienne, p. 150.

Polybe, dans son livre II, c. 34 (1), donne un récit de cette guerre. Il raconte que les consuls envahirent le territoire des Insubres et vinrent assiéger la ville d'Acerrae, aujourd'hui Gherra, au nord du Pô, sur l'Adda, au nord-ouest de Crémone. Les Gaulois, pour contraindre les Romains à la retraite, passèrent le Pô et allèrent assiéger, au sud de ce fleuve, Clastidium, aujourd'hui Casteggio, dans la province de Pavie, arrondissement de Voghera. M. Claudius Marcellus, laissant son collègue continuer le siège d'Acerrae, alla au secours de Clastidium avec une partie de l'armée romaine, tant cavalerie qu'infanterie. Les Gaulois, levant le siège de Clastidium, vinrent au-devant de Marcellus, qui les battit.

Tel est, en résumé, le récit de Polybe, qui nous montre dans M. Claudius Marcellus un bon général, mais qui ne lui attribue aucun acte de vaillance personnelle. Il serait toutefois téméraire d'en conclure que dans la bataille brièvement racontée par l'historien grec le général romain ne se soit pas distingué par une action d'éclat.

Un récit plus détaillé de cette bataille se trouvait dans le livre XX de Tite-Live. Ce livre est perdu. L'auteur qui nous donne avec le plus de détails un arrangement plus ou moins exact du récit de Tite-Live est Plutarque, mort, comme l'on

---

(1) Polybe, édit. Didot, t. I, p. 92; Cougny, *Extraits des auteurs grecs*, t. II, p. 108, 110.

sait, vers l'an 120 de notre ère (1). Il a écrit une vie de Marcus Claudius Marcellus. Il nous y montre le consul romain à la tête de ses troupes; Marcellus aperçoit les Gaulois qui s'approchent, et leur roi à cheval, — corrigeons « en char, » — en avant de ses soldats; il dispose ses troupes le plus habilement qu'il peut. Le roi gaulois reconnaît le consul à sa tunique de pourpre, lance son char vers lui, et le provoque à un combat singulier. Ce roi se distinguait des autres Gaulois par sa grande taille, par l'or et l'argent dont ses armes étaient ornées, et par les couleurs aussi éclatantes que variées de ses vêtements. Marcellus, acceptant le défi, se précipita sur le barbare; et, d'un coup de lance lui perçant la cuirasse (?), il le fit tomber par terre, puis de deux autres coups il l'acheva. Il offrit les armes du vaincu à Jupiter Feretrius.

Ce roi gaulois, suivant Plutarque, s'appelait *Britomartos*, lisez *Virdomaros*. Il commandait les Gaisates, qui étaient venus du nord des Alpes au secours de leurs compatriotes les Insubres, énoncé parfaitement d'accord avec le récit de Polybe (2). Ce récit, sauf deux détails que nous allons préci-

---

(1) Wilhelm Christ, *Geschichte der griechischen Litteratur*, dans le *Handbuch der klassischen Altertumswissenschaft* d'Iwan Müller, t. VII, p. 485.

(2) Plutarque, *Marcellus*, c. 6-8; édit. des *Vies* données chez Didot par Th. Döhner, p. 358-360. Cougny, *Extraits des auteurs grecs*, t. III, p. 112-122.

ser, est confirmé par plusieurs documents qui vont être l'objet de notre examen.

Le plus ancien auteur qui, à notre connaissance, ait parlé de cet exploit de M. Claudius Marcellus est Cicéron, dans les *Tusculanes*, livre IV, c. 22, § 49. On sait que cet ouvrage a été écrit l'an 44 avant notre ère. « Je ne crois pas, » dit Cicéron, « que la colère ait été la cause du courage de Marcellus à Clastidium (1). »

Le second témoignage se trouve dans les *Acta triumphalia Capitolina*, écrits au plus tôt l'an 36, au plus tard l'an 30 avant Jésus-Christ. On y lit : « Marcus Claudius Marcellus, fils de Marcus, petit-
» fils de Marcus, consul en 531, triompha des
» Gaulois Insubres et Germains (c'est-à-dire Gai-
» sates) aux kalendes de mars, et il rapporta des
» dépouilles opimes [après avoir tué à] Clastidium
» le général ennemi Vird[omarus] (2). »

Vient ensuite Virgile dans l'*Énéide*, écrite entre l'an 29 et l'an 19 avant notre ère. Au livre VI, le poète fait descendre Énée aux Enfers. Énée y trouve Anchise, son père. Celui-ci lui montre les âmes des héros futurs qui doivent un jour illustrer Rome. Parmi elles se trouve celle du consul

---

(1) « Nec Marcellum apud Clastidium ideo fortem fuisse quia fuerit iratus. »

(2) « M. Claudius M. f. M. n. Marcellus cos. an. DXX[XI] de Galleis Insubribus et Germ[aneis] k. m. Isque spolia opima rettul[it] duce hostium Vird[omaro ad Cl]astid[ium interfecto] » *C. I. L.*, t. I, 2ᵉ édit., p. 47, 52, 173. Cf. *Virdomarus*, *C. I. L.*, III, 2065.

M. Claudius Marcellus. « Vois, » dit Anchise, « comment s'avance Marcellus distingué par des » dépouilles opimes. Vainqueur, il dépasse tous les » autres hommes. Il sera, dans un grand danger, » le soutien de la République romaine. Du haut » de son cheval, il terrassera les Carthaginois et » le Gaulois révolté. Le troisième des Romains, il » suspendra dans le temple de Quirinus des armes » prises à l'ennemi (1). » Les dépouilles opimes dont il s'agit ici étaient celles du commandant en chef ennemi tué par le commandant en chef romain. Les deux prédécesseurs de Claudius Marcellus, à ce point de vue, étaient le roi Romulus et Cornelius Cossus, consul en 437 avant Jésus-Christ (2). Le but du poète latin, en parlant du consul M. Claudius Marcellus, était de trouver une transition pour amener le touchant éloge d'un homonyme de ce personnage, l'édile M. Claudius Marcellus (3), mort à 19 ans, l'an 23 avant notre ère, neveu et gendre de l'empereur Auguste (4).

Les paroles de Virgile que nous avons citées ont plus d'élégance que de précision ; Properce,

(1) « Aspice ut insignis spoliis Marcellus opimis
Ingreditur, victorque viros supereminet omnes.
Hic rem romanam, magno turbante tumultu,
Sistet, eques sternet Pœnos, Gallumque rebellem,
Tertiaque arma patri suspendet capta Quirino. »
(*Enéide*, l. VI, vers 856-860).
(2) Tite-Live, l. I, c. 10 ; l. IV, c. 20.
(3) *Enéide*, l. VI, vers 868-887.
(4) De-vit, *Totius latinitatis onomasticon*, t. II, p. 318.

son contemporain, qui lui survécut quatre ans, et qui mourut l'an 15 avant notre ère, est beaucoup plus intéressant pour nous. Dans une de ses élégies, il chante les trois héros romains qui ont apporté à Rome, dans le temple de Jupiter, des dépouilles opimes. « Claudius, » dit-il, « re-
» poussa les ennemis qui avaient passé l'Eridan.
» Il en rapporta le bouclier belge de Virdoma-
» rus, le général au corps gigantesque. Celui-ci,
» prétendant avoir pour ancêtre le Rhin lui-
» même, se vantait de sa noblesse. Surélevé
» par les hautes roues de son char, il lançait des
» javelots. Mais son sang tacha sa culotte rayée,
» et de son cou tranché son collier arrondi
» tomba (1). »

Tite-Live, qui termina son grand ouvrage peu après la mort de Properce, en l'an 9 avant notre ère., racontait le même événement dans son vingtième livre et donnait aussi le nom du général gaulois tué par le consul romain. On le voit par

---

(1) « Claudius Eridanum trajectos arcuit hostes,
Belgica qui vasti parma relata ducis
Virdomari. Genus hic Rheno jactabat ab ipso
Nobilis, erectis fundere gaesa rotis.
Illi virgatas maculanti sanguine bracas
Torquis ab incisa decidit unca gula. »

(Properce, l. V, él. X, vers 39-43; édit. de Lucien Müller, p. 115. Aux *virgatas bracas*, que Properce attribue à Virdomaros, comparez les *virgatae sagulae* des Gaulois chez Virgile, *Enéide*, VIII, 660.)

l'abrégé, *Periocha*, de ce livre, où le malheureux gaulois est appelé *Virdomarus* (1).

Trois auteurs du premier siècle de notre ère mentionnent le glorieux exploit du consul Marcellus, sans rien ajouter à ce que nous savons. Ce sont Valère Maxime (2), Silius Italicus (3), Frontin (4).

Au deuxième siècle, Florus nous donne un détail nouveau, emprunté probablement au livre XX de Tite-Live : c'est qu'avant d'engager le combat le roi gaulois, qu'il appelle *Viridomarus*, avait promis à Vulcain de lui consacrer les armes du consul (5). Le nom du chef gaulois est *Viridomarus* au quatrième siècle chez Eutrope (6), *Virdomarus* au cinquième siècle chez Orose (7).

Ce n'est pas l'exploit du consul, M. Claudius Marcellus, en 222, qui a servi de modèle aux in-

(1) Tite-Live, *Periocha XX*, 4ᵉ édition du *Tite-Live* de Weissenborn, t. III, 2ᵉ partie, p. 218.
(2) Valère-Maxime, l. III, cap. 2, § 5, éd. Halm, p. 115.
(3) Silius Italicus, l. I, vers 131-133; éd. L. Bauer, t. I, p. 5.
(4) *Stratagèmes*, l. IV, c. 5, § 4; éd. Dederich, p. 88.
(5) « Viridomaro rege romana arma Volcano promiserant. Aliorsum vota ceciderunt; occiso enim rege Marcellus tertia post Romulum patrem Feretrio Jovi opima suspendit. » Florus, l. I, c. 20 § 5; édit. d'Otto Rossbach, p. 50. *Viridomarus* est la variante qu'on trouve chez César, *De bello gallico*, l. VII, où ce nom est porté par un chef éduen. Le 3ᵉ vers de Properce cité ci-dessus, page 22, exige une syllabe de moins, *Virdomarus*. Cf. ci-dessus, p. 20, note 2.
(6) Eutrope, l. III, c. 6, édit. Mommsen, p. 48.
(7) Orose, l. IV, c. 13, § 15, éd. C. Zangemeister, p. 243.

venteurs des combats singuliers de Titus Manlius Torquatus et de M. Valerius Corvus, puisque ni l'un ni l'autre de ces deux vaillants personnages ne commandait en chef l'armée romaine. Le type copié a été fourni par Publius Cornelius Scipio Aemilianus, dit plus tard *Africanus minor*, parce qu'il prit, l'an 146 avant Jésus-Christ, Carthage, définitivement dépouillée de son prestige à la bataille de Zama, en 202, par son grand-père adoptif, Publius Cornelius Scipio Africanus major.

Né vers l'année 185 avant Jésus-Christ, Scipion l'Africain dit le Jeune, était âgé de trente-quatre ans environ, et avait dans l'armée du consul Lucius Licinius Lucullus, le grade de tribun des soldats, quelque chose d'intermédiaire entre notre grade de colonel et celui de lieutenant-colonel, quand en l'an 151 cette armée opérait en Espagne contre les Celtibères, c'est-à-dire contre les Celtes établis dans la péninsule ibérique (1). Un des faits importants de la campagne fut le siège d'*Intercatia*, aujourd'hui Vilalpendo, près de Zamora, dans l'ancien royaume de Léon. C'était une ville des *Vaccaei* (2), peuple celtique. Un des détails de ce siège fut un combat singulier entre Scipion et un guerrier barbare. L'auteur qui le raconte avec le plus de détails est Appien, qui écrivait au deuxième siècle de notre ère.

---

(1) De-vit, *Totius latinitatis onomasticon*, t. II, p. 449.
(2) *Revue celtique*, t. XIV, p. 367-369; t. XV, p. 29-36.

« Un des barbares, » dit-il, « s'avança à cheval entre les deux armées. Il se faisait remarquer par la beauté de ses armes, et il provoqua au combat singulier quiconque parmi les Romains oserait se mesurer avec lui. D'abord personne ne répondit. Il se moquait des Romains en prenant des poses de danseur et s'en retournait. Il renouvela plusieurs fois ce défi. Un jour enfin, le jeune Scipion, tout peiné de cette insulte, se précipita sur lui, livra le combat et fut vainqueur, bien que le Celte fût de grande taille et lui petit (1). »

Appien tirait ce récit de Polybe, livre XXXV, un de ceux qui sont aujourd'hui perdus. Mais ce livre existait encore au dixième siècle, et Suidas, dans son *Lexique*, en a extrait deux passages qui se rapportent au duel de Scipion et du guerrier celte.

Dans l'un on lit que Scipion, avant le combat, était partagé entre deux sentiments. D'un côté la colère le poussait en avant, de l'autre il se demandait s'il était raisonnable de répondre au défi du barbare. Par l'autre fragment on voit qu'au début du combat le cheval de Scipion reçut une blessure grave, mais qui ne le fit pas tomber, et que le guerrier romain, craignant une chute prochaine, se hâta de sauter en bas (2).

Polybe était à Rome, vivant dans le monde po-

---

(1) Appien, *De rebus hispaniensibus*, c. 53, édit. Didot, p. 54.
(2) Polybe, l. XXXV, c. 5; édit. Didot, t. II, p. 123.

litique romain, quand ce duel eut lieu. Il en écrivit le récit une vingtaine d'années après (1), quelque temps avant la chute de cheval dont il mourut, en 123, à l'âge de quatre-vingt-deux ans. Nous avons donc chez Polybe, et chez Appien qui le copie, le récit d'un contemporain et d'un homme bien informé, grave, digne de toute confiance malgré les liens d'amitié qui l'unissaient à son héros.

On a perdu le livre où Tite-Live racontait le même duel. Mais si nous nous en rapportons à son abréviateur Florus, l'historien romain donnait le titre de roi au guerrier vaincu en duel par Scipion Emilien (2). Au premier siècle de notre ère, ce duel est mentionné par Valère Maxime et par Pline le Naturaliste. Valère Maxime dit que l'adversaire de Scipion était le chef de l'armée ennemie (3). Suivant des auteurs dont au même siècle Pline l'Ancien rapporte le témoignage, le fils du

---

(1) Wilhelm Christ, *Geschichte der griechischen Litteratur*, dans le *Handbuch der klassischen Altertumswissenschaft* d'Iwan Müller, t. VII, p. 426.

(2) « Vaccaeos, de quibus Scipio ille posterior singulari certamine, cum rex fuisset provocator, opima rettulerat. » Florus, l. I, c. 33, § 11, édit. Rossbach, p. 79. Ce détail manque chez Orose, l. IV, c. 21, § 2, où le duel en question est mentionné ; édit. donnée pour l'Académie de Vienne par Charles Zangemeister, p. 269, l. 2-3.

(3) « Eodem et virtutis et pugnae genere usi sunt T. Manlius Torquatus et Valerius Corvinus et Æmilianus Scipio. Hi etiam ultro provocantis hostium duces interemerunt. » Valère-Maxime, l. III, c. 2, § 6, édit. Halm, p. 115.

Celte vaincu par Scipion se servit d'un sceau sur lequel était représenté le duel malheureux mais glorieux de son père avec le Romain célèbre qui, plus tard, prit Carthage (1).

Une autre conséquence du même fait militaire est racontée par Plutarque, qui mourut, comme on sait, au commencement du deuxième siècle de notre ère, vers l'an 120. La cause pour laquelle, trois ans après son duel, Scipion Emilien, briguant la modeste fonction d'édile, reçut du suffrage populaire le consulat, c'est-à-dire la magistrature la plus haute qu'il pût obtenir, fut la gloire qu'il s'était acquise en Espagne par sa victoire sur le guerrier celte d'Intercatia (2).

Nous sommes donc fondés à considérer le duel de Scipion Emilien à Intercatia comme le fait historique qui a inspiré les inventeurs des duels imaginaires où Manlius Torquatus et Valerius Corvus auraient été vainqueurs deux siècles plus tôt.

Si de ces exemples empruntés aux littératures latine et grecque nous passons à la littérature épique de l'Irlande, nous y constatons l'usage du combat singulier dans les guerres. Les principaux textes nous sont fournis par la plus importante des

---

(1) « Est apud auctores et Intercatiensem illum cujus patrem Scipio Æmilianus ex provocatione interfecerat pugnae ejus effigio signasse. » Pline, l. XXXVII, § 9; éd. Ian, t. V, p. 144.

(2) Plutarque, Πολιτικὰ παραγγέλματα, c. X, § 8. *Moralia*, éd. Didot, t. II, p. 982, 983.

épopées irlandaises, le *Táin bó Cúailngi*, « Enlèvement des vaches de Cooley. »

Le sujet de cette composition est une expédition entreprise par Medb, reine de Connaught, et par Ailill, son mari, pour s'emparer d'un taureau merveilleux, le taureau *Donn*, c'est-à-dire « le brun, » qui appartenait à un habitant d'Ulster, Dâre Mac Fachtnai.

Medb, *Medua*, est un nom celtique qui paraît signifier « l'enivrante. » *Dâre* tient lieu d'un primitif Dârios, qu'on retrouve en Gaule dans le nom de *Dario-ritum*, « gué de Darios, » aujourd'hui Vannes (Morbihan), suivant les uns (1), Locmariaquer suivant d'autres (2). De là le nom de *Dariacus vicus*, qui paraît désigner Dierré (Indre-et-Loire), dans la légende d'une monnaie mérovingienne (3). On peut expliquer de même le nom de Dierrey (Aube). Le taureau divin Donn paraît avoir été connu en Gaule au temps de César. Son nom, *Donno-tarvos*, défiguré en *Donnotaurus* par l'auteur du *De bello gallico*, apparaît employé comme nom d'homme au livre VII, c. 65 du célèbre ouvrage. C'est le nom d'un *princeps* de la cité des *Helvii* : un nom divin

---

(1) Heinrich Kiepert, *Lehrbuch der alten Geographie*, p. 517; *Manuel de géographie ancienne*, traduit par E. Ernault, remanié par A. Longnon, p. 293; M. Kiepert écrit *Dariorigum*.

(2) A. Holder, *Altceltischer Sprachschatz*, t. I, col. 1241.

(3) M. Prou, *Les monnaies mérovingiennes*, p. 89, n° 383; cf. Holder, *Altceltischer Sprachschatz*, col. 1241.

pouvait être porté par un homme chez les Gaulois ; tel est le nom de Camulos.

Pour envahir l'Ulster et s'emparer du taureau *Donn* les guerriers de Leinster et de Munster se joignirent aux guerriers de Connaught. L'Ulster semblait ne pouvoir offrir une résistance sérieuse. Ses guerriers, beaucoup moins nombreux, étaient alors atteints d'une maladie mystérieuse qui les rendait incapables de combattre. L'origine de cette maladie est racontée dans un des récits légendaires qui servent de préface à la grande épopée dont le taureau *Donn* est un des principaux personnages.

Il y avait en Ulster un riche cultivateur qui s'appelait *Crunniuc* ou *Crunnchu*, c'est-à-dire « chien rond. » Sa femme, venue on ne savait d'où, était une fée. Un jour son mari, dans la capitale de l'Ulster, depuis appelée *Emain Macha*, assistait à une fête où un des divertissements fut une course de chevaux attelés à des chars. Les chevaux du roi arrivèrent les premiers au but. Les assistants étaient dans l'admiration : « Rien ne va plus vite que ces chevaux, » disaient-ils. — « Ma femme va plus vite, » cria étourdiment Crunniuc. Cette parole fut considérée par le roi comme une insulte, et il donna ordre à la femme de venir immédiatement donner la preuve que son mari avait dit vrai. Elle était grosse ; elle se rendit à l'appel du roi, mais demanda un délai jusqu'à son accouchement. Le roi refusa, menaçant de faire couper la tête au mari si la femme ne donnait pas immédiatement la preuve de son agilité. « Venez-moi en aide, » dit-elle aux assistants, « vous êtes tous nés d'une mère. » On resta sourd à ses prières. Elle courut avec les chevaux du roi. Elle arriva au but avant eux ; mais aussitôt ce but atteint, elle accoucha en jetant un grand cri, et tous les hommes qui entendirent ce cri durent une fois dans leur vie, pendant cinq jours et quatre nuits, se trouver dans le même état de faiblesse qu'une femme en couches. Ces cinq jours et quatre nuits furent ce qu'on appela la *neuvaine des Ulates* (1).

La plupart des guerriers d'Ulster, le roi comme les autres, se trouvaient dans cette situation gênante quand eut lieu l'invasion qui avait pour but la conquête du taureau Donn de Cooley. Le héros Cûchulainn, alors âgé de dix-sept ans, n'avait pas assisté à la fête où avait couru la femme de Crunniuc. Il n'avait pas entendu le cri poussé par cette fée au moment de son accouchement. Il avait donc la pleine possession de ses merveilleuses qualités guerrières. Il vint seul au-devant de l'armée ennemie et l'arrêta par une suite d'exploits qui, multipliés d'âge en âge par de nombreuses générations de gens de lettres, de *file* irlandais, finirent par durer beaucoup plus longtemps que

---

(1) E. Windisch dans les comptes rendus de l'Académie royale de Saxe, 1884, p. 338 et suiv. *Revue celtique*, t. VII, p. 225 et suivantes.

les cinq jours et les quatre nuits de la neuvaine des Ulates.

Cûchulainn s'installe pendant la nuit sur une colline, et avec sa fronde et ses armes il fait un tel bruit que cent des soldats d'Ailill et de Medb meurent de peur. Ses adversaires cherchent inutilement à le gagner. Il recommence pendant trois nuits, et chaque nuit cent morts en sont le résultat. Alors on lui propose un arrangement qu'il accepte. Chaque matin on enverra un guerrier se battre en duel avec lui. C'est au sens littéral en irlandais « une amitié d'épée, » plus exactement « une convention d'épée, » *cairde chlaidib* (1). Pendant ce temps l'armée attendra sans avancer le résultat du combat. Si Cûchulainn est vainqueur, on lui enverra un autre adversaire dans les mêmes conditions, ou bien l'armée restera dans son camp, sans se remettre en marche, jusqu'au lendemain. Cette convention paraissait très avantageuse au roi de Connaught. « Il vaut mieux, » disait-il, « perdre un homme par jour que cent par nuit (2). »

De là un premier combat singulier, celui de Cûchulainn et de Nathcrantail, dans lequel ce dernier, qui semblait vainqueur le premier jour, succomba le lendemain.

---

(1) *Lebor na hUidre*, p. 70, col. 2, l. 33; p. 71, col. 1, l. 3; p. 72, col. 2, l. 16.

(2) Livre de Leinster, p. 71, col. 1, l. 31-32. *Lebor na hUidre*, p. 68, col. 1, l. 39-40. Cf. H. Zimmer dans la *Zeitschrift* de Kuhn, t. XXVIII, p. 452.

Six jours sont déjà écoulés ; il semble que la maladie des Ulates doive être arrivée à son terme. Mais la fécondité des conteurs irlandais n'est pas épuisée. La reine Medb détache un tiers de son armée, qui va s'emparer du taureau dont elle ambitionnait la conquête. Cûchulainn tue le chef de ce corps de troupe ; mais cette mort est sans effet sur le résultat de l'expédition : le merveilleux taureau est enlevé aux habitants d'Ulster (1). Cependant l'armée qui a envahi l'Ulster ne se retire pas, et pour Cûchulainn les duels succèdent aux duels, dont la série est interrompue par divers épisodes, notamment par une ou plusieurs tentatives pour se débarrasser de lui en le faisant attaquer par plusieurs ennemis à la fois.

Nous avons entre les mains deux rédactions de cette partie du *Táin bó Cúailngi*. Dans la moins interpolée de ces deux rédactions, qui est en même temps la plus complète, Cûchulainn, après son duel avec Nathcrantail, en soutient onze autres. Après le septième, il prend trois jours et trois nuits de repos (2), et le onzième duel dure trois journées entières, pour ne finir que la quatrième (3). La plupart

---

(1) *Lebor na hUidre*, p. 69, 70 ; Livre de Leinster, p. 72, 73 ; H. Zimmer dans la *Zeitschrift* de Kuhn, t. XXVIII, p. 453.

(2) *Lebor na hUidre*, p. 78, col. 1, l. 34-35 ; Livre de Leinster, p. 76, col. 2, l. 6. Cf. H. Zimmer dans la *Zeitschrift* de Kuhn, t. XXVIII, p. 458, 459, 519.

(3) Livre de Leinster, de la p. 81, col. 1, à la p. 88, col. 2 ; cf. H. Zimmer dans la *Zeitschrift* de Kuhn, t. XXVIII, p. 463-466.

de ces combats paraissent avoir eu lieu à autant de jours différents. Il faut encore intercaler le combat de Cûchulainn contre Calatin Dana, ses vingt-trois fils et son petit-fils (1), et le temps qu'a duré l'expédition où le fameux taureau a été pris. Telle est la rédaction du Livre de Leinster (2). Le *Lebor na hUidre* ajoute à cette nomenclature onze duels dont le Livre de Leinster ne dit rien, et dont les sept premiers auraient occupé une semaine (3); la maladie des guerriers d'Ulster, cette cause d'une incapacité de combat qui devait durer cinq jours et quatre nuits, n'était toujours pas finie. Elle continuait encore au moment où eut lieu le dernier duel de Cûchulainn (4), alors le premier duel pour arrêter l'armée de Medb remontait à trois mois (5). Il est évident que dans la rédaction primitive le

(1) Livre de Leinster, p. 80, col. 1, l. 46-p. 81, col. 1, l. 19; cf. H. Zimmer dans la *Zeitschrift* de Kuhn, t. XXVIII, p. 462-463.

(2) Livre de Leinster, p. 73, col. 1, l. 36-col. 2, l. 50; *Lebor na hUidre*, p. 70, col. 1, l. 30-col. 2, l. 30; H. Zimmer dans la *Zeitschrift* de Kuhn, t. XXVIII, p. 453, 506-515, 524, 530, 531, 547, 551.

(3) *Lebor na hUidre*, p. 70, col. 2, l. 33-38; H. Zimmer dans la *Zeitschrift* de Kuhn, t. XXVIII, p. 453, 515. — *Lebor na hUidre*, p. 72, col. 2, l. 16-24; H. Zimmer dans la *Zeitschrift* de Kuhn, t. XXVIII, p. 455, 518, 551.

(4) *Mu-n-bud Chonchobar n-a chess*, Livre de Leinster, p. 82, col. 1, l. 39; O'Curry, *Manners and Customs of the ancient Irish*, t. III, p. 422.

(5) « Attú sa sund ám, bar Cúchulainn, ac fostud ocus ac imfhurech cethri n-oll-choiced n-hErend o lúan taite shamna co tate imbuilg. » Livre de Leinster, p. 82, col. 1, l. 13-15. Cf. O'Curry, *Manners and customs of the ancient Irish*, t. III, p. 420.

nombre des duels a été beaucoup moindre : leur durée totale n'a pu dépasser la durée de la maladie telle qu'elle est donnée au début de notre récit.

Cûchulainn sortit vainqueur de tous ces combats singuliers, un excepté, où il avait comme adversaire Fergus, ancien roi d'Ulster. En conséquence d'une convention secrète entre le héros et le roi détrôné, Cûchulainn, ce jour-là, prit la fuite, et Fergus refusa de le poursuivre.

Parmi les adversaires envoyés par la reine Medb pour combattre Cûchulainn et qu'il fut obligé de tuer, il se trouvait deux de ses amis, deux guerriers qui avaient avec lui appris le métier des armes près de l'amazone Scathach en Grande-Bretagne. Le premier s'appelait *Ferbaeth*, c'est-à-dire « homme inepte; » (1) le second est *Ferdiad*, qui doit, ce semble, se corriger en *Fer-diaid*, c'est-à-dire « homme de la fin. » Son duel, terminé par sa mort, fut le dernier de cette longue série (2). Cûchulainn, épuisé, se retira du champ de bataille, et ce fut alors seulement que finit la maladie des Ulates. Ceux-ci purent alors seulement prendre les armes pour repousser l'armée envahissante.

Il semble qu'après de tels exploits le héros irlan-

---

(1) Sur le combat avec Ferbaeth, voyez H. Zimmer dans la *Zeitschrift* de Kuhn, t. XXVIII, p. 455-456, 521-523, 525, 547.

(2) Sur le combat avec Ferdiad, voyez H. Zimmer, *ibid.*, p. 463-466; E. O'Curry, *Manners and customs of the ancient Irish*, t. III, p. 414-463.

dais méritait d'être traité comme le fut Aias dans l'*Iliade* (1), et qu'il était digne de recevoir dans les festins cette meilleure part attribuée par l'usage au plus vaillant guerrier. Elle lui fut cependant disputée, et la querelle qui s'ensuivit est un des principaux sujets traités dans les deux compositions irlandaises amalgamées dès le onzième siècle en une seule sous le nom de « Festin de Bricriu, » *Fled Bricrend*. Nous voulons parler de la « fête d'Emain, » *Feis Emna*, et de la « fête de la maison de Bricriu, » *Feis tige Bricrend*. Nous allons donner successivement le résumé des deux récits. Le plus ancien des deux est probablement celui dont nous parlerons d'abord. C'est celui qui est appelé « Fête d'Emain, *Feis Emna*, » dans la plus vieille liste des compositions épiques irlandaises vers le septième siècle (2).

Ce morceau nous transporte dans la capitale de l'Ulster, à Emain Macha, un jour de fête. Là se trouvent réunis autour du roi Conchobar les grands seigneurs d'Ulster et leurs femmes. Parmi ces illustres personnages, on remarque les trois plus célèbres guerriers du royaume, qui sont, par rang d'âge, Loigaire le Triomphateur, *Búadach*, Conall le Victorieux, *Cernach*, et enfin le plus jeune d'entre eux, Cûchulainn. A qui donnera-t-on le

---

(1) Voyez ci-dessus, p. 3, 4, 6.
(2) *Nemthigud fled i-scélaib*. Livre de Leinster, p. 189-190; *Feis Emna, ibid.*, p. 189, col. 3, l. 46; O'Curry, *Ms. Mat.*, p. 588.

morceau du héros, et, des trois femmes de ces fameux guerriers, laquelle aura la préséance? Conall proposa de recourir au combat singulier pour trancher la question.

Cûchulainn refusa. Il avait, la nuit précédente, dompté un des deux chevaux sauvages, et peut-être même divins, qui devaient depuis lors, et jusqu'à sa mort tragique, être attelés à son char de guerre dans les combats. Il était trop fatigué pour combattre avant d'avoir mangé. La question de savoir à qui serait attribuée la part du héros et quelle femme, par conséquent, aurait la préséance, dut rester en suspens, et l'on convint de la faire ultérieurement décider par Cûroï Mac Dairi, l'éminent guerrier et le sorcier de Munster (1).

Les trois héros se mirent en route pour aller trouver cet arbitre. Loigaire partit le premier. En chemin, un brouillard interceptant la lumière du jour le força de s'arrêter. Son cocher détela ses chevaux et les fit pâturer dans un pré voisin. Tout d'un coup arriva dans ce pré un géant armé d'une massue énorme dont il frappa d'abord le cocher, ensuite Loigaire, qui, étourdi par le coup, laissa tomber ses armes, puis prit la fuite et arriva sans chevaux ni char, sans cocher ni armes à Emain Macha, capitale de l'Ulster.

---

(1) Windisch, *Irische Texte*, t. I, p. 266-270, § 20-35. *Cours de littérature celtique*, t. V, p. 101-105. H. Zimmer, *Zeitschrift* de Kuhn, t. XXVIII, p. 625, § v et vi. Cf. p. 630, 631, 633, 647.

Conall, qui le suivait, eut le même sort ; mais Cûchulainn fut plus heureux : il vainquit le géant. On vit Cûchulainn, vainqueur, rentrer à Emain Macha avec les armes, les chevaux, les cochers du géant et de ses deux rivaux. La supériorité de Cûchulainn semblait attestée par ce succès, mais ni Loigaire ni Conall ne voulurent accepter la validité de cette épreuve. Ils avaient, disaient-ils, été vaincus par un dieu qui avait apparu sous la forme colossale du géant, et du reste leur défaite ce n'était pas ce jugement de Cûroï auquel on était convenu de s'en rapporter (1).

Les trois héros se remirent donc en route. Ils arrivèrent à la forteresse de Cûroï ; Cûroï était un magicien qui chaque nuit faisait une incantation sur son château, en sorte que cette forteresse tournait plus vite qu'une meule de moulin, et que la porte d'entrée était introuvable. Cûroï était absent. Les trois guerriers ne trouvèrent que sa femme. Elle leur dit qu'ils devaient chacun à tour de rôle et par rang d'âge se charger pendant une nuit de la garde de la forteresse.

Loigaire s'acquitta le premier de cette tâche. Un géant prodigieux, arrivant de la mer, le saisit dans sa main, et, après l'avoir serré à le broyer, le jeta hors de la forteresse, devant la porte, sur le

---

(1) Windisch, *Irische Texte*, t. I, p. 270-274, § 36-41. *Cours de littérature celtique*, t. V, p. 105-108. H. Zimmer, *Zeitschrift* de Kuhn, t. XXVIII, p. 625-626, § VII. Cf. p. 633, 647.

fumier. Conall, à son tour, fut traité de même.

Cûchulainn monta la garde la troisième nuit. Précisément cette nuit-là neuf guerriers ennemis s'étaient entendus pour surprendre le château et le mettre au pillage. Ils arrivèrent en nombre triple. Cûchulainn fut vainqueur et trancha la tête aux vingt-sept ennemis. Vint ensuite le monstre du lac, qui voulait avaler la forteresse tout entière. Cûchulainn décapita aussi ce monstre. Enfin il vainquit le géant, qui dut lui demander grâce de la vie, et qui lui promit le morceau du héros.

Le jour suivant on vit arriver Cûroï. Il avait ramassé les têtes des guerriers et du monstre tués par Cûchulainn. Il porta le jugement demandé : à Cûchulainn le morceau du héros, à sa femme la préséance. Puis les trois guerriers retournèrent à Emain Macha, et là Loigaire et Conall eurent l'audace de déclarer qu'ils ne reconnaissaient pas comme valable le jugement de Cûroï; en sorte que le morceau du héros et la préséance ne furent encore attribués à personne, jusqu'au moment où eut lieu la solution définitive que nous allons raconter.

Le soir d'une grande assemblée publique, les grands seigneurs d'Ulster étaient réunis dans le palais du roi Conchobar. Les trois héros seuls étaient absents. On vit arriver un géant fort mal vêtu, tenant dans la main gauche en guise de massue une poutre énorme, et de la main droite une hache gigantesque. « Je viens, » dit-il, « après » avoir parcouru le monde entier, proposer aux

» guerriers d'Ulster une épreuve que personne
» jusqu'ici n'a osé tenter (1). Que le plus brave se
» présente. Je lui couperai la tête ce soir, et de-
» main soir il coupera la mienne. »

Munremar, fils de Gerr-Cend, se présenta.

« Mettez-vous là, camarade, » dit Munremar,
« je vous couperai la tête, et vous reviendrez de-
» main couper la mienne. » — « J'aurais trouvé
» partout pareille offre, » répondit le géant. « Faites
» comme je vous dis : donnez votre tête à couper,
» et demain soir vous aurez votre revanche. »
Un des assistants prit la parole : « Vous n'avez
» pas à craindre, » dit-il au géant, « la mort qui
» vous serait donnée demain par un homme que
» vous auriez tué aujourd'hui. » — « Comme vous
» voudrez, » répondit le géant. « Qu'un de vous
» me coupe la tête d'abord, et il viendra le lende-
» main me donner sa tête à couper. » Munremar
accepta le défi ; le géant mit sa tête sur la massue
qu'il avait apportée, et Munremar, saisissant la
hache du géant, lui coupa la tête. Le sang se ré-
pandit à flots. Mais, ô surprise ! on vit le géant
se lever, ramasser sa tête, sa hache et sa massue,
se mettre à marcher, et, portant ces trois objets,
sortir de la salle, qu'il inondait de son sang. Il fut
de retour le lendemain, il avait la tête sur les

---

(1) *Irische Texte*, t. I, p. 294-303, § 79-94. *Cours de littérature celtique*, t. V, p. 135-146. H. Zimmer dans la *Zeitschrift* de Kuhn, t. XXVIII, p. 628-629, § xv et xvi. Cf. p. 631, 633, 641, 644-647.

épaules ; il demanda Munremar, mais celui-ci, en homme prudent, n'était pas revenu.

Loigaire se trouvait là. Il accepta le même marché que Munremar, et ne le tint pas mieux. Autant en fit Conall le jour suivant.

Alors vint le tour de Cûchulainn, qui, après avoir tranché la tête du géant, eut seul le courage de revenir. Le géant lui fit mettre la tête sur la massue, lui fit allonger le cou, afin de pouvoir le trancher plus facilement. Puis il leva la hache, mais en l'abaissant il la retourna, et ce fut avec le dos de la hache qu'il frappa le cou du héros. « Lève-toi, Cûchulainn, » s'écria-t-il ensuite. « A toi le prix de la bravoure et de la fidélité à la » parole donnée. A toi la part du héros, à ta » femme la préséance. » On reconnut ensuite qui était ce géant : c'était le magicien Cûroï Mac Dàiri (1). Cf. ci-dessous, p. 47.

L'autre version, la « fête de la maison de Bricriu, » *Feis tige Bricrend*, finit de la même façon, mais commence autrement.

Bricriu, dont le plaisir est de provoquer des querelles, imagine de donner une grande fête dans sa forteresse de Dûn Rudraige. Il fait construire à cet effet une salle magnifique surmontée d'une chambre haute, le tout en bois, suivant l'usage ir-

---

(1) *Revue celtique*, t. XIV, p. 450-459, article de M. Kuno Meyer.

landais ; puis il vient à Emain Macha faire son invitation. Elle est acceptée à la condition qu'après avoir reçu ses hôtes il se retirera, et que le festin aura lieu hors de sa présence. On espère ainsi éviter les querelles que provoquerait sa langue empoisonnée. Puis les guerriers d'Ulster se mettent en route avec leurs femmes et s'installent dans la salle neuve, les hommes d'un côté, les femmes de l'autre, et Bricriu, accompagné de sa femme, monte dans la chambre haute (1). Mais avant de se retirer, parlant séparément à chacun des trois héros, Loigaire, Conall et Cûchulainn, il leur avait suggéré l'idée de faire réclamer en leur nom, chacun par son cocher, la part du héros.

Aussitôt qu'il fut parti, la question se posa. Les domestiques s'apprêtaient à faire les parts, quand les trois cochers se levèrent successivement, réclamant chacun pour son maître le meilleur morceau. Puis les trois guerriers mirent l'épée à la main, et une bataille commença entre Loigaire et Conall d'un côté, Cûchulainn de l'autre. Mais le roi Conchobar et Fergus son prédécesseur s'interposèrent et, sur la proposition de Sencha le jurisconsulte, il fut décidé que pour cette fois les parts seraient égales ; pour l'avenir, on devait s'en rap-

---

(1) En grec τὸ ὑπερῷον. Buchholz, *Homerische Realien*, t. II, 2ᵉ partie, p. 117-119. C'était là que se tenait Pénélope, *Odyssée*, I, 328. Le terme consacré en vieil irlandais pour désigner la chambre haute, c'est-à-dire la chambre du premier étage, est *grianán*.

porter à la décision d'Ailill, roi de Connaught.

Pendant quelque temps, le repas fut tranquille, mais bientôt les femmes des trois guerriers éprouvèrent le besoin de prendre l'air. Elles sortirent, accompagnées chacune de cinquante femmes. Alors Bricriu, descendant de sa chambre haute, alla trouver séparément chacune des trois dames et leur inspira l'ambition de réclamer chacune le premier rang à leur retour dans la salle du festin.

La porte était fermée. Cûchulainn, voulant que sa femme entrât la première, fit usage de la force extraordinaire qu'il tenait du dieu Lug, son père. Il souleva d'un côté la maison tout entière, fit ainsi rentrer sa femme avec ses cinquante compagnes, et après elle les autres femmes ; puis il laissa retomber l'édifice qui, de ce côté, s'enfonça de sept coudées et devint ainsi tout boiteux. La secousse fit tomber Bricriu de sa chambre haute dans la cour, sur le fumier. Mais à sa requête Cûchulainn souleva de nouveau la paroi, et la maison se retrouva droite comme avant l'accident (1).

Le festin terminé, les trois guerriers, accompagnés de leur roi et des autres invités, prirent la route de Crûachan-Aï, capitale du Connaught. Ici se place un morceau qu'on pourrait croire imité de l'*Iliade*, l. III, vers 146-243, — c'est-à-dire de

---

(1) Windisch, *Irische Texte*, t. I, p. 254-266. *Cours de littérature celtique*, t. V, p. 82-101, § 1-28. H. Zimmer, *Zeitschrift* de Kuhn, t. XXVIII, p. 623-625, § I-IV, cf. p. 630, 631, 638, 647.

l'épisode connu sous le nom de τειχοσκοπία, — si les conteurs irlandais avaient pu lire l'*Iliade*. Nous résumerons le texte homérique ainsi qu'il suit :

L'armée grecque et l'armée troyenne sont toutes les deux très rapprochées des murs de Troie ; il y a une suspension d'armes et, du haut de la porte dite *Scaïa*, Priam et d'autres vieux Troyens, trop âgés pour porter les armes, prennent plaisir à regarder en causant le spectacle que leur offrent les deux armées au repos. Amenée par la curiosité, Hélène s'approche ; Priam la fait asseoir près de lui. Il lui montre ceux des chefs de l'armée grecque qui semblent mériter le plus d'attirer l'attention, et il lui demande le nom de chacun d'eux.

« Et d'abord, » dit-il, « celui-ci moins grand que bien d'autres, mais si beau, si majestueux ? » — « C'est Agamemnon, » répond Hélène. — « Et celui-ci, moins grand qu'Agamemnon, ayant la tête de moins, mais plus large d'épaules et de poitrine ? » — « C'est Ulysse, » dit Hélène. — « Et cet autre, le plus grand de taille, le plus large d'épaules de tous les Grecs ? » — « C'est Aias, » réplique Hélène.

Voici en abrégé le texte irlandais :

On entend dans la forteresse de Crûachan le bruit des chars qui amènent de Dûn Rudraige en Ulster les guerriers réunis par la fête de Bricriu : d'abord les trois héros, puis le roi et les autres grands personnages de sa cour. Au bruit des chars se mêle le cliquetis des armes que portent les guerriers. Les murailles de la forteresse en sont ébranlées. Les armes suspendues à ces murailles tombent à terre. La reine Medb désire savoir quelle en est la cause. Findabair, sa fille, monte dans la chambre haute située au-dessus de la porte d'entrée ; elle regarde.

Elle voit en tête de la troupe, dit-elle, un guerrier en char qui s'approche. « Dépeins-le-moi, » répond sa mère. Et à la description que lui fait Findabair, Medb reconnaît Loigaire. Après Loigaire, Findabair aperçoit un second guerrier en char. Elle dit à sa mère comment sont faits les chevaux, le char, la figure, les vêtements de ce guerrier : Medb reconnaît Conall. Findabair voit apparaître un troisième guerrier en char ; nouvelle description : Medb reconnaît Cûchulainn.

Elle se hâte d'accueillir le mieux possible les trois héros. On voit arriver ensuite le roi d'Ulster et les autres grands personnages qui l'accompagnaient.

Le roi de Connaught, Ailill, et la reine Medb les fêtèrent pendant trois jours et trois nuits, puis Ailill leur demanda le but de leur visite. Sencha le juriste le lui expliqua : « Les trois guerriers se
» disputent le morceau du héros pour eux, et la
» préséance pour leurs femmes ; on t'a pris pour
» juge. » Ailill demanda trois jours et trois nuits de réflexion. Puis tous les Ulates partirent, à l'ex-

ception des trois héros, qui restèrent à Crûachan pour attendre le jugement d'Ailill.

Ailill fut trois jours et trois nuits sans manger ni dormir. Il n'osait prendre une décision qui devait, pensait-il, lui faire deux ennemis mortels. Medb se chargea de le remplacer. Elle fit venir Loigaire en particulier : « A toi, » dit-elle, « le morceau du héros. Voici le signe qui te distinguera. » Et elle lui donna une coupe de bronze ornée sur le pied d'un oiseau de laiton. « Ne montre, » continua-t-elle, « ce présent à personne jusqu'au jour où dans le palais du roi d'Ulster, Conchobar, à Emain Macha, sera posée la question de savoir à qui on devra donner le morceau du héros. » Loigaire s'en alla ravi.

Puis Medb envoya chercher Conall ; elle lui tint le même langage qu'à Loigaire, et lui donna une coupe de laiton avec un oiseau d'or sur le pied. Conall partit enchanté. Ensuite vint le tour de Cûchulainn, auquel elle dit la même chose qu'aux deux premiers, en lui donnant une coupe d'or avec un oiseau de pierres précieuses sur le pied.

Peu après, une fête avait lieu à Emain Macha. « Qui recevra le morceau du héros ? » demanda quelqu'un. Loigaire se leva et montra sa coupe de bronze, signe du jugement porté en sa faveur par Medb. Conall protesta en montrant sa coupe de laiton. Cûchulainn se leva le dernier et montra sa coupe d'or. « Le morceau du héros t'appartient, » s'écrièrent d'un commun accord Conchobar et tous les grands seigneurs d'Ulster. Mais Loigaire et Conall refusèrent de se soumettre. « Que cette coupe soit entre les mains de Cûchulainn, » dirent-ils, « cela ne signifie rien. Il l'a sans doute achetée. » Et ils mirent l'épée à la main pour attaquer Cûchulainn.

Le roi d'Ulster Conchobar et son prédécesseur Fergus s'interposèrent, et Sencha le juriste proposa une manière nouvelle de terminer le différend. « Allez, » dit-il, « trouver Leblond, fils de Leblanc (*Bude mac Báin*), à son gué, et il vous jugera. » Les trois guerriers se rendirent chez ce personnage, qui les renvoya à Terrible, fils de Grande-Crainte (*Uath mac Immomain*). Ils allèrent trouver ce redoutable personnage, qui habitait un lac. Terrible leur dit qu'il entreprendrait de les juger s'ils prenaient l'engagement de se soumettre à sa sentence. Ils acceptèrent. « Il est, » dit-il ensuite, « un marché que je vous propose, et celui qui l'acceptera aura le morceau du héros. » — « Quel est ce marché? » demandèrent les trois guerriers. — « J'ai une hache, » répondit Terrible. « Qu'un de vous la prenne en main et me coupe la tête aujourd'hui, et moi je lui couperai la tête demain. » Loigaire et Conall déclarèrent qu'ils refusaient le marché. — « Je l'accepte, » dit Cûchulainn, « si vous me cédez le morceau du héros. » Ils s'engagèrent à le lui abandonner à cette condition.

Terrible, après avoir fait sur sa hache une incantation, mit sa tête sur une pierre, et d'un coup de hache Cûchulainn la lui trancha. Alors on vit Terrible se relever et plonger dans le lac, tenant d'une main sa hache, de l'autre sa tête sur sa poitrine.

Le lendemain, Cûchulainn, accompagné de ses deux concurrents, revint au bord du lac. Terrible avait de nouveau la tête sur les épaules, et il tenait à la main sa redoutable hache. Cûchulainn mit sa tête sur la pierre, tendant le cou à l'instrument meurtrier. Terrible, comme le géant dans l'autre version (p. 40), abaissa trois fois sa hache sur le cou du célèbre guerrier. Mais il avait retourné cette hache, et ce fut avec le dos que chaque fois il frappa Cûchulainn. Puis il l'invita à se lever. « A toi, » dit-il, « le morceau du héros. » Et ce jugement fut définitif (1).

La « Fête de la maison de Bricriu, » *Feis tige Bricrend*, que nous venons de résumer aurait existé au dixième siècle, si nous prenons au sérieux la pièce intitulée « Invention ingénieuse d'Urard, fils de Coisse, » *Airec menman Uraird maic Coissi*. Urard était le chef des *file* d'Irlande. Sa propriété

___
(1) Windisch, *Irische Texte*, t. I, p. 274-294; *Cours de littérature celtique*, t. V, p. 109-135, § 42-78. *Zeitschrift* de Kuhn, t. XXVIII, p. 626-628, § VIII-XIV, cf. p. 632-647. Dans cette analyse sommaire du *Fled Bricrend* nous avons utilisé les travaux de M. Zimmer non seulement dans la *Zeitschrift* de Kuhn, t. XXVIII, p. 623-661, mais aussi dans la *Zeitschrift für celtische Philologie*, t. I, p. 74-101.

avait été saccagée et mise au pillage par des ennemis ; il alla porter plainte au roi suprême d'Irlande, Domnall, fils de Muirchertach et petit-fils de Niall Glundub. On sait que ce Domnall régna de 955 (1) à 978 (2), ou 979 (3). Urard devait lui survivre environ dix ans et mourir en 988 (4) ou en 989 (5). Il proposa au roi de lui raconter une histoire, et il lui débita une liste de pièces épiques que Domnall connaissait déjà ; il fallut au prince du nouveau, et ce nouveau fut l'exposé du malheur arrivé au chef des *file* (6).

Dans la liste récitée à Domnall et qui daterait du dixième siècle, se trouve le titre de « Fête de la maison de Bricriu, » *Feis tige Bricrend*. Il s'agit de notre second récit, qui s'oppose au récit plus ancien de la « Fête d'Emain, » *Feis Emna*, et qui est un remaniement, une sorte de rajeunissement de cette composition primitive.

La « fête d'Emain, » que nous avons reconsti-

---

(1) *Annales d'Ulster*, édit. Hennessy, t. I, p. 474 ; *Annales des Quatre Maîtres*, édit. d'O'Donovan, 1851, t. II, p. 674.

(2) *Chronicon Scotorum*, édit. Hennessy, p. 224. *Annales des Quatre Maîtres*, t. II, p. 708.

(3) *Annales d'Ulster*, t. I, p. 490 ; cf. *Annales de Tigernach*, publiées par Whitley Stokes (*Revue celtique*, t. XVII, p. 341).

(4) *Chronicon Scotorum*, p. 232.

(5) *Annales de Tigernach* (*Revue celtique*, t. XVII, p. 347) ; *Annales d'Ulster*, t. I, p. 498.

(6) O'Curry, *On the manners and customs of the ancient Irish*, t. II, p. 130-135. Cf. *Essai d'un catalogue*, p. 261.

tuée en ses traits principaux sur les traces de M. H. Zimmer, se trouve dans la plus ancienne liste des principaux morceaux dont se composait la littérature épique de l'Irlande, ainsi qu'on peut s'en assurer en consultant cette liste dans le Livre de Leinster, p. 189, col. 3, l. 46, dans l'édition qu'en a donnée O'Curry, *Lectures on the manuscript materials*, p. 588, ou enfin dans celle de M. Brian O'Looney, *Proceedings of the royal irish Academy, second series*, vol. I, *Polite Literature and Antiquities*, p. 228. Keating, l'historien irlandais mort en 1650, connaissait la « Fête d'Emain, » *Feis Eamhna*, comme il l'écrit. On peut s'en assurer en consultant son histoire d'Irlande, *Forus feasa air Eirinn*, édition de 1811, p. 398, ou traduction d'O'Mahony, New-York, 1866, p. 281.

Des épisodes dont se compose la « Fête d'Emain, » le plus caractéristique est celui dans lequel on voit un magicien se faire couper la tête, puis se lever, partir, tenant sa tête dans ses mains, enfin revenir le lendemain, la tête sur les épaules, pour faire l'essai de l'opération sur une autre personne. Cette extraordinaire aventure a pénétré dans la littérature de la Table ronde. Dans la *Mule sans frein*, un vilain donne le choix à l'éminent guerrier Gauvain : « Ou tu me trancheras la tête ce soir, à condition que demain matin je trancherai la tienne, ou tu auras la tête tranchée ce soir, à condition de trancher la mienne demain matin. »

Gauvain préfère la première alternative (1), et coupe la tête du vilain, qui la ramasse et s'en va, puis revient le lendemain matin, comme il avait été convenu. Gauvain se met en position de recevoir le coup mortel. Le vilain lui fait allonger le cou, comme le géant l'exige de Cûchulainn, ci-dessus, p. 40; puis il lève sa jusarme (sorte de hache à long manche), mais ne frappe pas (2).

Le délai est prolongé et dure un an dans trois autres romans de la Table ronde, qui sont le *Vert chevalier*, *Perlesvaux* et la *Continuation de Perceval*. Dans le *Vert chevalier*, Gauvain est encore le héros; le provocateur est le vert chevalier, vêtu de vert, c'est-à-dire aux couleurs d'Irlande. Gauvain lui tranche la tête, et au bout d'un an va fidèle-

(1)
>Moult navré, fait Gauvains, petit
>Se je ne sai lou quel jo preingue...
>A nuit la toe trancherai,
>Et lou matin te renderai
>La moie se viax que la rende.

(2)
>Fors de laiens s'en ist Gauvains,
>Lou col li estent sor lo tronc;
>Et li vilains li dist adonc :
>« Laisse col venir à plenté.
>— Je n'en ai plus, fait-il, par Dé;
>Mes fier i si ferir tu viax... »
>Sa jusarme trance tot droit,
>Qu'il lo fait por lui esmaier ;
>Mais il n'á talent de lui tochier,
>Porce que mont loiaus estoit,
>Et que bien tenu li avoit
>Ce qu'il li avoit créanté.

Gaston Paris, dans l'*Histoire littéraire de la France*, t. XXX, p. 75-76.

ment au rendez-vous ; il arrive même trois jours d'avance, et reçoit l'hospitalité dans un château où, le troisième jour, il accepte de la dame une ceinture enchantée qui doit le préserver de la mort et des blessures. Puis vient le moment fatal. Le vert chevalier lève trois fois son arme sur lui ; les deux premières fois il ne le touche pas, la troisième fois il lui fait une légère blessure : c'est la peine méritée par Gauvain quand, manquant de confiance, il s'est laissé donner la ceinture enchantée (1).

Une partie du merveilleux disparaît dans deux autres romans. Dans *Perlesvaux*, le héros est Lancelot ; il coupe la tête du provocateur ; mais au lieu du décapité, c'est le frère du décapité qui revient au bout d'un an (2). Dans la *Continuation de Perceval*, le héros porte un nom breton : il s'appelle Caradoc, et un élément dramatique nouveau est introduit : le provocateur est le père du héros ; ayant eu la tête tranchée, il reparaît au bout d'un an ; il est tout naturel qu'il laisse la vie à Caradoc, son fils (3). Dans *Gauvain et Humbaut*, le vilain qui a provoqué Gauvain et auquel Gauvain a tranché la tête ne se relève pas, il est mort (4).

Les auteurs des romans de la Table ronde doivent avoir emprunté à la littérature irlandaise

---

(1) Gaston Paris, *ibid.*, t. XXX, p. 73-74.
(2) P. 102 et suiv., Gaston Paris, *ibid.*, p. 76.
(3) Vers 12,612 et suiv., Gaston Paris, *ibid.*, p. 75, 76.
(4) Gaston Paris, *ibid.*, t. XXX, p. 76.

l'idée première de ces récits. Chez eux ce sont de simples aventures, sans liaison nécessaire avec les événements précédents, tandis qu'en Irlande cette épreuve prodigieuse, la plus héroïque à laquelle puisse être soumis le courage d'un homme, avait sa place indiquée dans la conclusion de la pièce consacrée au morceau du héros.

L'idée est celtique et remonte à l'antiquité. Le Grec Poseïdônios d'Apamée, qui parcourut une grande partie de la Gaule méridionale vers le commencement du premier siècle avant notre ère, semble y avoir entendu faire un récit analogue à la « Fête d'Emain » et au « Festin de Bricriu. » « Autrefois, » dit-il, « τὸ δὲ παλαιόν, quand dans un
» festin on avait servi les membres inférieurs d'un
» animal, le meilleur guerrier en prenait la partie
» supérieure, et si quelqu'un la lui contestait, il y
» avait entre cet adversaire et lui un duel qui se
» terminait par la mort d'un des deux combat-
» tants. » Puis Poseïdônios continue ainsi : « D'au-
» tres, sur un théâtre, après avoir reçu soit de
» l'argent ou de l'or, soit un certain nombre de
» cruches de vin, ou accepté des cautions, fai-
» saient partage entre leurs parents et leurs amis,
» et debout, à côté d'eux, quelqu'un, d'un coup
» d'épée, leur tranchait la tête (1). » Cette dernière

---

(1) Athénée, l. IV, c. 40, édition donnée chez Teubner par Meineke, t. 1, p. 276. — Charles Mueller, *Fragmenta historico-*

phrase est une déformation évhémériste du récit légendaire où le magicien se faisait couper la tête par le héros. Ce récit était probablement connu en Gaule au premier siècle avant Jésus-Christ, comme l'épopée du taureau Donn (1). Personne ne croira que des Gaulois aient poussé la bravoure et l'avarice au point de se faire décapiter en public pour de l'argent.

Diodore de Sicile, qui avait sous les yeux le passage de Poseidônios reproduit ci-dessus, l'a traité avec beaucoup de liberté. Après avoir parlé du morceau du héros comme d'un usage actuel, et non comme d'une coutume abolie ainsi qu'avait fait Poseidônios, il ajoute : « Dans les festins, des
» circonstances quelconques amènent souvent des
» querelles, les injures dégénèrent en provocations,
» et il en résulte des combats singuliers entre ces
» hommes qui comptent pour rien la perte de la
» vie, car parmi eux est pleine de force la doc-
» trine de Pythagore que les âmes des hommes
» sont immortelles, et, qu'au bout d'un nombre
» déterminé d'années, l'âme, prenant un corps
» nouveau, commence une seconde vie (2). »

Cet arrangement du *Feis Emna* par Diodore de

rum Graecorum, t. III, p. 260. Cougny, *Extraits des auteurs grecs*, t. II, p. 320.

(1) Voyez ci-dessus, p. 28.

(2) Diodore de Sicile, l. V, c. 28, § 5-6; édition Didot, t. I, p. 271, l. 11-18. — Cougny, *Extraits des auteurs grecs*, t. II, p. 382, 384.

Sicile est plus loin de la forme primitive que le texte de Poseidônios. Diodore transforme en faits contemporains ces duels dans les festins qui, suivant Poseidônios, appartenaient de son temps à l'histoire du passé, τὸ παλαιόν, comme dans le conte irlandais ; enfin, il remplace par une comparaison avec la doctrine pythagoricienne le tableau révoltant du Celte donnant volontairement en spectacle à d'autres sa propre décapitation.

En Irlande, un littérateur qui vivait au plus tard au douzième siècle, a imaginé une sorte d'introduction à la « Fête d'Emain » et au « Festin de la maison de Bricriu. » Le jeune Cûchulainn avait obtenu le morceau du héros à Emain Macha, capitale de l'Ulster, à la suite de ses merveilleux exploits dans la guerre occasionnée par le taureau de Cooley. Evidemment, Lôigaire et Conall, qui lui avaient disputé cet honneur avec une passion si violente, et qui étaient plus âgés que lui, l'avaient obtenu avant lui. Il était naturel qu'on découvrît dans quelles circonstances, et qu'on vînt les exposer. Un *file* anonyme, comme la plupart de ses confrères, raconta comment Conall avait obtenu le morceau du héros (1).

---

(1) *Scél mucci Mac Dâthó*, « Histoire du cochon de Mac Dâthô. » Windisch, *Irische Texte*, t. I, p. 96-106; *Cours de littérature celtique*, t. V, p. 66-80 (traduction de M. L. Duvau); Kuno Meyer, *Hibernica minora, being a fragment of an old irish Treatise on the Psalter*, p. 51-64.

Ce ne fut ni dans la capitale de l'Ulster, ni dans la maison de Bricriu, ni dans la capitale du Connaught, à Cruachan Aï, les trois localités où se passent les principaux événements dans les deux morceaux analysés ci-dessus : ce fut en Leinster, chez le roi Mac Dâthô. Le point de départ est, comme dans le *Táin bó Cúailngi*, une compétition à propos d'un animal. Mais cet animal n'est pas un taureau, c'est un chien. Ce chien s'appelait Ailbe. De ce nom, la forme plus ancienne, *Albios*, explique les noms de lieu français Albi, Albiac, Aubiac. Ce chien Ailbe était si merveilleux et avait un si prodigieux talent qu'il valait toute une armée, et qu'il suffisait pour garder toute la province de Leinster. Ce n'était pas seulement un chien de garde : c'était un chien de guerre et de massacre, quoique l'expression ne se trouve pas dans le texte. On la rencontre dans un document plus ancien : l'enlèvement des vaches de Cooley. Il y est question d'un chien de guerre et de massacre, *ar-chu* (1) ; ce chien appartenait au forgeron du roi d'Ulster et suffisait pour garder une des trente et quelques

---

(1) *Lebor na hUidre*, p. 60, col. 2, l. 23; *Livre de Leinster*, p. 63, col. 2, l. 26. Ce mot est traduit par *Schlachthund*, Zimmer, *Zeitschrift* de Kuhn, t. XXVIII, p. 447. Il est possible que dans le *Senchus Mór* le mot *archu*, « chien de garde, » à l'accusatif, *archoin*, soit identique. Il faudrait suppléer un *apex* sur l'a; *Ancient Laws of Ireland*, t. I, p. 126, 144; *Cours de littérature celtique*, t. VIII, p. 296, 300. Sur le sens du mot *ár*, voyez Whitley Stokes, *Urkeltischer Sprachschatz*, p. 7, au mot *agro-n*, *agrá*; cf. Holder, *Alt-celtischer Sprachschatz*, t. I, col. 62.

petites provinces que comprenait le royaume.

L'emploi du chien de guerre dans les batailles est un usage gaulois constaté par Strabon. Après avoir parlé des chiens de chasse que produit la Grande-Bretagne, il ajoute : Les Gaulois à la guerre se servent de ces chiens et de ceux de leur pays (1). Quand, en 121 avant Jésus-Christ, le roi des Arvernes, Bituitos, engagea la bataille de Vindalium contre le proconsul romain Cn. Domitius Ahenobarbus, il avait des chiens de guerre dans son armée, et regardant avec mépris la petite armée romaine : « Il y a là, » disait-il, « à peine un repas pour mes chiens (2). » Quelques mois plus tard, sur son char d'argent, il suivait dans les rues de Rome le char de son vainqueur, et peu après un denier d'argent frappé par ordre du triom-

___
(1) « Κελτοὶ δὲ καὶ πρὸς τοὺς πολέμους χρῶνται καὶ τούτοις καὶ τοῖς ἐπιχωρίοις. » Strabon, l. IV, c. 5, § 2, édit. Didot, p. 166, l. 26-27; Cougny, *Extraits des auteurs grecs*, t. I, p. 148.
(2) « Ut Bituitus paucitatem Romanorum vix ad escam canibus, quos in agmine habebat, sufficere posse jactaret. » Orose, l. V, c. 14, édit. donnée par Ch. Zangemeister pour l'Académie de Vienne, p. 306-307. Cf. Mommsen, *Rœmische geschichte*, 6ᵉ édit., t. II, p. 162.

phateur représentait le combat victorieux d'un guerrier romain contre un chien gaulois (1).

Déjà des chiens avaient fait partie de la garde officielle qui accompagnait une ambassade envoyée par le même roi Bituitos à la peuplade ligure de *Salluvi* au début de la guerre. « Ces barbares, » dit Appien, « se servent des chiens comme ils fe- » raient d'hommes armés de lances (2). »

Quand les fils d'Usnech, condamnés à l'exil, furent forcés de quitter le royaume de Conchobar, ils partirent avec leurs parents et leurs vassaux. La troupe se composait de trois fois cinquante guerriers, trois fois cinquante femmes, trois fois cinquante chiens, et, en dernier lieu, trois fois cinquante valets. Les chiens avaient la préséance sur ces hommes de dernière catégorie (3).

Les chiens jouent dans le monde celtique un rôle qu'ils n'ont pas dans la littérature homérique, où le chien de guerre est inconnu. Dans l'*Iliade* comme dans l'*Odyssée*, les chiens et les oiseaux ne s'attaquent aux guerriers que quand ces guerriers

---

(1) Babelon, *Description historique et chronologique des monnaies de la République romaine, vulgairement consulaires*, t. I, p. 461-462.

(2) « Δορυφοροῦνται γὰρ δὴ καὶ πρὸς κυνῶν οἱ τῇδε βάρβαροι. » Appion, *Celtica*, XII, édit. Didot, p. 28. Cougny, *Extraits des auteurs grecs*, t. IV, p. 26.

(3) *Longes mac n-Usnig*, § 10. Windisch, *Irische Texte*, t. I, p. 73. *Cours de littérature celtique*, t. V, p. 227. O'Curry dans l'*Atlantis*, t. III, p. 402-405.

sont morts. Tout le monde connaît le début de l'*Iliade*, où il est parlé de ces milliers de héros grecs dont les cadavres ont été la proie des chiens et des oiseaux (1). C'est une idée plusieurs fois reproduite dans ce poème, et quand il s'agit des Grecs (2) et quand il s'agit des Troyens, de leur roi Priam (3), de leur grand héros Hector (4). On la retrouve dans l'*Odyssée*; c'est la peine qu'aurait méritée, suivant Nestor, Aïgisthos pour avoir séduit Clytemnestre, épouse d'Agamemnon (5). Les chiens sont pris en mauvaise part dans l'*Iliade*. « Tu as des yeux de chien, » dit Achille au roi Agamemnon pour l'insulter (6). Un guerrier en colère appelle chien son adversaire ou ses adversaires. C'est ce que fait Hector en s'adressant aux Grecs (7). « Chien ! » s'écrient Diomède et Achille en parlant à Hector (8). Ménélas interpelle les Troyens de la même manière (9).

Dans le monde celtique, le mot *chien* n'est pas pris en mavaise part. Un des principaux guerriers de Connaught, qui joue un rôle considérable dans

---

(1) *Iliade*, I, 4, 5.
(2) *Iliade*, XI, 817.
(3) *Iliade*, XVIII, 271, 272; XXII, 66-70.
(4) *Iliade*, XXII, 335, 348, 354, 509; XXIII, 21, 183-185; XXIV, 409, 411.
(5) *Odyssée*, III, 259.
(6) *Iliade*, I, 225. Cf. IX, 373.
(7) *Iliade*, VIII, 527.
(8) *Iliade*, XI, 362; XX, 449.
(9) *Iliade*, XIII, 623.

le cycle de Conchobar et de Cûchulainn, s'appelle
« chien de bataille, » *Cú-rói*. Le plus grand héros
lui-même est le « chien de Culann, » Cû-chulainn,
et quand on veut s'exprimer familièrement, on
l'appelle tout simplement « chien, » *cu*, et cela
n'a rien d'impoli (1). Cette façon favorable de con-
cevoir le chien a également son écho dans l'ono-
mastique du breton de France. On a relevé dans
le Cartulaire de Redon les noms d'homme *Anau-ki*
« chien d'harmonie, » *Gur-ki* « grand chien » ou
« homme chien, » *Maen-ki* « chien de pierre, »
Tan-ki « chien de feu (2), » plus tard *Tangi*, et
Tanneguy, nom célèbre en France.

Dans l'*Iliade* on se sert des chiens pour la garde
des troupeaux (3), des étables (4), pour la chasse
au lièvre (5), au cerf (6), au sanglier (7) et même
au lion (8). D'attachement du chien pour l'homme
il est pour la première fois question dans l'*Odyssée*,
quand Ulysse, déguisé en mendiant, rentre pour
la première fois dans la maison qu'il a quittée
depuis vingt ans. Son aspect misérable l'empêche

---

(1) Windisch et Whitley Stokes, *Irische Texte*, t. II, 1re partie,
p. 175, l. 51.

(2) J. Loth, *Chrestomathie bretonne*, p. 116. *Cartulaire de
Redon*, p. 46, 102, 172, 199, 234, 322, 326, 329.

(3) *Iliade*, XII, 303.

(4) *Iliade*, XI, 548-549.

(5) *Iliade*, X, 360.

(6) *Iliade*, XXII, 189.

(7) *Iliade*, XI, 324-325; XII, 146-147; XIII, 471-475.

(8) *Iliade*, XII, 41-42.

d'être reconnu de personne. Il n'y a qu'une exception : son vieux chien, agonisant et abandonné sur un fumier, remue la queue et les oreilles à la vue du maître. Mais cet animal affectueux, qui avait autrefois chassé avec un merveilleux succès le chevreuil, le cerf et le lièvre, ne peut se soulever de sa couche immonde, il expire ; Ulysse, autrefois, l'avait nourri de ses propres mains (1). Les deux chiens qui accompagnent Télémaque à l'assemblée des citoyens d'Ithaque sont aussi des animaux attachés à la personne (2). On peut faire la même hypothèse à propos des neuf chiens de table qu'avait Patrocle. Deux de ces chiens furent tués par Achille aux funérailles de ce guerrier, et jetés sur le bûcher ils brûlèrent avec le cadavre de leur maître (3).

Ainsi la littérature homérique conçoit le chien ami de l'homme, mais elle a pour lui un mépris que nous ne trouvons pas dans la littérature celtique, et cela parce que les Celtes ont le chien de guerre inconnu chez les Grecs.

Mais revenons au chien Ailbe, qui suffisait en Irlande pour garder tout le royaume de Leinster. Deux ambassades arrivèrent le même jour au château de Mac Dâthô, maître de ce chien : l'une

---

(1) *Odyssée*, XVII, 290-327.
(2) *Odyssée*, II, 11.
(3) *Iliade*, XXII, 173-174.

venait de la part d'Aïlill et de Medb, roi et reine de Connaught; l'autre était envoyée par Conchobar, roi d'Ulster.

Chacune venait proposer au roi de Leinster un marché. Des deux côtés on voulait acheter le chien Aïlbe, et on en proposait un prix énorme : de Connaught, c'était immédiatement trois mille vaches laitières, avec un char attelé des deux plus beaux chevaux qu'on pût trouver, et, au bout d'un an, un second payement égal au premier. Les envoyés d'Ulster, sans parler avec la même précision, semblaient être chargés de donner autant.

Mac Dâthô éprouva le même embarras qu'Aïlill quand on était venu lui demander de décider qui de Lóigaire, de Conall et de Cûchulainn recevrait le morceau du héros. Ce fut sa femme qui, comme Medb, le tira d'embarras. Medb avait promis le morceau du héros à chacun des trois guerriers (1) : la femme de Mac Dâthô donna à son mari le conseil de promettre son chien à la fois au couple royal de Connaught et au roi d'Ulster, en ayant bien soin de faire cette promesse à chacun séparément, et à l'insu de l'autre. « Allez chez vous d'abord, » leur dit Mac Dâthô. « A votre retour ici vous trouverez bon accueil, et on vous donnera le chien. »

Mac Dâthô comptait livrer son chien à celui des deux rois qui viendrait le premier, et quand serait

(1) Voyez ci-dessus, p. 45.

arrivé l'autre, il lui aurait témoigné le regret de n'avoir pu faire autrement. Il pensait que l'unique résultat serait une guerre contre le Connaught et l'Ulster, et il croyait, quant à lui, être délivré en cela de tout souci.

Mais le hasard fit que le même jour arrivèrent chez lui les deux rois en personne, accompagnés de leurs principaux guerriers. Il commença par leur offrir un festin. La pièce de résistance était un cochon âgé de sept ans, tellement grand et gros que pour le nourrir il fallait à la fois le lait de trois cents vaches, et quand on le servit devant les hôtes de Mac Dâthô, quarante bœufs étaient étendus en travers sur son corps.

La question se posait de savoir qui découperait ce cochon, car il était entendu que celui qui ferait ainsi les parts s'attribuerait à lui-même celle qu'il choisirait, c'est-à-dire le morceau du héros. Un guerrier de Connaught, Cét, fils de Maga, prétendit qu'étant le meilleur des guerriers d'Irlande, c'était lui qui devait découper le cochon de Mac Dâthô. Plusieurs guerriers d'Ulster, à commencer par Lôigaire Bûadach, lui contestèrent le droit qu'il s'arrogeait. Mais il les réduisit successivement au silence en leur rappelant à chacun les humiliations qu'il leur avait infligées par ses sanglants exploits. Il était sorti vainqueur de cette lutte d'injurieuse éloquence, quand arriva Conall.

Cét reconnut la supériorité de Conall. « Mais, » ajouta-t-il, « si Anluan était ici, tu serais forcé de lui céder la primauté. » Un combat singulier entre Anluan et Conall était la cause du retard de Conall. Conall, vainqueur, tenait sous son manteau la tête d'Anluan décapité. Au milieu de la salle du festin, il lança cette tête décolorée contre la poitrine de Cét, de la bouche duquel la violence du choc fit jaillir un flot de sang. C'était à Conall que plus tard devait être réservé l'honneur de venger la mort du grand héros Cûchulainn en ôtant la vie au meurtrier de ce guerrier légendaire irlandais (1). Un mystère planait sur l'origine de Conall; on disait que sa mère, d'abord stérile, était devenue grosse après avoir bu d'une eau qu'un druide avait rendue prolifique par une incantation (2). Sa naissance semblait donc aussi prodigieuse que celle de Cûchulainn.

Cét se retira, et Conall commença à découper le cochon. Il prit pour lui la queue, il la mangea tout entière, puis il partagea presque toute la bête entre les guerriers d'Ulster. Les guerriers de Connaught n'eurent que les pieds de devant; indignés, ils prirent les armes. Un combat terrible s'ensuivit. Les guerriers d'Ulster l'emportèrent.

Le chien Ailbe, lâché par son maître, prit parti

---

(1) Whitley Stokes dans la *Revue celtique*, t. III, p. 185. *Cours de littérature celtique*, t. V, p. 353.

(2) Sur Conall, voyez le *Côir anman*, § 251, 252, publié par M. Whitley Stokes, *Irische Texte*, 3ᵉ série, 2ᵉ livraison, p. 393, 394; *Cours de littérature celtique*, t. V, p. 11. Alfred Nutt, *The voyage of Bran*, t. II, p. 74, 75.

pour eux contre les guerriers de Connaught, qui s'enfuirent, leur roi et leur reine avec eux. Cet animal courut après le char royal, et finit par saisir l'essieu dans sa gueule. Mais alors Ferloga, cocher du roi de Connaught, trancha la tête du chien. Ce fut la première revanche d'Ailill.

Il en eut une seconde due au même cocher. Ferloga descendit du char de son maître et alla se cacher dans la bruyère, là où devait passer Conchobar, roi d'Ulster, retournant dans sa capitale d'Emain Macha. Sans être vu, Ferloga monta par derrière dans le char de Conchobar et, saisissant entre ses mains la tête de ce roi, il fit de lui un instant son prisonnier. « Je t'accorde grâce de la vie, » dit-il à Conchobar, « mais tu me donneras ce que je vais te demander. » — « Parle, » dit le roi. — « Eh bien ! » répondit Ferloga, « tu vas m'em-
» mener avec toi dans ta capitale d'Emain Macha.
» J'y resterai un an et, pendant ce temps, tous les
» soirs, les femmes et les filles d'Ulster viendront
» se ranger autour de moi et chanteront en chœur :
« Ferloga, mon bien-aimé ! » Ainsi fut fait, et au bout d'un an Conchobar renvoya Ferloga en Connaught avec deux chevaux à bride d'or.

Ce que l'épopée irlandaise nous raconte de l'influence qu'auraient exercée sur leurs maris les femmes d'Ailill et de Mac Dâthô (1) s'accorde avec ce

---

(1) Voyez ci-dessus, p. 45, et p. 61.

que nous dit Plutarque au chapitre VI de son traité *De mulierum virtutibus*, Γυναικῶν ἀρεταί. Suivant l'auteur grec, les Celtes, au moment de passer les Alpes pour venir s'établir dans l'Italie du Nord, qu'ensuite, à cause d'eux, on appela Gaule Cisalpine, eurent entre eux une guerre civile. Mais les femmes s'interposèrent entre les deux armées et se firent accepter comme juges de la contestation que leur arbitrage termina (1). Ce récit est légendaire, puisque les événements dont il s'agit auraient eu lieu environ quatre cents ans avant notre ère, à une date où l'histoire celtique est aussi pauvre qu'il soit possible en textes vraiment authentiques. Il fait partie de l'épopée du grand roi gaulois Ambicatus, qui a évidemment une base historique, bien qu'on n'en puisse considérer comme certains tous les détails (2).

Ce qui serait plus sérieux, bien que fort extraordinaire, serait une clause du traité conclu entre les Celtes d'Espagne et Annibal immédiatement avant la seconde guerre punique, c'est-à-dire vers l'année 219. Ce traité avait prévu le cas auquel postérieurement les Celtes auraient à se plaindre des Carthaginois ou ceux-ci des Celtes. Dans la premier hypothèse, les gouverneurs et généraux car-

---

(1) Plutarque, *Moralia*, éd. Didot, t. I, p. 304; Cougny, *Extraits des auteurs grecs*, t. III, p. 314, 316.

(2) Tite-Live, l. V, c. 34; 5ᵉ édit., Weissenborn, t. II, 2ᵉ partie, p. 199, 200.

thaginois devaient être juges du différend. Dans la seconde, c'étaient les femmes des Celtes (1).

(1) Plutarque, *De mulierum virtutibus*, 6; *Moralia*, édit. Didot, p. 304; Cougny, *Extraits des auteurs grecs*, t. III, p. 316. Cf. Polyen, l. VII, c. 50; édit. Woelfflin, p. 280.

CHAPITRE II.

LA SOCIÉTÉ CELTIQUE ET CELLE DE L'ÉPOPÉE HOMÉRIQUE.

LES AÈDES GRECS, LES BARDES. — LES *UELETES, VATES OU DEVINS DES CELTES, LES DEVINS DES GRECS HOMÉRIQUES. — LE ἱερεύς GREC ET LE DRUIDE. — ORGANISATION DE LA SOCIÉTÉ GRECQUE ET DE LA SOCIÉTÉ CELTIQUE, L'ARISTOCRATIE, LA BOURGEOISIE, LE MÉTIER DE SOLDAT. — LA LITTÉRATURE CHEZ LES GRECS ET CHEZ LES CELTES.

Entreprenant de rechercher ce qu'était la hiérarchie sociale chez les Celtes et dans la littérature homérique, nous commencerons par étudier le groupe d'hommes qu'on peut appeler gens de lettres, en se servant d'une expression trop moderne, puisqu'il s'agit de gens qui n'écrivaient point. Si je parle d'abord d'eux, ce n'est pas que je les considère comme tenant alors le premier rang dans la société. Mais sans eux, que saurions-nous de cette époque reculée?

Pour se rendre compte de la manière dont ont pu se créer d'abord puis se transmettre de générations en générations des récits épiques tels que ceux dont l'*Iliade* et l'*Odyssée* sont un arrangement dû à un ou plusieurs hommes de génie, et tels que ceux qui nous ont été conservés par les scribes beaucoup moins intelligents d'Irlande, il faut commencer par se représenter ce que peut être la *littérature* dans une population où le livre est inconnu.

Le héros irlandais sait écrire sur le bois, sur la pierre une inscription en ogam (1); le héros grec au temps d'Homère est peut-être en état de graver son nom sur une planchette (2), ou même, dans un cas exceptionnellement important, d'écrire une lettre d'affaires (3); mais ni l'un ni l'autre n'a de livre. La littérature est exclusivement orale.

Un de ses principaux sujets était la guerre. Quand dans l'*Iliade*, au chant IX, les ambassadeurs envoyés par Agamemnon vont supplier Achille de

---

(1) *Lebor na hUidre*, p. 58, col. 1, 1. 39. H. Zimmer dans la *Zeitschrift* de Kuhn, t. XXVIII, p. 445.

(2) *Iliade*, VII, 175, 189.

(3) *Iliade*, VI, 168, 169; suivant la glose, dans ce texte et dans celui auquel renvoie la note précédente, il ne s'agit pas d'écriture alphabétique, γράμματα. G. Dindorf, *Scholia graeca in Homeri Iliadem*, Oxford, 1885, t. I, p. 235, 259; cf. Ebeling, *Lexicon homericum*, t. I, p. 263; t. II, p. 274; au mot γράφω et au mot σῆμα. W. Christ, *Geschichte der griechischen Litteratur*, dans le *Handbuch* d'Iwan Müller, t. VII, p. 41, 42. Etude de M. G. Heinrich sur l'ancienneté de l'épigraphie grecque dans le même recueil, t. I, p. 375-389. Ameis, *Anhang*, 2ᵉ livraison, p. 149-151.

donner aux Grecs, vaincus par les Troyens, le concours de sa victorieuse vaillance, ils le trouvent dans sa tente, en compagnie du seul Patrocle. En ce moment Achille, pour dissiper l'ennui de sa longue oisiveté, chante, en s'accompagnant de la lyre, les exploits des héros (1).

Mais ce genre d'occupation chez un homme de guerre est un fait exceptionnel. Déjà dans l'*Iliade*, le métier de chanteur apparaît comme une profession distincte du métier des armes. On considère, il est vrai, comme interpolé le vers 731 du livre XIII où, après avoir dit que Dieu a donné à l'un les vertus guerrières et, avant d'ajouter qu'il a donné à l'autre la prudence, le poète intercale ces mots : « A l'un la danse, à l'autre la lyre et le chant. » Mais il est question d'aèdes (ἀοιδοί) dans plusieurs passages de l'*Iliade*. L'un même est nommé : c'est Thamuris le Thrace (2). D'autres sont mentionnés sans indication de nom; mais on ne voit pas qu'ils aient chanté des faits de guerre. Un jeune homme joue de la lyre et chante, un groupe joyeux chante avec lui tout en dansant. Un aède chante en s'accompagnant de la lyre, pendant que deux autres hommes dansent (3). Aux funérailles d'Hector, des aèdes exécutent des chants funèbres dont le poète

---

(1) « Ἄειδε δ' ἄρα κλέα ἀνδρῶν, » *Iliade*, IX, 189. A comparer Lucain, *Pharsale*, I, 447-449.

(2) *Iliade*, II, 595.

(3) *Iliade*, XVIII, 569, 570; 604-605.

ne nous fait pas connaître le sujet (1). Voilà ce que nous voyons dans l'*Iliade*.

C'est dans l'*Odyssée* que nous assistons aux premiers débuts de l'aède professionnel chantant des poèmes épiques. Deux aèdes de ce genre y apparaissent : Phémios à Ithaque, Démodocos chez les Phéaciens.

Le premier est chargé de la partie poétique et musicale dans les festins des hardis prétendants qui se disputent la main de Pénélope. Quand la faim et la soif sont satisfaites, un héraut lui met une lyre entre les mains (2) ; alors il chante le funeste retour des Grecs après le siège de Troie. Pénélope, du haut de l'étage supérieur, distingue les paroles de l'aède, et la pensée d'Ulysse absent lui fait venir les larmes aux yeux. Elle descend et vient prier Phémios de changer de sujet. Mais Télémaque lui répond qu'elle se mêle de ce qui ne la regarde pas (3). Lors du massacre général par lequel Ulysse, de retour, ensanglanta la salle du festin, Phémios obtint grâce de la vie (4).

Chez les Phéaciens, Démodocos chante deux morceaux épiques relatifs à la guerre de Troie, comme celui qu'avait chanté Phémios. L'un est le récit d'une querelle entre Achille et Ulysse, au milieu du festin qui suivait un sacrifice. Agamem-

(1) *Iliade*, XXIV, 720-722.
(2) *Odyssée*, I, 153-155.
(3) *Odyssée*, I, 325-364.
(4) *Odyssée*, XXII, 330-380.

non assistait à cette dispute avec une joie malicieuse. Cette querelle avait été prédite par un oracle. Au moment où elle eut lieu, la guerre commençait entre les Grecs et les Troyens (1).

Dans le second morceau, Démodocos raconte comment cette guerre finit, comment, après le départ simulé des Grecs, leurs principaux héros, enfermés dans un cheval de bois, sont transportés par les Troyens eux-mêmes dans l'enceinte de leur ville, et comment, sortant de leur cachette, les guerriers grecs massacrent leurs imprévoyants ennemis (2).

C'était de la poésie sérieuse et grave; comme récréation à la fin d'un repas elle pouvait parfois manquer de gaieté. C'est pour cela que Démodocos, entre ces deux morceaux, en intercale un autre, d'un genre tout différent, sur les amours d'Arès et d'Aphrodite, épouse d'Héphaïstos, auquel le Soleil, témoin de cet adultère, le dénonça. On sait comment un piège, préparé par le mari malheureux, forgeron de son état, retint au lit les deux amants, trompés par un voyage simulé d'Héphaïstos. Démodocos raconta comment Héphaïstos, dans son infortune conjugale, ne négligea pas la question financière. Il savait compter. Après avoir fait constater par témoins l'adultère, il réclama à la fois

---

(1) *Odyssée*, VIII, 43-45; 62-82.
(2) *Odyssée*, VIII, 499-520.

la restitution du prix qu'en se mariant il avait dû payer à Zeus, père de sa femme, et les dommages-intérêts que lui devait le séducteur Arès. Comme Arès n'avait pas d'argent sur lui, il fallut que Poseïdaôn se portât caution. Cela n'empêcha pas Hermès de dire tout haut qu'il aurait bien voulu être à la place d'Arès. D'où rire général parmi les immortels témoins de l'aventure. Il n'y avait pas de déesses dans l'assemblée ; le respect des convenances les avait retenues chez elles (1).

Un morceau du même genre se reconnaît parmi les interpolations qui ont développé graduellement le texte primitif de l'*Iliade* : c'est la Διὸς ἀπάτη, qui nous montre le dieu suprême Zeus joué par sa malicieuse épouse Héra. Héra protège les Grecs, Zeus en ce moment soutient contre eux la cause des Troyens ; Héra veut l'empêcher pendant quelques heures d'agir en faveur du parti qu'elle hait. Elle s'adresse à Aphrodite, sa belle et sotte ennemie. Elle veut aller, dit-elle, au bout du monde faire visite aux vieilles divinités, qui jadis ont pris soin de son enfance, l'Océan et Téthus sa femme, qui aujourd'hui accablées par le poids des années, ont cessé de partager le même lit : elle les réconciliera. A cet effet, elle prie Aphrodite de lui prêter sa séduisante ceinture. La nigaude Aphrodite prend au sérieux cette fable et donne sa ceinture qui fera le malheur des Troyens ses protégés. Ornée de

---

(1) *Odyssée*, VIII, 261-300.

cette merveilleuse parure, Héra va trouver Zeus, ce divin mais volage mari, qui, séduit par les charmes nouveaux de son épouse, s'endort dans ses bras, oubliant les Grecs et les Troyens (1), et, pendant son sommeil, les Grecs, soutenus par l'Poseïdaôn, infligent aux Troyens une sanglante défaite (2). Zeus, à son réveil, s'emporta violemment contre Héra (3), mais sa colère ne rendit pas la vie aux Troyens que les Grecs avaient tués.

Ces deux morceaux, les amours d'Arès et d'Aphrodite, et Zeus vaincu par la ruse de sa femme, pourraient être comparés à la littérature des cafés-concerts, mais il fallait bien que les aèdes trouvassent moyen de retenir l'attention. On se fatigue de tout, dit l'*Iliade* : on se fatigue du sommeil, de l'amour, du chant et de la danse (4). Le rôle des aèdes était de faire en sorte de ne pas lasser par leurs chants les auditeurs qu'ils devaient occuper agréablement à la fin des repas.

La légèreté nécessaire de quelques-unes des pièces chantées par les aèdes n'empêchait pas que certains d'entre eux obtinssent de grandes marques d'estime et de confiance. Agamemnon partant pour la guerre de Troie confia la garde de sa femme Clytemnestre à l'un d'eux, et quand Aïgisthos

(1) *Iliade*, XIV, 153-351.
(2) *Iliade*, XIV, 352-522.
(3) *Iliade*, XV, 1-33.
(4) *Iliade*, XIV, 030-037.

voulut la séduire, il commença par emmener ce fidèle gardien dans une île déserte, où il le laissa mourir de faim. Pendant que l'immonde Aïgisthos profanait la couche du grand roi grec, le cadavre de l'honnête aède était dévoré par les oiseaux de proie (1).

Les aèdes avaient des collègues dans un monde supérieur aux hommes. L'*Iliade* nous montre au festin des dieux, sur l'Olympe, Apollon jouant de la lyre pour accompagner les Muses qui chantent (2). Il tenait aussi la lyre aux noces de la déesse Thétis avec Péleus, simple mortel, ce mariage d'où naquit Achille (3), comme chez les Celtes, de l'union momentanée du dieu Lug et de la mortelle Dechtere devait naître le grand héros Cûchulainn.

Les Celtes avaient aussi des aèdes. Leur nom, tout différent de celui des chanteurs grecs, était *bardos*, en breton *barz*. Le plus ancien auteur chez qui l'on trouve ce nom est Poseïdónios; qui, au commencement du premier siècle avant J.-C., nous montre ces poètes chantant comme les aèdes grecs avec accompagnement d'une certaine espèce de

---

(1) *Odyssée*, III, 265-279.
(2) *Iliade*, I, 603-604.
(3) *Iliade*, XXIV, 63.

lyre. Le sujet de leurs chants aurait été, d'après lui, l'éloge des grands personnages vivants qui les nourrissaient et les payaient (1). Timagène, qui écrivait dans le même siècle, mais plus tard que Poseidônios, dit que les bardes chantaient en vers, avec accompagnement de la lyre, les exploits des hommes illustres : il ne dit pas si ces hommes illustres sont les protecteurs vivants du barde ou de grands hommes morts dont la mémoire du peuple a conservé le souvenir (2). Les seuls poèmes bardiques dont parle Lucain ont pour sujet la louange des héros défunts. Lucain dépeint dans ses vers la tranquillité de la Gaule quand la guerre civile entre César et Pompée oblige le futur maître de Rome à conduire de Gaule en Italie ses légions victorieuses. Quel bonheur pour les Gaulois ! « Alors, » dit-il, « vous, poètes, qui par vos louanges conservez pendant de longs siècles la mémoire des braves morts dans les combats, vous

---

(1) Athénée, l. VI, c. 49, édition Meineke, t. I, p. 436. Cf. l. IV, c. 37, ibid., p. 273, et Diodore de Sicile, l. V, c. 31, § 2, édit. Didot, t. I, p. 272. Cougny, *Extraits des auteurs grecs*, t. II, p. 318, 324, 390. *Fragmenta historicorum graecorum* de Didot, t. III, p. 259, fr. 23; p. 261, fr. 25. Suivant Diodore, les bardes chantent l'éloge des uns et le blâme des autres, οὓς μὲν ὑμνοῦσιν, οὓς δὲ βλασφημοῦσι.

(2) « Et bardi quidem fortia virorum illustrium facta heroicis composita versibus cum dulcibus lyrae modulis cantitarunt. » Ammien Marcellin, l. XV, c. 9, § 8, édition de Gardthausen, t. I, p. 69; Cougny, *Extraits des auteurs grecs*, t. II, p. 328; C. Müller, *Fragmenta historicorum*, t. III, p. 329.

avez, ô bardes, chanté en pleine sécurité de nombreux poèmes (1). »

Les bardes paraissent avoir été une institution générale chez les Celtes, tant en Grande-Bretagne que sur le continent. Deux inscriptions du temps de l'empire romain nous font connaître une localité de l'Italie septentrionale qui s'appelait « Champ du barde, » *Bardomagus* ; elle était située près de Milan (2). Le nom de l'Helvète Bardus, dont le fils Cattaus obtint de l'empereur Néron droit de cité romaine en l'an 64 de notre ère (3), paraît avoir une origine professionnelle. Les bardes de Gaule portaient le vêtement dit *cucullus*, mot masculin dont la forme féminine *cuculla* désigna plus tard un costume monastique, la « coule. » De là, chez Martial, au premier siècle de notre ère, le vers qu'on peut traduire : « La Gaule te revêt du *cucullus* bardique de Saintes (4). » Parmi les vêtements de l'empereur Commode vendus aux enchères après sa mort, en 192, se trouvaient plusieurs

---

(1)   Vos quoque, qui fortes animas belloque peremptas
Laudibus in longum vates dimittitis aevum,
Plurima securi fudisti carmina, bardi.
(*Pharsale*, I, 447-449.)

On trouvera ces textes et d'autres encore réunis chez Holder, *Altceltischer Sprachschatz*, t. I, col. 347, 348.

(2) *C. I. L.*, t. V, n°s 5872, 5878.

(3) *C. I. L.*, t. III, p. 840.

(4) « Gallia Santonico vestit te bardo-cucullo. » — Martial, XIV, 128 ; édit. Schneidewin, p. 335.

cucullus de bardes, *cuculli bardaïci* (1). Gallien, empereur de 253 à 268 donne, dans une lettre conservée jusqu'à nous, une liste de cadeaux qu'il fait à Claude, son successeur futur mais alors imprévu : dans cette liste apparaît un *cucullus* bardique, *bardo-cucullus* (2). Barde, en gallois *bardd*, est un mot qui, en Grande-Bretagne, a subsisté jusqu'à nos jours avec le sens de poète.

En Irlande, ce mot ne désigne de très bonne heure qu'une catégorie infime de gens de lettres (3). Le barde irlandais fut en général supplanté par le « voyant » *ueles, au génitif *ueletos, en vieil irlandais *fili*, génitif *filed*.

Les *ueletes ou « voyants » gaulois sont appelés devins, μάντεις, par Diodore de Sicile (4), οὐάτεις par Strabon (5), qui s'est borné, semble-t-il, à noter en caractères grecs l'équivalent latin *vâtes* de μάντις ; ce nom latin paraît avoir été aussi celtique sous la forme *uâtis (6). Mais les devins gau-

---

(1) Jules Capitolin, *Pertinax*, c. 8, § 3. H. Peter, *Historiae augustae scriptores*, t. I, p. 110.

(2) Trebellius Pollion, *Claudius*, c. 17, § 6. H. Peter, *Historiae augustae scriptores*, t. II, p. 136. On ne peut douter qu'il ne s'agisse ici d'un vêtement gaulois, ce qui a été contesté quant au texte de Capitolin cité plus haut.

(3) *Cours de littérature celtique*, t. I, p. 48.

(4) Diodore de Sicile, l. V, c. 31, § 3; édit. Didot, t. I, p. 272, l. 45 et suiv.; Cougny, *Extraits des auteurs grecs*, t. II, p. 390.

(5) Strabon, l. IV, c. 4, § 4; édition Didot, p. 164, l. 21, 22 ; Cougny, *Extraits des auteurs grecs*, t. I, p. 198.

(6) Whitley Stokes, *Urkeltischer Sprachschatz*, p. 261.

lois semblent avoir eu de plus un autre nom, celui-ci étranger à la langue latine. Ce nom, bien connu en irlandais, où il s'écrit *fili*, *file*, génitif *filed*, n'a été conservé par aucun texte qui, au temps de l'empire romain ou antérieurement, le donne comme gaulois; il en subsiste un dérivé, employé comme nom abstrait, le breton *gwelet*, « voir, » en gallois *gweled*, qui a aussi la valeur d'infinitif, ou qui, employé substantivement, veut dire « vision. » Mais l'existence du substantif masculin* *ueles*, génitif* *ueletos*, est attestée au premier siècle de notre ère par le féminin germanique *uĕlĕda*. *Uĕlĕda* est un nom emprunté par les Germains aux Gaulois, comme le germanique *barditus*.

Barditus, « chant du barde, » est, dit Tacite à la fin du premier siècle de notre ère, le nom du genre de chant par lequel les Germains enflamment les âmes des guerriers avant de commencer les batailles (1); c'est une imitation du chant des bardes gaulois, c'est ce chant des aèdes grecs qui vantait les glorieux exploits des ancêtres défunts, mais restés immortels par le souvenir. Le mot *barditus* a été emprunté par les Germains à la langue des Gaulois, leurs anciens maîtres.

Le nom de la prophétesse, *fatidica*, bructère Ueleda (2), qui joua un grand rôle en Germanie

---

(1) Tacite, *Germania*, c. 3; édition de Tacite donnée par Halm, t. II, p. 221.

(2) Tacite, *Historiae*, IV, 61, 65; V, 22, 24; *Germania*, 8. Stace,

contre Rome l'an 70 de notre ère, une sorte de Jeanne d'Arc germanique, vaincue comme celle de France, comme elle grandie par la défaite, n'est pas autre chose que la forme féminine germanisée du nom national des μάντεις gaulois de Diodore, des οὐάτεις gaulois de Strabon : *ueles, au génitif *uĕlĕtos, au féminin uĕlĕta, « celle qui voit (1). » L'orthographe par double l, Velleda, adoptée par Tillemont, Histoire des empereurs, t. II, p. 17, et par Duruy, Histoire des Romains, t. IV, p. 46, 607, 611, 657, 703, ne repose sur aucune autorité : il faut écrire, avec Stace, Vĕlĕda, ou, mieux, Uĕlĕda, prononciation germanique du gaulois *Uĕlĕta. Stace était contemporain de cette femme héroïque, que Tacite, un autre contemporain, dit avoir vue (2).

Comme dans le monde celtique, les devins et les prophètes constituent dans la littérature homérique

Silvae, I, 4, 90, donne la quantité : Captivaeque preces Vĕlĕdae. Il n'y a donc pas à tenir compte de la notation Velaeda des éditions de Tacite, par exemple édition Halm, t. II, p. 186, 189, 215, 216, ni du Βελήδα pour Οὐελήδα de Dion Cassius, LXVII, 5, édit. Sturz, t. IV, p. 262; cf. édit. Imm. Bekker, t. II, p. 298.

(1) M. Windisch, chez Curtius, Grundriss der griechischen Etymologie, 5ᵉ édit., p. 347, donne cette étymologie avec un point d'interrogation que je crois pouvoir effacer. Sur Veleda, voir E. Mock chez Paul, Grundriss der germanischen Philologie, t. I, p. 1133; cf. Pauly, Real-encyclopaedie, t. VI, p. 2428; Whitley Stokes, Urkeltischer Sprachschatz, p. 276-277.

(2) « Vidimus sub divo Vespasiano Velaedam diu apud plerosque numinis loco habitam. » Tacite, Germania, 8. Velaedam doit être corrigé en Veledam.

un groupe distinct de celui des prêtres. L'*Iliade* et l'*Odyssée* nous montrent des devins chez les Grecs et chez leurs ennemis.

Dans l'*Iliade*, le principal devin grec est Calchas. Quand les Grecs se rassemblèrent à Aulis pour de là gagner les rivages de Troie, ils offrirent un sacrifice aux dieux près d'une source sur laquelle un grand platane avait poussé. Tout d'un coup, on vit un dragon sortir de dessous l'autel, s'élancer sur le platane et dévorer d'abord huit petits oiseaux dans leur nid sur cet arbre ; la mère fut la neuvième victime ; puis, par un prodige inattendu, Zeus changea le dragon en pierre. Calchas interpréta ces merveilleux événements. La mort des neuf petits oiseaux signifie, dit-il, que le siège de Troie durera neuf ans, et que nous prendrons cette ville la dixième année (1).

Neuf ans plus tard, quand pour venger le prêtre d'Apollon, Chrusès, qui avait en vain supplié Agamemnon de lui rendre sa fille, Apollon envoya aux Grecs une épidémie mortelle, ce fut Calchas qui expliqua la cause de cette épidémie ; ce fut lui qui, grâce à l'appui d'Achille, bravant la colère d'Agamemnon, indiqua aux Grecs le moyen de calmer la colère du dieu, et son autorité fut assez grande pour contraindre le grand roi à restituer à Chrusès, la captive dont il voulait faire sa concu-

---

(1) *Iliade*, II, 303-329.

bine, et qu'il prétendait égale en beauté et en talent à sa femme Clytemnestre (1).

Quand les Troyens, vainqueurs, ont pénétré dans le camp des Grecs et s'approchent des vaisseaux dont ils veulent s'emparer, Poseïdaôn veut rendre le courage aux vaincus. C'est la figure de Calchas qu'il emprunte pour ranimer par ses exhortations l'ardeur guerrière des deux Aias (2).

Calchas n'est pas le seul devin grec. A Corinthe, un certain Poluidos, père d'Euchénôr, avait prédit à son fils une destinée fatale : ou mourir d'une maladie cruelle dans sa maison, ou périr près des vaisseaux grecs sous les coups des Troyens. Une flèche lancée par l'arc de Pâris atteignit Euchénôr sous la mâchoire et l'oreille, et lui ôta la vie (3).

Nous ne comptons point parmi les devins professionnels grecs le héros Achille, qui a toutes les supériorités, qui, sans être aède, chante, en s'accompagnant de la lyre, les hauts faits des guerriers (4). Il sait par sa mère Thétis qu'il a le choix entre deux destinées : ou la mort sous les murs de Troie, et après cette mort une gloire impérissable, ou dans sa patrie une vie longue, et après elle l'oubli (5). Il a choisi la première alternative (6).

(1) *Iliade*, I, 111-115.
(2) *Iliade*, XIII, 39-80.
(3) *Iliade*, XIII, 660-672.
(4) *Iliade*, IX, 189.
(5) *Iliade*, IX, 410-416.
(6) *Iliade*, XXI, 276-278.

Son cheval Xanthos sait lui-même qu'une mort cruelle et prochaine attend l'illustre héros et, par un prodige inattendu, il prend la parole pour le lui rappeler (1). Mais les chevaux d'Achille sont immortels (2); ils sont nés de l'union du Zéphyre avec la harpie Podarga (3). Non seulement ils avaient la parole, comme les hommes, mais, comme aux hommes également, la douleur leur faisait verser des larmes; à la mort de Patrocle, ils en répandirent d'abondantes (4).

Un des chevaux de Cûchulainn, le Gris de Macha, n'a pas le don de la parole, comme Xanthos, le cheval d'Achille, mais il sait comme lui l'avenir; comme lui le chagrin le fait pleurer. Quand le héros irlandais va partir pour la bataille où il doit perdre la vie, et qu'il ordonne à son cocher de préparer le char qui doit le conduire à l'ennemi, un des chevaux, le Gris de Macha, qui prévoit l'issue fatale du combat, refuse d'abord de se laisser atteler; puis, quand sur un ordre impérieux du maître, il cesse de résister, il laisse tomber de ses yeux deux grosses larmes de sang (5).

Les Troyens et leurs alliés, dans l'*Iliade*, ont

---

(1) *Iliade*, XIX, 404-423.
(2) *Iliade*, XVI, 154; XVII, 444.
(3) *Iliade*, XVI, 145-151.
(4) *Iliade*, XVII, 426-442.
(5) Whitley Stokes, dans la *Revue celtique*, t. III, p. 175-176. *Cours de littérature celtique*, t. V, p. 333. *Livre de Leinster*, p. 119, col. 1, 2.

des devins comme les Grecs. Ainsi Mérops de Percôta en Thrace, père de deux fils, leur avait annoncé qu'ils mourraient en combattant les Grecs, et cette prophétie se réalisa (1). Parmi les guerriers tués par Diomède, se trouvèrent les deux fils d'Eurudamas, vieillard qui interprétait les songes; ce père, homme négligent, n'avait pas prévenu ses fils du danger auquel ils s'exposaient (2). Hélénos, fils de Priam, devinait aussi l'avenir, mais c'était par l'observation des oiseaux, comme Calchas (3). Le Troyen Poludamas procédait de la même façon; il interpréta dans un sens sinistre l'apparition d'un aigle volant à gauche de l'armée et tenant en ses griffes un serpent ensanglanté qu'ensuite il laissa tomber (4). La même méthode de divination était suivie par le Mysien Ennomos, qui fut tué par Achille (5).

Dans l'*Odyssée*, nous voyons d'abord apparaître, chez les Grecs, Halithersès, fils de Mastor. C'est à Itaque; les prétendants, profitant de l'absence d'Ulysse, mangent son bien en festins et en faisant à sa femme une cour inutile. On aperçoit deux aigles qui, venant de la montagne, arrivent au milieu de l'assemblée, se battent à coups d'ongles,

(1) *Iliade*, II, 828-834; XI, 329-332.
(2) *Iliade*, V, 148-151.
(3) *Iliade*, VI, 76.
(4) *Iliade*, XII, 200-229.
(5) *Iliade*, III, 858-861; XVII, 218.

puis s'envolent à droite. Halithersès déclare que c'est l'annonce du prochain retour d'Ulysse qui tuera les prétendants (1).

Un autre devin est le Thébain Teïrésias. Il est mort, mais il a conservé aux enfers la vision de l'avenir. Ulysse va le consulter à l'entrée du séjour ténébreux des défunts. Il apprend de Teïrésias qu'il doit un jour, lui Ulysse, revenir à Ithaque massacrer les prétendants, et qu'après un nouveau voyage maritime et un sacrifice à Poseïdaôn, il jouira d'une heureuse vieillesse (2).

Théocluménos, fils du devin Polupheïdès, est devin lui-même; ayant commis un meurtre dans Argos, sa patrie, il est obligé de fuir pour échapper à la mort. Télémaque, partant pour Ithaque, l'accueille sur son navire (3) et l'emmène avec lui dans son île. Peu après le débarquement, Théocluménos voit s'envoler à droite un faucon tenant entre ses serres une colombe qu'il déchire, et il prédit à son protecteur que la race d'Ulysse régnera toujours à Ithaque (4). « Cela veut dire, » affirme-t-il en parlant à Pénélope, « cela veut dire » qu'Ulysse est déjà de retour et que les préten- » dants lui devront leur perte (5). » — Enfin Théocluménos, dans la salle du festin, annonce aux

(1) *Odyssée*, II, 146-193.
(2) *Odyssée*, X, 488-495; XI, 90-151.
(3) *Odyssée*, XV, 223-286. Sur Polupheïdès, voyez vers 252-255.
(4) *Odyssée*, XV, 525-534.
(5) *Odyssée*, XVII, 152-161.

prétendants leur mort prochaine (1). Un de ces prétendants croyait prévoir l'avenir : c'était Leïodès, fils d'Oïnops (2).

Dans l'*Odyssée*, la divination n'est pas plus que dans l'*Iliade* le monopole des Grecs. Chez les Cyclopes, Télemos a prédit à Poluphémos qu'Ulysse lui crèverait son œil unique (3).

De ces nombreux devins il en est un qui exerce une énorme influence en expliquant, par l'insulte qu'Agamemnon a infligée au prêtre Chrusès, l'épidémie qui désole le camp des Grecs. Calchas contraint Agamemnon, le roi suprême, à restituer Chruséis ; de là entre Achille et Agamemnon une querelle qui est le sujet de l'*Iliade*. Devant Calchas s'est inclinée la plus haute puissance qui existât chez les Grecs. On peut comparer ce que Diodore nous rapporte des devins gaulois : « Tout le peuple, » dit il, « leur obéit (4). »

C'est par l'observation du vol des oiseaux que Calchas, Théoclumènos, Halithersès chez les Grecs, Poludamas, Ennomos et Hélénos chez leurs

---

(1) *Odyssée*, XX, 350-357.
(2) *Odyssée*, XXI, 144, 145; XXII, 318, 321.
(3) *Odyssée*, IX, 507-516.
(4) « Πᾶν τὸ πλῆθος ἔχουσιν ὑπήκοον, » Diodore, l. V, c. 31, § 3; éd. Didot, t. I, p. 272, l. 48; Cougny, *Extraits des auteurs grecs*, t. II, p. 390. Comparez ce que Tacite dit de Veleda : « late imperitabat, » *Historiae*, l. IV, c. 61.

ennemis, découvrent les secrets de l'avenir. De là les épithètes spéciales que l'*Iliade* joint aux noms de trois d'entre eux : οἰωνιστής (1), et οἰωνοπόλος (2). Suivant Diodore de Sicile, le *vâtes* celtique fait usage du même procédé de divination, οἰωνοσκοπία (3).

Un autre moyen de divination chez les Grecs était l'observation de la victime, θύος, dans les sacrifices. Θύος paraît être, à proprement parler, la partie de la victime qui était brûlée et qui ne servait pas au festin par lequel le sacrifice se terminait. Mais dans le composé θυόσκοος « devin » le premier terme semble désigner la victime entière : θυόσκοος est celui qui regarde la victime, et de son examen conclut l'avenir (4). Un θυόσκοος est mentionné dans l'*Odyssée*; il était d'Ithaque et prenait part au festin des prétendants; Ulysse le tua (5); mais l'*Odyssée* ne nous dit pas quelles prédictions il aurait faites. On sait que ce procédé de divination était employé par les *vates* gaulois dans les sacrifices humains. Ils prétendaient donner pour base à des prédictions les mouvements convulsifs de la victime

---

(1) *Iliade*, II, 858; XIII, 70; XVII, 218.

(2) *Iliade*, I, 69; VI, 76.

(3) Diodore de Sicile, l. V, c. 31, § 3, édit. Didot, t. I, p. 272, l. 46-47; Cougny, *Extraits des auteurs grecs*, t. II, p. 390.

(4) Le mot θύος se trouve deux fois dans l'*Iliade*, VI, 270; IX, 499, et une fois dans l'*Odyssée*, XV, 261. L'expression θυόσκοος apparaît une fois dans l'*Iliade*, XXIV, 221, et trois fois dans l'*Odyssée*, XXI, 145; XXII, 318, 321.

(5) *Odyssée*, XXI, 144-166; XXII, 310-329.

frappée d'un coup d'épée mortel, et la façon dont le sang s'écoulait de la blessure (1).

Un troisième procédé de divination chez les Grecs homériques est l'interprétation des songes. L'interprète des songes s'appelle ὀνειροπόλος. Quand, au début de l'*Iliade*, l'épidémie envoyée par Apollon répand la mort parmi les Grecs, Achille demande que l'on consulte ou un devin, μάντιν, ou un prêtre, ἱερῆα, ou un interprète des songes, ὀνειροπόλον, car, dit-il, le songe vient de Zeus (2). Nous avons parlé, page 83, d'Eurudamas, qui avait prévu la mort de ses fils, tués par Diomède ; il était interprète des songes, ὀνειροπόλος.

Suivant l'*Iliade*, il faut se défier des songes : ils sont quelquefois un moyen employé par Zeus pour tromper les mortels. Au début du second chant de ce poème un fantôme envoyé par Zeus conseille à Agamemnon endormi de faire prendre les armes aux Grecs le matin suivant et lui annonce la prise de Troie pour le jour même. Agamemnon crut véridique ce message mensonger, mais la volonté de Zeus devait se réaliser et le siège de Troie ne se terminer qu'après bien des jours encore et bien des combats, et après avoir coûté la vie à une foule de guerriers grecs (3). Agamemnon,

(1) Diodore de Sicile, l. V, c. 31, § 3 ; édit. Didot, p. 272-273. Cougny, *Extraits des auteurs grecs*, t. II, p. 390, 392.
(2) *Iliade*, I, 62-63.
(3) *Iliade*, II, 1-75.

homme peu délicat, ne méritait que médiocrement la sympathie des dieux.

Au contraire, la femme qui apparaît en songe à Pénélope au quatrième chant de l'*Odyssée*, et qui lui annonce le retour prochain de Télémaque, lui dit la vérité (1). Est également véridique, le songe qui au dix-neuvième chant de l'*Odyssée*, annonce à Pénélope le retour d'Ulysse et le massacre des prétendants (2). Pénélope, le modèle des épouses, est digne de la faveur divine.

Quoi qu'il en soit, il y a, comme dit Pénélope elle-même, deux portes par où arrivent les songes : l'une est de corne, l'autre d'ivoire; les songes qui viennent par la porte d'ivoire trompent les hommes; ceux qui passent par la porte de corne apportent la vérité (3). Ni l'*Iliade* ni l'*Odyssée* ne nous indiquent le moyen de distinguer le songe véridique du songe mensonger. Les Celtes ont trouvé ce moyen, et les plus vieux monuments de la littérature irlandaise nous apprennent en quoi il consiste.

Il faut être devin, *file*, puis sacrifier aux dieux soit un cochon rouge, soit un chat, soit un chien; le *file* sacrificateur mange un morceau de la chair de l'animal sacrifié et offre aux dieux le reste, après avoir prononcé dessus une incantation. En-

---

(1) *Odyssée*, IV, 787-841.
(2) *Odyssée*, XIX, 535-568.
(3) *Odyssée*, XIX, 562-567.

suite il dit une seconde incantation sur ses deux mains, se couche et s'endort, la tête entre les deux mains. Le songe qui lui vient alors est véridique (1). Il est essentiel que le *file*, c'est-à-dire le devin, qui dort et qui a la vision tienne pendant cette vision une main sur chaque joue.

Le nom du phénomène qui se produit alors est, en vieil irlandais, *imbas forosnai : forosnai* veut dire « grande illumination (2) » et suppose un primitif *uer-ód-sunnia*, composé : 1° de deux préfixes, signifiant l'un « sur, » l'autre « hors de ; » 2° d'un substantif dérivé de la racine qui a donné au vieil allemand le mot *sunna*, « soleil, » aujourd'hui *sonne* (3); et *imbas* signifie « entre les deux mains. » Ainsi, le sens d'*imbas forosnai* est « grande illumination, — sorte de lumière solaire, — entre les deux mains. »

L'accomplissement du rite pouvait quelquefois produire la vision chez les gens éveillés ; ainsi lorsque, comme nous verrons, p. 92, la *file* Fedelm, du haut de son char, prédit à Medb, reine de Connaugh, les exploits désastreux de Cûchulainn,

---

(1) *Glossaire de Cormac*, chez Whitley Stokes, *Three irish glossaries*, p. 25; Windisch, *Irische Texte*, t. I, p. 616 ; Whitley Stokes, traduction du Glossaire de Cormac, p. 94, 95.

(2) Glossaire d'O'Davoren, chez Whitley Stokes, *Three irish Glossaries*, p. 91. Glossaire d'O'Clery dans la *Revue celtique*, t. IV, p. 423.

(3) Whitley Stokes, *Urkeltischer Sprachschatz*, p. 306, au mot *Sunno-*.

c'est à l'aide de l'*imbas forosnai* (1). Aux deux incantations prononcées par le *file*, l'une sur la chair de l'animal sacrifié, l'autre sur ses deux mains à lui, on pouvait substituer une incantation unique prononcée par quatre druides sur un dormeur quelconque (2).

Les Grecs, les Romains et certains peuples orientaux faisaient usage d'une recette moins compliquée. Elle consistait à dormir dans le temple ou dans le bois sacré du dieu dont on comptait obtenir un songe véridique. C'était ce qu'on appelait en grec ἐγκοίμησις, en latin *incubatio*. Dans le bois consacré à Faunus, en Italie, comme chez les Celtes d'Irlande, le sommeil prophétique devait être précédé d'un sacrifice. Celui qui voulait dormir se couchait sur les peaux des victimes immolées. Ce rite est décrit par Virgile au livre VII de l'*Enéide*, vers 81 à 103. Suivant ce texte, le personnage qui dort voit voler autour de lui des images merveilleuses et entend la parole divine. D'après Tertullien, la règle, dans certains temples, était de jeûner avant de s'endormir (3), au lieu de manger, comme en Irlande, avant le sommeil qui produi-

---

(1) *Lebor na hUidre*, p. 55, col. 2, l. 13. H. Zimmer, dans la *Zeitschrift* de Kuhn, t. XXVIII, p. 443, 542, 545.

(2) Windisch, *Irische Texte*, t. I, p. 213, l. 3, 4. *Cours de littérature celtique*, t. V, p. 188; Zimmer dans la *Zeitschrift* de Kuhn, t. XXVIII, p. 597; E. O'Curry dans l'*Atlantis*, t. I, p. 384, 385.

(3) Tertullien, *De anima*, cap. 48. Migne, *Patrologia latina*, t. II, col. 732 c.

sait l'*imbas forosnai*. Mais ces procédés sont étrangers à la littérature homérique.

Outre l'*imbas forosnai*, « illumination entre les deux mains, » dont nous venons de parler, on connaissait en Irlande l'enthousiasme prophétique qui s'exprimait en vers, « ardeur ou feu du poème, » *teinm lóida*; c'est un phénomène identique à la chresmologie post-homérique, χρησμολογία des Grecs, dont le principal théâtre était le temple d'Apollon à Delphes, et où les oracles étaient rédigés en vers. En Irlande, le *teinm lóida*, comme l'*imbas forosnai*, devait être précédé d'un sacrifice aux faux dieux. C'est pour cela que, dit-on, saint Patrice les prohiba tous les deux comme inconciliables avec le christianisme.

Un autre mode irlandais de divination, l' « incantation du bout des os, » *dichetal do chennaib cnâime*, pouvait être employé sans faire appel aux dieux des païens; il resta toléré. Nous ne connaissons rien d'analogue au *dichetal do chennaib cnâime* en Grèce ni à Rome (1). Ce procédé n'avait pu donc être condamné par l'Eglise.

Ce qu'il y a de plus curieux peut-être à étudier

(1) Sur ces divers procédés de divination, voyez *Cours de littérature celtique*, t. I, p. 247-257. A comparer l'article de M. Boucher-Leclercq sur la divination, dans le *Dictionnaire des Antiquités* de MM. Daremberg et Saglio, t. II, p. 292-319.

pour nous, c'est l'intervention des femmes dans la divination. Dans l'*Odyssée*, Hélène, sans avoir fait de la divination une profession spéciale, agit en devin : μαντεύσομαι, dit-elle. Elle prédit le retour d'Ulysse dans sa patrie, et comment le prévoit-elle ? C'est parce qu'on vient de voir voler à droite un aigle tenant entre ses serres une grande oie blanche prise dans la basse-cour de Ménélas (1). Ce fut plus tard une femme qui rendit des oracles à Delphes.

Dans l'« Enlèvement des vaches de Cooley, » nous trouvons la femme celtique devineresse de son état : Fedelm, la blonde *ueles* féminine de Connaught, *ban-fhili do Chonnachtaib* (2), que le même texte appelle aussi « *vates* féminine, » *ban-fháith*. Elle est *fáith*, c'est-à-dire *vates*, pour nous servir de l'expression adoptée par Diodore de Sicile; elle est *ueles* comme la *Veleda* germanique, qui a emprunté son nom aux Celtes. Avec l'*imbas forosnai*, ce procédé magique de divination, elle vient de Grande-Bretagne, où elle a été apprendre le métier de devin (4), et avant le départ de l'armée qui, sous le commandement d'Ailill et de Medb, va envahir l'Ulster, elle voit du haut de son

---

(1) *Odyssée*, XV, 160-178.

(2) *Lebor na hUidre*, p. 55, col. 2, l. 11.

(3) *Lebor na hUidre*, p. 55, col. 2, l. 17; Livre de Leinster, p. 56, col. 1, l. 5, 6, 11.

(4) « A hAlbain iar foglaim filidechta. » *Lebor na hUidre*, p. 55, col. 2, l. 12-13.

char, attelé de deux chevaux noirs, cette armée toute rouge de sang : ce sang coulera des blessures que recevront les guerriers rassemblés par la reine de Connaught. Elle voit arriver le terrible héros Cûchulainn, elle entend les gémissements des femmes qui vont pleurer les morts, et ces morts sont les soldats qu'Ailill et Medb conduisent au combat (1). Fedelm, sait l'avenir comme Veleda, la prêtresse bructère au nom gaulois, premier siècle de notre ère.

Les femmes gauloises qui auraient prédit l'avenir au troisième siècle de notre ère, et qu'au commencement du siècle suivant les historiens Aelius Lampridius et Flavius Vopiscus appellent *dryades*, sont, suivant toute ressemblance, non des druidesses, mais des *vâtes*, *vĕlĕtĕs* féminines, comme Fedelm. *Dryades* est un mot grec qui désigne une certaine catégorie de nymphes. Le gaulois que nous prononçons druide est *druis*, au génitif *druidos*, à l'accusatif pluriel *druidás*, d'où le nominatif singulier latin *druida* (2). L'emploi du mot

---

(1) *Lebor na hUidre*, p. 55, col. 2 ; p. 56, col. 1 ; Livre de Leinster, p. 56, col. 1. Cf. H. Zimmer dans la *Zeitschrift* de Kuhn, t. XXVIII, p. 443.

(2) Whitley Stokes, *Urkeltischer Sprachschatz*, p. 157 ; cf. Macbain, *Etymological Dictionary of the gaelic language*, p. 127. On a voulu expliquer ce mot par le grec ou par le germanique. Le plus rationnel serait, ce me semble, de l'expliquer par le celtique *druis* = *dru-uid-s*, de *dru* « fort, ferme, » conservé par l'irlandais *dron*, « ferme » = *dru-no-s*, et de *uid-s*, « voyant ; » com-

grec *dryas, dryades*, atteste l'influence littéraire de la culture grecque sur les écrivains latins, mais la traduction « druidesse » n'est pas justifiée.

Suivant Lampridius, une *dryas* gauloise prédit la mort d'Alexandre Sévère, 235 (1). Vopiscus, dans sa biographie de l'empereur Aurélien, 270-275, nous raconte qu'Aurélien aurait demandé aux Dryades gauloises si ses descendants régneraient après lui, et qu'elles lui annoncèrent la gloire future des *Claudii*, c'est-à-dire de Constantin le Grand, sous lequel Vopiscus écrivait, et de la dynastie de ce célèbre empereur (2). D'après le même auteur, une *dryas* gauloise aurait prédit à Dioclétien qu'il deviendrait empereur, ce qui se réalisa en 284 (3). Mais il n'était plus question de druidisme en Gaule autrement qu'au passé depuis la fin du premier siècle de notre ère, et à l'époque où le druidisme était vivant, aucun texte ne nous parle de druidesses. Ces Gauloises, désignées par le terme mythologique grec de *dryades*, étaient des devineresses, *vates * vĕlĕtĕs*, comme la germanique *Veleda*, comme l'Irlandaise Fedelm, qualifiée

---

parez l'irlandais *fis* « vision, » =$*$ *uid-li-s*. Cette étymologie a été proposée par M. R. Thurneysen.

(1) Lampridius, *Sévère*, c. 60, § 6. *Scriptores historiae augustae*, édit. Peter, t. I, p. 271.

(2) Vopiscus, *Aurélien*, c. 44 § 4. *Scriptores historiae augustae*, édit. Peter, t. II, p. 167.

(3) Vopiscus, *Numérien*, c. 14, 15. *Scriptores historiae augustae*, édit. Peter, t. II, p. 223, 224.

de *ban-fhili* et de *ban-fhaith*, dans l'« Enlèvement des vaches de Cooley (1). »

En Irlande, le devin celtique cumule cette fonction avec celle d'aède, réduisant les bardes à un rôle infime (2). Ce qu'il y a de curieux, c'est que César, *De bello gallico*, dans le tableau un peu bref qu'il nous fait de la Gaule, ne parle pas plus des devins que des bardes. Il les relègue évidemment avec les bardes dans la plèbe, qui est réduite, dit-il, à une condition presque analogue à celle des esclaves romains : *paene servorum habetur loco* (3), par opposition aux druides et aux chevaliers, *equites*, qui tiennent la plèbe dans leur dépendance.

Il y a un passage de Poseidônios qui justifie pleinement cette appréciation de César en ce qui concerne les bardes : c'est celui qui nous représente un poète, c'est-à-dire un barde gaulois, arrivé trop tard à un festin donné par le roi Lovernios. Lovernios régnait sur les Arvernes vers le milieu du IIe siècle avant J.-C. Le festin était fini. Le roi, monté sur son char, partait ; il n'attendit pas le barde. Celui-ci se mit à courir derrière le char royal en chantant la grandeur de Lovernios et sa détresse à lui. Le roi eut pitié de ce

---

(1) Voyez ci-dessus, p. 92.
(2) *Cours de littérature celtique*, t. I, p. 48.
(3) *De bello gallico*, l. VI, c. 13, § 1.

pauvre homme et lui jeta de l'or dans une bourse que le barde ramassa en chantant alors des remerciements (1).

Plus tard, en 122 av. J.-C., le fils de Lovernios, Bituitos, roi des Allobroges et des Arvernes, envoya une ambassade aux *Salluvi*. Dans le cortège qui accompagnait l'ambassadeur se trouvait un poète, c'est-à-dire un barde, qui chantait les louanges de Bituitos, des Allobroges et de l'ambassadeur dont il vantait la noble naissance, la bravoure et la richesse (2). Les bardes sont, suivant Poseïdônios, les compagnons de table et les parasites des rois (3); il le dit en termes formels. Il est donc tout naturel qu'un grand seigneur comme César les ait relégués dans la plèbe et n'ait pas daigné parler d'eux.

Il n'a rien dit non plus des devins, au sujet desquels nous sommes réduits aux renseignements que nous donnent les auteurs grecs, c'est-à-dire Diodore de Sicile, Timagène et Strabon. Suivant Diodore, tout le peuple leur obéit (4). On verra

(1) Athénée, l. IV, c. 37; édit. Meineke, t. I, p. 273-274. — *Fragmenta historicorum graecorum*, t. III, p. 260, fr. 25; Cougny, *Extraits des auteurs grecs*, t. II, p. 324.

(2) Appien, *De rebus gallicis*, XII, édit. Didot, p. 28. Cougny, *Extraits des auteurs grecs*, t. IV, p. 26-27.

(3) Athénée, l. VI, c. 49, édit. Meineke, t. I, p. 436. — *Fragmenta historicorum graecorum*, t. III, p. 259, fr. 23; Cougny, *Extraits des auteurs grecs*, t. II, p. 318.

(4) « Πᾶν τὸ πλῆθος ἔχουσιν ὑπήκοον. » Diodore, l. V, c. 31, § 3, édit. Didot, p. 272, l. 48. Cougny, *Extraits des auteurs grecs*, t. II, p. 390.

plus bas, p. 101, pourquoi cependant César les passe sous silence et comment la suprématie des druides les avait presque annulés en Gaule à l'époque de la conquête.

Strabon dit formellement qu'il y a chez les Celtes trois catégories d'hommes qui obtiennent des honneurs exceptionnels : les bardes, les *vates* et les druides ; les bardes, qui chantent des hymnes et qui sont poètes ; les *vates*, qui font des sacrifices et interprètent la nature pour deviner l'avenir ; les druides, qui s'occupent de l'interprétation de la nature avec le même but et de philosophie morale (1). De cette philosophie morale nous ne savons pas grand'chose. Cependant Diogène Laerce a conservé un des apophthegmes druidiques : « honorer les dieux, ne point faire de mal, agir en » brave (2). » Les druides, grâce à la haute opinion qu'on avait de leur justice, étaient arrivés à inspirer une telle confiance que le jugement des procès publics et privés, surtout des procès pour

---

(1) « Τρία φῦλα τῶν τιμωμένων διαφερόντως ἐστί· βάρδοι τε καὶ οὐάτεις καὶ δρυΐδαι. Βάρδοι μὲν ὑμνηταὶ καὶ ποιηταί, οὐάτεις ἱεροποιοὶ καὶ φυσιολόγοι, δρυΐδαι δὲ πρὸς τῇ φυσιολογίᾳ καὶ τὴν ἠθικὴν φιλοσοφίαν ἀσκοῦσι » Strabon, l. IV, c. 5, § 4, édit. Didot, p. 164, l. 19-23; Cougny, *Extraits des auteurs grecs*, t. I, p. 138. Cet auteur, traduisant φῦλα par « casto, » p. 139, fait un contresens.

(2) *Vies des philosophes*, préambule, c. 5, § 6; édit. Didot, t. I, p. 2, l. 22-23. Cougny, *Extraits des auteurs grecs*, t. V, p. 84. C'est M. Salomon Reinach qui a le premier attiré mon attention sur ce texte si curieux.

7

meurtre, était *souvent* remis à leur arbitrage (1).

Si nous acceptions à la lettre le témoignage de César (2), les druides auraient jugé *tous* les procès. Mais il y a là une évidente exagération. Il suffit de lire les *Commentaires* de César pour le voir clairement. Aucune des contestations entre Gaulois qui sont mentionnées dans le *De bello gallico* n'est jugée par les druides. La vérité là-dessus se trouve chez Diodore de Sicile, quand il nous montre deux armées en présence et prêtes à en venir aux mains. Les épées sont tirées, les lances abaissées. Les druides se précipitent entre les deux troupes et parviennent à concilier ces hommes qui allaient s'entretuer. Voilà ce qui se passe, nous dit Diodore, non pas toujours, mais souvent, πολλάκις (3).

Les druides avaient donc en Gaule une grande influence politique, sans être hommes de guerre comme les chevaliers. Telle est la cause principale pour laquelle César, dans sa description des mœurs des Gaulois, au livre VI du *De bello gallico*, insiste sur leur haute position sans faire ni aux bardes, ni

---

(1) Strabon, même livre, chapitre et paragraphe que plus haut. Le mot *souvent* est une addition au texte de Strabon.

(2) *De bello gallico*, l. VI, c. 13, § 10.

(3) Diodore de Sicile, l. V, c. 31, § 5, édit. Didot, t. I, p. 273, l. 9-12. Cougny, *Extraits des auteurs grecs*, t. II, p. 392. Cf. Strabon, l. IV, c. 4, § 4, édit. Didot, p. 164, l. 19-27. Cougny, t. I, p. 138. Cougny, dans sa traduction de Diodore, t. II, p. 393, commet un contresens quand il attribue aux bardes l'intervention entre les deux armées. Il aurait dû écrire *Druides*. Le texte de Strabon est formel.

même aux *vates* l'honneur de parler d'eux. Il connaissait si bien l'influence des druides qu'il a cherché à l'exploiter à son profit. Il est parvenu à faire du druide éduen Déviciacos (nom autrefois écrit *Divitiacus* sous l'influence du latin *dives, divitis*), un partisan de la cause romaine, et il témoigne sa reconnaissance de ce concours dans une circonstance solennelle : en l'année 52 avant notre ère, deux candidats se disputaient chez les *Aedui* la suprême magistrature ; l'un d'eux avait été élu *per sacerdotes*, c'est-à-dire avec l'intervention des druides ; César, accepté pour arbitre, rendit sa sentence en faveur de celui-ci (1). L'influence politique acquise par les druides les mettait donc hors pair. D'un autre côté, leur fonction sacerdotale dans les sacrifices, — sujet dont nous parlerons plus bas, — permettait de les assimiler aux pontifes, ces fonctionnaires si importants de l'Etat romain. Ainsi on comprend pourquoi ils ont d'une façon spéciale attiré l'attention de César.

Nous devons distinguer les druides des *vates* ou *veletes*. Les druides et les *vates* étaient deux classes d'hommes distinctes, bien que leurs fonctions eussent une grande analogie.

Les druides étaient devins comme les *vates*. Il y a là-dessus un texte formel de Cicéron, dans son traité *De divinatione*. Dans cet ouvrage, écrit l'an 44 avant Jésus-Christ, l'année même de la mort de

---

(1) *De bello gallico*, l. VII, c. 33, § 3, 4.

César, Cicéron, s'adressant à son frère Quintus, lui dit : « L'art de la divination n'a pas été négligé » par les nations barbares. Il y a en Gaule des » druides, et j'en ai connu un, Diviciacus, Éduen, » ton hôte et ton admirateur. Il disait savoir ces » lois de la nature que les Grecs appellent « phy- » siologie, » et tant par l'observation des oiseaux » que par conjecture, il prévoyait l'avenir (1). »

Dans ce texte de Cicéron, le mot grec « physiologie » est rendu en latin par *naturae ratio*, donnée comme base à la divination. Physiologie est aussi l'expression dont se sert Strabon dans le passage cité p. 97, quand il veut désigner la science principale dont s'occupent les druides, et qui consiste à interpréter la nature, afin d'en tirer la connaissance de l'avenir (2).

Il y avait en Gaule une règle qui doit avoir contribué beaucoup à donner aux druides la puissante influence dont ils jouissaient au grand détriment des *vates* ou **ueletes*. On avait admis le principe qu'il était impossible de faire un sacrifice sans l'intervention des druides (3). C'était, paraît-il, une

---

(1) Cicéron, *De divinatione*. l. I, c. 41, § 90.
(2) Strabon, l. IV, c. 4, § 4; édit. Didot, p. 164, l. 22, 23; Cougny, *Extraits des auteurs grecs*, t. I, p. 138.
(3) « Ἔθυον δὲ οὐκ ἄνευ δρυϊδῶν. » Strabon, l. IV, c. 4, § 5, édit. Didot, p. 164, l. 52. Cougny, *Extraits des auteurs grecs*, t. I, p. 140. « Ἔθος δ' αὐτοῖς ἐστι μηδένα θυσίαν ποιεῖν ἄνευ φιλοσόφου. » Diodore, l. V, c. 31, § 4, édit. Didot, t. I, p. 273, l. 2, 3 Cougny, t. II, p. 392.

loi absolue, bien que César nous parle seulement de la part que prenaient les druides aux sacrifices humains (1). La conséquence de cette loi était l'impossibilité pour les *vates* de procéder à la divination par le sacrifice sans le concours des druides, et elle mettait par conséquent les *vates* dans la dépendance des druides lorsqu'on recourait au mode de divination qui semble avoir été le plus important en Gaule, la divination par le sacrifice humain. Voilà pourquoi César a considéré les devins gaulois comme une quantité négligeable et les a passés sous silence (cf. p. 96, 97).

La nécessité de l'intervention des druides pour la validité des sacrifices, paraît indiquer que les druides étaient avant tout des prêtres. C'est un groupe de prêtres, mais on aurait grand tort de considérer le druide comme identique au ἱερεύς homérique. Le ἱερεύς homérique devine l'avenir comme le μάντις (2). A ce point de vue, il ressemble au druide, qui devine l'avenir comme le *ueles. Mais le ἱερεύς n'est pas associé en corporation avec ses confrères comme l'étaient les druides. Il est attaché à un temple. Ce temple est consacré à une divinité spéciale, et le ἱερεύς a pour seule fonction le soin de ce temple et le culte qu'y reçoit ce dieu. Tel

---

(1) « Aut pro victimis homines immolant, aut se immolaturos vovent, administrisque ad ea sacrificia druidibus utuntur. » *De bello gallico*, l. VI, c. 16, § 2.

(2) *Iliade*, I, 62; XXIV, 221.

est, au premier chant de l'*Iliade*, ce prêtre d'Apollon, Chrusès, dont Agamemnon a pris la fille, et qui se la fait rendre, grâce à la protection du dieu dont il est le serviteur. Au cinquième chant du même poème apparaît Darès, prêtre d'Héphaïstos ; il a deux fils : l'un est tué par le héros grec Diomède, l'autre s'enfuit et évite ainsi, grâce à la protection d'Héphaïstos, la mort que Diomède allait lui donner ; Héphaïstos voulait épargner au vieux père l'affreux chagrin que lui eût causé la perte de deux fils (1).

Voilà deux exemples de reconnaissance des dieux envers leurs prêtres. Mais dans d'autres circonstances, les dieux abandonnent les prêtres à leur malheureuse destinée. Zeus ne détourna pas la lance du grec Mérionés ; elle frappa mortellement à la tête Laogonos, fils d'Onétor ; et cependant Onétor était prêtre de Zeus ; c'était même sur le mont Ida, séjour préféré de Zeus, qu'il exerçait son ministère ; le peuple honorait Onétor à l'égal d'un dieu. Malgré cela, une mort cruelle lui enleva son fils (2).

Les prêtres prudents ne se contentaient pas de la protection de leur dieu. Tel fut Maron, prêtre d'Apollon. Il habitait en Thrace un bois consacré à ce dieu ; il acheta par des dons la protection d'Ulysse, auquel il donna sept talents d'or, un cra-

---

(1) *Iliade*, V, 9-24.
(2) *Iliade*, XVI, 603-605.

tère d'argent et douze amphores de bon vin ; grâce à ces présents, il conserva sa femme et ses enfants, qu'autrement les Grecs auraient emmenés prisonniers (1). Ce fut avec le vin de Maron qu'Ulysse enivra le cyclope Poluphêmos et l'endormit ; on sait comment, pendant ce sommeil, le monstre eut l'œil crevé par Ulysse (2), et comment ensuite, devenu aveugle, il laissa échapper le rusé roi d'Ithaque.

Maron était donc riche ; dans la civilisation que nous dépeint la littérature homérique, il semble que le métier de prêtre était lucratif. Cependant le prêtre, ἱερεύς, n'a pas dans cette civilisation la situation importante des druides en Gaule. Son intervention n'est pas nécessaire à la régularité des sacrifices. Aucun prêtre n'intervient dans les sacrifices célébrés par les Grecs. L'armée grecque n'a pas d'aumôniers. C'est le roi suprême Agamemnon qui, avant la première bataille, offre en sacrifice un bœuf gras de cinq ans au tout-puissant fils de Kronos ; c'est lui qui, entouré de sept autres rois, adresse au nom de l'armée la prière solennelle au grand dieu Zeus ; pendant ce temps, chaque guerrier, en son particulier, faisait, dans son intérêt personnel, un sacrifice au dieu pour lequel il avait une dévotion spéciale (3). Quand il fut

(1) *Odyssée*, IX, 193-205.
(2) *Odyssée*, IX, 346-394.
(3) *Iliade*, II, 398-418.

fait entre les Troyens et les Grecs un traité qui remettait à un combat singulier entre Pâris et Ménélas la solution du différend entre les deux nations, ce fut encore Agamemnon qui, entouré des autres rois, invoqua Zeus et coupa la gorge aux agneaux immolés (1).

De même à Rome, sous la royauté, le roi était le premier ministre de la religion, en même temps que le premier magistrat de l'Etat; il fallut même après la chute de la royauté conserver, par respect pour le rituel primitif, un *rex sacrorum* ou *sacrificiorum* (2).

Chez les Celtes, au contraire, l'autorité politique et militaire est complètement distincte de l'autorité religieuse. Il n'y a pas de sacrifice valable si le druide n'intervient, et à la guerre le druide n'est pas combattant (3). Le clergé moderne, qui a le monopole des fonctions sacrées et l'exemption du service militaire, pourrait sembler d'origine celtique si l'on oubliait que l'esprit humain a partout les mêmes lois.

On sait aussi que les druides, en Gaule, consti-

---

(1) *Iliade*, III, 266-292.

(2) Marquardt et Mommsen, *Handbuch der römischen Alterthümer*, 2ᵉ édit., t. VI, p. 321-324; cf. t. II, p. 13-17. Traduction française de la librairie Fontemoing, *Le culte chez les Romains*, par M. Brissaud, t. I, p. 1-7. Cf. *Le droit public romain*, par Paul Girard, t. III, p. 15, 16.

(3) *De bello gallico*, l. VI, c. 14, § 1.

tuaient une corporation, avec un chef électif et des réunions périodiques, — un pape et des conciles ou des synodes, si l'on peut employer ces expressions : — César est l'autorité qui nous l'apprend (1). On a récemment fort exagéré le caractère social de cette corporation ; on a prétendu trouver chez les druides les ancêtres des moines irlandais qui, au septième siècle, venant comme missionnaires sur le continent, y fondèrent des abbayes célèbres.

On a cité, comme preuve, un passage d'Ammien Marcellin, qui, traduisant au quatrième siècle de notre ère un passage perdu de Timagène, auteur grec de la fin du premier siècle avant Jésus-Christ, a dit que les druides de Gaule étaient *sodaliciis adstricti consortiis* (2), ce qui signifie, suivant M. Cougny, « unis... par les liens étroits d'une vie en commun (3). » On en a conclu que la Gaule, au premier siècle avant Jésus-Christ, avait des communautés monastiques analogues aux lamaseries thibétaines de nos jours, dont les habitants, comme les moines chrétiens, sont tous célibataires, et que les abbayes d'Irlande du sixième siècle et des siècles suivants étaient de vieilles communautés druidiques qui n'avaient changé que de religion (4).

(1) *De bello gallico*, l. VI, c. 13, § 8-10.
(2) Ammien Marcellin, l. XV, c. 9, § 8 ; édit. Gardthausen, t. I, p. 69, l. 16-17. *Fragmenta historicorum graecorum*, t. III, p. 323.
(3) Cougny, *Extraits des auteurs grecs*, t. II, p. 331.
(4) Telle est la doctrine de mon savant confrère M. Alexandre

Dans le passage précité, Ammien Marcellin ne parle en réalité que des liens d'association corporative qui unissaient entre eux les druides.

Dans aucun texte, ni de l'antiquité gréco-romaine, ni du haut moyen âge irlandais, il n'est question de vie en commun pour les druides. Le druide irlandais demeure avec sa femme dans sa maison comme tout autre de ses compatriotes. Tel est, dans la pièce intitulée *Fotha catha Cnucha*, « Cause de la bataille de Cnucha, » le druide Nuadu, qui, avec Almu, sa femme, habite une sorte de forteresse ou de château, *dùn*, bâti par lui sur un terrain donné par Cathair le Grand, roi suprême d'Irlande au deuxième siècle de notre ère. Tadg, son fils, fut druide comme lui, épousa Rairiu, et en eut une fille, Murni, mère du célèbre héros Find mac Cumaill (1).

Plus tard, dans la légende de sainte Brigite, nous voyons le père de la sainte passer devant la maison d'un certain druide nommé Maithgen ; ce druide prédit l'avenir merveilleux de la sainte, qui n'est pas encore née. La maison de ce druide est

---

Bertrand dans l'ouvrage d'ailleurs si intéressant et si instructif qu'il a publié sous ce titre : *Nos origines, la religion des gaulois, les druides et le druidisme, leçons professées à l'école du Louvre en 1896.*

(1) Hennessy, dans la *Revue celtique*, t. II, p. 86-93. Windisch, *Kurzgefasste irische Grammatik*, p. 121-123; *Cours de littérature celtique*, t. V, p. 379-384.

une maison ordinaire, *tegduis*, et non un monastère ; de compagnons menant une vie commune avec lui, pas un mot (1). La mère de Brigite est une esclave ; son maître, en même temps père de l'enfant, la vend à un autre druide, qui la mène dans sa maison, *di-a-thig*, où il donne une fête au roi ; il n'est pas trace d'autres druides qui auraient habité avec lui (2).

Chaque roi paraît avoir un druide près de lui. Tel est le roi épique d'Ulster Conchobar, dont le druide s'appelait *Cathbu*, au génitif *Cathbad*. Ce druide avait cent élèves, suivant une rédaction de l' « Enlèvement des vaches de Cooley, » huit seulement suivant une autre (3) ; mais on ne voit nulle part que ces élèves eussent avec lui domicile commun, vie commune. Il était un singulier célibataire, car on lui connaît une femme, un fils et deux filles ; le roi Conchobar était son fils, Dechtere et Findchaem ses filles (4), et personne ne jouissait d'une plus haute considération que le druide Cathbu (5). C'était vers le commencement du premier siècle de notre ère.

Au siècle suivant vivaient Nuadu et Tagd, l'un le père, l'autre le fils, tous deux mariés, tous deux

(1) Whitley Stokes, *Lives of saints from the book of Lismore*, p. 35, l. 1162 ; *Three middle irish homilies*, p. 52, l. 29.
(2) Whitley Stokes, *Lives of saints from the book of Lismore*, p. 36, l. 1191-1193 ; *Three middle irish homilies*, p. 54, l. 28.
(3) *Cours de littérature celtique*, t. I, p. 176.
(4) *Cours de littérature celtique*, t. I, p. 192.
(5) *Cours de littérature celtique*, t. V, p. 5, 6, 11, 101.

successivement druides du roi Cathair (1). Le druide de Conn, successeur de Cathair, s'appelait Coran (2) et avait probablement une femme comme Nuadu et Tadg.

Il est tout à fait inadmissible que le monachisme chrétien en Irlande soit issu de communautés druidiques comme on l'a soutenu récemment.

L'histoire du monachisme chrétien en Irlande comme hors d'Irlande est tout ce qu'il y a de plus clair. Originaire d'Egypte, il se répand peu à peu en Occident au quatrième siècle. Saint Ambroise, évêque de Milan, mort en 397, parle des monastères comme d'une institution commune de son temps en Italie.

Le premier monastère de Gaule est fondé près de Tours, par saint Martin, évêque de cette ville, mort aussi en 397. Cette fondation est racontée par Sulpice Sévère, contemporain de saint Martin, et mort peu après lui, en 425 (3). Vient ensuite, par ordre de date, l'abbaye de Lérins, fondée par saint Honorat, qui fut plus tard évêque d'Arles et mourut en 429. La fondation de ce monastère nous est connue par le panégyrique d'Honorat, qui a pour auteur Hilaire, successeur immédiat de cet évêque sur le siège d'Arles (4).

---

(1) *Cours de littérature celtique*, t. V, p. 379-381.

(2) *Cours de littérature celtique*, t. V, p. 387, 388, 389.

(3) *Vita sancti Martini*, c. 10. C. Halm, *Sulpicii Severi opera*, p. 120.

(4) *Hilarii episcopi Arelatensis sermo de vita s. Honorati*, c. III,

C'est beaucoup plus tard, seulement au sixième siècle de notre ère que nous voyons apparaître les premiers monastères irlandais. Ils correspondent chronologiquement à ce qu'on a appelé en Irlande le deuxième ordre des saints, qui a existé de 543 à 599 (1). C'est à ce second ordre qu'appartiennent Finnian de Moville ; Finnian, fondateur de l'abbaye de Clonard, en Irlande ; Colomba, fondateur de celle d'Iova, dite abusivement Iona, en Ecosse ; Comgall, fondateur de l'abbaye irlandaise de Bangor. On a prétendu que le monastère d'Iova existait déjà en 520. Mais c'est seulement entre les années 555 et 563 que les Annales irlandaises mettent l'arrivée de Columba dans l'île où il fonda ce monastère. Suivant Bède, la date exacte serait même postérieure, 565 (2).

Le premier ordre des saints irlandais, cinquième siècle et première moitié du sixième, consistait en prêtres séculiers, servis par des femmes, comme le curé français d'aujourd'hui (3). Un d'eux, nommé

§ 17-c. IV, § 20 ; Migne, *Patrologia latina*, t. 50, col. 1258-1260.

(1) *Catalogus sanctorum Hiberniae* chez Haddan and Stubbs, *Councils and ecclesiastical documents relating to Great Britain and Ireland*, t. II, p. 292-293.

(2) Annales de Tigernach, éditées par Whitley Stokes, *Revue celtique*, t. XVII, p. 144. Bède, *Historia ecclesiastica gentis Anglorum*, l. III, c. 4 ; édit de Henry Petrie, *Monumenta historica britannica*, p. 175 D ; Migne, *Patrologia latina*, t. 95, col. 121.

(3) « Mulierum administrationem et consortia non respuebant, quia, super petram Christi fundati, ventum tentationis non timebant. » Haddan et Stubbs, *Councils and ecclesiastical documents relating to Great Britain and Ireland*, t. II, p. 292.

Mugint, fonda en Écosse une école où l'on admettait indifféremment garçons et filles. Le roi picte Drust y envoya sa fille Drustice pour apprendre à lire : elle n'y tourna pas très bien (1). Cet exemple conservé par l'histoire, qui a évidemment jeté un voile sur beaucoup d'autres faits analogues, explique pourquoi le second ordre des saints, 553-599, a séparé les sexes et créé des monastères d'hommes dont les femmes étaient exclues (2).

« A y regarder de près, » a-t-on prétendu, « que » sont les moines de Belfast, d'Iona, de Bangor » et même de Landevenek, sinon des druides con- » vertis ? » « *Les deux mille frères de Sletty,* » dit Dom Pitra, » *qui chantaient jour et nuit divisés en sept* » *chœurs de trois cents voix, répondant aux fils de* » *saint Martin, étaient d'après la légende les enfants* » *du druide converti Fiek.* » Mais Fiek, lisez Fiacc, n'était pas un druide, c'était un *file*, un *fáith*, un membre du groupe appelé μάντεις par Diodore de Sicile, οὐάτεις par Strabon. Le nom latin du *file* ou

---

(1) Ce Drust serait le *Drust filius Gygurn*, ou le *Drust filius Hudrosig* de la Chronique des Pictes et des Scots (William F. Skene, *Chronicles of the Picts, Chronicles of the Scots*, 1867, p. 285), dont les noms sont écrits *Drest filius Gyrom* et *Drest filius Wdrost* dans la Chronique picte (*ibid.*, p. 7). Ils régnèrent de 523 à 528 (William F. Skene, *Celtic Scotland*, t. I, p. 136). Sur Mugint, voir Bernard et Atkinson, *The irish liber hymnorum*, t. I, p. 22; t. II. p. 11, 112; Whitley Stokes, *Goidelica*, 2ᵉ éd., p. 96.

(2) « Abnegabant mulierum administrationem separantes eas a monasteriis. » Haddan and Stubbs, *Councils and ecclesiastical documents*, t. II, p. 292.

fáith en Irlande est *poeta*, celui du druide *magus ;* or Fiacc, dans la vie de saint Patrice par Muirchu Maccu Machtheni, est qualifié d'*adoliscens poeta* (1).

Une preuve, a-t-on dit, que les monastères irlandais sont d'origine druidique, c'est qu'on y sait le latin, le grec et la calligraphie. Or nous n'avons aucun monument de la calligraphie druidique. Mais César nous apprend (2) que les druides se servaient ordinairement de caractères grecs ; et l'écriture irlandaise dérive de l'alphabet latin.

Enfin on ne voit nulle part ni que ces druides aient donné en grec ou en latin leur célèbre enseignement versifié ni qu'ils aient même enseigné à leurs élèves l'une ou l'autre de ces deux langues. Au contraire saint Irénée, archevêque de Lyon, mort au commencement du troisième siècle, écrivait en grec (3) ; les vers d'Ausone, 310-390, sur les professeurs de Bordeaux attestent qu'on enseignait le grec en Gaule au quatrième siècle (4). C'est de

---

(1) Whitley Stokes, *The tripartite Life*, p. 283. Fiacc, dans un texte irlandais plus récent, est dit appartenir à la famille, *muinter*, de Dubthach, *file* royal, *rig-file* d'Irlande. *Ibid.*, p. 52.

(2) *De bello gallico*, l. VI, c. 14, § 2.

(3) W. Christ, *Geschichte der griechischen Litteratur*, dans le *Handbuch* d'Iwan Müller, t. VII, p. 642.

(4) *Commemoratio professorum Burdigalensium*. L'enseignement du grec est constaté aux paragraphes suivants : 9, consacré *Grammaticis graecis Burdigalensibus* (imprimé dans *Monumenta germaniae historica, auctorum antiquissimorum*, t. V, dernière partie, *D. Magni Ausonii Opuscula*, par Charles Schenkel, p. 62) ; 14, *Citario Siculo Syracusano, grammatico Burdigalensi*

Gaule que cet enseignement émigra en Irlande après la conquête barbare du cinquième siècle ; il y fut transporté avec le christianisme sans le secours des druides. L'analogie qui peut exister entre les monastères chrétiens et les lamaseries du Thibet atteste simplement que, les lois de l'esprit humain étant partout les mêmes, on voit se produire, à un degré de civilisation analogue, des phénomènes semblables.

Les druides ont été en Irlande les plus grands ennemis de l'enseignement chrétien.

Au cinquième siècle, dans les récits hagiographiques concernant saint Patrice, dont les plus anciens sont de deux siècles postérieurs, mais qui représentent la tradition irlandaise, les druides, en latin *magi*, apparaissent souvent. Ils sont les adversaires du saint évêque. A un moment, dix se réunissent contre l'apôtre du christianisme : ils sont vêtus de blanc, *induti vestibus albis*, comme le druide, *sacerdos candida veste*, qui en Gaule, suivant Pline le naturaliste, au premier siècle de notre ère, coupe avec une faux d'or le gui sur le chêne (1). Leur chef est Recrad, qui veut tuer Patrice ; celui-ci lève sa main gauche et maudit Recrad, qui tombe mort. Voilà ce que racontait en

---

graeco (*ibid.*, p. 65); 22, dédié à *Crispus et Urbicus grammatici latini et Graeci* (*ibid.*, p. 68, 69).

(1) Whitley Stokes, *The tripartite Life*, t. II, p. 325-326 ; Hogan, *Vita sancti Patricii*, p. 83 ; *Analecta Bollandiana*, t. II, p. 61. Cf. Pline, l. XVI, § 251 ; éd. Ian, t. III, p. 45.

Irlande un texte écrit au milieu du septième siècle de notre ère (1). On n'y voit pas que ces dix druides vécussent ensemble et constituassent une communauté.

Le roi suprême d'Irlande, à cette date, est Lóigaire ; il a deux filles, Ethne la blanche, Fedelm la rousse, dont il a confié l'éducation à deux frères, deux druides, *Mael*, en latin *Calvus*, et *Caplait*, en latin *Capitolavium*. Patrice convertit les deux filles, qui meurent après leur baptême, d'où fureur des druides, qui, bientôt calmés, sont convertis à leur tour ; mais il n'est pas dit qu'ils aient fondé un monastère (2).

Deux autres druides du roi sont *Lucet-Mael* et *Lochru* ; ils ont prédit la venue de Patrice (3), mais ils sont ses adversaires, le saint fait périr le second par une chute, le premier par le feu (4). La lutte entre Patrice et les druides est un des caractères de la mission du pieux apôtre en Irlande. On a conservé la prière où il demande à Dieu de le

(1) Hogan, *Vita sancti Patricii*, p. 14, 15, extrait des *Analecta Bollandiana*, t. I, p. 542, 543. Whitley Stokes, *The tripartite Life*, t. II, p. 325-326.

(2) Hogan, *Vita sancti Patricii*, p. 70-73 ; *Analecta Bollandiana*, t. II, p. 48-51 ; Whitley Stokes, *The tripartite Life*, t. II, p. 312, 314-317.

(3) Whitley Stokes, *The tripartite Life*, t. II, p. 273-274 ; Hogan, *Vita sancti Patricii*, p. 27, 28 ; *Analecta Bollandiana*, t. I, p. 555, 556.

(4) Whitley Stokes, *The tripartite Life*, t. II, p. 280-285 ; Hogan, *Vita sancti Patricii*, p. 34-39 ; *Analecta Bollandiana*, t. I, p. 562-567.

préserver des incantations des druides (1); et le poème de Ninine, un des plus courts et des plus anciens morceaux composés en l'honneur de Patrice, consacre un vers sur dix aux combats de ce saint contre « les druides au cœur dur (2). »

Dans le siècle suivant, Columba, le célèbre fondateur du monastère d'Iova, voulant convertir les habitants du nord de la Grande-Bretagne, trouve encore des druides, *magi*, qui forment, par leur résistance, le principal obstacle au succès de sa mission (3). On connaît le nom d'un de ces druides, qui s'appelait Broichan, et qui faisait partie de la maison de Brudeus, roi des Pictes; Columba lui sauva, dit-on, miraculeusement la vie, et n'éprouva en retour que de l'ingratitude (4). La fondation d'Iova fut le résultat de la victoire remportée sur les druides de la Bretagne septentrionale par l'illustre Irlandais Columba, un des plus célèbres continuateurs de l'apostolat de saint Patrice.

Le monachisme irlandais n'est donc pas issu du druidisme.

(1) Whitley Stokes, *The tripartite Life*, t. I, p. 50.
(2) Windisch, *Irische Texte*, t. I, p. 23; Bernard et Atkinson, *The irish liber hymnorum*, t. I, p. 105; t. II, p. 36.
(3) Adamnan, *Vita sancti Columbæ*, l. I, c. 1, 37; l. II, c. 11; édition Todd, p. 36, 73, 119; Metcalfe, *Pinkerton's Lives of scottish Saints*, t. I, p. 112, 137.
(4) Adamnan, *Vita sancti Columbæ*, l. II, c. 33, 34; édition Todd, p. 146-148; Metcalfe, *Pinkerton's Lives of scottish Saints*, t. I, p. 154-157.

D'autre part les druides, membres de l'aristocratie celtique, ne doivent pas être confondus avec les devins : les devins sont compris dans les ouvriers de métier, classe moyenne, très supérieure au simple manœuvre et à la plupart des ouvriers agricoles, et cependant peu considérée à Rome, mais qui, dans le monde celtique comme dans le monde homérique, paraît avoir été l'objet d'une haute estime. Les ouvriers de métiers, *aes dána*, littéralement « les gens de talent » en Irlande, ont pour patron dans cette île et probablement aussi en Gaule, le dieu Lug, qui est regardé comme capable d'exercer également tous les métiers ; il est *sam-il-dánach*, dit-on en irlandais ; ce dieu de la classe moyenne, de la bourgeoisie celtique, est à la fois charpentier, forgeron, soldat, harpiste, poète, historien, médecin, échanson, bronzier (1).

Entre cette nomenclature celtique et celle des δημιοεργοί homériques (2), la principale différence

(1) Bataille de Moytura, publiée par Whitley Stokes, *Revue celtique*, t. XII, p. 76-79. Cela n'empêche pas certains métiers d'avoir parmi les dieux un représentant spécial : *Ogma* = *Ogmios* pour les soldats, *Goibniu* = *Gobanniu* pour les forgerons, *gobannes*, thème *gobann*, dont est dérivé *Gobannitio*, nom d'un oncle paternel de Vercingétorix, *De bello gallico*, l. VII, c. 4, § 2. *Gobannitio* peut être comparé au nom d'homme français Lefèvre et à ses variantes méridionales Fabre, Favre. En Bretagne, on dit Le Gof ; *gof* est la forme bretonne de *goba*, nominatif singulier irlandais du thème *gobann*, au nominatif pluriel *gobannes*.

(2) Buchholz, *Homerische Realien*, t. II, 1re partie, p. 4, 27-60. La nomenclature homérique de la bourgeoisie, δημιοεργοί, comprend le devin qui, en Irlande, se confond avec le poète.

consiste dans la présence ici du soldat de profession, qui paraît n'avoir pas existé en Grèce à l'époque reculée à laquelle remonte la littérature homérique.

Quand le sentiment national est peu développé, le soldat de profession devient facilement soldat mercenaire combattant pour la défense, non de la patrie, mais de l'étranger, quelquefois même de l'ennemi.

Au quatrième siècle avant notre ère, le Celte est déjà soldat mercenaire au service de l'étranger. Dès l'an 369 avant J.-C., vingt et un ans après la défaite des Romains à la bataille de l'Allia, on voit paraître en Grèce une troupe de deux mille fantassins celtes et ibères envoyés par Denys l'Ancien, tyran de Syracuse, qui leur avait payé d'avance cinq mois de solde (1). Cette petite armée venait au secours des Spartiates en lutte avec les Thébains, qui, sous le commandement d'Epaminondas, leur disputaient, les armes à la main, la suprématie au milieu des petits états grecs. C'était deux ans après la victoire des Thébains à Leuctres, 371. Les Spartiates durent aux mercenaires celtes, en 368, la victoire de Midée sur les Arcadiens (2).

---

(1) Xénophon, *Hellenica*, l. VII, c. 1, § 20 ; édit. Didot, p. 467 ; Cougny, *Extraits des auteurs grecs*, t. II, p. 520. — Diodore de Sicile, *Bibliotheca*, l. XV, c. 70, § 1 ; édit. Didot, t. II, p. 47 ; Cougny, p. 426.

(2) Xénophon, *Hellenica*, l. VII, c. 1, § 31 ; édit. Didot, p. 469. Cougny, *Extraits des auteurs grecs*, t. II, p. 522. Suivant Dio-

Dans le siècle suivant, nous voyons des Gaulois mercenaires servir indifféremment dans les armées étrangères en Europe, en Asie, en Afrique.

Parlons d'abord de l'Europe.

Quand, en 274, Pyrrhus, roi d'Epire, entreprit de détrôner Antigone Gonatas, roi de Macédoine, des Gaulois combattaient dans les deux armées opposées; les uns pour le roi d'Epire, les autres pour le roi de Macédoine qui fut vaincu (1). Pendant la première guerre punique, 264-241, et pendant la seconde, 219-202, des mercenaires gaulois constituèrent en face des légions romaines une des principales forces des armées carthaginoises. On les y voit paraître à partir de l'année 262 (2). Inutile d'entrer ici dans des détails bien connus.

Les Gaulois, en prenant les armes pour les Carthaginois contre les Romains, ont pu quelquefois croire qu'ils combattaient un ennemi national et héréditaire. Il n'en pouvait être de même quand ils se mêlaient aux querelles que les rois grecs, médiocres successeurs d'Alexandre, avaient soit entre eux, soit avec les républiques grecques. Nous

---

dore, l. XV, c. 70, § 1; édit. Didot, t. II, p. 47, 609, cette bataille aurait été livrée en 369.

(1) Plutarque, *Pyrrhus*, c. 26, *Vies*, édit. Didot, t. I, p. 477. Cougny, *Extraits des auteurs grecs*, t. III, p. 128, 130, 132. — Pausanias, l. I, c. 13; édit. Didot, p. 17-18; Cougny, *Extraits des auteurs grecs*, t. IV, p. 142.

(2) Polybe, l. I, c. 17, § 4; édit. Didot, t. I, p. 12; Cougny, *Extraits des auteurs grecs*, t. II, p. 32.

venons d'en citer un exemple. On peut en ajouter d'autres. C'est ainsi qu'en 224 avant J.-C. on comptait mille Gaulois dans l'armée qu'Antigone, roi de Macédoine, conduisit en Laconie et qui, à la bataille de Sellasie, vainquit le roi de Sparte Cléomène (1). En 218, des cavaliers gaulois font partie de l'armée de Philippe V, roi de Macédoine, allié des Achéens contre les Etoliens (2).

D'Europe passons en Asie.

On sait qu'en 278 les Gaulois furent attirés en Asie par Nicomède, roi de Bithynie (3), auquel ils servirent d'auxiliaires contre Zipoïtés, son père, et contre Antiochos Ier Sôter, roi de Syrie. Ensuite, faisant la guerre pour leur propre compte, ils conquirent une partie de l'Asie-Mineure. Mais ils n'abandonnèrent point pour cela leur métier de soldats mercenaires.

Nicomède, roi de Bithynie, étant mort en 251, ce fut en se faisant aider par des mercenaires gaulois de la tribu des *Tolistobogii*, que Zéïlas, fils aîné du monarque défunt, s'empara de la couronne saisie par son frère cadet Zipoïtes (4). En 241,

---

(1) Polybe, l. II, c. 65, § 2, édit. Didot, t. I, p. 113 ; Cougny, *Extraits des auteurs grecs*, t. II, p. 114.

(2) Polybe, l. V, c. 3, § 2 ; c. 17, § 4 ; édit. Didot, t. I, p. 263, 273.

(3) Memnon, dans *Fragmenta historicorum graecorum*, t. III, p. 535, 536 ; Cougny, *Extraits des auteurs grecs*, t. II, p. 512, 514.

(4) Memnon, dans *Fragmenta historicorum graecorum*, t. III, p. 537 ; Cougny, *Extraits des auteurs grecs*, t. II, p. 514.

des mercenaires gaulois paraissent avoir formé la principale force de l'armée avec laquelle Antiochos Hiérax battit, à Ancyre, son frère le roi de Syrie Seleucos II Callinicos (1). Vers l'année 220, Antiochos le Grand, roi de Syrie, fils et successeur de Seleucos II, était en guerre avec Molon, satrape révolté de Médie ; il y avait des mercenaires gaulois dans les deux armées ; ceux d'Antiochos étaient Tectosages (2) : Antiochos fut vainqueur (3). L'année suivante, l'armée réunie contre Antiochos par Ptolémée Philadelphe, roi d'Egypte, comprenait aussi des Gaulois mercenaires (4). Nous nous bornons pour l'Asie à ces exemples, auxquels on pourrait en ajouter d'autres.

On trouve aussi des Gaulois, soldats mercenaires, en Afrique.

Le roi d'Egypte, Ptolémée Philadelphe, 285-247, fit mourir de faim, ou, suivant une autre version, noya dans une île déserte quatre mille Gaulois mercenaires qui s'étaient révoltés contre lui (5). Quel-

---

(1) Plutarque, *De fraterno amore*, c. 18 ; *De garrulitate*, c. 12 ; *Moralia*, édit. Didot, t. I, p. 592, 615 ; Cougny, *Extraits des auteurs grecs*, t. III, p. 345.

(2) Polybe, l. V, c. 53, § 3, 8 ; édit. Didot, t. I, p. 297, 298 ; Cougny, *Extraits des auteurs grecs*, t. II, p. 262.

(3) Polybe, l. V, c. 54 ; édit. Didot, t. I, p. 298.

(4) Polybe, l. V, c. 65, § 10 ; édit. Didot, t. I, p. 306 ; Cougny, *Extraits des auteurs grecs*, t. II, p. 262.

(5) Pausanias, l. I, c. 7 ; édit. Didot, p. 10 ; Cougny, *Extraits des auteurs grecs*, t. IV, p. 140. — Callimaque, *In Delum*, vers 184-188 ; édit. d'Otto Schneider, p. 41, cf. p. 203 où il faut lire la glose ; Cougny, t. VI, p. 110, 112.

ques années après, en 238, également en Afrique, les Carthaginois exterminaient leurs mercenaires gaulois qui avaient de même pris les armes contre eux (1).

Ainsi, un grand nombre de Gaulois ont fait le métier de soldats mercenaires au service de l'étranger pendant le quatrième et le troisième siècle avant J.-C. Soldat mercenaire est une sorte d'abus de la vie du soldat de profession. Nous trouvons le soldat de profession non seulement dans l'histoire des Gaulois, mais aussi dans l'épopée irlandaise et il fait défaut dans la civilisation que décrit la littérature homérique. Mais cette littérature est beaucoup antérieure chronologiquement aux faits d'histoire militaire dans lesquels nous constatons la présence des mercenaires gaulois. Notre plus ancien exemple gaulois remonte à l'année 369 avant J.-C. Or, dès le septième siècle avant J.-C., on commence à trouver des mercenaires grecs au service des rois d'Egypte (2). C'est de l'an 401, trente-deux ans avant l'année 369 que date la célèbre bataille de Cunaxa; on sait comment, dans cette bataille, les mercenaires grecs au service de Cyrus le jeune, prétendant au trône de Perse, furent vainqueurs, tandis que l'ambitieux qui les

(1) Polybe, l. I, c. 80-87; édit. Didot, t. I, p. 60-66; Cougny, Extraits des auteurs grecs, t. II, p. 38-40, 42; cf. Appien, De rebus punicis, c. V; édit. Didot, p. 102; Cougny, t. IV, p. 52.

(2) Hérodote, l. II, c. 152, § 3, 4. Diodore de Sicile, l. I, c. 66, § 12; édit. Didot, t. I, p. 54.

avait amenés au combat recevait un coup mortel ; de là cette fameuse retraite des dix mille qui a fait la réputation militaire de Xénophon, et qui lui a fourni la matière d'un livre célèbre, aujourd'hui un des principaux titres de gloire du soldat écrivain grec.

Quand un peu plus d'un demi-siècle plus tard, Alexandre le Grand fit la conquête de l'empire des Perses, il trouva en face de lui, dans l'armée du grand roi, des mercenaires grecs. La présence de ces soldats grecs parmi les troupes qui défendaient la cause de l'ennemi national peut sembler plus étrange que plus tard celle des Gaulois, vivant du métier des armes aux frais des petits rois qui se partagèrent l'empire disloqué d'Alexandre.

M. Mommsen, dans son *Histoire romaine*, dit que les Celtes ont été les vrais *lansquenets* de l'antiquité (1). Ils ne le sont pas plus que les Grecs. Si de l'antiquité nous descendons aux temps modernes, nous trouvons le même métier chez d'autres peuples ; et le mot allemand, dont M. Mommsen s'est servi pour désigner les soldats mercenaires Gaulois, reste dans notre langue un souvenir de faits militaires chronologiquement et géographiquement très rapprochés de nous et où les Gaulois n'ont joué aucun rôle.

Mais, sur ce point, la doctrine de M. Mommsen

---

(1) « Es sind die rechten Lanzknechte des Alterthums. » *Römische Geschichte*, t. I, 6ᵉ édition, p. 325.

n'est pas nouvelle : l'idée que les Gaulois étaient souvent soldats mercenaires se trouve déjà au II° siècle avant notre ère dans les *Histoires* de Polybe et fait donner par cet auteur une étymologie aussi curieuse que fausse d'un mot gaulois bien connu. Parlant des Galates ou Celtes qui, venant des régions situées au nord des Alpes, apportèrent en l'année 232 leur concours aux Insubres et aux *Boii* contre les Romains, il dit que ces auxiliaires s'appelaient γαισάτοι, *gaesati*, parce qu'ils étaient mercenaires. C'est, affirme-t-il, le sens principal du mot (1). Voilà ce que le célèbre historien écrivait à une date de peu de chose antérieure à l'année 150 avant J. C.

Le texte le plus ancien où il soit question des *gaesati* est un fragment du Πολυχάρης d'Euphorion de Chalcis, poète élégiaque, qui fut bibliothécaire d'Antiochos III dit le grand, roi de Syrie (222-187). Suivant cet auteur, leur nom doit s'écrire γαιζῆται, et ils portent de l'or autour du cou (2). C'est une allusion au *torques*, et elle est inspirée par la concordance du son des deux premières syllabes de γαιζῆται avec le mot grec d'origine perse γάζα, « trésor. » C'est aussi cette concordance qui a fait imaginer l'explication proposée par Polybe, c'est-à-dire le rapport

---

(1) « Προσαγορευομένους δὲ διὰ τὸ μισθοῦ στρατεύειν Γαισάτους. Ἡ γὰρ λέξις αὕτη τοῦτο σημαίνει κυρίως. » Polybe, l. II, c. 22, § 2 ; édit. Didot, t. I, p. 83 ; Cougny, *Extraits des auteurs grecs*, t. II, p. 74.

(2) « Περὶ δείρεα χρυσοφοροῦντες. » *Thesaurus linguae graecae*, édit. Didot, t. II, col. 480.

du mot *gaesati* avec l'or que le soldat recevait comme salaire. Mais les deux doctrines ne valent pas mieux l'une que l'autre.

Γαιζῆται, chez Euphorion, est une orthographe corrompue pour γαισάται (ou γαισάτοι). Ce nom, au nominatif singulier γαισάτης, veut dire « porteur de l'arme appelée γαῖσον, » qui est une sorte de javelot. L'équivalent grec de γαισάτης n'est pas μισθωτός, « mercenaire, » c'est δορυφόρος, « guerrier armé de lance. »

Quoi qu'il en soit, si nous admettons l'exactitude du récit de Polybe, les γαισάται venus des régions situées au nord des Alpes et descendus en Italie en 232 étaient mercenaires de fait, bien qu'ils ne le fussent pas de nom. Ils étaient attirés en Italie par les salaires élevés que les Insubres et les *Boii* leur avaient promis ; l'appât du butin à faire sur les Romains n'avait pas suffi pour les décider à traverser les Alpes.

Ainsi, le soldat de profession est une des catégories dont se compose ce que nous pouvons appeler la bourgeoisie celtique. Il prend place à côté du devin, *ueles ou *file*, *uátis* ou *fáith*, qui est le μάντις grec ; à côté du charpentier, du forgeron, du bronzier, trois professions qui dans la littérature homérique sont réunies sous une seule dénomination, τέκτονες ; à côté du médecin ; à côté du harpiste, du poète, de l'historien, trois professions cumulées par l'aède, ἀοιδός, homérique, et qui, chez les Celtes, après avoir été confiées au barde, lui furent enlevées en Irlande par le *file* ou devin ; enfin, à côté de l'échanson qui remplace en Irlande le héraut, κῆρυξ, de la littérature grecque (1).

Tel était le groupe dont le protecteur divin, le chef mythique était *Lugu-s*, en irlandais *Lug*. Le nom de ce dieu apparaît dans deux inscriptions romaines : l'une d'Espagne, à Osma, ville celtibère ; l'autre de Gaule, à Avenche, en Suisse, dans chacune desquelles il est employé au pluriel, *Lugovibus*, *Lugoves* (2), comme dans d'autres inscriptions celui de Junon (3). De lui dérivent les noms d'homme *Luguadicus*, en Espagne chez les Celtibères à Ségovie (4), Lugaid en Irlande.

Il était bien connu en Gaule ; dans ce pays, suivant la doctrine de M. Holder, quatorze localités différentes s'appelaient forteresse de *Lugu-s* : *Lugu-dunum*, nous citerons : Laon (Aisne) ; Leyde (Pays-Bas) ; Loudon, commune de Périgné-l'Evêque (Sarthe) (5) ; Lyon (Rhône) ; Saint-Bertrand de Comminges (Haute-Garonne) ; et enfin deux *Mons Lugdunus*, l'un aujourd'hui Mont-Lahuc, com-

---

(1) Buchholz, *Homerische Realien*, t. II, 1ʳᵉ partie, p. 4.

(2) *Corpus inscriptionum latinarum*, t. II, n° 2818 ; Mommsen, *Inscriptiones confoederationis helveticae*, n° 161.

(3) Sur les *Junones*, voyez Ihm chez Roscher, *Ausführliches Lexicon der griechischen und römischen Mythologie*, t. II, col. 615-618 ; et dans *Jahrbücher des Vereins von Alterthumsfreunden im Rheinlande*, Heft LXXXIII, 1887, p. 186.

(4) *Corpus inscriptionum latinarum*, t. II, n° 2732.

(5) Caulin, *Géographie ancienne du diocèse du Mans*, p. 377-378.

mune de Bellegarde, canton de la Motte-Chalençon, arrondissement de Die (Drôme) (1), l'autre situé commune de Geyssans, arrondissement de Valence, canton de Romans, même département (2), etc. (3).

On remarquera que dans la liste irlandaise des δημιοεργοί, comme dans la liste homérique, dans ces deux nomenclatures de la bourgeoisie celto-hellénique, le marchand fait défaut. Dans la Grèce homérique, comme dans le monde celtique, le marchand est peu considéré.

Quand chez les Phéaciens Eurualos émet l'hypothèse qu'Ulysse pourrait bien être le patron d'un vaisseau marchand, qu'il serait un de ces hommes dont le rôle est de se rappeler en quoi consiste leur cargaison, d'en surveiller l'entrée et la sortie, de s'enrichir par un gain souvent peu légitime, le héros grec se met en colère (4). Mais alors demander à un étranger arrivé par mer et inconnu : êtes-vous marchand ou pirate ? est une question polie ; le pirate, qui s'expose à la mort quand on lui résiste, exerce une profession noble : « Voyagez-

(1) Brun-Durand, *Dictionnaire topopraphique du département de la Drôme*, p. 231.
(2) Ulysse Chevalier, *Cartulaire de Saint-Barnard de Romans*, p. 100. Giraud, *Essai historique sur l'abbaye de Saint-Barnard et sur la ville de Romans*, première partie, Preuves, p. 37.
(3) *Alt-cellischer Sprachschatz*, t. II, col. 341-344. M. Holder n'a pas connu la dernière de ces localités.
(4) *Odyssée*, VIII, 98-166.

vous pour le commerce? » demande Nestor à Télémaque, « ou êtes-vous de ces brigands, ληϊστῆρες, qui parcourent la mer en risquant leur vie pour le malheur des autres (1)? » Le cyclope Polyphème pose à Ulysse la même question (2). C'était une façon aimable de s'exprimer.

Thucydide, en son premier livre, constate que dans la période la plus ancienne de l'histoire grecque la piraterie, λησтεία, était d'une pratique générale ; elle enrichissait les chefs ; elle donnait aux pauvres de quoi manger, dit-il (3) ; il ajoute qu'elle était considérée comme glorieuse (4).

Le conte à l'aide duquel Ulysse, de retour dans son palais d'Ithaque, dissimule son identité, peut être cité comme exemple. L'hypothèse qu'il serait marchand lui a semblé une insulte. Or, publiquement, dans la salle du festin, il raconte qu'il a fait partie d'une bande de brigands, ληϊστῆρες, qui est allée en Egypte et qui s'est mise à ravager la campagne, tuant les hommes, enlevant les femmes et les enfants, mais qui a fini par être vaincue. Les Egyptiens ont tué une partie des brigands et ont réduit les autres en esclavage ; il a été, lui, du nombre de ces derniers, puis il est parvenu à

---

(1) *Odyssée*, III, 71-74.
(2) *Odyssée*, IX, 251-255.
(3) Thucydide, l. I, c. 5, § 1.
(4) « Φέροντος δέ τι καὶ δόξης μᾶλλον. » Thucydide, l. I, c. 5, § 1. Voir la scolie dans l'édition Didot, 2ᵉ partie, p. 14, et les notes de l'édition Croiset, p. 150.

s'échapper (1). Il avait fait déjà en particulier un récit semblable au pâtre Eumaïos (2).

Le père d'Antinoos, de son interlocuteur, était entré lui-même dans une bande de brigands, ληϊστῆρες, qui, partie de Taphos, île de la mer Ionienne, avait été ravager sur la côte orientale de cette mer le pays des Thesprotes. Ceux-ci voulaient le tuer ; la protection d'Ulysse lui avait sauvé la vie. Or Antinoos, grâce à cette origine glorieuse, est un des grands personnages d'Ithaque, un de ceux qui prétendent à la main de la reine Pénélope (3). Il tient même le premier rang parmi eux ; il compte régner sur Ithaque (4) ; c'est par lui qu'Ulysse commence le massacre (5) ; à cet honneur suprême Antinoos avait plusieurs titres dont la gloire du brigandage paternel n'était pas le moindre.

Les Grecs ayant, à l'époque homérique, autant d'estime pour la piraterie que de mépris pour le commerce, c'étaient les Phéniciens qui avaient alors chez les Grecs le monopole du commerce et les bénéfices qu'il produit. Le même préjugé chez les Celtes produisit un résultat analogue. D'abord les Grecs, à l'époque historique, devenus commerçants, en profitèrent dans la Celtique méridionale, comme les Sigynnes dans la Celtique

(1) *Odyssée*, XVII, 424-444.
(2) *Odyssée*, XIV, 243-320.
(3) *Odyssée*, XVI, 424-431.
(4) *Odyssée*, XXII, 52.
(5) *Odyssée*, XXII, 8-21.

orientale (1); de là résulta, du sixième au deuxième siècle avant Jésus-Christ, la prospérité de Marseille. Plus tard, la même cause amena la conquête commerciale de la Gaule par les Romains.

Dès l'année 69 avant Jésus-Christ, Cicéron constate que « la Gaule est pleine de marchands romains. Personne en Gaule, » dit-il, « ne fait une » affaire commerciale sans l'intervention d'un citoyen romain ; aucune pièce de monnaie ne circule sans passer par les comptoirs des banquiers » romains (2). » Dans ce texte de onze ans antérieur à la première campagne de J. César en Gaule, il s'agit de la portion de la Gaule transalpine conquise par les Romains au deuxième siècle avant Jésus-Christ. Dix-sept ans plus tard, quand les légions de J. César ont commencé par les armes la conquête de la partie de la Gaule restée indépendante, des marchands romains sont arrivés pour la conquérir par le négoce et l'argent ; c'est contre eux d'abord que sévit la révolte du sentiment national : à *Cenabum*, aujourd'hui Orléans, les citoyens romains, venus pour faire le commerce, sont massacrés par les Gaulois soulevés (3), comme le seront au moyen âge les Juifs, ces autres commerçants au milieu d'une population qui a conservé les préjugés antiques. C'est ainsi que com-

---

(1) Hérodote, V, 9.
(2) *Pro Fonteio*, § 11.
(3) *De bello gallico*, l. VII, c. 3, § 1.

mence la grande insurrection gauloise de l'année 52 avant notre ère, où brille avec tant d'éclat le nom de Vercingétorix.

Les textes irlandais du moyen âge attestent le même état d'esprit qu'en Gaule à l'époque de la conquête romaine et que chez le Grec homérique. La pratique et l'estime de la piraterie sont un des caractères de la civilisation celtique en Irlande.

Des actes de piraterie sont le sujet de l'*Orgain bruidne Dá Derga*, « Massacre du château de Dá Derga », une des plus anciennes épopées irlandaises, qui dispute le premier rang au *Táin* ou « Enlèvement des vaches de Cooley. » Conaire, le roi suprême d'Irlande, a fait grâce de la vie aux fils de Dond Désa, mais les a condamnés à l'exil. Les fils de Dond Désa iront, pour vivre, pratiquer le métier de pirates sur les côtes de la Grande-Bretagne. Ils font alliance avec Ingcel, le fils d'un roi de cette île, et entreprennent avec lui en Grande-Bretagne une expédition où ils tuent le père, la mère et les six frères de leur allié. Celui-ci exige en compensation une opération du même genre en Irlande. De là le siège du château de Dá Derga qui est incendié ; le grand roi Conaire y périt, et voilà comment les fils de Dond Désa, qui lui doivent la vie, lui expriment leur reconnaissance (1).

---

(1) Une analyse de ce morceau a été publiée par M. H. Zimmer, *Zeitschrift* de Kuhn, t. XXVIII, p. 556-563.

Au commencement du cinquième siècle de notre ère, saint Patrice, Breton d'origine, est fait prisonnier par des pirates irlandais qui le vendent comme esclave, et jusqu'à ce qu'il s'évade, il est réduit à garder en Irlande les cochons d'un maître. C'est ainsi que, suivant l'*Odyssée*, la fille d'Arubas, riche Sidonien, fut enlevée par des brigands venus de Taphos, île grecque de la mer Ionienne ; ceux-ci la vendirent comme esclave au roi Ktésios d'Ortugie (1). Le mot que je traduis par « brigands » est ici ληίστορες, variante de ληϊστῆρες, deux mots qui, dans la Grèce homérique, se prenaient en bonne part, tandis que le commerçant dédaigné ne comptait pas dans ce que nous appellerons la bourgeoisie.

Il y avait donc, dans le monde homérique et dans le monde celtique, une sorte de bourgeoisie, une catégorie d'hommes qui tenaient une place intermédiaire entre les riches propriétaires, — en Gaule les chevaliers, *equites*, — et les prolétaires, simples manœuvres. Cette bourgeoisie comprenait les devins, μάντεις, *vates*, *veletes, les aèdes ou bardes, les médecins, les ouvriers dont le métier exigeait un apprentissage, tels que les charpentiers, les forgerons, les émailleurs dont M. Bulliot a découvert les ateliers à Bibracte, aujourd'hui le mont Beuvray (Saône-et-Loire), et les prédécesseurs gaulois des ouvriers de métiers gallo-romains dont on

(1) *Odyssée*, XV, 417-429.

trouve les tombes réunies sous forme de moulages au musée de Saint-Germain. En Irlande et en Gaule, on compte dans cette bourgeoisie le soldat de profession, qui est inconnu d'Homère ; mais le commerçant ne faisait partie de cette bourgeoisie ni en Gaule à l'époque de l'indépendance, ni dans l'Irlande épique, ni chez les Grecs de l'*Iliade* et de l'*Odyssée*. Le druide, venu de Bretagne en Gaule à une date récente, n'avait pas pris place dans cette bourgeoisie ; il s'était élevé au-dessus d'elle et, suivant César, atteignait presque le même niveau que les chevaliers. La doctrine de César est d'accord avec la littérature épique de l'Irlande (1).

Les druides sont une classe d'hommes de rang très supérieur à celui des prêtres, ἱερῆες, de l'*Iliade*. Ceux-ci constituent une sorte de groupe à part, étranger à la fois à la bourgeoisie et à l'aristocratie, mais sans grande influence (2) ; on trouve l'équivalent dans la Gaule cisalpine en 216 ; ce sont les *templi antistites* qui chez les *Boi* buvaient dans le crâne du consul romain L. Postumius (3) ; ils sont simplement les ministres d'un temple comme le ἱερεύς homérique (ci-dessus, p. 101).

Au-dessous des druides, les *vates* et les bardes ont en Gaule une position analogue à celle des

---

(1) *Cours de littérature celtique*, t. I, p. 192.
(2) Buchholz, *Homerische Realien*, t. II, 1re partie, p. 4.
(3) Tite-Live, l. XXIII, c. 24, § 12.

devins, μάντεις, et des aèdes dans la littérature homérique. Dans cette littérature, la situation des μάντεις et des aèdes est intermédiaire entre celle de l'aristocratie et celle de la plèbe, c'est-à-dire entre les ἄριστοι et les hommes du peuple, δῆμος. Ils constituent chez Homère deux classes du groupe important des ouvriers qui ont un métier, pour lesquels un long apprentissage est nécessaire et qui, étant sans fortune, vivent de ce métier en travaillant pour le public, δημιοεργοί. Ces ouvriers, chez Homère, se distinguent en cinq classes : 1° les devins ; 2° les hommes qui travaillent le bois, les métaux, la pierre, τέκτονες ; 3° les médecins ; 4° les aèdes (1) ; 5° les hérauts. César a rangé dans la plèbe gauloise tout ce groupe d'hommes ; il ne pouvait le faire entrer dans les deux classes supérieures, 1° chevaliers, *equites*, 2° prêtres ou druides qui, après la période romaine, reparaissent toutes deux chez nous au moyen âge ; il ne concevait pas de catégorie intermédiaire entre la plèbe et cette aristocratie moitié militaire et moitié religieuse. Membre de l'aristocratie romaine et pontife, il comprenait la dignité du chevalier et du druide gaulois ; pour la bourgeoisie gauloise, il n'avait que du mépris.

(1) ...οἱ δημιοεργοί ἔασιν,
μάντιν, ἢ ἰητῆρα κακῶν, ἢ τέκτονα δούρων,
ἢ καὶ θέσπιν ἀοιδόν.
(*Odyssée*, XVII, 383-385.)
Cf. Buchholz, *Die homerischen Realien*, t. II, p. 4, 27-60.

On remarquera que le nom grec des devins, μάντις, ne se retrouve ni en celtique, ni en latin ; qu'un des deux noms celtiques du devin, *fáith* en irlandais, est identique au nom latin *vates* ; que l'autre, *veles, *veletos, a été emprunté par les Germains, comme nous l'avons dit déjà en citant la prophétesse bructère Veleda. Ces faits sont une partie des nombreux témoignages qui attestent l'intime parenté de la civilisation celtique avec celle de Rome et de la Germanie. Nous pouvons citer aussi comme exemple de la parenté des Celtes et des Latins le verbe *canere*, « chanter », et ses dérivés ou ses composés qui se retrouvent dans les langues celtiques pour désigner le chant, l'enseignement, la parole magique, et qui n'apparaît pas avec cette valeur en grec ; en latin on dit *canere*, *cantus*, *cantare*, *in-cantare* ; en irlandais *canim*, « je chante, » *for-cetal*, « enseignement », *di-chetal*, « incantation », etc. ; en gallois *gor-chan*, « incantation (1). »

La littérature épique de l'Irlande a pour auteurs les devins qui, dans cette île, ont supplanté les bardes, c'est-à-dire les confrères celtiques des aèdes homériques. Le *veles ou *file* Forgoll devait chaque soir, du premier novembre au premier mai, raconter une histoire au roi d'Ulster Mongân (2), mort

(1) Whitley Stokes, *Urkeltischer Sprachschatz*, p. 69.
(2) *The voyage of Bran son of Febal*, edited by Kuno Meyer, p. 46, 49.

en 624 (1) ou en 625 (2). Cela faisait environ cent quatre-vingt histoires. Les *file* des quatre premiers degrés, 1° *ollam*, 2° *anrath*, 3° *cli*, 4° *cano*, devaient savoir chacun trois cent cinquante histoires, dont deux cent cinquante de premier ordre, *prim-scéla*, cent de second ordre, *fo-scéla*, pour les réciter aux rois et aux grands seigneurs (3).

Le rôle du *file* irlandais le soir, en hiver, dans la grande salle des rois, devant les vassaux assemblés, est identique à celui des aèdes grecs, de Phémios chantant à Ithaque, chez Ulysse, le funeste retour des Grecs après le siège de Troie, de Démodocos chantant chez les Phéaciens, dans le palais du roi Alcinoos, une querelle entre Achille et Ulysse, la prise de Troie, les amours d'Arés et d'Aphrodite. Les bardes gaulois chantaient de même le soir devant le chef, après le repas, dans la salle des festins. Le café-concert et le théâtre les remplacent dans la société moderne.

Les compositions du *file* irlandais ne sont pas, comme celles de l'aède grec, exclusivement en vers et chantées. La plus grande partie est un récit en prose, les parties saillantes seules sont en vers et seules étaient chantées; ce chant, comme en Grèce, était exécuté avec accompagnement de harpe. Le procédé celtique mettait dans le monologue plus

---

(1) Annales d'Ulster, édit. Mac Carthy, t. I, p. 94.
(2) *Chronicon Scotorum*, édit. Hennessy, p. 78; cf. Annales de Tigernach, édit. Whitley Stokes, *Revue celtique*, t. XVII, p. 178.
(3) Livre de Leinster, p. 189, col. 2, l. 43-51.

de variété que le procédé grec. Le chant d'un seul homme pendant une heure devait souvent fatiguer. Telle est la cause qui a mis les Grecs dans la nécessité de recourir au dialogue pour maintenir l'attention, et qui les a forcés d'inventer la pièce de théâtre et de multiplier les personnages : les solitaires émules de Phémios et de Démodocos devenaient fastidieux.

Les tragédies d'Eschyle ont toutes plus de mille vers. Ce nombre dépasse de beaucoup la moyenne du nombre des vers contenus dans chacun des chants de l'*Iliade*, dont un seul a plus de neuf cents vers. Ces tragédies devaient intéresser l'auditeur beaucoup plus que ne pouvaient le faire les chants de l'*Iliade* et de l'*Odyssée*; ceux-ci, même dans leur forme actuelle, sont composés pour être lus et non pour être entendus; ils sont destinés à la lecture solitaire que fait le lettré, en hiver dans son cabinet au coin du feu, en été dans son jardin à l'ombre d'un arbre : on ne trouverait nulle part aujourd'hui un auditoire assez complaisant pour venir entendre un seul exécutant chanter avec accompagnement de piano un long morceau tel que la *Henriade*; et les quatre mille vers de la chanson de Roland ont dû plus d'une fois fatiguer la patience de ceux qui, au lieu de les lire comme nous, les entendaient chanter.

Quand un orateur a parlé environ une heure, l'auditoire en a assez; cinq ou six cents vers bien chantés, le soir, après dîner, devaient disposer au sommeil une forte partie des invités ; et quelque grand que fût le talent de l'aède, s'il avait prolongé beaucoup son exercice, sa voix aurait été couverte par les ronflements, non plus de l'auditoire, mais de l'assistance.

Dans ces conditions, une longue composition comme l'*Iliade*, qui contient plus de quinze mille vers, qui a près de quatre fois la longueur de la chanson de Roland, était contraire à la nature. Au lieu d'une *Iliade*, il a existé à l'origine un certain nombre de morceaux indépendants qui, une fois les repas du soir finis, étaient chantés par les aèdes avec accompagnement de lyre ; quand les Grecs ont commencé à avoir des livres, on a imaginé de combiner plus ou moins habilement ces morceaux, de manière à créer un ouvrage suivi destiné à être lu dans un livre et non chanté ; alors, en général, on ne chanta plus en public que les pièces de théâtre ou de courts morceaux lyriques. J'ai peine à croire que les poèmes homériques, chantés par les rapsodes à Athènes tous les cinq ans aux *Panathénaïa*, eussent grand succès (1).

Comme exemple de morceaux épiques, partie prose, partie vers, débités et chantés en Irlande, nous pouvons citer l'histoire irlandaise du cochon de Mac-Dâthô analysée plus haut ; cette pièce tient

---

(1) Lycurgue, *Contra Leocratem*, § 102, *Oratores attici*, édit. Didot, t. II, p. 19 ; Platon, *Hipparque*, édit. Didot, t. I, p. 558, l. 20-23 ; cf. Stengel dans le *Handbuch* d'Iwan Müller, t. V, 3ᵉ partie, p. 153.

en deux cent quatre-vingt-deux lignes dans le manuscrit original (1). Une autre composition épique fort célèbre, l'« Exil des fils d'Usnech, » en a deux cent vingt (2).

Une épopée telle que le *Táin* ou « Enlèvement des vaches de Cooley, » qui a environ cinq mille lignes (3), ne peut être que le résultat factice d'une opération littéraire comme celle qui nous a donné l'*Iliade*. C'est le produit d'un accord maladroitement établi entre des morceaux séparés ; cette espèce de concordance fut en Irlande l'œuvre d'un homme de lettres dont le talent était plus que médiocre, tandis que l'arrangeur, ou plutôt les arrangeurs grecs auxquels on doit l'*Iliade* et l'*Odyssée* ont fait preuve d'éminentes facultés littéraires (4).

L'histoire du travail irlandais de compilation dont il s'agit a été l'origine d'un récit épique qui a revêtu successivement différentes formes, l'une païenne et les autres chrétiennes. La plus ancienne, celle qui est païenne, paraît remonter au septième siècle de notre ère.

---

(1) Livre de Leinster, p. 111 b-114 a ; 275 lignes chez Windisch, *Irische Texte*, t. I, p. 96-109.

(2) Livre de Leinster, p. 259 b-261 b ; 239 lignes chez Windisch, *Irische Texte*, t. I, p. 67-82.

(3) Livre de Leinster, p. 53-104.

(4) Sur l'*Iliade* et l'*Odyssée*, voir l'étude de MM. Maurice Croiset, *Histoire de la littérature grecque*, t. I, p. 100-391, et Wilhelm Christ, *Geschichte der griechischen Litteratur*, p. 20-53, dans le *Handbuch* d'Iwan Müller, t. VII.

Alors régnait le roi suprême Diarmait, fils d'[Aed Slane (1), celui-ci fils de Diarmait, fils lui-même de Fergus (2)] Cerrbél (3). Il exerça la royauté suprême conjointement avec son frère Blathmac de 657 à 665, mais son rôle dans la question qui nous occupe fut nul, tandis qu'elle est inséparable du nom de Guaire Aidne, roi de Connaught, mort en 662. Nous sommes donc ici placés chronologiquement entre les deux dates de 657 et 662.

Ce fut sous le règne de ces deux personnages que s'accomplit ce qu'on appelle en Irlande « le voyage circulaire de la lourde compagnie, » *Imtheacht na tromdháimhe*. Ce récit, dont le principal héros est Senchân Torpeist, chef des *file* d'Irlande, commence par nous parler du prédécesseur de ce personnage : c'était Eochaid Dallân Forgaill, un aveugle comme Thamuris dans l'*Iliade* (4), et comme Démodocos dans l'*Odyssée* (5).

Eochaid se trouvait un jour chez Aed Find, roi de Brefney, *Brefne*. Le Brefney comprenait la partie

---

(1) *Annales des Quatre Maîtres*, édit. d'O'Donovan, 1851, t. I, p. 656-657. Aed Slane régna de 595 à 600. *Annales des Quatre Maîtres*, t. I, p. 220-227.

(2) Fergus Cerrbél aurait pris part à une bataille en 478. *Annales des Quatre Maîtres*, t. I, p. 150-151.

(3) *Tempus dano Diarmato mic Cerruaill*, dans le *Reimfeas lána bó Cualngi*, extrait publié par H. Zimmer dans la *Zeitschrift* de Kuhn, t. XXVIII, p. 431. Ce Diarmait serait mort vers 558.

(4) *Iliade*, II, 599.

(5) *Odyssée*, VIII, 64.

sud-ouest de l'Ulster, une portion du Munster et du Connaught. Au nord-est de ce royaume était situé celui d'Oriel, *Airgiall*, comprenant la partie sud-est de l'Ulster, et qui entamait légèrement le nord-est du Leinster. Là régnait un autre Aed, fils de Duach Dub. Le roi d'Oriel avait un bouclier merveilleux, surnommé le « valet noir. » Sa vue ne pétrifiait pas l'adversaire comme celle de la tête de Méduse en Grèce, mais elle suffisait pour mettre en fuite toute une armée. Le roi de Brefney persuada à Eochaid Dallân d'aller trouver Aed, roi d'Oriel, pour lui demander ce bouclier.

Eochaid Dallân alla chanter à ce prince des poèmes élogieux. On se rappelle les poèmes de ce genre chantés huit siècles plus tôt en Gaule par le barde qui suivait le char du roi Arverne Lovernios; en récompense, ce barde reçut du roi Gaulois une bourse d'or (1). Aed voulut donner à Eochaid Dallân de l'argent, de l'or et des bestiaux; Eochaid prétendit obtenir le bouclier merveilleux, et sur le refus du prince, il prononça contre lui une incantation injurieuse qui devait faire tomber sur Aed toutes sortes de fléaux.

Ce genre d'incantation était connu des Romains au cinquième siècle avant notre ère, comme on le voit par la loi des Douze tables, qui en prohibe l'emploi sous peine de mort (2). Eochaid Dallân fut

---

(1) Voyez plus haut, p. 95, 96.
(2) « Qui malum carmen incantassit. » Pline, *Histoire naturelle*,

puni de même, par la colère de Dieu. Après avoir, pendant trois jours, recouvré la vue, il perdit soudainement la vie, comme le lui avait prophétisé saint Columba, mort en 598. La prophétie remontait donc à soixante ans environ : ainsi Eochaid devait être âgé d'au moins quatre-vingts ans. A notre époque sceptique, quelques personnes penseront peut-être que sa mort subite pouvait s'expliquer sans prodige.

Après le décès d'Eochaid Dallân Forgaill, une assemblée des principaux *file* d'Irlande élut pour chef Senchân Torpeist. Celui-ci, voulant profiter de la générosité alors célèbre de Guaire Aidne, roi de Connaught, alla lui demander l'hospitalité avec trois fois cinquante *file*, autant d'élèves, autant de chiens, autant de valets, autant de femmes et trois fois neuf ouvriers de chaque métier. Guaire, prévenu, avait fait construire un bâtiment exprès pour recevoir Senchân et ses compagnons, mais il ne s'attendait pas à voir arriver tant de monde, et il fut bientôt fatigué de leurs exigences. Les femmes surtout ne savaient que demander, d'abord la veuve et la fille d'Eochaid Dallân, ensuite la femme de Senchân; enfin Senchân dépassa la mesure.

La première prétendit qu'elle allait mourir si elle n'obtenait un bol de bière faite avec du lait. Il fallait lui servir, outre ce bol, la moelle de la

---

1. XXVIII, § 17. Cf. Moritz Voigt, *Die XII Tafeln*; t. II, p. 800-805; t. I, p. 726.

cheville du pied d'un sanglier. Elle voulait avoir à côté d'elle sur un if, entre Noël et l'Epiphanie, un petit coucou nouvellement né. Il lui fallait pour ceinture une bande de lard prise sur un cochon tout blanc. Elle voulait monter sur un cheval à la crinière pourpre et aux jambes entièrement blanches ; elle prétendait porter une robe en toile d'araignée de plusieurs couleurs. Marbân, frère et porcher de Guaire, put lui procurer tout ce qu'elle demandait et satisfaire les prétentions aussi bizarres des deux autres dames. Mais Senchân fut un hôte beaucoup plus gênant qu'elles.

Senchân déclara qu'il mourrait si Guaire ne pouvait pas lui donner à lui, à toute la compagnie qu'il avait amenée et à la noblesse de Connaught un repas suffisant dont le menu aurait consisté en lard de cochons qui n'auraient pas été mis bas par des truies, et en bière produite par un seul grain d'orge. C'était encore plus difficile à trouver que ce que demandait la veuve d'Eochaid. Guaire était menacé d'une incantation en cas de refus.

Il fut tiré d'embarras par son frère Marbân. Celui-ci avait neuf cochons provenant d'une truie qui, étant pleine, avait été tuée par un loup, et onze ans auparavant il avait semé un grain d'orge qui lui avait donné un épi l'année suivante ; les grains de cet épi avaient produit dix-sept épis la seconde année ; les grains de ces épis avaient été employés comme semence, et la récolte augmentant d'année en année, Marbân, la onzième année, avait sept gros tas d'orge provenant du grain unique semé onze ans plus tôt. On put donc donner ce que demandait Senchân.

Mais celui-ci, qui ne s'attendait pas à ce résultat, fut très mécontent et refusa de manger. Guaire, fort contrarié, envoya à Senchân un domestique lui porter une oie préparée exprès pour lui. Senchân refusa d'accepter. « J'ai connu votre grand-
» père, » dit-il au domestique. « Il avait les on-
» gles ronds et malpropres; par conséquent je ne
» veux rien recevoir de vos mains. »

Guaire envoya une jeune fille préparer en présence de Senchân et pour lui un mélange de farine et d'œufs de saumon. « Il n'y a personne ici dont la
» vue me soit aussi désagréable que la vôtre, » dit Senchân à la jeune fille. « J'ai connu votre grand'-
» mère. Un jour, du haut d'un rocher, elle montra
» d'un geste de sa main le chemin à des lépreux
» qui passaient. Par conséquent, je ne puis rien
» recevoir de vos mains (1). »

Guaire logea et nourrit ces hôtes incommodes pendant un an, une saison et un mois. Il finit par perdre patience.

Marbân, son frère, trouva moyen de le tirer d'affaire. Senchân et ses compagnons avaient le droit d'être logés et nourris; mais en revanche ils devaient faire de la musique et raconter des histoires : en fait d'histoire, Marbân, au nom de Guaire,

---

(1) *Transactions of the Ossianic Society*, t. V, p. 40-73.

les somma de réciter le *Táin* ou *Enlèvement des vaches de Cooley*, du commencement à la fin. Senchân, incapable de le faire, demanda aide à ses collègues, les autres *file*. Or, de cette vaste composition épique, aucun ne savait que des morceaux, *bloga*, comme on dit en irlandais (1). Marbân, par une incantation, leur interdit de passer deux nuits de suite dans la même maison tant qu'ils n'auraient pas trouvé le texte complet de ce fameux récit. Ils furent donc contraints de se mettre en route (2).

Senchân, laissant à la charge de Guaire les femmes, les enfants, les domestiques, partit, disent les uns, pour la Grande-Bretagne, d'autres disent pour l'île de Man. La fatalité le contraignit, — lui qui aimait tant la propreté, — à prendre avec lui sur son navire un lépreux dont la figure et le corps tout entier n'étaient qu'une plaie ; mais au retour, quand on aborda en Irlande, ce malade apparut tout transformé. C'était un jeune guerrier aux cheveux couleur d'or, plus beau et mieux vêtu que tous les hommes du monde entier. Il fit un tour à droite et disparut : c'était le génie de la poésie (3).

Mais Senchân n'avait sur la route trouvé personne qui sût de l'*Enlèvement des vaches de Cooley*

---

(1) Livre de Leinster, p. 245, l. 5.

(2) *Transactions of the Ossianic Society*, t. V, p. 102-105. A comparer H. Zimmer dans la *Zeitschrift* de Kuhn, t. XXVIII, p. 433.

(3) Glossaire de Cormac, au mot *Prúll*. Whitley Stokes, *Three Irish Glossaries*, p. 36 ; traduction de Cormac, p. 135-137.

autre chose que des morceaux. Il ne lui restait plus qu'une ressource. On savait où était le tombeau de Fergus mac Roïg, un des principaux héros de la célèbre composition épique. Senchân y envoya son fils Murgen et un autre *file*.

Murgen s'assit près du tombeau pendant que son compagnon et les gens de leur suite allaient s'enquérir d'un logement. Il chanta une incantation en vers. Aussitôt s'éleva un brouillard épais qui l'enveloppa et le rendit invisible pendant trois jours et trois nuits; en sorte que, pendant ce temps, on le chercha inutilement. Il vit apparaître Fergus : les cheveux du héros épique étaient noirs, son manteau vert, sur une tunique rouge munie d'un capuchon; son épée avait une poignée d'or et ses jambes étaient protégées par des jambières de bronze.

Fergus récita à Murgen l'*Enlèvement des vaches de Cooley*, le *Táin*, du commencement à la fin, et c'est en suite de cela que fut mise par écrit cette longue épopée si célèbre en Irlande (1).

Il est curieux de voir ici la répétition d'un des épisodes les plus connus de l'*Odyssée* (2). Ulysse évoque le défunt devin Teïrésias, comme Murgen le fait pour Fergus, mort aussi; mais le procédé

---

(1) Livre de Leinster, p. 245. Comparer l'autre morceau cité par M. H. Zimmer dans la *Zeitschrift* de Kuhn, t. XXVIII, p. 431-432.
(2) *Odyssée*, XI, 20-50; 90-149.

est différent ; le résultat est aussi fort dissemblable. C'est au moyen d'un sacrifice et non d'un chant magique qu'Ulysse rend momentanément la vie et la parole au devin défunt, et Ulysse apprend de lui l'avenir, tandis que Fergus raconte à Murgen les événements passés.

La légende de Murgen, bien que se rapportant à la seconde moitié du septième siècle, plus de deux siècles après la mission de saint Patrice, est encore païenne. Cette puissance qu'ont les *file* d'évoquer par un chant les morts n'est en aucune façon conciliable avec l'enseignement chrétien. Il vint un moment où les esprits timorés effacèrent dans ce récit ce qui blessait la conscience chrétienne. On supprima l'incantation prononcée par Murgen ; on la remplaça par un jeûne observé par des saints et qui aurait eu la même puissance : Fergus leur apparut, leur récita l'*Enlèvement des vaches de Cooley ;* eux vinrent le répéter à Senchân (1).

Suivant une des formes qu'a prise la rédaction chrétienne de cette légende, ce serait Ciarân, abbé de Clonmacnoise, qui aurait le premier écrit l' « Enlèvement des vaches de Cooley. » Il aurait été du nombre des saints qui auraient obtenu par leur jeûne l'apparition de Fergus, et il aurait écrit sous la dictée de Fergus (2). Mais il y a là une impos-

---

(1) Livre de Leinster, p. 245, l. 25-29. *Transactions of the Ossianic Society*, t. V, p. 124-127.

(2) *Transactions of the Ossianic Society*, t. V, p. 124.

sibilité chronologique. Ciarân, abbé de Clonmacnoise, paraît être mort en 548 (1), la sixième année du règne de Diarmait, fils de Fergus Cerrbél, grand-père de ce Diarmait, roi suprême, qui fut contemporain de Senchân et de Guaire Aidne. D'autre part, l' « Enlèvement des vaches de Cooley » est une œuvre tout entière païenne. Il est impossible d'en attribuer la composition à une plume chrétienne.

Nous devons donc nous en tenir au texte païen. Murgen, fils de Senchân, est le premier qui, en Irlande, ait eu l'idée de réunir en un seul récit les morceaux dont se composait le cycle célèbre de l' « Enlèvement des vaches de Cooley. » C'est lui qui de ces morceaux, jusque-là séparés et conservés oralement, a fait un livre écrit ; et, pour expliquer la provenance de ce livre, au lieu d'invoquer la Muse, comme l'auteur de l'*Odyssée*, la Déesse, comme l'auteur de l'*Iliade*, il a attribué son inspiration à un mort illustre, le héros Fergus mac Roïg, rappelé momentanément à la vie par une incantation.

---

(1) *Annales des Quatre Maîtres*, t. I, p. 184.

CHAPITRE III.

LA RELIGION DES CELTES ET CELLE D'HOMÈRE.

LA MAGIE. — L'ENSEIGNEMENT DES DRUIDES. — LE DIEU SUPRÊME, L'ANTHROPOMORPHISME, LA TAILLE DES DIEUX, ILS SONT VISIBLES OU INVISIBLES A VOLONTÉ. — LES HÉROS VAINQUEURS DES DIEUX. — LES DIEUX SOUS FORMES D'OISEAUX. — L'IMMORTALITÉ DES DIEUX, LEURS VOYAGES, OÙ HABITENT-ILS ? — LES *sid*, L'ÉLYSÉE CELTIQUE, LES MORTS DANS L'AUTRE MONDE. LES MODES DE SÉPULTURE. — LES SACRIFICES HUMAINS. — LA DROITE, LA GAUCHE. — LES BONS NOMBRES ET LES MAUVAIS NOMBRES.

Le caractère le plus saillant peut-être de la religion des Celtes, celui qui la distingue le plus de la religion homérique, c'est la foi à la toute-puissance du magicien. De magie, il n'est pas question dans l'*Iliade*. Dans l'*Iliade*, le Grec homérique ne connaît qu'une seule puissance surnaturelle : c'est celle des dieux dont on obtient le concours par le sacrifice et la prière. La magie apparaît pour la première fois dans l'*Odyssée*, et n'y a qu'un représentant, c'est Circé.

Circé chante (1), mais nous ne voyons pas que ses chants aient une action quelconque. C'est au moyen de drogues magiques mêlées à des aliments sains, fromage, farine, miel, vin, et additionnées d'un coup de baguette qu'elle change en cochons les compagnons d'Ulysse (2). C'est à l'aide d'autres drogues que Circé, la baguette à la main, rend à ces malheureux cochons leur forme humaine primitive (3).

Chez Homère, ni homme ni femme n'a ce pouvoir. Circé est une déesse, le soleil est son père, et par sa mère Persa, elle est petite-fille de l'Océan (4), tandis que Murgen, au contraire, est un homme dont la filiation n'a rien de mystérieux, nous savons qu'il est le fils du *file* Senchân Torpeist. Une incantation, c'est-à-dire le chant d'une formule magique, suffit à Murgen pour faire sortir un mort du tombeau ; la parole n'a cette puissance ni dans l'*Iliade* ni dans l'*Odyssée*.

Quand Ulysse, au livre XI de l'*Odyssée*, veut faire apparaître Teïrésias et d'autres morts, il ne se contente pas d'adresser à leurs âmes un appel en forme de prière : il creuse une fosse et y fait trois libations, une d'hydromel, une de vin, une d'eau ; il y répand de la farine ; il fait vœu de sa-

---

(1) *Odyssée*, X, 221-227.
(2) *Odyssée*, X, 234-240.
(3) *Odyssée*, X, 388-396.
(4) *Odyssée*, X, 136-139.

crifier une vache et un bélier quand il sera de retour à Ithaque, et immédiatement il réalise un premier sacrifice en immolant un bélier et une brebis, tous deux noirs. C'est seulement après ces cérémonies compliquées qu'il voit apparaître les morts, tandis que seule la parole chantée de Murgen suffit pour évoquer Fergus.

Ulysse, il est vrai, n'était pas un magicien de profession comme l'étaient en Irlande et en Gaule les *file* et les druides.

Les druides surtout ont attiré l'attention des anciens. C'est une institution qui n'a pas de similaire dans l'antiquité. Les druides, en effet, sont à la fois un clergé et un corps enseignant. Il n'y a pas de corps enseignant dans la littérature homérique, et dans l'antiquité classique le clergé n'est pas un corps enseignant.

Les druides se recrutent par l'enseignement comme les clergés modernes, et non par l'hérédité comme le clergé judaïque. La durée de cet enseignement peut atteindre vingt ans (1), ce qui est approximativement la règle moderne. Il est curieux de constater que les druides ont devancé de plusieurs siècles le système actuellement suivi pour le recrutement du clergé chrétien.

Ce système dans le monde chrétien est contraire à la pratique originaire, comme le prouve le

---

(1) *De bello gallico*, l. VI, c. 14, § 3. Méla, l. III, c. 2, § 19.

mot employé dans la primitive Eglise chrétienne pour désigner les membres du clergé, πρεσβύτερος. On a choisi, au début, les plus âgés, les prenant par conséquent à un moment de la vie où l'intelligence humaine n'est plus apte à recevoir l'enseignement. Puis, par la force des choses, le système druidique s'est introduit, et on a vu paraître le πρεσβύτερος de vingt-cinq ans.

Qu'enseignaient les druides pendant la période de vingt années que duraient chez eux les études ? Nous savons par César qu'ils faisaient apprendre par cœur à leurs élèves des manuels en vers (1). Mais de quoi ces manuels traitaient-ils ? Il y était question de sujets très variés. Dans quel ordre, nous n'en savons rien. Nous sommes réduits à en ranger les matières au hasard :

1° *Histoire.* Ils enseignaient qu'une partie des populations de la Gaule était indigène, c'est-à-dire, selon nous, descendait des races qui avaient habité la Gaule avant l'invasion des Belges, des Allobroges, des *Volcae*, des Helvètes ; que l'autre partie des populations de la Gaule venait des îles les plus éloignées et de la rive droite du Rhin, d'où elle avait été chassée par les guerres et les inondations (2). Cette autre partie, ce sont les Belges, les

---

(1) *De bello gallico*, l. 6, c. 14, § 3.

(2) « Drasidae memorant revera fuisse populi partem indigenam, sed alios quoque ab insulis extimis confluxisse et tractibus trans-rhenanis crebitate bellorum et adluvione fervidi maris sedibus

Allobroges, les *Volcae*, les Helvètes et d'autres peuples moins importants arrivés avec eux dans la région située à l'ouest du Rhin. De ces nouveaux venus, les uns avaient été expulsés de leur pays d'origine, à l'est du Rhin moyen, par les Germains, d'abord leurs sujets, puis, révoltés et victorieux; les autres avaient fui aussi, mais non devant une armée : ils avaient été contraints d'abandonner leur patrie, les Pays-Bas modernes, envahis par la mer comme elle le fut de rechef au moyen âge.

2° *Géographie et cosmographie*. Etendue et forme des terres et du monde (1).

3° *Astronomie*. Des astres et de leurs mouvements (2). Cette étude avait son utilité pratique, qui était la fixation du calendrier. Les mois et les années commençaient le sixième jour de la lune; les années étaient par conséquent lunaires, et le cycle au moyen duquel s'établissait l'accord entre ces années lunaires et le mouvement apparent du soleil durait trente ans (3).

suis expulsos. » Timagène, chez Ammien Marcellin, l. XV, c. 9. Cougny, *Extraits des auteurs grecs*, t. II, p. 326, 328. *Fragmenta historicorum graecorum*, t. III, p. 323. Cf. K. Müllenhoff, *Deutsche Altertumskunde*, t. I, p. 231-233.

(1) « De mundi ac terrarum magnitudine. » *De bello gallico*, l. XVI, c. 14, § 6. « Terrae mundique magnitudinem et formam. » Méla, l. III, c. 2, § 19.

(2) « De sideribus ac eorum motu. » *De bello gallico*, l. VI, c. 14, § 6. « Motus coeli ac siderum. » Méla, l. III, c. 2, § 19.

(3) « Sexta luna quae principia mensium annorumque his facit et saeculi post tricesimum annum, quia jam virium abunde habeat, nec sit sui dimidia. » Pline, l. XVI, § 250.

4° *Philosophie*. Les druides s'occupaient de philosophie morale (1), des questions qui concernent les choses occultes et hautes (2), de la nature des choses (3), c'est-à-dire, en employant un mot grec, de physiologie (4) ; c'était, avons-nous vu, par la physiologie qu'ils prétendaient deviner l'avenir. L'immortalité de l'âme était une de leurs doctrines. Ils croyaient à un autre monde où l'âme du mort trouvait un corps nouveau (5). Mais, disaient-ils, un jour le monde périra par le feu et l'eau (6).

(1) « Τὴν ἠθικὴν φιλοσοφίαν ἀσκοῦσι. » Strabon, l. IV, c. 4, § 4; édit. Didot, p. 164, l. 23; Cougny, *Extraits des auteurs grecs*, t. I, p. 138. Cf. ci-dessus, p. 97.

(2) « Quaestionibus occultarum rerum altarumque. » Timagène, cité par Ammien Marcellin, l. XV, c. 9. Cougny, *Extraits des auteurs grecs*, t. II, p. 330; *Fragmenta historicorum graecorum*, t. III, p. 323.

(3) « De rerum natura. » *De bello gallico*, l. VI, c. 14. L'expression correspondante chez Cicéron, *De divinatione*, c. XLI, § 90, en parlant du druide Deviciacus, est : « Naturae rationem quam physiologiam Graeci appellant. » Cf. ci-dessus, p. 100.

(4) « Πρὸς τῇ φυσιολογίᾳ. » Strabon, l. IV, c. 4, § 4; édit. Didot, p. 164, l. 22, 23; Cougny, *Extraits des auteurs grecs*, t. I, p. 138.

(5) « Imprimis hoc volunt persuadere, non interire animas. » *De bello gallico*, l. VI, c. 14, § 5. — « Ἀφθάρτους δὲ λέγουσι... τὰς ψυχάς. » Strabon, l. IV, c. 4, § 4; édit. Didot, p. 164, l. 29, 30; Cougny, *Extraits des auteurs grecs*, t. I, p. 140. — « Aeternas esse animas vitamque alteram ad Manes. » Mela, l. III, c. 18.

...vobis auctoribus umbrae
Non tacitas Erebi sedes Ditisque profundi
Pallida regna petunt : regit idem spiritus artus
Orbe alio : longae, canitis si cognita, vitae
Mors media est.
(Lucain, l. I, vers 455-458.)

(6) « Ἐπικρατήσειν δέ ποτε καὶ πῦρ καὶ ὕδωρ. » Strabon, l. IV, c. 4,

5° *Théologie*. La puissance des dieux (1) était un sujet traité dans les vers qu'ils faisaient apprendre à leurs élèves. Voilà ce que nous dit César, sans nous expliquer en quoi consistait la doctrine druidique sur la théodicée, sauf deux points : 1° lorsque la volonté divine exigeait une mort d'homme, on pouvait la calmer par un sacrifice humain (2); 2° les Gaulois avaient tous pour premier ancêtre le dieu des morts, *Dis pater* (3). Diodore de Sicile, qui donne aux druides la double qualité de philosophes et de théologiens (4), est beaucoup moins explicite que César quand il ajoute que les druides passaient pour connaître la nature divine, et en quelque sorte pour savoir parler la langue des dieux (5).

Ce sont là des renseignements fort peu complets sur la théodicée ou, si l'on veut, sur la théologie

§ 4; édit. Didot, p. 164, l. 30, 31; Cougny, *Extraits des auteurs grecs*, t. I, p. 140.

(1) « De deorum immortalium vi ac potestate. » *De bello gallico*, l. VI, c. 14, § 6.

(2) « Pro vita hominis nisi hominis vita reddatur, non posse deorum immortalium numen placari. » *De bello gallico*, l. VI, c. 15, § 3.

(3) « Galli se omnes ab Dite patre prognatos praedicant, idque a druidibus proditum dicunt. » *De bello gallico*, l. VI, c. 15, § 3.

(4) « Φιλόσοφοί τέ τινές εἰσι καὶ θεολόγοι περιττῶς τιμώμενοι οὓς δρουίδας ὀνομάζουσι. » Diodore, l. V, c. 31, § 2; édit. Didot, t. I, p. 272, l. 38-40; Cougny, *Extraits des auteurs grecs*, t. II, p. 390.

(5) « Τῶν ἐμπείρων τῆς θείας φύσεως ὡσπερεί τινων ὁμοφώνων. » Diodore, l. V, c. 31, § 4; édit. Didot, t. I, p. 273, l. 3, 4; Cougny, *Extraits des auteurs grecs*, t. II, p. 392.

celtique. Il y a cependant moyen d'acquérir une notion plus nette des doctrines qui constituaient les principes fondamentaux de cette théologie ou mythologie. Un des principaux points de départ peut être la comparaison entre la formule du serment irlandais et celle du serment homérique. J'ai déjà fait cette étude ailleurs, et voici ma conclusion : l'anthropomorphisme, chez Homère et chez les Celtes, appartient à un étage relativement récent de la civilisation et a été précédé par une période où l'homme adorait la nature, c'est-à-dire principalement le ciel, la terre et l'eau, sans se figurer sous des formes humaines les forces secrètes qu'il supposait exister en chacune de ces subdivisions du monde matériel ou dans chacune de leurs parties, telles que le soleil, la lune, les fleuves, les montagnes, les arbres.

Le plus ancien de tous les serments est celui qui se prêtait par le ciel, la terre et l'eau. Le roi Conchobar prête ce serment dans l'« Enlèvement des vaches de Cooley (1). » C'est le serment que prête Héra au chant XV de l'*Iliade*, vers 36-38 ; elle jure par la terre, le ciel large qui la domine ; seulement, au lieu de parler ensuite de l'eau en général, elle se borne à l'eau du Styx. C'est aussi dans l'*Odyssée* le serment de Calypso (2).

On retrouve les éléments de ce serment primitif

---

(1) *Cours de littérature celtique*, t. VII, p. 23.
(2) *Odyssée*, V, 184-186.

dans celui que prête Agamemnon, *Iliade*, l. III, vers 276-280. Il commence par le nom de Zeus, personnification anthropomorphique du ciel, puis il nomme le soleil, les fleuves, la terre, et il ne place qu'à la fin une addition relativement récente à la formule primitive : les deux divinités qui, sous terre, punissent la violation du serment. Il s'agit là : 1° d'Aïdoneus et de Persephona, créations de la mythologie anthropomorphique ; 2° d'une idée de justice finale qui est étrangère aux conceptions les plus anciennes du paganisme et des Juifs.

Parmi les divinités grecques, il y en a une dont l'étude est surtout curieuse, parce que dans l'épopée homérique elle n'a pas revêtu le caractère anthropomorphique. C'est Hestia, « le foyer. » La personnalité d'Hestia n'apparaît encore ni dans l'*Iliade* ni dans l'*Odyssée*. L'étranger qui veut jouir des avantages de l'hospitalité invoque d'abord Zeus, ensuite la table hospitalière et le foyer du maître de la maison (1).

Mais dans la *Théogonie* d'Hésiode, Hestia est l'aînée des enfants auxquels Rhéia donne le jour. On sait que Kronos avale successivement tous ses

---

(1) Ἴστω νῦν Ζεὺς πρῶτα θεῶν, ξενίη τε τράπεζα
ἱστίη τ' Ὀδυσῆος.
(*Odyssée*, XIV, 158-159; XVII, 155-156; XX, 230-231.)

On trouve la même formule au chant XIX, vers 303-304, à cette différence près que la table, τράπεζα, est supprimée.

enfants, sauf le dernier, Zeus. Zeus seul échappe au destin fatal de ses frères et de ses sœurs, et quand finalement, Kronos, par des vomissements successifs, donne à ses enfants une seconde naissance, cette naissance se produit dans l'ordre inverse du premier : d'abord apparaît Ennosigaïos, autrement dit Poseïdaon, ensuite Aïdés, Héra, Déméter, Hestia, qui devient ainsi la dernière après avoir été l'aînée, tandis que Zeus, le plus jeune, par une chance heureuse, avait pris la place d'Hestia et était devenu l'aîné (1). Telle est du moins la doctrine d'Hésiode, car, suivant l'*Iliade*, Zeus est né le premier (2), c'est la thèse primitive.

Dans la portion de la littérature homérique qui est postérieure à l'*Iliade* et à l'*Odyssée*, je veux dire dans les hymnes, Hestia devient une déesse que Poseïdaon et Apollon veulent épouser, mais qui repousse leurs avances. Elle veut rester vierge, elle a juré qu'elle le sera toujours. C'est le plus ancien, ou du moins un des plus anciens vœux de chasteté perpétuelle que l'histoire mentionne. Hestia habite au milieu de la maison ; là, dans ce domaine intime, elle tient le premier rang parmi les dieux (3). Mais dans l'épopée homérique elle n'a pas encore atteint cette haute dignité : l'unique dieu qui dans le palais d'Ulysse, à Ithaque, ait un autel et soit

---

(1) Hésiode, *Théogonie*, vers 453-500.
(2) *Iliade*, l. XIII, vers 355.
(3) *Hymne à Aphrodite*, vers 21-32.

l'objet d'un culte est Zeus, protecteur des clôtures, ἑρκεῖος (1).

A Rome, le culte national le plus ancien est celui des quatre grands dieux : Janus, Jupiter, Mars et Quirinus; le culte de Vesta est relativement récent, il vient des Grecs occidentaux ; il est par conséquent d'origine étrangère : Vesta est la prononciation latine du grec Ϝεστία; l'étiquette romaine place cette déesse nouvelle la cinquième après les quatre dieux primitifs (2). Vesta n'est donc pas la plus ancienne de toutes les divinités, comme l'a prétendu récemment un éminent historien français.

C'est Zeus qui, chez Homère, est le dieu suprême. Les Grecs, divisés politiquement en un grand nombre de petits états, conçoivent cependant l'idée de la nation grecque; ils ont une expression pour la désigner, παναχαιοί, mot qui se trouve huit fois dans l'*Iliade* (3), trois fois dans l'*Odyssée* (4). Chaque

---

(1) *Odyssée*, XXII, 334-335.

(2) « Nam Vestae nomen est a Graecis : ea est enim quae ab illis Ἑστία dicitur. » Cicéron, *De natura deorum*, l. II, c. 27, § 68. Cf. Paul Kretschmer, *Einleitung in die Geschichte der griechischen Sprache*, p. 162, 163. Marquardt, *Handbuch der römischen Alterthümer*, t. VI, 2ᵉ édition, p. 25 ; *Manuel des antiquités romaines*, t. XII : *Le culte chez les Romains*, traduction de M. Brissaud, t. Iᵉʳ, p. 31 et suiv. Cf. Preller, *Römische Mythologie*, 1ʳᵉ édition, p. 57, 58.

(3) *Iliade*, II, 404; VII, 73, 159, 327; IX, 301; X, 1; XIX, 193; XXIII, 236.

(4) *Odyssée*, I, 239; XIV, 369; XXIV, 32.

petit état a son dieu propre, comme il a son roi, mais il y a pour la nation grecque un dieu supérieur qui domine tous les autres dieux, comme Agamemnon, roi de Mycène, domine les autres rois.

Quand, au second chant de l'*Iliade*, les Grecs se préparent à une bataille qu'ils croient devoir être décisive, chacun en particulier se met à célébrer des sacrifices, l'un à un dieu, l'autre à un autre, espérant par là échapper à la mort et aux funestes hasards de la guerre (1). Mais à côté de ces sacrifices privés il y a un sacrifice solennel et public célébré pour la nation entière. Agamemnon, grand-prêtre, puisqu'il est grand-roi, officie en personne, entouré des sept principaux chefs de la nation grecque : Nestor, roi de Pylos, Idoméneus, roi de Crète, Aias, roi de Salamine, Aias, roi des Locriens, Diomède, roi d'Argos, Ulysse, roi d'Ithaque, Ménélas, roi de Sparte. A quel dieu ce sacrifice est-il offert? A Zeus, dieu suprême (2). Agamemnon immole un bœuf à ce dieu tout-puissant; les sept rois se rangent autour de la victime, puis, parlant au nom de la nation grecque, il adresse une prière à Zeus pour lui demander la victoire (3).

En effet, le résultat de la guerre dépend de la

---

(1) Ἄλλος δ' ἄλλῳ ἔρεζε θεῶν αἰειγενετάων
εὐχόμενος θάνατόν τε φυγεῖν καὶ μῶλον Ἄρηος.
(*Iliade*, II, 400-401.)

(2) *Iliade*, II, 402-409.
(3) *Iliade*, II, 410-418.

volonté de Zeus (1). C'est à lui que Ménélas, au moment de se battre en duel avec Pâris, demande la victoire : « Zeus, ô toi qui es roi, donne-moi de » me venger de celui qui le premier a si mal agi » envers moi (2). » Zeus, qui par la foudre abat les chênes en les arrachant (3), met les guerriers en fuite par l'irrésistible peur qu'il leur inspire (4). Aias, au milieu d'une bataille, était l'effroi des Troyens ; Zeus lui envoie une terreur subite (5) ; Aias recule, il fuit ; il ressemble à un lion qui a voulu en vain pénétrer dans une étable à bœufs ; les pâtres, portant des torches enflammées, lançant des javelots et accompagnés de chiens, sortent de l'étable : le lion recule effrayé, la tristesse dans le cœur ; tel est Aias quand Zeus a mis la peur dans l'âme de ce valeureux guerrier. Zeus peut être appelé *deus exercituum*, comme Jéhovah, ou plus exactement Iahvéh, dans les livres des rois et dans ceux des prophètes d'Israël.

En parlant du Dieu des chrétiens, on a dit que toute puissance vient de lui : *omnis potestas a Deo*.

(1)   Ζεὺς ὅς τ' ἀνθρώπων ταμίης πολέμοιο τέτυκται.
(*Iliade*, IV, 84 ; cf. XI, 318-319, 753 ; XII, 162-174.)
(2)   Ζεῦ ἄνα, δὸς τίσασθαι, ὅ με πρότερος κάκ' ἔοργεν.
(*Iliade*, III, 351.)
(3) *Iliade*, XIV, 414-417.
(4)   Οὐ γὰρ οἵ τις ὁμοῖος ἐπισπέσθαι ποσὶν ἦεν
ἀνδρῶν τρεσσάντων, ὅτε τε Ζεὺς ἐν φόβον ὄρσῃ.
(*Iliade*, XIV, 521-522.)
(5)   Ζεὺς δὲ πατὴρ Αἴανθ' ὑψίζυγος ἐν φόβον ὦρσεν.
(*Iliade*, XI, 544.)

De Zeus on croit autant : c'est de lui qu'Agamemnon tient la royauté suprême. Diomède, lui adressant la parole, s'exprime ainsi : « Zeus t'a donné l'honneur du sceptre, qui t'élève au-dessus de tous (1). » Nestor répète : « Zeus t'a mis le sceptre en main (2). » Dans l'*Odyssée*, Antinoos et Télémaque discutent la question de savoir à qui d'entre eux Zeus donnera la royauté laissée vacante par l'absence d'Ulysse (3). C'est la doctrine biblique : « Par moi les rois règnent, et les législateurs prescrivent ce qui est juste : » *Per me reges regnant et legum conditores justa decernunt.* « Par moi les » princes commandent et les puissants imposent la » justice : » *Per me principes imperant et potentes decernunt justitiam* (4).

En Israël, la conception de l'unité politique a une base philosophique qu'aucun peuple dans l'antiquité n'a possédée à un degré ausssi puissant. En Grèce, l'idée du dieu suprême a un double fondement : en premier lieu, la conception politique de l'unité nationale; en second lieu, une doctrine philosophique analogue à la théorie judaïque, celle de l'unité du monde : Zeus est le dieu des Troyens comme des Grecs.

---

(1) Σκήπτρῳ μέν τοι δῶκε τετιμῆσθαι περὶ πάντων.
(*Iliade*, IX, 38.)
(2) ...Καί τοι Ζεὺς ἐγγυάλιξεν σκῆπτρον.
(*Iliade*, IX, 98-99.)
(3) *Odyssée*, I, 386-390.
(4) *Proverbes*, VIII, 15-16.

Ce double fondement paraît manquer chez les Celtes. En Irlande, à l'époque où les hommes n'ont point encore paru, les *Túatha Dé Danann*, c'est-à-dire les dieux, ont un roi qui est *Núada Argat-lám*, le *Nôdens* ou *Nodons* des Celtes de Grande-Bretagne à l'époque romaine (1), le *Ludd Law-ereint* de l'épopée galloise (2); *Argat-lam* en irlandais et *Llaw-ereint* dans l'épopée galloise signifient « à la main d'argent. » Détrôné dans la littérature irlandaise, emprisonné dans la littérature galloise, il remonte sur le trône au bout de sept ans en Irlande, où il est remplacé plus tard par le dieu Dagda (3).

Sur le continent, *Nodens* ou *Nodons* et Dagda, successivement dieux suprêmes en Irlande, paraissent avoir été l'un et l'autre inconnus. Nous ignorons si les Gaulois païens ont jamais adoré comme les Grecs un roi des dieux.

On a prétendu que les Bretons croyaient à l'unité de Dieu avant l'introduction du christianisme (4); c'est une conclusion tirée d'un texte qui veut dire absolument le contraire. Il s'agit d'un passage de

---

(1) *Corpus inscriptionum latinarum*, t. VII, n°° 137, 140.

(2) *Cours de littérature celtique*, t. III, p. 224, 265, 269, 270; cf. Rhys, *Hibbert Lectures*, p. 125-130, 561.

(3) *Cours de littérature celtique*, t. II, p. 284. Cf. *Annales des Quatre Maîtres*, t. I, p. 22.

(4) Aurélien de Courson, *Histoire des peuples bretons*, t. I, p. 59. M. Alexandre Bertrand m'a obligeamment signalé cette assertion qui m'avait échappé.

la quatrième homélie d'Origène sur Ezéchiel. Cette homélie ne nous est connue que par une traduction de saint Jérôme. Origène, écrivant dans la première moitié du troisième siècle de notre ère, croit que partout dans le monde il y a des chrétiens qui adorent le même Dieu unique ; leurs joyeuses salutations adressées à ce seul Dieu, au Christ dont ils chantent l'avènement, sont, suivant lui, la réalisation des paroles prophétiques d'Ezéchiel : « Toute la terre pousse des cris de joie, » *omnis terra clamat cum laetitia*. « Quand donc, » ajoute-t-il, « la terre de Bretagne, avant l'avènement du » Christ, a-t-elle adopté la religion d'un seul Dieu ? » Quand le même fait s'est-il produit dans le pays » des Maures et en même temps dans le monde » entier ? Maintenant, à cause des églises qui » s'étendent jusqu'aux extrémités du monde, la » terre entière adresse des cris de joie au dieu » d'Israël (1). » La conclusion à tirer de ce texte est qu'avant l'introduction du christianisme la croyance à l'unité de Dieu n'existait pas en Grande-Bretagne, suivant Origène.

(1) « Quando enim terra Britanniae ante adventum Christi unius Dei consensit religionem ? Quando terra Maurorum, quando totus semel orbis ? Nunc vero propter ecclesias, quae mundi limites tenent, universa terra clamat ad Dominum Israel. » Migne, *Patrologia latina*, t. XXV, col. 523. Haddan and Stubbs, *Councils and ecclesiastical documents relating to Great Britain and Ireland*, t. I, p. 3. C'est M. Alexandre Bertrand qui m'a signalé ce texte ainsi que le passage d'Origène contre Celse dont il va être question.

On ne peut non plus attribuer aux Gaulois la doctrine judaïque, chrétienne et musulmane de l'unité divine ; tous les monuments écrits et figurés de la religion des Gaulois protestent contre cette hypothèse. Il est inadmissible que les druides aient enseigné aux polythéistes gaulois l'existence d'un dieu unique ; dans ce cas, César n'aurait pas écrit : « Ils discutent sur la question de » savoir quelle est la force et la puissance des » dieux immortels (1), » en mettant au pluriel le substantif latin *deus*, « dieu, » et son épithète « immortel, » *immortalis*. La comparaison établie par Celse entre la religion des druides et celle des juifs est trop vague pour qu'on en puisse rien conclure à l'encontre du texte formel de César. On sait que Celse écrivait dans la seconde moitié du deuxième siècle après Jésus-Christ. Il avait composé contre le christianisme un traité intitulé « Parole de vérité, » Ἀληθὴς λόγος. Le but de cet ouvrage était d'attaquer le christianisme. Le texte original ne nous a pas été conservé. Nous ne le connaissons que par une réplique d'Origène, en huit livres, qui occupent 485 colonnes in-folio dans l'édition donnée en 1733 par le bénédictin Charles Delarue. Voici ce que dit Origène : « Je suis étonné de ce » que Celse a placé les Odryses, les Samothraces, » les Eleusiniens, les Hyperboréens parmi les na-

---

(1) « De deorum immortalium vi ac potestate disputant. » *De bello gallico*, l. VI, c. 14, 6.

» tions les plus anciennes et les plus sages, em-
» ployant ainsi pour eux le superlatif, tandis qu'il
» n'a pas mis les Juifs parmi les nations même
» simplement anciennes et sages. Il y a cepen-
» dant beaucoup d'écrivains égyptiens, phéniciens
» et grecs qui attestent l'antiquité des Juifs. Je
» considère comme inutile de citer ces écrivains.
» Tout le monde peut lire ce qu'en a dit Josèphe
» dans ses deux livres de l'antiquité judaïque ; ce
» qu'il en rapporte est suffisant. On peut encore
» consulter le livre de Tatien le Jeune, intitulé
» πρὸς Ἕλληνας λόγος, où il est savamment traité des
» historiens qui attestent l'ancienneté des Juifs et
» de Moïse. Il est certain que si Celse a été si dur
» pour les Juifs, ce n'est point par amour de la
» vérité, mais par haine. Son but, en abaissant
» les Juifs, était d'attaquer les origines mêmes du
» christianisme. Il qualifie de peuples très sages
» et de peuples anciens les Galactophages d'Ho-
» mère, les druides des Gaulois et les Gètes qui,
» sur les questions analogues, donnent les mêmes
» solutions que les Juifs, bien que je ne sache pas
» s'il y a de ces peuples aucun écrit. Aux Hébreux
» seuls il enlève autant qu'il peut l'ancienneté et
» la science (1). » Les expressions dont se sert Ori-

---

(1) ... Τοὺς μὲν Ὁμήρου Γαλακτοφάγους καὶ τοὺς Γαλατῶν δρυΐδας καὶ τοὺς Γέτας σοφώτατα λέγει ἔθνη εἶναι καὶ ἀρχαῖα, περὶ τῶν συγγενῶν τοῖς Ἰουδαϊκοῖς λόγοις διαλαμβάνοντας, ὧν οὐκ οἶδα εἰ φέρεται συγγράμματα · Ἑβραίους δὲ μόνον, τὸ ὅσον ἐφ' ἑαυτῷ, ἐκβάλλει καὶ τῆς ἀρχαιότητος καὶ τῆς σοφίας. Edition Delarue, t. I, p. 335 a, c.

gène sont trop vagues pour qu'on puisse en conclure que, suivant lui, les druides croyaient à l'unité de Dieu. Ces questions analogues, sur lesquelles les Galactophages, les druides et les Gètes donnent les mêmes solutions que les Juifs, sont probablement des questions de morale. Rien ne prouve que dans ce passage il s'agisse de théodicée et que les druides aient, comme l'Ancien Testament, enseigné l'unité de Dieu ; ils enseignaient ce polythéisme qui est le fondement de la théologie homérique et que nous retrouvons dans tous les documents où l'on peut étudier la religion des Celtes.

Un caractère commun aux dieux homériques et aux dieux celtiques c'est l'anthropomorphisme : ils ont forme humaine ; ils ont femmes et enfants ; ils peuvent avoir et ils ont des rapports sexuels avec les simples mortels ; un homme peut être fils d'un dieu et d'une femme, d'une déesse et d'un homme. Encore au commencement du cinquième siècle, saint Augustin, *De civitate Dei*, XV, 23, parle de démons appelés *dusii* par les Gaulois et qui rendent grosses les femmes ; il faudrait, dit-il, être impudent pour nier l'existence des *dusii*. Cette croyance est aussi mentionnée au septième siècle chez Isidore de Séville, *Origines*, l. VIII, c. II, § 103. Les *dusii*, réduits à l'état de démons chez les Gaulois chrétiens, étaient des dieux sous l'empire du paganisme (1).

---

(1) *Dusius* peut dériver de *duis* = *dusi-s*, glosé par *uasal*

Etre fils d'un dieu était chose honorable aux temps héroïques. Dans la littérature homérique, appeler quelqu'un fils du ciel ou de Zeus, διογενής au nominatif, διογενές au vocatif (1), — malgré le reproche de bâtardise que cette formule implique, — est dans l'usage une politesse. Ainsi Nestor, s'adressant au roi suprême Agamemnon, et cherchant à lui persuader d'adresser des excuses à Achille auquel il a pris Briséis, l'appelle fils de Zeus, διογενές (2), dans un discours au début duquel il s'est servi d'une expression contradictoire : « Très auguste fils d'Atreus », Ἀτρείδη κύδιστε (3). Plus bas, le frère d'Agamemnon, Ménélas, au moment où il va disputer le prix de la course de chars aux funérailles de Patrocle, est qualifié de fils d'Atreus dans un vers, de fils de Zeus, διογενής, dans le vers qui suit immédiatement (4).

Achille est à la fois fils de Péleus et fils de Zeus : διογενὴς Πηλέος υἱός (5).

Patrocle est fils de Ménoïtios ; Achille le sait bien, il l'appelle Μενοιτιάδη par exemple au livre XI, vers 608, quand il l'envoie chercher près de Nes-

---

« noble » dans le glossaire d'O'Davoren. Whitley Stokes, *Three Irish glossaries*, p. 76; cf. Windisch, *Irische Texte*, I, 506.

(1) L'ĭ de la première syllabe de ce mot est long, ce qui suppose un primitif *Diuio-genēs*, Brugmann, *Grundriss*, t. I, 2ᵉ édit., p. 272; le premier terme est identique à l'adjectif δῖος.

(2) *Iliade*, IX, 106.

(3) *Iliade*, IX, 96.

(4) *Iliade*, XXIII, 203, 204.

(5) *Iliade*, I, 489; cf. XXI, 17.

tor des nouvelles de la guerre; mais il le traite de fils de Zeus, διογενές, quand, au livre Ier, il le charge de livrer Briséis aux envoyés d'Agamemnon (1); quand, au livre XVI, il lui donne ses armes pour aller combattre les Troyens (2). C'est aussi l'expression dont se sert, en s'adressant à Patrocle, Apollon lorsqu'il le repousse des murs de Troie sur lesquels ce guerrier grec avait mis le pied (3). Eurupulos blessé, qui demande à Patrocle de soigner sa plaie, le traite aussi de fils de Zeus (4).

Est aussi fils de Zeus, Aias, fils de Télamon (5). En lui adressant la parole, Hector et Ménélas l'appellent dans le même vers fils de Zeus et fils de Télamon :

Αἶαν διογενές, Τελαμώνιε, κοίρανε λαῶν (6).

Eurupulos, fils d'Euaimon, est également qualifié de fils de Zeus quand, blessé, il va solliciter les soins de Patrocle (7).

De tous les personnages homériques, celui qui apparaît le plus souvent avec l'épithète de διογενής, « fils de Zeus », est le fils de Laerte, Ulysse. Cette épithète est jointe à son nom sept fois dans

---

(1) *Iliade*, I, 337.
(2) *Iliade*, XVI, 49, 126.
(3) *Iliade*, XVI, 707.
(4) *Iliade*, XI, 823.
(5) *Iliade*, IV, 489; VII, 234, 249; IX, 644; XI, 465.
(6) *Iliade*, VII, 234; XI, 465.
(7) *Iliade*, XI, 810.

l'*Iliade* (1), vingt-deux fois dans l'*Odyssée* (2). Il y a même un vers qui est une sorte de formule consacrée lorsqu'il s'agit de ce héros, et où il est à la fois traité et de fils de Zeus et de fils de Laerte : on s'en sert en lui adressant la parole :

Διογενὲς Λαερτιάδη, πολυμήχαν' Ὀδυσσεῦ.

Ce vers se trouve six fois dans l'*Iliade* (3), quatorze fois dans l'*Odyssée* (4).

Ce qui donne à l'épithète διογενής, fils de Zeus, une valeur caractéristique, c'est qu'il y a dans l'*Iliade* et dans l'*Odyssée* un certain nombre de personnages humains qui sont physiquement fils ou filles de divinités, parmi lesquelles Zeus tient le premier rang. Ainsi Hélène qui, femme de Ménélas, roi de Sparte et enlevée à ce mari par Pâris, fut cause de la guerre de Troie, et qui après la prise de Troie fut reconquise par son premier époux, est fille de Zeus (5) et de Léda (6).

Sarpédon, roi de Lycie, qui combat dans les

---

(1) *Iliade*, II, 173; IV, 358; VIII, 93; IX, 308; X, 144, 340. XXIII, 723.

(2) *Odyssée*, II, 352, 366; V, 203, 387; X, 401, 443, 488, 504; XI, 60, 92, 405, 473, 617; XIII, 375; XIV, 486; XV, 485; XVI, 167; XVIII, 312; XXII, 164; XXIII, 306; XXIV, 542.

(3) *Iliade*, II, 173; IV, 358; VIII, 93; IX, 308; X, 144; XXIII, 723.

(4) *Odyssée*, V, 203; X, 401, 488, 504; XI, 60, 92, 405, 473, 617; XIII, 375; XIV, 486; XVI, 167; XXII, 164; XXIV, 542.

(5) « Διὸς θυγάτηρ. » *Odyssée*, IV, 227. — « Διὸς ἐκγεγαυῖα. » *Odyssée*, IV, 219; XXIII, 218.

(6) Elle avait deux frères, Castor et Poludeukès, morts à Lacé-

rangs de l'armée troyenne, est fils de Zeus et de Laodamia (1). Il pénètre en vainqueur dans le camp des Grecs (2), mais il ne pourra échapper à sa fatale destinée, et Zeus le prédit : « Patrocle tuera mon fils, le divin Sarpédon (3). » Puis, quand arrive le moment redoutable, Zeus hésite : abandonnera-t-il son fils à ce malheureux sort, lui sauvera-t-il la vie ? Héra, l'ennemie des Troyens, s'emporte contre le roi des dieux : « Il y a, » dit-elle, « beaucoup d'autres fils des dieux dans les armées qui combattent autour de Troie ; si tu accordes un privilège à ton fils, les autres dieux s'irriteront de cette injustice. » Zeus cède, et Sarpédon, percé d'un coup de lance par Patrocle, tombe comme un chêne frappé de la hache du bûcheron au sommet d'une montagne, ou comme un taureau qu'un lion saisit entre ses terribles mâchoires au milieu d'un troupeau (4).

D'autres héros ont une filiation divine moins élevée.

Achille est fils de Péleus et de la déesse Thétis, fille elle-même de l'Océan (5) ; il a dans son armée deux fils de dieux. C'est d'abord son neveu

---

démone avant la guerre de Troie, *Iliade*, III, 237-244 ; et la mère de ces deux personnages était Léda, femme de Tundaréos, *Odyssée*, XI, 298-300.

(1) *Iliade*, VI, 198-199.
(2) *Iliade*, XII, 397 et suiv.
(3) *Iliade*, XV, 67.
(4) *Iliade*, XVI, 433-491.
(5) *Iliade*, I, 352-426, 495-527 ; XXIV, 59-63.

Ménesthios, fils du fleuve divin Sperchios et de Poludóra, fille de Péleus; Poludóra était femme de Bóros lorsque l'enfant fut conçu. Un autre compagnon d'Achille est Eudóros, dont la mère Poluméla, fille de Phulas, avait été rendue grosse par le meurtrier d'Argos, c'est-à-dire par le dieu Hermès, avant d'épouser Echéclés. Echéclés refusa de se charger de l'enfant et le laissa au père de Poluméla, tandis que Bóros considérait Ménesthios comme son fils, malgré les droits paternels du fleuve divin Sperchios (1).

Deux fils d'Arès, dieu de la guerre, conduisent dans l'armée grecque les habitants d'Orchomène. Ce sont Ascalaphos et Ialmenos, fils d'Astuocha, dont le père était Actor Azéïdas (2). Ascalaphos est tué d'un coup de lance par Deiphobos, fils de Priam; Arès, son père, retenu par Zeus dans l'Olympe, ne peut lui venir en aide (3). Enée, fils du mortel Anchisés et de la déesse Aphrodite, fut plus heureux : grâce à la protection de sa mère, d'Apollon et de Poseidaon, il échappa au désastre de sa famille (4). Memnon, qui tua devant Troie Antilochos, fils de Nestor, était fils de l'Aurore et de Tithónos, frère de Priam (5).

---

(1) *Iliade*, XVI, 173-192.
(2) *Iliade*, II, 511-516; IX, 82.
(3) *Iliade*, XIII, 516-525.
(4) *Iliade*, V, 305-318, 432-453; XX, 290-350.
(5) *Odyssée*, IV, 187-188; cf. *Iliade*, XI, 1; XX, 237; *Odyssée*, V, 1; et *Hymne à Aphrodite*, 219-220.

D'autres filiations divines remontent à des générations qui, au temps de la guerre de Troie, ou ne sont plus représentées, ou ne figurent que par des descendants plus ou moins éloignés. Zeus eut de femmes mortelles plusieurs fils : de la femme d'Ixion Peïrithoos, de Danaa Perseus, de Séméla Dionusos, d'Alcména Héraclés, d'Europa Minôs et Rhadamanthus (1). De Minôs descend Idoméneus, roi de Crète, présent à la guerre de Troie (2). C'est Zeus qui est le premier ancêtre de la dynastie troyenne, dont Priam, Anchisès et leurs enfants sont les représentants à l'époque de la guerre de Troie (3). Aïacos, grand-père paternel d'Achille, était fils de Zeus (4). Aréta, épouse d'Alcinoos, roi des Phéaciens, qui donne l'hospitalité à Ulysse, descend de Poseïdaon (5). Le fleuve Alphéios, qui arrose le Péloponnèse, est père d'Orsilochos, bisaïeul de deux guerriers grecs qui ont accompagné Agamemnon sous les murs de Troie et qui sont tués par Enée (6). Le fleuve Axios qui coule en Macédoine est grand-père d'Astéropaïos, qui engage avec Achille un combat singulier et qui y perd la vie (7). Du fleuve de Béotie Asôpos est née Antiopa qui,

---

(1) *Iliade*, XIV, 317-325.
(2) *Iliade*, XIII, 445-454.
(3) *Iliade*, XX, 215-241.
(4) *Iliade*, XXI, 184-189.
(5) *Odyssée*, VII, 54-67.
(6) *Iliade*, V, 541-553.
(7) *Iliade*, XXI, 139-201.

aimée de Zeus, a donné le jour à Zéthos et à Amphion fondateurs de la ville grecque de Thèbes aux sept portes (1).

Ainsi les *dusii*, ces démons qui chez les Gaulois chrétiens rendent grosses les femmes, ont eu des concurrents dans la mythologie homérique. Il y a des noms d'hommes celtiques dont le sens est analogue à celui de l'épithète homérique διογένης, « fils de Zeus », employée plus tard comme nom de personne, et à celui d'un certain nombre d'autres noms grecs de personnes conservés par des textes plus modernes : Ἀπολλογένης, « fils d'Apollon », Ἑρμογένης, « fils d'Hermès », Κηφισογένης, « fils du Céphise », rivière de Phocide, Νειλογένης, « fils du Nil (2). »

A ces noms grecs d'hommes on peut comparer d'abord le nom de *Camulo-genus*, « fils du dieu Camulos ; » ainsi s'appelait un Gaulois, aulercos de naissance, c'est-à-dire né dans le territoire où se trouvent Le Mans (Sarthe), Évreux (Eure), Jublains (Mayenne) (3). En l'an 52 avant J.-C., il fut placé à la tête des contingents opposés à Labiénus, lieutenant de Jules César, aux environs de Paris ; il livra bataille, fut vaincu et périt dans la mêlée (4).

(1) *Odyssée*, XI, 260-265.
(2) Fick, *Die griechischen Personennamen*, 1ʳᵉ édition, p. 108 ; 2ᵉ édition, p. 84, 85.
(3) Pour plus amples détails, voyez Longnon, *Atlas historique*, p. 4.
(4) *De bello gallico*, l. VII, c. 57-62.

Camulos est le nom d'un dieu gaulois assimilé à Mars sous l'empire romain. Des inscriptions établissent l'existence de son culte : chez les *Remi*, les *Viromandui*, les *Menapii*, trois peuples belges ; en Celtique, chez les *Arverni* ; dans le nord de la Grande-Bretagne, près de Glasgow. Un Rême porta son culte à Rome, un autre Gaulois lui fit peut-être même une dédicace à Salone, aujourd'hui Spalato dans l'empire d'Autriche, en Dalmatie (1).

Esu-genus, « fils du dieu Esus, » est un nom conservé par une inscription du Vieil-Evreux (Eure) (2). Le dieu *Esus* est connu par l'inscription de Paris, où on le voit représenté abattant un arbre : c'est sans doute le bûcheron récemment observé sur un autel de Trêves (3). Il y a donc trace du culte de ce dieu en Celtique chez les *Parisii*, en Belgique chez les *Treveri*. On peut ajouter que le nom propre d'homme *Esu-nertus*, « celui qui a la force d'Esus, » s'étant rencontré en Angleterre, à Londres et en Suisse, près de Genève (4), paraît être une preuve de l'extension qu'avait prise le culte de ce dieu.

---

(1) Voir les renvois donnés par M. Holder, *Altceltischer Sprachschatz*, t. I, col. 727, 728.
(2) Holder, *Altceltischer Sprachschatz*, t. I, col. 1475.
(3) Salomon Reinach, dans la *Revue celtique*, t. XVIII, p. 143.
(4) Holder, *Altceltischer Sprachschatz*, t. I, col. 1478, 1479. *Esuvius*, *Esucius*, *Esuggius*, sont probablement des formes hypocoristiques d'*Esu-nertus*, d'*Esu-genus*, ou d'autres composés dont le premier terme était le même.

Totati-genus, fils du dieu *Totatis* ou *Toutatis*. Dans une liste des soldats composant les *cohortes vigiles* de Rome sous l'empire est inscrit un Gaulois appelé *Flavius Totati-genus* (1). *Totatis* ou *Toutatis* est un dieu gaulois mentionné dans deux dédicaces : l'une a été trouvée en Grande-Bretagne, l'autre dans l'empire d'Autriche, en Styrie, à Sekkau (2), et Lucain atteste la notoriété en Gaule de ce dieu qu'il appelle *Teutates* (3).

Les Celtes, comme les Grecs, supposaient forme humaine aux forces naturelles, qu'ils divinisaient sans en changer le nom. La mer, personnage masculin, les fleuves, les arbres étaient dieux et pouvaient avoir des enfants.

De là le nom gallois de *Mor-gén*, *Mor-ien* (= *Mori-genos, « fils du dieu de la mer, ») employé pour traduire le nom grec de l'hérétique *Pelagius* (4). Deux *Morgen* apparaissent dans le Cartulaire de Llandaf en Galles, l'un au temps de l'évêque Gracielis vers l'an 700 (5), l'autre dans un acte contemporain de l'évêque Joseph mort en 1046 (6). Un certain *Morgen-munoc* est au neuvième siècle,

---

(1) *Corpus inscriptionum latinarum*, t. VI, n° 2407.

(2) *Ibid.*, VII, 84; III, 5320.

(3) *Pharsale*, I, 445.

(4) Rhys, *Hibbert Lectures*, p. 229. On a vu plus haut, p. 144, une variante irlandaise de ce nom, c'est *Murgen*.

(5) Gwenogvryn Evans et John Rhys, *The text of the book of Llan-Dav*, p. 170; à comparer l'édition de Rees, p. 162, 626.

(6) *Ibid.*, p. 225. A comparer l'édit. de Rees, p. 264, 628.

dans la Bretagne continentale, témoin d'une donation faite à l'abbaye de Redon (1). Ce nom devient *Morgen Mynawc* au quatorzième siècle dans le Pays de Galles ; c'est le nom d'un des conseillers du roi légendaire Arthur (2). Dans le plus ancien des manuscrits qui nous ont conservé la poésie lyrique galloise, c'est-à-dire dans le livre noir de Carmarthen, treizième siècle, *Morien* = *Morigenos* est un des guerriers dont la tombe est couverte de buissons (3). *Moryen* est l'orthographe des principaux textes postérieurs, c'est-à-dire du livre d'Aneurin (4) et du livre de Hergest (5). Morgen, Morien, Moryen est en quelque sorte le frère consanguin du dieu irlandais Manannan mac Lir, « Manannan, fils de l'Océan. »

Dubro-genos paraît expliquer *Dobrogen*. Une *villa Dobrogen* figure deux fois au neuvième siècle dans les chartes de l'abbaye de Redon (6). *Dubrogenos* veut dire « fils de l'eau » et se justifie par le

---

(1) *Cartulaire de Redon*, p. 96.

(2) Loth, *Cours de littérature celtique*, t. III, note 2 de la p. 312. Cf. p. 311 du texte.

(3) Gwenogvryn Evans, *Fac simile of the Black-book of Carmarthen*, f° 32, l. 5; William F. Skene, *The four ancient Books of Wales*, t. I, p. 309.

(4) *Moryen*, voyez William F. Skene, *The four ancient Books of Wales*, t. I, p. 387 ; t. II, p. 73, 78, 393.

(5) William F. Skene, *ibid.*, t. II, p. 232; t. I, p. 476.

(6) *Cartulaire de Redon*, p. 107, 108. On devrait avoir *Dobr-gen* au neuvième siècle. L'o final du premier terme aura été maintenu pour faciliter la prononciation ; cf. l'a hystérogène de l'irlandais *dobar* = *dubron* « eau. »

culte des cours d'eau, tels sont en Gaule la Seine, *dea Sequana* (1), l'Yonne, *Dea Icauna* (2), etc. Ainsi l'*Iliade* nous donne le nom d'un prêtre du Scamandre, fleuve de Troade (3). Virdomaros, le chef gaulois tué par le consul Marcus Claudius Marcellus en 222, prétendait compter le Rhin parmi ses ancêtres.

...genus hic Rheno jactabat ab ipso,

dit Properce (4).

On a publié une inscription romaine trouvée dans la Prusse rhénane et qui est une dédicace au Rhin (5). Le Rhin, au quatrième siècle, était encore le juge qui acquittait ou condamnait les femmes

---

(1) Nom masculin chez Strabon et Ptolémée, cf. De Wal, *Mythologiae septentrionalis monumenta epigraphica*, p. 249.

(2) Holder, *Altceltischer Sprachschatz*, t. II, col. 17.

(3) *Iliade*, V, 77-78. Cf. Σκαμάνδριος = Ἀστύαναξ, VI, 402-403.

(4) Properce, l. V, élégie 10, vers 41. Les éditeurs les plus récents corrigent *Rheno* en *Brenno* et supposent que Silius Italicus a imité Properce quand il a écrit :

    tumens atavis Brenni de stirpe ferebat
  Crixus.
                      (*Punicorum* IV, 150, 151.)

Cette hypothèse repose sur une autre, c'est que Brennus, vainqueur des Romains sur les bords de l'Allia, puis vaincu par eux, personnage inconnu de Polybe et de Diodore de Sicile et qui apparaît pour la première fois chez Tite-Live, aurait déjà été populaire au temps où Properce écrivait l'élégie 10 de son livre V. C'est possible, mais des hypothèses les plus jolies ne peuvent prévaloir contre la leçon des mss.

(5) Brambach, *Corpus inscriptionum rhenanarum*, 647.

accusées d'adultère ; nous le savons par l'empereur Julien (1). Six siècles plus tôt le Rhin avait eu un fils né d'une femme mortelle ; ce fils s'appelait sans doute *Reno-genos (2) ; Reno-genos était le père de Virdomaros, qui devait être en conséquence surnommé *Renogeni-cnos. Au composé Reno-genos on peut comparer les noms propres grecs Κηφισο-γένης, « fils du Céphise, » Νειλο-γένης, « fils du Nil. » Le culte des eaux explique ces noms d'hommes ainsi que les noms de rivière Dēva, Dēvana, Dēvona, Divona « la divine, » Isara « la sainte » ou mieux « le saint (3). »

Le culte des arbres a été aussi commun que celui des cours d'eau (4). Il est plusieurs fois question dans l'*Iliade* d'un arbre, φηγός, probablement un chêne, consacré à Zeus et qui s'élevait dans la

---

(1) Lettre XVI au philosophe Maxime, édition donnée chez Teubner par F.-C. Hertlein, p. 495; cf. *Oratio*, II, *ibid.*, p. 104; *Anthologia graeca*, IX, 125, édit. Didot, t. II, p. 24, 25.

(2) M. Otto Hirschfeld, dans une savante dissertation sur le nom des Germains chez Tacite et sur la date où ce nom est arrivé à Rome, conteste ma doctrine (*Kiepert-Festschrift*, p. 272); il constate cependant l'existence du nom d'homme gaulois *Renicos* (Mowat, *Bulletin épigraphique de la Gaule*, t. II, p. 51, n° 38; *Corpus inscriptionum latinarum*, t. XIII, n° 3045), qui peut être la forme hypocoristique de *Renogenos*. Il me demande quelle aurait été la source de Properce quand ce poète aurait prétendu que Virdomaros se serait dit fils du Rhin. La réponse n'est pas difficile. Properce devait avoir sous les yeux les *Graecae historiae* de Fabius Pictor, contemporain de Virdomaros.

(3) Holder, *Altceltischer Sprachschatz*, I, 1273-1276; II, 71-75. Ptolémée fait ce nom masculin : *Isaras*.

(4) Carl Botticher, *Der baumcultus der Hellenen*, p. 495 et suiv.

plaine, près de Troie (1). Un autre chêne, δρῦς, consacré au même dieu se trouvait en Grèce à Dodone (2). Des bois sacrés étaient consacrés au culte d'Athéna (3), d'Aphrodite (4), d'Apollon (5). En Gaule, la forêt d'Ardenne, *Arduinna*, avait été élevée au rang de divinité ; deux inscriptions romaines nous ont conservé des dédicaces à cette déesse (6). On a publié une dédicace aux six arbres, *sex arboribus*, qui est conservée au musée de Toulouse et qui provient du territoire de la *Civitas Convenarum*, Saint-Bertrand-de-Comminges (Haute-Garonne) (7). De là, dans le Pays de Galles, les deux noms

---

(1) *Iliade*, V, 693 ; VI, 237 ; IX, 354 ; XI, 170.

(2) *Odyssée*, XIV, 327-328. Cf. Carl Botticher, *Der baumcultus der Hellenen*, p. 111-115. Le culte du chêne de Dodone s'est maintenu jusqu'au quatrième siècle de notre ère. L'arbre, alors, n'était évidemment pas le même qu'à la date où ont été composés les poèmes homériques.

(3) *Odyssée*, VI, 291, 321, 322.

(4) *Odyssée*, VIII, 362, 363.

(5) *Odyssée*, IX, 200, 201 ; XX, 278.

(6) *Corpus inscriptionum latinarum*, VI, 46 ; *Corpus inscriptionum Rhenanarum*, 589.

(7) Bladé, *Epigraphie antique de la Gascogne*, p. 40. Je ne cite pas ici le passage bien connu de Maxime de Tyr : « Κέλτοι σέβουσι μὲν Δία, ἄγαλμα δὲ Διὸς κελτικὸν ὑψηλὴ δρῦς, » *Dissertation*, VIII, § 8, édit. Didot, p. 30 ; Cougny, *Extraits des auteurs grecs*, t. VI, p. 58 ; Carl Botticher, *Der baumcultus der Hellenen*, p. 529, note 137. Ce texte paraît concerner les Germains. Dion Cassius appelle Κέλτοι les Germains par opposition aux Gaulois, Γαλάται. Voyez par exemple Dion Cassius, l. XXXVIII, c. 34 ; et sur ce chapitre, la note de Cougny, *Extraits des auteurs grecs*, t. IV, p. 241 ; enfin Grimm, *Deutsche Mythologie*, 3ᵉ édition, p. 60 et suiv., 613 et suiv.

d'hommes *Guidgen* = *Vidu-genos, « fils de l'arbre (1), » et *Gwerngen* = *Verno-genos, « fils de l'aulne (2). »

L'idée de filiation divine est exprimée d'une façon plus générale par le nom de personne gaulois *Dĕvo-genos, *Dĕvo-gena, dont la forme latinisée *Divogenus, Divogena* nous est conservée par deux inscriptions de Bordeaux (3). Ce nom veut dire « fils, fille de dieu. »

Les exemples de paternité et de maternité divine que nous donnent l'*Iliade* et l'*Odyssée* se rapportent tous à des faits qui déjà appartenaient à l'histoire dès l'époque dans laquelle la littérature homérique nous transporte. Ulysse est au présent l'amant de Calypso et de Circé, mais de ces liaisons passagères nous ne voyons pas qu'aucun enfant soit né. Zeus a autrefois été l'amant de certaines femmes mortelles. Assagi sans doute par l'âge, il est un époux fidèle. Aphrodite s'est laissée jadis séduire par les attraits du mortel Anchisès (4); mais quand elle a une nouvelle aventure, c'est avec Arès, c'est-à-dire avec un dieu (5). Les amours des dieux avec les femmes, des déesses avec les hommes

---

(1) Gwenogvryn Evans et John Rhys, *The text of the book of Llandâv*, p. 131, 149, 151 (cf. édition Rees, p. 124, 141, 143).

(2) *Ibid.*, p. 212, 225.

(3) Jullian, *Inscriptions romaines de Bordeaux*, p. 27, 128.

(4) *Iliade*, XX, 208-209.

(5) *Odyssée*, VIII, 268-366.

semblent dès lors donc appartenir beaucoup plus au domaine de la légende et de la poésie qu'à celui de la réalité actuelle. Ils ont existé dans le passé, tel que la tradition le raconte. On ne les croit plus possibles dans le présent.

Mais dans le monde celtique ces vieilles croyances ont conservé leur empire beaucoup plus longtemps que dans le monde grec. Nous avons cité un passage de la *Cité de Dieu* de saint Augustin qui l'atteste au cinquième siècle de notre ère (1). La littérature irlandaise dans son cycle épique le plus ancien nous montre Detchtere, sœur du roi d'Ulster Conchobar, grosse des œuvres du dieu Lug et mettant au monde le grand héros Cûchulainn. Ce héros a deux pères, l'un légal, Sualtam, mari de Dechtere, — *pater is est quem nuptiae demonstrant*, — l'autre, son père effectif, qui est le dieu *Lug* = *Lugu-s, et dans les terribles épreuves causées à Cûchulainn par l'Enlèvement des vaches de Cooley, cette double paternité lui procure une double protection (2). En même temps, ses attraits physiques, comme ceux d'Anchisès, charment les déesses. Il repousse les avances de la déesse de la guerre, *Bodb*, aussi appelée *Mórrigu*, moins chaste que sa rivale grecque Athéna; il s'en fait une ennemie (3); il se

---

(1) Voyez plus haut p. 165.

(2) *Cours de littérature celtique*, t. II, p. 300. H. Zimmer, *Zeitschrift* de Khun, t. XXVIII, p. 534.

(3) H. Zimmer, *Zeitschrift*, Revue de Khun, t. XXVIII, p. 456, 458; cf. Windisch, *Irische Texte*, t. II, p. 239-256.

laisse séduire par une autre déesse, Fand, épouse délaissée du dieu marin Manannan mac Lir, puis, ému par la douleur de sa femme légitime, qu'il ne cesse pas d'aimer, il voit la jalousie lui enlever sa conquête divine, qui retourne à son premier époux, Manannan mac Lir (1).

A la fin du sixième siècle et au commencement du septième, ces croyances antiques étaient encore pleines de vie en Irlande. A une date qui se place entre 618 et 624, un Breton nommé Arthur, fils de Bicor, tua d'un coup de pierre Mongân, fils de Fiachna (2). Mongân était roi d'Ulster ; Fiachna, son prédécesseur, n'avait été que son père apparent ; le père réel était Manannan mac Lir, le dieu marin, qui avait séduit Caintigern, femme de Fiachna, pendant une absence de ce dernier, alors en Ecosse pour y soutenir Aedân, son allié, roi des Irlandais de Grande-Bretagne (574-606), alors en guerre avec les Anglo-Saxons (3). Nous sommes ici en présence de personnages historiques. Les guerres d'Aedân avec les Anglo-Saxons ont été mentionnées par Bède, suivant lequel Aedân aurait été battu, en 603, à Degsastan (4), et par Adamnan, qui, dans

---

(1) *Cours de littérature celtique*, t. V, p. 208-216 ; Windisch, *Irische Texte*, t. I, p. 222-227.

(2) Whitley Stokes, *Annales de Tigernach* (*Revue celtique*, t. XVII, p. 178).

(3) Kuno Meyer chez Alfred Nutt, *The Voyage of Bran*, t. I, p. 42-45.

(4) Bède, *Historia ecclesiastica gentis Anglorum*, l. I, c. 24.

sa Vie de saint Columba, lui attribue au contraire une victoire (1). Ainsi, vers la fin du sixième siècle et le commencement du septième, les Irlandais, la plupart chrétiens, croyaient encore que les dieux détrônés de leurs ancêtres païens avaient conservé le pouvoir de rendre grosses les femmes mariées dont les époux étaient absents. C'est encore au commencement du treizième siècle l'enseignement de l'Anglais Gervais de Tilbury, qui, dans ses *Otia Imperialia*, dédiés à l'empereur Othon IV, mort en 1218, parle de *dusii* des deux sexes (2). Et même si l'on admet la doctrine du vicomte Hersart de La Villemarqué, les filles bretonnes du dix-neuvième siècle ont gardé la foi aux *dusii* (3). Elles

(1) *Vie de saint Columba*, l. I, c. 8, édit. Reeves, p. 34; Metcalfe, *Pinkerton's Lives of scottish Saints*, t. I, p. 90.

(2) « Multi experti sunt et ab expertis audierunt quibus certissime est fides adhibenda, se vidisse Silvanos et Panos, quos incubos nominant, Galli vero Dusios dicunt... Hoc equidem a viris omni exceptione majoribus quotidie scimus probatum, quod quosdam hujusmodi larvarum, quas fadas nominant, amatores audivimus, et cum ad aliarum feminarum matrimonia se transtulerunt, ante mortuos quam cum superinductis carnali se copula immiscuerint. » Tertia decisio, LXXXVIII, Des Gervasius von Tilbury *Otia imperialia* in einer Auswahl, neu herausgegeben und mit Anmerkungen begleitet von Felix Liebrecht, p. 41. M. Salomon Reinach me signale le passage de Frédégaire, III, 9, éd. Krusch, p. 95, sur la naissance du roi franc Mérovée, qui aurait eu pour père un monstre marin.

(3) Ballade de Merlin, *Barzaz-Breiz*, édit. de 1867, p. 59, 60. Cf. préface du volume, p. LV, et *Dictionnaire breton-français* de Le Gonidec, édit. La Villemarqué, 1850, p. 293, au mot *Duz*. Inutile de dire ce que nous pensons de la valeur scientifique qu'auraient la ballade et l'article du dictionnaire.

seraient, à ce point de vue, restées au niveau des gauloises du cinquième siècle, c'est-à-dire du temps où écrivait saint Augustin.

Les *dusii* gaulois sont probablement des cours d'eau divinisés dont le rôle comme amants des femmes mortelles dans la mythologie gauloise peut être comparé à celui que jouent dans la littérature homérique les cours d'eau mentionnés plus haut, p. 170, 171. Tout récemment, j'ai reçu de M. l'abbé Ulysse Chevalier les feuilles jusqu'ici imprimées de son édition du Cartulaire de Saint-Barnard de Romans (Drôme), 1896, incomplètement publié par Giraud, *Essai historique sur l'abbaye de saint Barnard et sur la ville de Romans*, première partie, preuves, Lyon, 1856, in-8°. Dans le livre de M. U. Chevalier, qui n'a encore ni préface, ni index, on peut lire, p. 73-74, le texte complet d'une charte analysée sommairement par Giraud, p. 203 : Un certain Isarnus cède à l'abbaye de Saint-Barnard une propriété, située *in pago Viennense*, et qu'il a acquise par échange en donnant en contre-échange un héritage : *in* JONISSA VILLA, *hoc est mansus unus, quem Emo excolit in* PAGO LUGDUNENSE ; *habet autem predictus mansus fines et terminationes, ab oriente terram Ademari, ab occidente terram Arberti, a meridie rivulum currentem qui vocatur* DUSIO. Il y avait donc près de Lyon un cours d'eau appelé *Dusius*. Ce nom semble identique à celui de la Dhuys, rivière du département de l'Aisne, qui alimente d'eau une partie de la ville de Paris. Il y a une autre rivière du nom de Dhuys dans le département du Loiret ; on en compte deux dans celui de l'Aube. On en trouverait probablement d'autres ailleurs. M. L. Duvau m'apprend que dans le département du Loiret Dhuys est masculin. Les autres Dhuys dont nous venons de parler ont probablement changé de genre par l'influence des noms communs féminins français : « rivière », « fontaine », « source. »

Des Dhuys de France, on peut rapprocher Dusenbach, en Alsace. Dusen-bach, au quatorzième siècle *Tusen-bach*, « ruisseau de Tusen », s'explique par la même racine que le bas allemand *dusel*, « étourdissement, vertige », que le haut allemand *thöricht*, « fou », plus anciennement *dusig*, en anglo-saxon *dysig*, en anglais *dizzy*, mots dont le sens primitif doit être « celui qui a reçu la visite d'un *dusius* ou d'une *dusia* : comparez le grec νυμφό-ληπτος, « fou », littéralement celui qu'une nymphe a quitté, νυμφιάω, « je suis furieux », littéralement, je fréquente une nymphe, d'où le latin *lymphatus*, *lymphaticus*, « frénétique », pour *nymphatus*, *nymphaticus* (1).

---

(1) Michel Bréal et Anatole Bailly, *Dictionnaire étymologique latin*, p. 176, au mot *Lympha*, « source, » étymologiquement « nymphe ; » cf. Preller, *Griechische Mythologie*, 1ʳᵉ édition, t. I, p. 446. L'explication proposée ici est différente de celle que donne Kluge, *Etymologisches Wörterbuch der deutschen Sprache*, 5ᵉ édition, p. 81, au mot *Dusel*, et p. 375-376, au mot *Thor*; cette explication consiste dans l'hypothèse d'une racine DHUS qui expliquerait peut-être le latin *furere* (?).

Les dieux grecs chez Homère et les dieux des Celtes ont donc forme humaine. Il y a cependant entre les dieux et les hommes certaines différences.

Les dieux homériques ont sur les hommes une grande supériorité comme taille et comme force physique. Arès ayant insulté Athéna et voulu la frapper d'un coup de lance, elle riposte en lui jetant une pierre avec une telle force qu'elle le terrasse. Arès, tombé, couvre à terre une longueur de sept πέλετρα, environ deux cents mètres (1); le πέλετρον est le sixième du stade, qui a 177 mètres 40 centimètres de long. Apollon, à la tête de l'armée troyenne, attaque le camp des Grecs; ce camp est défendu par une muraille dont la construction a coûté beaucoup de travail et de peine; le dieu la renverse aussi facilement qu'un enfant disperse en jouant sur les bords de la mer les tas de sable qu'il a d'abord amassés (2).

Dans la mythologie irlandaise, pendant la seconde bataille de Moytura, un des dieux, celui qui s'appelle Dagda, a une cuiller assez grande pour qu'un homme et une femme y puissent coucher ensemble; une moitié de cochon y tenait facilement. Dagda mange à lui seul le contenu d'un chaudron dont la profondeur égale cinq poings

---

(1) *Iliade*, XXI, 407.
(2) *Iliade*, XV, 360-366.

d'homme, soit environ cinquante centimètres (1).

Les dieux, en dépit de cette supériorité physique sur l'homme, peuvent être vaincus par certains héros.

Nous ne parlerons que brièvement ici de la guerre mythique soutenue par les dieux contre les géants, fils d'Iphimedia et du dieu des mers, Poseïdaon. Iphimedia était mortelle; son ombre fut une de celles qui apparurent à Ulysse lorsqu'il évoqua les morts au XIe chant de l'*Odyssée*. Mais Otos et Ephialtès, les fils d'Iphimedia et de Poseïdaon, sont deux personnages exceptionnels : à l'âge de neuf ans, ils ont neuf coudées, c'est-à-dire environ quatre mètres de tour, et neuf brassées, c'est-à-dire environ seize mètres de haut. Ils entassent l'Ossa sur l'Olympe, le Pélios sur l'Ossa, et menacent le ciel; vainqueurs du dieu de la guerre, Arès, ils le tiennent prisonnier pendant treize mois, jusqu'à sa délivrance par Hermès. Enfin, ils sont tués par Apollon avant qu'au menton leur eût poussé la barbe (2).

Cette guerre semble un doublet de celle des

---

(1) *The second battle of Moytura*, publiée par Whitley Stokes, § 89, 90. *Revue celtique*, t. XII, p. 84-87.

(2) *Odyssée*, XI. 305-320; cf. *Iliade*, V, 385-391; cf. *Hymne à Apollon*, vers 335, 336. A la captivité d'Arès, comparez celle de Lludd Law-ereint dans la littérature galloise. Quant à l'âge, comparez Cúchulainn, qui avait dix-sept ans et pas de barbe à la date du *Táin bó Cúailngi*.

Titans (1) contre les dieux (2), quoique les Titans soient fils du Ciel (3) et non du dieu de la mer, comme Otos et Ephialtès ; elle paraît être une forme du mythe qui a donné en Irlande la lutte des *Fomore* contre les *Tuatha dé Danann* et la seconde bataille de Moytura. C'est une guerre entre les dieux. Nous avons à parler des combats livrés entre les dieux et les hommes.

Les dieux y ont sur les hommes une grande supériorité. Une des causes de cette supériorité chez les Grecs, c'est que les dieux sont naturellement invisibles. Ainsi, personne n'a vu Apollon lancer aux Grecs les flèches qui les tuent au début de l'*Iliade* : il est arrivé semblable à la nuit (4). Quand le même dieu vient sur le champ de bataille frapper et désarmer Patrocle pour le livrer sans défense à Hector, Patrocle ne le voit pas : Apollon est enveloppé d'une épaisse obscurité (5).

Lorsque les dieux veulent être visibles, ils le deviennent, mais ils peuvent restreindre la faculté

---

(1) *Iliade*, VIII, 479-481 ; XIV, 279.

(2) Hésiode, *Théogonie*, vers 617-735. Dans cette guerre, un des auxiliaires de Zeus est Ὀβριάρεως, qui paraît identique au Βριάρεως protecteur de Zeus dans l'*Iliade*, I, 402-404.

(3) Hésiode, *Théogonie*, I, 207-208.

(4) ἤϊε νυκτὶ ἐοικώς.
(*Iliade*, I, 47.)

(5) ...ὁ μὲν τὸν ἰόντα κατὰ κλόνον οὐκ ἐνόησεν·
ἠέρι γὰρ πολλῇ κεκαλυμμένος ἀντεβόλησεν.
(*Iliade*, XVI, 789, 790.)

de les voir à une partie seulement des personnes présentes (1). Ulysse, en compagnie de Télémaque, son fils, est chez Eumaïos ; Athéna lui apparaît ; il la voit sous la forme d'une belle et grande femme, invisible pour Télémaque (2). Dans l'assemblée des Grecs, au moment où Achille en colère commence à tirer l'épée, Athéna, envoyée par Héra, descend du ciel ; elle se tient derrière le héros et, pour appeler son attention, lui tire ses blonds cheveux ; Achille se retourne et la regarde ; dans l'assemblée, lui seul la voit :

τῶν δ' ἄλλων οὔτις ὁρᾶτο.

Elle lui conseille la patience ; Achille se soumet (3).

L'épopée irlandaise nous rend témoins de phénomènes identiques. Quand le dieu Manannan mac Lir vient reprendre Fand, sa femme, qui, abandonnée par lui, a suivi Cûchulainn en Irlande, il y a près de Fand, outre Cûchulainn, Emer, femme légitime du héros, et cinquante suivantes d'Emer. Manannan est visible pour Fand seule ; les autres ne le voient pas (4). Quand le dieu Lug vient au

---

(1) Οὐ γάρ πω πάντεσσι θεοί φαίνονται ἐναργεῖς.
(*Odyssée*, XVI, 161.)
(2) *Odyssée*, XVI, 157-160.
(3) *Iliade*, I, 194-221. Cf. Nägelsbach, *Homerische Theologie*, 4ᵉ section, § 8 ; 2ᵉ édition, p. 157-159.
(4) *Lebor na hUidre*, p. 49, col. 2, l. 44, 45. Windisch, *Irische*

secours de son fils, le héros Cûchulainn, épuisé par les duels successifs qui arrêtent à l'entrée du royaume d'Ulster l'armée de la reine Medb et de ses alliés, Cûchulainn et Lóeg, son cocher, voient ce dieu bienveillant, mais il est invisible pour l'armée ennemie (1). Cûchulainn a un vêtement qui rend invisible quand on en est couvert; c'est un présent du dieu Lug, son père, ou de quelque autre dieu; ce précieux objet vient du pays mystérieux qu'habitent les dieux et les morts (2). Par une incantation, le cocher Lóeg peut obtenir le même résultat et aussi se rendre invisible (3).

Dans les poèmes homériques, les héros n'ont pas à leur disposition ces moyens immédiats et magiques d'éviter les coups de l'ennemi. Pour les mettre à l'abri de ces coups, lorsque les armes défensives sont impuissantes, il faut l'intervention directe d'une divinité. Ainsi, au moment où Pâris, terrassé, va périr, frappé par Ménélas qui, l'ayant saisi par

---

Texte, t. I, p. 225, l. 4. *Cours de littérature celtique*, t. V, p. 212; H. Zimmer dans la *Zeitschrift* de Kuhn, t. XXVIII, p. 598, 614.

(1) *Lebor na hUidre*, p. 77, col. 2, l. 40-p. 78, col. 1, l. 19. Livre de Leinster, p. 76, l. 18-35. Cf. H. Zimmer dans la *Zeitschrift* de Kuhn, t. XXVIII, p. 458, 533-534.

(2) Livre de Leinster, p. 77, col. 2, l. 19-22; cf. *Lebor na hUidre*, p. 79, col. 2, l. 20-22. H. Zimmer dans la *Zeitschrift* de Kuhn, t. XXVIII, p. 459. Comparez l' Ἄϊδος κυνέη, « coiffure d'Aïdés, » qui rend Athéna invisible, *Iliade*, V, 844, 845.

(3) *Lebor na hUidre*, p. 79, col. 1, l. 23-25; Livre de Leinster, p. 77, col. 1, l. 23-26. H. Zimmer dans la *Zeitschrift* de Kuhn, t. XXVIII, p. 459.

la crinière du casque, le traîne dans la poussière, Aphrodite arrive invisible, détache le casque et, enveloppant le vaincu dans un épais brouillard, l'enlève dans ses bras, le ramène à Troie ; pendant ce temps, Ménélas, aussi furieux qu'étonné, cherche en vain dans la foule l'ennemi dont la mort, semblait-il, allait enfin laver sa honte et le venger (1).

Les dieux ne sont pas toujours invisibles ; quand ils se montrent, ils peuvent être blessés par les héros. Ainsi, Aphrodite, enlevant du champ de bataille Énée, son fils, blessé par Diomède, est elle-même atteinte par la lance du guerrier grec ; poussant un grand cri, elle laisse tomber Énée. Apollon, plus prudent que la déesse, enveloppe Énée d'un nuage qui le cache aussi lui-même aux regards des Grecs, et, le prenant dans ses bras, l'emporte sans danger hors du champ de bataille (2).

Suivant une autre version qui a pénétré dans l'*Iliade* comme la précédente, Apollon de son bouclier abrite Énée, terrassé, que Diomède à trois reprises veut en vain frapper de sa lance ; à la quatrième fois, les menaces du dieu arrêtent le héros grec (3) ; Apollon, en effet, par ses flèches, est maître de la vie des hommes. Arès, le dieu de la guerre, est moins redoutable : encouragé par

---

(1) *Iliade*, III, 369-382, 449-454.
(2) *Iliade*, V, 311-346.
(3) *Iliade*, V, 432-443.

Athéna qui, pour la circonstance, prend sur le char du héros grec la place du cocher Sthénélos, Diomède ose tenir tête au dieu des batailles Arès, et de sa lance lui fait une grave blessure (1).

Athéna, déesse de la guerre, protectrice des Grecs en général et tout spécialement d'Ulysse, est d'abord avec Artémis le type hellénique de la vierge nubile mais à jamais insensible aux hommages masculins; ce type est le produit de la monogamie et de la dignité de la femme qui dédaigne la prostituée; il est inconnu dans le monde sémitique.

D'autre part, Athéna est guerrière; elle joue triomphalement dans le monde des immortels le rôle qu'à l'époque héroïque les Amazones ont joué avec moins de succès dans le monde des hommes. Priam, le roi de Troie, a, raconte-t-il, combattu autrefois comme auxiliaire dans l'armée phrygienne qui a livré bataille aux Amazones sur les bords du Sangarios (2). Un des exploits de Bellérophon a été de tuer des Amazones (3).

Les Amazones, inconnues chez les Gaulois pendant leurs guerres avec les Romains et avec les Grecs, apparaissent dans l'épopée irlandaise. Cûchulainn et ses deux adversaires Ferbaeth et Ferdiad, qu'il tue en duel l'un après l'autre, sont des

---

(1) *Iliade*, V, 793-859.
(2) *Iliade*, III, 184-190.
(3) *Iliade*, VI, 186.

élèves de l'amazone britannique Scâthach (1). Les Gaulois d'Italie avaient une déesse de la guerre, que Polybe désigne par le nom grec Athéna; on lui avait consacré chez les Insubres, dont Milan était la capitale, un temple où lui étaient consacrées des enseignes d'or dites immobiles; dans une guerre contre les Romains, en 223, les Insubres, se préparant à une grande bataille, tirèrent ces enseignes du temple (2).

En Irlande, la déesse de la guerre s'appelle *Badb*, *Môrrigu* ou *Nemon*. Elle n'est pas chaste comme Athéna. Au moment où Cûchulainn seul avec son cocher tient tête à l'armée de Medb, reine de Connaught, qui envahit l'Ulster, Môrrigu vient trouver le héros et lui offre son amour que le héros repousse avec dédain. Elle lui annonce qu'elle se vengera; sous forme d'anguille, elle se placera sous ses pieds pour le faire tomber, puis elle se changera en louve, en vache (3). Quand le héros livre un combat singulier à Loch, fils de Mo Febis, envoyé par Medb, Môrrigu exécute ses menaces, mais en vain; malgré elle, Cûchulainn est vain-

---

(1) Lebor na hUidre, p. 73, col. 2, l. 13. Livre de Leinster, p. 80, col. 1, l. 20-28. O'Curry, *Manners and Customs*, t. III, p. 414. H. Zimmer dans la *Zeitschrift* de Kuhn, t. XXVIII, p. 455, 463. *Tochmarc Emire*, édité par Kuno Meyer, *Revue celtique*, t. XI, p. 446-453.

(2) Polybe, l. II, c. 32, § 7, éd. Didot, t. I, p. 91; Cougny, II, 102.

(3) *Lebor na hUidre*, p. 74, 31-45; cf. Windisch, *Irische Texte*, t. II, 2ᵉ livraison, p. 246-247, 252-253; H. Zimmer dans la *Zeitschrift* de Kuhn, t. XXVIII, p. 456.

queur; elle est blessée (1) et réduite à demander pour sa guérison le secours du héros, qui lui inflige l'humiliation de la guérir (2).

Le dieu Labraid, beau-frère de Fand, est en guerre avec d'autres dieux. Il fait offrir au héros Cûchulainn la main de Fand, à condition que le célèbre guerrier irlandais lui prêtera le concours de sa lance et de son épée. Cûchulainn accepte; Labraid lui doit la victoire (3).

Les hommes sont donc quelquefois plus puissants que les dieux. Ceux-ci ont pourtant à leur disposition bien des ressources qui manquent aux hommes. Ils peuvent, avons-nous vu, se rendre invisibles. Ils peuvent aussi se changer en oiseaux: on le voit dans l'épopée homérique et, au moins quinze siècles plus tard, dans la littérature irlandaise.

Athéna, pour conseiller et guider Télémaque, prend d'abord la figure de Mentès, roi de Taphos, île de la mer Ionienne, puis celle de Mentor, habitant d'Ithaque. Chaque fois, quand son rôle est terminé, elle disparaît en s'envolant sous forme d'oiseau, et c'est alors que le spectateur reconnaît

---

(1) *Lebor na hUidre*, p. 76, col. 2, l. 1-p. 77, col. 1, l. 26. H. Zimmer dans la *Zeitschrift* de Kuhn, p. 455-456, 528-529.

(2) *Lebor na hUidre*, p. 77, col. 1, l. 36-col. 2, l. 6. Livre de Leinster, p. 75, col. 1, l. 19, 35. H. Zimmer dans la *Zeitschrift* de Kuhn, t. XXVIII, p. 458.

(3) *Cours de littérature celtique*, t. V, p. 180, 181, 196-204.

la divinité (1). Pendant le massacre des prétendants, on voit la même déesse apparaître de nouveau sous la figure de Mentor aux côtés d'Ulysse, puis elle prend la forme d'hirondelle et, perchée sur une poutre, elle assiste en spectatrice à la résistance impuissante que les prétendants opposent à la valeur merveilleuse d'Ulysse, son protégé (2).

En Irlande, quand le dieu Mider vient dans le palais du roi suprême Eochaid Airem, enlever la déesse Etain, d'abord sa femme, devenue ensuite par un prodige l'épouse du roi, il entre sous la forme d'un guerrier dans la grande salle du palais de Tara, où Eochaid et Etain sont entourés des principaux personnages d'Irlande; tenant ses armes sous le bras gauche, il saisit du bras droit la reine et lui donne un baiser, puis, aux yeux des spectateurs étonnés, tous deux disparaissent : on voit deux cygnes qui volent au-dessus du palais, se dirigeant vers le *sid* Arfemain, mystérieuse habitation du dieu Mider (3). Quand Fand, épouse abandonnée du dieu Manannan mac Lir, vint, accompagnée de Liban, sa sœur, rechercher l'amour du héros Cûchulainn, ce fut sous forme d'oiseaux que les deux déesses firent leur première appari-

---

(1) *Odyssée*, I, 320-323; III, 371, 385.
(2) *Odyssée*, XXII, 239 et suivants.
(3) « Co n-accatar in-dá ela timchell na Temra. Is sed rogabsat do sid Arfemun. » *Lebor na hUidre*, p. 132, l. 40-42. Cf. *Zeitschrift* de Kuhn, t. XXVIII, p. 591; *Cours de littérature celtique*, t. II, p. 321.

tion (1); c'étaient de jolis oiseaux unis entre eux par une chaîne d'or.

Tel n'était pas l'oiseau sous la forme duquel se montrait souvent la terrible déesse de la guerre Mórrigu ou Nemon; l'oiseau de cette divinité redoutable était noir (2). Un de ses noms est Badb ou Bodb, qui veut dire « corneille » ou « corbeau (3). » Badb ou Bodb est l'oiseau qui après la bataille ronge les cadavres des guerriers.

C'est un tableau terrible que celui du champ de bataille quand, le combat terminé, les cadavres des vaincus sont abandonnés sans sépulture; il apparaît au début de l'*Iliade* : le poète, invoquant la Muse, la prie de chanter la colère d'Achille, cette colère funeste qui a fait descendre dans le domaine invisible d'Aïdés les âmes de tant de héros et qui a livré leurs cadavres en pâture aux chiens et aux oiseaux (4). Faire en sorte d'échapper à la mort dans les combats est une idée qui, dans un discours d'Agamemnon, est exprimée par cette lugubre image : fuir les chiens et les oiseaux (5). Athéna pense avec plaisir aux nombreux Troyens,

---

(1) *Lebor na hUidre*, p. 43, col. 2, l. 33; Windisch, *Irische Texte*, t. I, p. 207. *Zeitschrift* de Kuhn, t. XXVIII, p. 595. *Cours de littérature celtique*, t. V, p. 178.

(2) *Irische Texte*, t. II, 2ᵉ partie, p. 245, l. 46; p. 250.

(3) *Irische Texte*, t. II, 2ᵉ partie, p. 247, l. 80; p. 254; cf. *Revue celtique*, t. I, p. 32 et suiv.

(4) *Iliade*, I, 3, 4.

(5) *Iliade*, II, 393.

dont la chair et la graisse près des navires grecs nourrira les chiens et les oiseaux (1). Hector, s'adressant au héros grec Aïas, lui dit : « Les chiens et les oiseaux de Troie se rassasieront de ta chair et de ta graisse (2). » Aïas craint que le cadavre de Patrocle ne soit dévoré par les chiens et les oiseaux des Troyens (3). Achille, s'adressant à Hector mortellement blessé, et qui désire une sépulture honorable, la lui refuse : « Les chiens et les oiseaux, » lui dit-il, « te déchireront à ta honte ; » il le dit une première fois, puis, aux oreilles du mourant, il le répète sans pitié (4). Si Aïgisthos, meurtrier d'Agamemnon, avait été traité comme il le méritait, on lui aurait refusé la sépulture, les chiens et les oiseaux auraient déchiré son cadavre (5); mais Oreste, homme miséricordieux, après l'avoir tué, a célébré ses funérailles (6). Eumaïos, le porcher d'Ulysse, croit son maître mort sans qu'on ait pu accomplir la cérémonie des funérailles ; « les chiens et les oiseaux, » dit-il, « ont arraché la peau de dessus les os d'Ulysse (7). »

Les chiens et les oiseaux sont donc, dans la littérature homérique, les ministres chargés par les

---

(1) *Iliade*, VIII, 379-380.
(2) *Iliade*, XIII, 831, 832.
(3) *Iliade*, XVII, 240, 241.
(4) *Iliade*, XXII, 335, 336, 354 ; cf. XXIV, 411.
(5) *Odyssée*, III, 258-259.
(6) *Odyssée*, III, 309, 310.
(7) *Odyssée*, XIV, 133, 134.

dieux de terminer l'œuvre funèbre du guerrier vainqueur. Les funérailles dues à la piété des familles semblent même une exception. C'est la pensée irlandaise, à cette différence près que dans les textes irlandais la corneille ou le corbeau, — car il faut ici laisser de côté la finesse des distinctions de l'histoire naturelle, — dévore seul les cadavres ; il ou elle n'a pas besoin de l'aide des chiens.

Badb, la divine corneille, est une déesse ; suivant un texte, elle est femme du dieu Tethra (1), dont le nom est identique à celui d'une espèce de corbeau. Tethra est le roi des morts, dans ce pays merveilleux où les défunts trouvent, avec un corps nouveau, tous les attraits de la plus agréable des secondes vies (2). Avant la seconde bataille de Moytura, où les Fomore, dieux méchants, furent vaincus par les *Tuatha Dé Danann*, comme chez les Grecs Kronos par Zeus, Tethra régnait sur l'Irlande ; il fut un des trois rois des Fomore chassés d'Irlande par cette bataille (3).

Ailleurs, *Badb* est synonyme de *Môrrigu* et de *Nemon*, noms des femmes de *Nét*, dieu de la guerre,

---

(1) *Lebor na hUidre*, p. 50, les deux premières lignes.

(2) *Echtra Condla Chaim*, § 4, chez Windisch, *Kurzgefasste irische Grammatik*, p. 120, l. 3. *Cours de littérature celtique*, t. V, p. 388.

(3) Whitley Stokes, *The second battle of Moytura*, § 25, 162, *Revue celtique*, t. XII, p. 62, 106. *Cours de littérature celtique*, t. V, p. 408, 444.

un Fomore : *Nêt*, au génitif *Néit* = *Nanto-s, génitif **Nanti;* son nom apparaît au génitif dans plusieurs textes irlandais (1), et par abus, ce génitif *Néit* a été souvent employé au lieu du nominatif (2). Ce mot est le premier terme du nom de la déesse *Nanto-suelta*, connu par une dédicace découverte à Sarrebourg (3). Les femmes de Nêt, Morrigu (4), Nemon (5), apparaissent souvent sous le nom de Badb ou Bodb dans la littérature irlandaise, et semblent par conséquent se confondre avec la femme de Tethra, dieu des morts.

La forme du nom irlandais *Badb* ou *Bodb* paraît avoir été en gaulois *Bodua*. C'est le second terme du nom de la déesse *Athu-bodua*, à laquelle était dédiée une stèle découverte à Ley, commune de Mieussy, Haute-Savoie (6) ; c'est le premier terme

---

(1) *Néit*, O'Donovan, *The banquet of Dun na n- Gedh and the battle of Magh Rath*, p. 242, l. 1. Whitley Stokes, *The battle of Moytura*, § 8. *Revue celtique*, t. XII, p. 58. — Neit, *ibid*, § 33, p. 100. *Lebor Gabala*, dans le Livre de Leinster, p. 9, col. 2, l. 3, 14. — *Neid*, *Glossaire de Cormac*, traduction, p. 26.

(2) Par exemple dans un poème de Fland Manistrech, Livre de Leinster, p. 11, col. 2, l. 18-19; *Revue celtique*, t. I, p. 35.

(3) Article de M. Salomon Reinach, *Revue celtique*, t. XVII, p. 46.

(4) Fragment du *Tochmarc Emire*, cité par Hennessy, *Revue celtique*, t. I, p. 36.

(5) *Glossaire de Cormac*, articles additionnels, publiés par Whitley Stokes, dans la traduction, p. 26, au mot Be Néid. *Dindsenchas*, 91, *Revue celtique*, t. XVIII, p. 81.

(6) *Revue archéologique*, t. XVIII (1868), p. 1. *Revue celtique*, t. I, p. 32. *Corpus inscriptionum latinarum*, t. XII, n° 2571.

du nom d'homme *Boduo-genos*, latinisé en *Boduo-genus*, « fils de *Bodua*, » inscrit sur l'anse d'un vase de cuivre trouvé en Grande-Bretagne (1) ; c'est le premier terme du nom du chef des Nerviens, *Boduo-gnatos*, qui commandait une partie de l'armée belge vaincue par J. César l'an 57 av. J.-C. (2). *Boduo-gnatos* peut être comparé au nom propre grec Θεόγνωτος (3), « connu de Dieu, » et non à Διόγνητος, « fils de Zeus. » L'irlandais *gnáth*, « connu, habitué à, » le gallois *gnáwd*, « habitué, usuel, » sont le même mot que le grec γνωτός, et n'ont aucun rapport avec le grec γνητός. La forme hypocoristique de *Boduo-genos* et de *Boduo-gnatos* est *Boduacos*, nom d'homme connu par trois inscriptions, savoir : deux de Gaule Cisalpine, l'une à Vérone (4), l'autre dans la province de Cuneo, à Bena (5), et une dans la Gaule Transalpine, parmi les inscriptions gravées sur le bouclier gaulois du célèbre arc de triomphe d'Orange, Vaucluse (6). Dans une inscription chrétienne de la Grande-Bretagne, 500-700, le même nom est écrit au génitif *Boduoci* (7) ; il devient en gallois, au dixième

---

(1) *Corpus inscriptionum latinarum*, t. VII, n° 1292. Cf. Rhys, *Hibbert Lectures*, p. 44.
(2) *De bello gallico*, l. II, c. 23, § 4.
(3) Fick, *Die Griechischen Personennamen*, 2ᵉ édition, p. 87.
(4) *Corpus inscriptionum latinarum*, t. V, n° 3503.
(5) *Corpus inscriptionum latinarum*, t. V, n° 7720.
(6) *Corpus inscriptionum latinarum*, t. XII, n° 1231, 8 a.
(7) Hübner, *Inscriptiones Britanniae christianae*, n° 71 ; Rhys, *Lectures on welsh Philology*, 2ᵉ édition, p. 386 ; cf. 209, 359.

siècle, *Boduc* (1). De l'hypocoristique *Boduacus* est venu le gentilice romain *Boduacius*, connu par deux inscriptions de Nimes (2). La déesse irlandaise Badb ou Bodb, « corneille, » a donc été connue des Gaulois. La mythologie grecque associe l'aigle à Zeus, mais elle n'élève pas cet oiseau au rang de divinité.

Comme les dieux grecs, les dieux celtiques sont immortels. César le dit formellement : « Les druides discutent de nombreuses questions relatives à la force et à la puissance des dieux immortels (3). » Quand, en Irlande, les savants chrétiens imaginèrent de tirer de la mythologie celtique un soi-disant récit historique, ils transformèrent les dieux en hommes dont ils racontèrent la mort.

Nuadu à la main d'argent, *Argat-lám*, et *Ogma* auraient tous deux été tués à la bataille de Moytura (4), qui, suivant les *Annales des Quatre Maîtres*, aurait eu lieu l'an 3330 du monde, 1864 ans av. J.-C.

---

(1) Gwenogvryn Evans et J. Rhys, *The text of the book of Llan-Dav*, p. 240.

(2) *Corpus inscriptionum latinarum*, t. XII, n°ˢ 3205, 3475.

(3) « Multa... de deorum immortalium vi ac potestate disputant. » *De bello gallico*, l. VI, c. 14, § 6. Cf. *Dis immortalibus*, c. 15, § 5.

(4) *The second battle of Moytura*, éditée par Whitley Stokes, § 133, 138, *Revue celtique*, t. XII, p. 100, 102. *Lebor Gabala* dans le Livre de Leinster, p. 9, col. 1, l. 51, col. 2, l. 2, 3 ; dans le Livre de Ballymote, p. 33, col. 1, l. 7-12. Poème de Fland Manistrech, Livre de Leinster, p. 11, col. 1, l. 31, 33 ; Livre de Ballymote, p. 35, col. 1, l. 49, 51.

Cela n'empêche pas *Nuadu* et *Ogma* d'être identiques : l'un, *Nuadu*, au dieu *Nudens*, *Nodons* ou *Nodens*, qui avait un temple en Grande-Bretagne, sous l'empire romain, environ deux mille ans plus tard (1) ; l'autre, *Ogma*, au dieu *Ogmios*, adoré par les Gaulois continentaux, à l'époque où les Bretons romanisés avaient un temple dédié à *Nodens* : Lucien nous l'apprend (2). On les considérait donc Nuadu et Ogma comme vivant l'un et l'autre vingt siècles après leur mort prétendue.

Lug aurait succédé à Nuadu « à la main d'argent, » et serait mort après un règne de quarante ans (3), par conséquent en l'année 1824 av. J.-C. (4). Malgré cela, dix-huit siècles environ plus tard, il rendait grosse Dechtere, sœur du roi d'Ulster, Conchobar, et ainsi devenait père du fameux héros Cûchulainn (5), qui serait né sous le règne de l'empereur Auguste, vingt-quatre ans, ou, suivant un autre calcul, vingt-neuf ans avant l'ère chrétienne (6). Le même Lug aurait donné son aide au célèbre guerrier irlandais son fils pendant l'expédition entreprise par Medb pour s'emparer du tau-

(1) *Corpus inscriptionum latinarum*, t. VII, n°˙ 138, 139, 140.
(2) Lucien, *Hercules*, édit. Didot, p. 598-600 ; Cougny, *Extraits des auteurs grecs*, t. VI, p. 76-81.
(3) *Lebor Gabala* dans le Livre de Leinster, p. 9, col. 2, l. 5-7, 14-16 ; dans le Livre de Ballymote, p. 33, col. 1, l. 13-14, 22-23.
(4) *Annales des Quatre Maîtres*, sous l'an du monde 3370.
(5) H. Zimmer dans la *Zeitschrift* de Kuhn, t. XXVIII, p. 534.
(6) *Annales de Tigernach*, édition Whitley Stokes, *Revue celtique*, t. XVI, p. 404.

reau de Cooley, sept ans avant notre ère (1). Au deuxième siècle de notre ère, il serait apparu à Conn, roi suprême d'Irlande, et lui aurait fait d'importantes prédictions (2).

Cûchulainn serait mort au commencement de l'ère chrétienne, à l'âge de vingt-sept ans (3), après avoir été pendant un mois mari de la déesse Fand, épouse divorcée du dieu Manannan, fils de l'Océan *mac Lir*, qui la lui avait reprise (4). Or, environ six siècles après cela, Caintigern, femme de Fiachna, roi d'Ulster, devenait grosse des œuvres de Manannan (5). Mongân, né de cette union passagère, mourut entre les années 624 et 627 (6).

Quand Manannan vint faire visite à Caintigern, en Ulster, il arrivait des régions mystérieuses situées à l'extrême Ouest, par delà l'Océan. Le lendemain il était en Grande-Bretagne.

Les grands dieux des Grecs n'ont généralement pas de domicile fixe. Ils voyagent souvent. Zeus a son séjour habituel en Grèce, sur le mont Olympe, où est sa maison (7); et d'où il fait re-

---

(1) *Annales de Tigernach* dans la *Revue celtique*, t. XVI, p. 406.
(2) O'Curry, *Lectures on the mss. materials of ancient irish History*, p. 619-622.
(3) *Annales de Tigernach*, *Revue celtique*, t. XVI, p. 407.
(4) Windisch, *Irische Texte*, p. 222-227. *Zeitschrift* de Kuhn, t. XXVIII, p. 598. *Cours de littérature celtique*, t. V, p. 208-215.
(5) Voir plus haut, p. 181.
(6) *Annales de Tigernach*, *Revue celtique*, t. XVII, p. 179.
(7) *Iliade*, I, 494-533; cf. VIII, 375; XIV, 338; XV, 85.

tentir son tonnerre (1). Mais au début de l'*Iliade* il est allé en villégiature avec les autres dieux passer douze jours chez les Ethiopiens sur le bord de l'Océan (2). Dans d'autres circonstances, il quitte l'Olympe pour séjourner quelque temps en Asie Mineure près de Troie sur l'Ida (3); là se trouve le lit conjugal où l'artificieuse Héra le vint chercher et le trompa (4).

A côté de la notion étroite de Zeus habitant le sommet de l'Olympe ou de l'Ida, et que l'on surnomme Ὀλύμπιος, Ἰδαῖος, épithète dont la première est fréquente, il y a une conception plus large, Zeus habitant l'air, αἰθέρι ναίων (5). C'est l'épithète liturgique et par conséquent consacrée dont se sert Agamemnon dans sa prière à Zeus au moment solennel où, s'abusant et comptant sur une victoire, qui lui échappera, il va livrer bataille aux Troyens (6). La même formule est placée une seconde fois dans la bouche d'Agamemnon quand, en violation du traité conclu entre les Troyens et les Grecs, une flèche troyenne a blessé Ménélas : Agamemnon, irrité, compte sur la justice de Zeus qui habite l'air, et qui a décidé la ruine de Troie (7). Télémaque,

---

(1) *Odyssée*, XX, 103.
(2) *Iliade*, I, 423.
(3) *Iliade*, VIII, 47; XI, 183.
(4) *Iliade*, XIV, 157, 162, 203, 332 : XV, 5.
(5) *Iliade*, II, 412.
(6) *Iliade*, II, 412.
(7) *Iliade*, VII, 163-168.

ignorant encore si les audacieux projets des prétendants se réaliseront, dit que Zeus seul le sait, et associant deux idées contradictoires dans le même vers, il qualifie Zeus à la fois d'Olympien et d'habitant de l'air (1).

Ces deux notions, dont l'une exclut l'autre, se rencontrent aussi dans l'*Iliade* et l'*Odyssée* quand on y parle de l'ensemble des dieux qui se réunissent sous la présidence de Zeus ; on les trouve qualifiés d'habitants des maisons de l'Olympe, Ὀλύμπια δώματ' ἔχοντες (2), et, suivant un système opposé, ils habitent le vaste ciel, οὐρανὸν εὐρὺν ἔχουσιν (3).

Des deux mythologies, celle qui fait de Zeus et de ses compagnons ordinaires autant de dieux célestes est la plus ancienne, puisque le nom de Zeus, *Dyaus*, signifie « ciel » en sanscrit. Le terme général pour désigner les dieux, *dévo-s* en celtique, dérive de la même racine. C'est du ciel que viennent les principaux dieux irlandais, les *Túatha Dé Danann*, mais ils ne l'habitent plus. Ils sont arrivés du ciel en Irlande à l'origine ; c'est ce qu'enseigne en Irlande Túan mac Cairill, successivement homme, cerf, sanglier, faucon, saumon, puis homme de nouveau et devenu chrétien par le baptême, quand, au sixième siècle de notre ère, il raconta, dit-on, à saint Finnen de Moville et aux moines du couvent

---

(1) *Odyssée*, XV, 523.
(2) *Iliade*, I, 18; II, 13-14, 30, 31, 67, 68.
(3) *Iliade*, XX, 299; XXI, 267. *Odyssée*, I, 67; IV, 378, 479; V, 169; VI, 150, 243; VII, 109; XI, 133; XII, 344; XIII, 55.

de ce vénérable personnage l'histoire d'Irlande depuis les temps les plus reculés (1). Les dieux, *Túatha Dé Danann*, arrivèrent du ciel, *de nim*, dit-on en irlandais; l'expression grecque est οὐρανόθεν; c'est du ciel, οὐρανόθεν, que, dans l'*Iliade*, Zeus, armé de la foudre, descend sur l'Ida (2). De même aussi, dans l'*Iliade*, descendent du ciel Athéna (3) et un dieu anonyme (4).

Ainsi, dans l'épopée grecque, Zeus et les dieux qui forment son cortège habitent encore et le ciel et la terre, deux doctrines entre lesquelles l'accord est difficile. Suivant la croyance irlandaise, ils ont très anciennement quitté le ciel pour venir habiter la terre d'Irlande où ils sont arrivés entourés de nuées sombres (5). Ils ont été seuls maîtres de l'Irlande jusqu'à la conquête de cette île par les hommes. Vaincus, une partie d'entre eux n'a pas quitté l'Irlande après cette conquête; leurs maisons y sont souterraines; c'est ce qu'on appelle *sid*. Un de ces *sid* est célèbre dans l'histoire épique de l'Irlande, c'est celui de Bri Leith. Quand le roi

---

(1) *Scél Túain maic Cairill do Finnen Maige Bile*, publié par M. Kuno Meyer, Grimm Library, n° 6, *The voyage of Bran*, t. II, p. 285 et suiv., notamment § 12, p. 292, 300.

(2) *Iliade*, XI, 182-184; cf. XXI, 198, 199.

(3) *Iliade*, VIII, 357, 364, 365; XVII, 545; *Odyssée*, XX, 30, 31.

(4) *Odyssée*, V, 280, 281.

(5) « Táncatar in nélaib dorcaib. » *Lebor Gabala* dans le Livre de Leinster, p. 9, col. 1, l. 5.

suprême Eochaid Airem fut séparé de sa femme Etain, enlevée par le dieu Mider, il la fit chercher en vain par des envoyés; il passa une année à leur faire parcourir inutilement toute l'Irlande. Enfin, son druide, par un procédé magique, découvrit qu'Etain était dans le *sid* de Bri Leith. Eochaid Airem fit le siège de ce *sid* pendant neuf ans et finit par le prendre; alors, il rentra en possession d'Etain et de la fille née de son mariage avec Etain (1). Cette fille, appelée Etain comme sa mère et aussi Esa, fut grand'mère de Conaire, roi suprême d'Irlande, un peu avant le début de l'ère chrétienne. La mort de Conaire, qui périt à Bruden Dâ Derga, massacré par des pirates, fut le résultat de la vengeance exercée par le dieu Mider sur la descendance d'Eochaid Airem, son vainqueur (2).

Suivant la doctrine irlandaise, les dieux jadis maîtres de l'Irlande, mais vaincus par les hommes, sont divisés en deux groupes : les uns sont partis d'Irlande et sont allés demeurer dans des îles lointaines, au delà de l'Océan, à l'extrême couchant; d'autres, restés en Irlande, sont réduits à se cacher dans ces cavernes qui tenaient lieu de maisons aux premières populations de l'Europe.

Une partie des dieux homériques habitent aussi

---

(1) Windisch, *Irische Texte*, I, 129-130. Cf. Ménélas et Hélène.
(2) Windisch, *Irische Texte*, I, 130. *Dindsenchas*, 3, 65, publié par Whitley Stokes, *Revue celtique*, t. XV, p. 290-291, 463-464; cf. Livre de Leinster, p. 163 a 26-b 22; 157 a 6-46; Livre de Ballymote, p. 353 a 25-b 48; p. 384 a 1-b 13.

des cavernes. Telle est Thétis, fille de l'Océan, mère d'Achille. Son palais est une caverne située au fond de la mer ; entourée des Néréides en grand nombre et dont trente-quatre sont nommées, elle pleure le malheur d'Achille qui vient de perdre son ami Patrocle ; puis, accompagnée de ces nymphes de la mer, elle sort de sa caverne et va consoler son fils (1) ; Héphaïstos, fils de Zeus et de Héra, a eu pendant neuf ans pour asile cette caverne, autour de laquelle il entendait murmurer et voyait écumer l'Océan (2) ; dans la même caverne, après la mort d'Hector, nous retrouvons Thétis en larmes : elle prévoit la fin prochaine d'Achille (3). C'est dans une caverne que se repose le dieu marin Proteus, entouré de phoques qui dorment avec lui (4). Le cyclope Polyphème, fils du dieu Poseidaon et de la nymphe Thoossa, a comme sa mère établi son domicile dans une caverne (5). La déesse Calypso tient pendant sept ans Ulysse captif dans son île, et c'est dans une caverne que les deux amants passent les nuits (6). Les chœurs des nymphes sont logés dans des cavernes (7).

C'est l'habitude des hommes antérieurement à

---

(1) *Iliade*, XVIII, 35-77.
(2) *Iliade*, XVIII, 400-403.
(3) *Iliade*, XXIV, 83-86.
(4) *Odyssée*, IV, 385, 403-405 ; II, 19-20.
(5) *Odyssée*, I, 70-73 ; IX, 180 et suiv.
(6) *Odyssée*, I, 13-15 ; V, 154-155.
(7) *Odyssée*, XII, 317-318.

la conquête indo-européenne; et, dans les classes inférieures des hommes, elle persiste au temps d'Homère. Eumaïos, pâtre d'Ulysse à Ithaque, est fils d'un roi qui régnait sur deux villes; mais, volé par une servante infidèle, il a été vendu comme esclave (1); après avoir donné asile à Ulysse, son maître, il va coucher avec ses cochons sous une roche creuse abritée contre le vent du nord (2).

Des dieux grecs habitent des régions souterraines plus vastes que les cavernes de Thétis, de Calypso, de Polyphème et des nymphes. Ces régions sont l'Aïdès et le Tartare. L'Aïdès est le domaine d'Aïdôneus et de sa femme, qui punissent sous terre les parjures (3), et dont le chien Kerberos, vaincu par Héraclès (4), semble le prototype du chien du forgeron, ce chien que tua Cûchulainn (5). Au-dessous est placé le Tartare, aussi éloigné de l'Aïdès que l'Aïdès de cette surface de la terre que le soleil éclaire (6). Là habitent les dieux pères et vaincus, anciens maîtres du monde et aujourd'hui réduits à l'impuissance par la génération qui leur a succédé; ce sont Iapétos et Kro-

---

(1) *Odyssée*, XV, 403-483.
(2) *Odyssée*, XIV, 532-533.
(3) *Iliade*, III, 279-280.
(4) *Iliade*, VIII, 368; *Odyssée*, XI, 623-625.
(5) H. Zimmer, dans la *Zeitschrift* de Kbun, t. XXVIII, p. 447; J. Rhys, *Hibbert Lectures*, p. 447.
(6) *Iliade*, VIII, 13-16.

nos (1), et avec eux le reste des dieux Titans (2), supplantés par Zeus, Poseïdaôn, Aïdoneus, Héra, Arès, Athéna, Apollon et par les autres dieux des générations nouvelles et victorieuses. Ainsi, en Irlande, les dieux Fomore ont été vaincus et chassés par les Tûatha Dé Danann, dieux comme eux, mais plus jeunes.

Sur le domicile de Kronos et des dieux du même groupe primitif, il y a chez les Grecs deux doctrines contradictoires. Suivant l'une, que nous venons de citer, ce domicile est un lieu souterrain et ténébreux; c'est une opinion qui apparaît très nettement chez Homère et dont on trouve l'écho chez Hésiode (3). Mais il y a un système différent; il met parmi les compagnons de Kronos les héros qui ont pris Thèbes et Troie, et il leur donne pour séjour mystérieux, loin des hommes, des îles situées près de l'Océan, et où chaque année les champs féconds produisent trois fois des fruits doux comme le miel (4). C'est la doctrine d'Hésiode; elle a aussi pénétré, quoique moins clairement, dans la littérature homérique : le dieu marin Proteus prédit à Ménélas comment ce roi de Lacédémone finira sa carrière accidentée; les immortels le transporteront dans la plaine Elusion, au bout du monde, là où est le blond Rhadamanthus : dans ce pays

---

(1) *Iliade*, VIII, 479-481.
(2) *Iliade*, XIV, 278-279.
(3) *Théogonie*, 851.
(4) *Opera et Dies*, 160-173.

lointain et merveilleux, la vie est très facile aux hommes : il n'y a pas de neige, l'hiver est court, il n'y a jamais de pluie d'orage et l'Océan fait toujours souffler le doux vent zéphir pour rafraîchir les hommes (1).

La plaine Elusion, où ira Ménélas suivant l'*Odyssée*, ce sont les îles lointaines où sont allés, si on en croit Hésiode, les héros qui ont pris Troie. C'est aussi la terre de lumière, *tír sorcha*, d'où fut rapporté au héros Cûchulainn le manteau merveilleux qui rendait invisible (2).

A cette expression païenne, les écrivains chrétiens irlandais juxtaposèrent et même souvent substituèrent la traduction du latin biblique *terra repromissionis*, expression qui, dans son sens propre, désigne la terre promise aux Juifs par Dieu et où ils furent conduits par Josué ; elle s'appelle, en irlandais, *tír tairngeri* (3). D'autres fois, les Irlandais du moyen âge crurent qu'il s'agissait de l'Espagne (4) ; ainsi, c'est de l'Espagne que vint, dit-on, le doublet de Cerbère, le chien du forgeron Culann, ce chien tué par Cûchulainn, le héros doublet d'Hé-

---

(1) *Odyssée*, IV, 561-568.
(2) Livre de Leinster, p. 77, col. 2, l. 20-22. E. O'Curry, *On Manners and Customs*, t. II, p. 301, croit que c'est le Portugal.
(3) *Lebor na hUidre*, p. 79, col. 2, l. 21-22. *Irische Texte*, t. III, p. 197, 198, 202, 215, 216, 221. Cf. *Ad Hebraeos*, XI, 9 ; et Ms. de Würzburg, 33 *b* 6 ; édit. Whitley Stokes, p. 191 ; H. Zimmer, *Glossae hibernicae*, p. 194 ; glose sur *Ad Hebraeos*, IV, 2.
(4) J. Rhys, *Hibbert Lectures*, p. 90-91.

raclés (1); c'est d'Espagne qu'arrivèrent, a-t-on raconté, les fils de Milé, c'est-à-dire les Scots, les Irlandais, quand ils débarquèrent en Irlande pour conquérir cette île sur les dieux (2).

Or, d'où venaient-ils? du pays lumineux des morts, aussi le pays des dieux. Ils étaient, comme les Gaulois, descendants du dieu des morts que César appelle *Dispater* (3). *Dispater* est le Ἰαπετός homérique, le premier de ces Titans qui habitent le Tartare et dont Kronos est le second dans un passage de l'*Iliade* (4); et c'est d'eux que, suivant un hymne homérique, descendent les hommes et les dieux; Iapétos est l'ancêtre des hommes, Kronos l'ancêtre des dieux (5). Chez Homère, tous deux ont pour domicile le Tartare, région souterraine distincte de l'Aïdés où habitent les morts.

Mais nous venons de voir chez Hésiode, et même un peu chez Homère, une autre doctrine qui met les morts, ou au moins certains morts, sur la terre,

---

(1) *Lebor na hUidre*, p. 60, col. 2, l. 23-25. Héraclés ne tua pas Cerbère, mais il le tira de l'Erèbe, *Iliade*, VIII, 368.

(2) Livre de Leinster, p. 11, col. 2, l. 46-49.

(3) « Galli se omnes ab Dite patre prognatos putant. » *De bello gallico*, l. VI, c. 18, § 1.

(4) Ἰαπετός τε Κρόνος τε... βαθὺς δὲ Τάρταρος ἀμφίς.
(*Iliade*, VIII, 479, 481.)

(5) Τιτῆνες τε θεοί, τοὶ ὑπὸ χθονὶ ναιετάοντες
Τάρταρον ἀμφὶ μέγαν, τῶν ἐξ ἄνδρες τε θεοί τε.

Hymne à Apollon, vers 335, 336. Cf. Roscher, *Ausführliches Lexikon der griechischen und römischen Mythologie*, t. II, col. 55-58, article de Weizsäcker.

à l'extrême couchant, avec une partie des dieux. De même, ce n'est pas sous terre que, suivant la doctrine celtique, habitent les morts et leur roi, le *Dispater* de César, le *Tethra* de la mythologie irlandaise. C'est dans les terres des vivants, *tire beo*, où se font des festins sans fin (1); ce sont cent cinquante îles deux ou trois fois aussi grandes chacune que l'Irlande (2); là se trouve la terre des femmes, *tir nam-ban* (3), où il n'y a que femmes et filles (4); là est la plaine agréable, *Mag Meld*, aux fleurs abondantes (5). On y parvient par une longue navigation à travers l'Océan.

Quelques héros ont pu, vivants, s'y rendre dans un vaisseau ou une barque. Parmi eux est Bran mac Febail. Sur la route il rencontra le dieu marin Manannan mac Lir; ce dieu voyageait sur un char qui, roulant sur l'eau, n'enfonçait pas (6). Tel est le char sur lequel dans l'*Iliade* nous voyons Poseidaon traverser la mer sans mouiller l'essieu de son char (7). Manannan venait donc des pays lointains

---

(1) *Echtra Condla*, chez Windisch, *Kurzgefasste irische Grammatik*, p. 119, l. 3-5.

(2) *Imram Brain*, chez Kuno Meyer, *The voyage of Bran*, p. 12, couplet 25.

(3) *Ibid.*, p. 15, couplet 30.

(4) *Echtra Condla*, chez Windisch, *Kurzgefasste irische Grammatik*, p. 120, l. 23.

(5) *Imram Brain*, chez K. Meyer, *The voyage of Bran*, p. 20, couplet 39.

(6) *Ibid.*, p. 26.

(7) *Iliade*, XIII, 25-31.

des morts et des dieux ; il allait faire visite à Caintigern, femme du roi d'Ulster Fiachna ; il devait
bientôt la rendre mère de Mongân. Bran allait dans
le sens opposé ; quoique vivant, comme Héraclès,
il faisait la route que suivent tous les morts dans
la mythologie celtique, et qu'ont prise par exception dans la mythologie grecque quelques morts
privilégiés. Ce n'est pas la route du ciel.

La notion des morts accueillis dans le ciel est
étrangère à la mythologie celtique, et, chez Homère, trois mortels seuls ont pénétré dans le ciel :
ce sont : Tithônos, frère du roi de Troie Priam,
l'Argien Cleitos, et Héraclès, fils de Zeus et d'Alc-
mène.

Tithônos, aimé par l'Aurore, a été enlevé par
elle et n'est pas mort ; il est devenu l'immortel
compagnon de lit de la déesse qui, tous les ma-
tins précédant le soleil, dissipe les ombres de la
nuit (1).

Cleitos, rival de Tithônos, a été transporté comme
lui par l'Aurore dans la patrie des dieux (2).

Quant à Héraclès, quoique fils du Dieu suprême,
il est mort puisque sa mère est une femme (3). En
conséquence, son image, εἴδωλον, est dans l'Aïdés,
où Ulysse la voit ; mais lui, devenu l'époux d'Hêba,

(1) *Hymne à Aphrodite*, vers 219 et suiv. ; cf. *Iliade*, XX, 237 ;
XI, 1 ; *Odyssée*, V, 1.
(2) *Odyssée*, XV, 250, 251
(3) *Odyssée*, XI, 266-268.

fille de Zeus et d'Héra, il vit au milieu des dieux, prenant part à leurs festins sur l'Olympe et au ciel (1). Héraclès existe donc en deux exemplaires. Celui qui habite l'Aïdés ressemble à la nuit ; il tient un arc, sur la corde de l'arc une flèche prête à partir ; son baudrier est orné d'or, on y voit représentés des sangliers, des ours, des lions, des batailles (2). Un autre Héraclès vit en la compagnie des dieux célestes.

Le ciel, « là où est la lumière qui jamais ne s'éteint », est aussi le séjour des morts dans la plus ancienne littérature sanscrite (3).

Les Celtes ne semblent pas avoir connu la conception des morts habitant le ciel avec les dieux ; ils n'ont pas non plus l'idée de l'Aïdés, souterrain et ténébreux séjour des morts. La croyance qui règne exclusivement chez eux est celle qui transporte les morts à l'extrémité du monde, dans le pays merveilleux qu'Homère appelle *Elusion*.

Quand un homme expire, la vie s'en va avec le dernier souffle. Ce dernier souffle, identique avec le principe vital, est ce que les Grecs appellent ψυχή, les Latins *anima*, au génitif *animae*, les Celtes *animu, au génitif *animonos. Ce souffle vivant trouve dans le monde des morts un second

---

(1) *Odyssée*, XI, 601-604.
(2) *Odyssée*, XI, 601-612.
(3) H. Zimmer, *Altindisches Leben*, p. 411.

exemplaire de tout ce qui a été déposé dans la tombe ou brûlé sur le bûcher funèbre : corps, armes, vêtements, vases, char et chevaux de guerre, esclaves, bœufs, moutons, chiens, etc. Voilà pourquoi Achille, ayant pitié d'Eétion qu'il a tué, fait placer sur un bûcher le corps et les armes du défunt et y met le feu (1), pourquoi Elpénor, compagnon d'Ulysse, étant mort, on fait brûler son corps avec ses armes (2), pourquoi aux funérailles de Patrocle on immole sur son bûcher une quantité de moutons et de brebis, quatre chevaux, deux chiens, douze prisonniers Troyens (3). Eétion, Elpénor et Patrocle retrouveront un nouvel exemplaire de tous ces objets (4) dans la plaine *Elusion*. A quoi pourraient leur servir des armes, des chevaux, des chiens, des esclaves dans l'Aïdés, où cependant Homère montre Patrocle entré déjà, Elpénor sur le point d'entrer (5).

La mythologie grecque est un assemblage de conceptions qui se contredisent. Les cérémonies

---

(1) *Iliade*, VI, 416-418.
(2) *Odyssée*, XII, 13 ; cf. XI, 74.
(3) *Iliade*, XXIII, 166-176.
(4) L'expression technique pour les désigner est en grec κτέρεα, nominatif accusatif pluriel de κτέρας, « possession » (*Iliade*, XXIV, 38; *Odyssée*, I, 291; II, 222; V, 311). De là le verbe κτερείζειν, κτερίζειν, « rendre les honneurs funèbres, » littéralement « brûler en l'honneur du mort les objets à son usage. » L'*Iliade* et l'*Odyssée* offrent quatre exemples de la première forme, cinq de la seconde.
(5) *Odyssée*, XI, 468 ; cf. 51-80.

des funérailles grecques supposent la croyance à la plaine *Elusion*, au *Mag meld*, ce pays des morts grecs et celtes, qui est situé à l'extrême couchant, et où les défunts trouvent, avec un corps nouveau, une vie nouvelle semblable à la nôtre.

Voilà pourquoi le guerrier celte est enterré avec ses armes, ses chevaux, son char, des esclaves, de simples clients (1), même des amis ou des parents, qui meurent dans l'espérance de revivre dans l'autre monde avec lui (2). Chez les Celtes il y avait des créances payables dans l'autre monde (3). Pendant la cérémonie des funérailles, quelques personnes brûlaient sur la tombe des lettres adressées à leurs parents; de ces lettres, un double était croyait-on porté par le défunt dans l'autre monde au destinataire (4).

Il y a dans toutes ces pratiques une logique absolue, qu'explique un enseignement dogmatique, tandis que chez Homère les contradictions se mul-

---

(1) « Omniaque quae vivis cordi fuisse arbitrantur in ignem inferunt, etiam animalia, ac paulo supra hanc memoriam, servi et clientes, quos ab his dilectos esse constabat, justis funeribus confectis, una cremabantur. » *De bello gallico*, l. VI, c. 19, § 4.

(2) « Erantque qui se in rogos suorum, velut una victuri, libenter immitterent. » Méla, l. III, c. 2, § 19.

(3) « Olim negotiorum ratio etiam et exactio crediti deferebatur ad inferos. » Méla, ibid.

(4) « Κατὰ τὰς ταφὰς τῶν τετελευτηκότων ἐνίους ἐπιστολὰς γεγραμμένας τοῖς οἰκείοις τετελευτηκόσιν ἐμβάλλειν εἰς τὴν πύραν, ὡς τῶν τετελευτηκότων ἀναγνωσομένων ταύτας. » Diodore, l. V, c. 28, § 6, édit. Didot, t. I, p. 271, l. 18-21. Cougny, *Extraits des auteurs grecs*, t. II, p. 384.

tiplient. Si Patrocle supplie Achille de lui célébrer des funérailles, c'est parce qu'avant l'accomplissement de cette cérémonie l'entrée de l'Aïdés lui sera interdite (1). Cependant, les âmes des prétendants sont entrées dans l'Aïdés avant de recevoir la sépulture (2).

Les critiques qui voient dans ce dernier passage une interpolation veulent faire de l'auteur de l'*Odyssée* un théologien logique, comme le prétendent être ceux d'aujourd'hui. La sépulture régulièrement accomplie doit, suivant les conceptions primitives, procurer au mort les objets dont il a besoin dans l'autre monde : il faut que ces objets soient enterrés ou brûlés avec lui, autrement il sera fort malheureux; il manquera de tout. C'est la perspective qu'Ulysse a devant les yeux au moment de son naufrage. S'il périt, il arrivera dans l'autre monde nu et sans armes. Voilà pourquoi il regrette de n'être pas mort dans la bataille livrée sous les murs de Troie autour du cadavre d'Achille; il aurait alors été brûlé avec ses armes (3) et serait entré avec elles dans l'autre monde, tandis qu'il court risque d'y arriver désarmé.

Au désespoir d'Ulysse comparons la tranquillité du Celte qui, vers l'an 300 avant Jésus-Christ, voit

(1) *Iliade*, XXIII, 71-76.
(2) *Odyssée*, XXIV, 1-204. On a contesté sans raison l'authenticité de ces vers.
(3) *Odyssée*, V, 311.

dans la région occupée aujourd'hui par le royaume des Pays-Bas monter les flots de la mer autour de sa cabane. Il prévoit que les eaux vont bientôt l'engloutir. Il saisit ses armes. Il attend d'un œil tranquille le moment fatal. Arrivant armé dans l'autre monde, il n'a rien à craindre dans la seconde vie qui va commencer pour lui (1).

A quoi peuvent servir dans l'Aïdés homérique les images d'armes que portent les défunts, par exemple Héraclés? La conception primitive de l'autre monde indo-européen a été conservée par les Celtes. En Grèce, le voisinage géographique de la doctrine sémitique qui met les morts chaldéens dans le ténébreux et souterrain Aralou (2), les morts juifs dans le ténébreux et souterrain *scheol* (3), a exercé une influence d'où vient la conception bizarre et hybride de l'*Aïdés* homérique, ce triste et sombre pays, où les morts ne sont que des images ou des ombres.

Le corps nouveau que le Celte défunt trouve dans l'autre monde, nous le rencontrons aussi dans la littérature sanscrite (4). La mort, suivant le

---

(1) Nicolas de Damas, fragment 104. *Fragmenta historicorum Graecorum*, t. III, p. 457. Cougny, *Extraits des auteurs grecs*, II, 498. K. Müllenhof, *Deutsche Altertumskunde*, t. I, 2ᵉ édit., p. 231.

(2) Maspero, *Histoire ancienne des peuples de l'Orient classique*, t. I, p. 690.

(3) *Job*, X, 21, 22; XI, 8. *Nombres*, XVI, 30, 33.

(4) H. Zimmer, *Altindisches Leben*, p. 411.

Rigvêda, délivre l'homme d'un corps défectueux, lui en donne un autre sans défaut, avec lequel il revivra heureux dans le ciel, y retrouvant le père, la mère, les fils qu'il a perdus (1). Sauf la notion du ciel, l'idée est la même que celle qu'on rencontre en Irlande dans les aventures de Condla, où la messagère de la mort, qui va enlever le fils du roi pour l'emmener dans le royaume de Téthra, le dieu des trépassés, dit au jeune homme : « On te » verra tous les jours dans les assemblées de tes » pères au milieu de ceux que tu connais et que tu » aimes (2). »

La littérature védique nous offre de la seconde vie des morts une peinture spéciale, qui semble faire consister l'agrément de cette existence nouvelle en une complète oisiveté. L'Inde a eu une conception différente. Le mort était porté au bûcher avec son arc ; on lui ôtait cet arc avant de mettre le feu au bûcher (3) ; l'enlèvement de cet arc était une économie inspirée par l'intérêt des héritiers et par la croyance nouvelle au bonheur sans nuage des morts accueillis par les dieux. Mais à l'origine on a dû, dans l'Inde, brûler ou enterrer le mort avec ses armes, comme on le faisait dans la Grèce et chez les Celtes. La conception indienne primitive a été celle d'un monde des morts analogue à

(1) H. Zimmer, *Altindisches Leben*, p. 410.
(2) Windisch, *Kurzgefasste irische Grammatik*, p. 210; cf. *Cours de littérature celtique*, t. V, p. 388.
(3) H. Zimmer, *Altindisches Leben*, p. 406.

celui où nous vivons, belliqueux comme lui, mais plus parfait, dans l'Inde comme chez les Celtes et comme dans un des deux systèmes reçus dans le monde hellénique.

Le *Rigvéda* nous montre Yama, dieu des morts, assis avec les dieux et les pères sous un bel arbre couvert de feuilles (1). On trouve aussi un arbre dans le pays des morts tel que l'Irlande le conçoit. Manannan en apporta un jour une branche au roi Cormac. Une femme inconnue fit un cadeau semblable à Bran, fils de Fébal, puis disparut après avoir chanté les merveilles de cette contrée mystérieuse. Cet arbre vanté par les Irlandais était un magnifique pommier (2). Condla, atteint de la maladie qui devait l'enlever à son père, reçut de la messagère de la mort une pomme de cet arbre, et cette pomme avait un goût délicieux (3).

La littérature indienne met dans le pays des morts des ruisseaux où coule le miel (4). L'Irlande

---

(1) H. Zimmer, *Altindisches Leben*, p. 412.

(2) *Echtra Cormaic i Tír táirngiri*, § 25, 53; texte publié par Whitley Stokes, *Irische Texte*, t. III, 1ʳᵉ livraison, voyez p. 193, 198, 212, 216.

(3) *Echtra Condla*, § 4; Windisch, *Kurzgefasste irische Grammatik*, p. 119. *Cours de littérature celtique*, t. V, p. 387; cf. Kuno Meyer, *The voyage of Bran*, p. 4-5. Dans le voyage de Bran, p. 6-7, cet arbre est mentionné de nouveau, mais on ne parle que de ses fleurs, il n'est pas question de fruits; cf. la note de M. Kuno Meyer, p. 37, et *Cours de littérature celtique*, t. V, p. 199-200.

(4) H. Zimmer, *Altindisches Leben*, p. 413.

nous montre des ruisseaux de miel dans les îles merveilleuses qu'habitent les morts et les dieux (1). Si l'on en croit les poètes de l'Inde, un des plaisirs que se procurent dans l'autre monde les dieux et les pères est de boire ensemble (2). Suivant les Irlandais, ils boivent de bon vin au son d'une musique délicieuse (3).

Un des agréments qu'éprouvent les morts dans leur nouvelle patrie est d'y trouver des femmes : « Tu es un héros, » dit un père indou à son fils mort, « va au plus vite au-devant des femmes qui » t'appellent (4). » C'est une jeune et jolie femme qui vient en Irlande chercher Condla pour l'emmener dans le pays des morts ; elle lui parle des femmes et des filles qu'il y va rencontrer (5) : en Irlande, « terre des femmes, » *tir na m-ban*, est un des noms du pays des morts (6).

L'Egypte ancienne croit à un jugement des hommes après la mort, doctrine étrangère aux Indo-Européens primitifs, comme à ces Juifs de

---

(1) *The Voyage of Bran*, p. 18-19, couplet 36, vers 3.
(2) H. Zimmer, *Altindisches Leben*, p. 412.
(3) *The Voyage of Bran*, p. 8-9, couplet 13.
(4) H. Zimmer, *Altindisches Leben*, p. 413.
(5) *Echtra Condla*, § 6. Windisch, *Kurzgefaste irische Grammatik*, p. 120. *Cours de littérature celtique*, t. V, p. 389.
(6) *The voyage of Bran*, p. 14-15, couplet 30, vers 4; p. 28-29, couplet 60, vers 2 ; p. 30-31, § 62; cf. p. 10-11, couplet 20; p. 20-21, couplet 41. *Immram Maele Duin*, c. 28, publié par Whitley Stokes, *Revue celtique*, t. X, p. 62-71; *Cours de littérature celtique*, t. V, p. 485-488.

l'Ancien Testament (1), qui n'ont pas l'idée de châtiments dans l'autre vie pour les hommes coupables de crimes envers d'autres hommes. Mais l'Egypte a, comme les Indo-Européens, la doctrine d'une seconde vie, où l'homme défunt reçoit un corps nouveau, double du corps primitif, et mène une vie semblable à celle-ci. Il reçoit du maître universel ce que les rois et les princes dans cette vie distribuent à leurs fidèles, vivres, maisons, jardins, champs, et il prend part aux guerres que ce maître est obligé de soutenir contre son ennemi (2).

La croyance à cette espèce de résurrection des morts est donc générale dans l'antiquité. Elle n'est pas une invention des druides, comme on pourrait le conclure de ce que disent César, Méla et Lucain : « Les druides, » raconte César, « veulent » surtout persuader que les âmes ne meurent » point, mais que des uns elles passent à d'autres » après la mort ; ils pensent que c'est par cette » croyance que principalement on excite le cou- » rage en ôtant aux hommes la crainte de la » mort (3). » « Des doctrines enseignées par les

---

(1) *Genèse*, XXXVII, 35 ; Job, III, 13-17.
(2) Maspero, *Histoire ancienne des peuples de l'Orient classique*, t. I, p. 192.
(3) « Imprimis hoc volunt persuadere non interire animas ; sed ab aliis post mortem transire ad alios, atque hoc maxime ad virtutem excitari putant, metu mortis neglecto. » *De bello gallico*, l. VI, c. 14, § 5.

» druides à l'aristocratie, » écrit Méla, « une seule
» s'est répandue dans le peuple, elle a pour objet
» de rendre les Gaulois plus braves à la guerre ;
» cette doctrine est que les âmes sont éternelles
» et qu'il y a une seconde vie chez les morts (1). »
« Suivant vous, » dit Lucain s'adressant aux druides, « les ombres ne vont pas au séjour silencieux
» de l'Erèbe, ni dans les pâles royaumes du pro-
» fond *Dispater ;* le même esprit gouverne des
» membres dans un autre monde ; si vous savez
» ce que vous enseignez par vos chants, la mort
» est le milieu d'une longue vie (2). » Cette doctrine est une tradition qui remonte plus haut que
le druidisme.

Il y a aussi dans la littérature celtique un détail
curieux qui est presque universel dans le monde
antique, c'est la nécessité d'une barque pour arriver
au séjour des morts. Cette barque est connue dans
la littérature la plus ancienne de l'Inde. Le *Rigvéda*
en parle (3). On la trouve dans des textes scandi-

---

(1) « Unum ex his quae praecipiunt in vulgus effluxit ; videlicet ut forent ad bella meliores : aeternas esse animas, vitamque alteram ad manes. » Mela, l. III, § 19.

(2)   Vobis auctoribus umbrae :
Non tacitas Erebi sedes Ditisque profundi
Pallida regna petunt : regit idem spiritus artus
Orbe alio : longae, canitis si cognita, vitae
Mors media est.
                        (Lucain, *Pharsale*, I, 454-458.)

(3) H. Zimmer, *Altindisches Leben*, p. 409.

naves (1) et même en Egypte (2). Les îles lointaines où, suivant Hésiode, habitent une fois morts les héros célèbres de la guerre de Thèbes et de la guerre de Troie, ces îles de l'extrême Occident où, suivant la littérature irlandaise, tous les morts revivent en compagnie des dieux, ont été connues des Egyptiens.

Montée dans sa barque, l'âme du mort « péné-
» trait mystérieusement par la *fente* dans la mer
» occidentale, inaccessible aux vivants, et atten-
» dait la venue quotidienne du soleil mourant...
» La barque de ce dieu... s'arrêtait un moment
» aux frontières du jour; les âmes instruites en
» profitaient pour se faire reconnaître et recevoir
» à bord. Une fois admises, elles prenaient part à
» la manœuvre et aux batailles contre les dieux
» ennemis; mais elles n'avaient pas toutes le cou-
« rage ou l'équipement nécessaires pour résister
» aux périls et aux terreurs du voyage; beaucoup
» s'arrêtaient dans les régions qu'elles traver-
» saient... les îles du bon Osiris, qui les accueil-
» lait (3). »

La mythologie chaldéenne loge aussi les âmes des morts dans une région que l'eau sépare du

---

(1) Grimm, *Deutsche Mythologie*, 3ᵉ édit., p. 790, 791.

(2) Maspero, *Histoire ancienne des peuples de l'Orient classique*, t. I, p. 197.

(3) Maspero, *Histoire ancienne des peuples de l'Orient classique*, t. I, p. 197-198; cf. Simrock, *Handbuch der deutschen Mythologie*, 5ᵉ édition, p. 256, 259, 433.

domaine des vivants. C'est l'Aralou, lieu ténébreux situé sous terre, suivant une première loctrine; à à l'est du monde, suivant une seconde ; au nord, d'après une troisième, celle-ci d'accord avec Homère quand le poète grec met l'entrée de l'Aïdés au pays des Cimmériens. L'eau dont il s'agit en Chaldée est un fleuve (1) comme le Styx hellénique, comme était dans la plus ancienne conception grecque l'Océan, voisin de la plaine *Elusion* et des îles des bienheureux (2).

Immoler des esclaves sur la tombe du maître n'est pas seulement une pratique celtique et homérique; on voit, en Egypte, « des esclaves ou des » vassaux; » — les *servi et clientes* gaulois de César, — « qu'on égorgeait sur la tombe, qui par» taient avec le double du maître pour le servir » au delà comme ils avaient fait en deçà de la » tombe (3). » L'économie des survivants fit remplacer par de petites statues les esclaves immolés sur les tombes. L'effet dans l'autre monde était le même : « Tandis que les petits bonshommes de » pierre et d'émail peinaient et semaient conscien» cieusement, leurs maîtres jouissaient en pleine » paresse de toutes les félicités, pêchaient à la li-

---

(1) Maspero, *Histoire ancienne des peuples de l'Orient classique*, t. I, p. 690, 691.
(2) *Odyssée*, IV, 563-568; Hésiode, *Opera et dies*, 171.
(3) Maspero, *Histoire ancienne des peuples de l'Orient classique*, t. I, p. 193; cf. *De bello gallico*, l. VI, c. 19, § 4.

» gne au milieu des flots, montaient en barque et
» se faisaient tirer à la cordelle par leurs servi-
» teurs, etc. (1). »

Ce qui fait absolument défaut dans la conception primitive, c'est la notion de peines et de récompenses dans l'autre vie. Elle est restée étrangère à la mythologie celtique comme à celle des Juifs antérieurement aux Machabées (2). On la voit poindre dans l'*Iliade*, où il est question des châtiments infligés en l'Aïdés aux parjures (3); mais si les parjures sont punis, c'est à cause de l'insulte qu'en violant leur serment ils ont adressée aux dieux invoqués en prononçant la formule sacramentelle. Dans l'*Odyssée*, c'est aussi pour crime envers les dieux que sont punis Tityos, Tantale et Sisyphos (4). En tous ces cas il s'agit de vengeance et non de justice dans le sens moderne du mot. Minós, qui juge les morts, ne s'occupe pas de leur conduite avant leur décès; il est l'arbitre des querelles qu'ont entre eux les morts depuis leur arrivée dans l'Aïdés (5).

(1) Maspero, *ibid.*, t. I, p. 194, 195.
(2) Elle a pénétré dans la théologie thalmudique. F. Weber, *Iüdische Theologie auf Grund des Thalmud und verwandter Schriften*, p. 341, 544.
(3) *Iliade*, III, 278.
(4) *Odyssée*, XI, 576-600; cf. Preller, *Griechische Theologie*, 1re édit., t. II, p. 52, 267, 268. Nägelsbach, *Homerische Theologie*, 2e édit., p. 407, 411.
(5) *Odyssée*, XI, 568-571. Nägelsbach, *Homerische Theologie*, 2e édit., p. 412.

La conception de l'autre vie comme une sanction morale, comme une réparation des injustices de cette vie-ci, récompensant l'homme vertueux qui n'a pas réussi en ce monde, punissant le méchant qui a dû son succès au crime, c'est, dans le monde indo-européen primitif, une notion inconnue ; elle a eu son berceau dans l'Egypte et dans l'Inde ; elle fait défaut au mosaïsme lui-même. La doctrine primitive est que les méchants sont, quand il y a lieu, punis en ce monde même. La prise de Troie est le châtiment du double crime commis par l'enlèvement d'Hélène et par l'inexécution du traité suivant lequel, Pâris ayant été vaincu par Ménélas, Hélène devait être restituée au vainqueur. En Irlande, le roi Lôigaire, fils de Niall, avait juré de ne pas réclamer aux habitants de Leinster l'impôt exorbitant appelé *Bóroma;* il avait pris à témoin la terre, le soleil et le vent; il viola son serment; la terre, le soleil et le vent réunis lui ôtèrent la vie (1); il subit donc sa peine en ce monde.

Des deux conceptions grecques de l'autre vie, celle qui domine dans la littérature homérique est celle qui place les morts dans l'Aïdés souterrain et ténébreux et les réduit à l'état de simple image

---

(1) *Bóroma*, édition Whitley Stokes, *Revue celtique*, t. XII, p. 52-53; édition Standish Hayes O'Grady, *Silva Gadelica*, texte, p. 369; traduction, p. 409.

εἴδωλον (1) et de souffle, ψυχή (2), ou d'ombre, σκία (3), semblable aux personnages qu'en dormant on voit apparaître en songe et qui disparaissent au réveil : telle est la mère d'Ulysse, que trois fois en vain le héros voulut saisir entre ses bras (4).

Cet avenir n'a rien de bien séduisant. C'est ce que dit Achille vivant, c'est ce qu'il répète mort. Vivant il reçoit l'ambassade qui, envoyée par Agamemnon, est venue le prier de reprendre les armes pour la défense des Grecs vaincus par les Troyens. Il rejette cette demande ; il veut partir et retourner près de son père qui le mariera et lui laissera avec la royauté une belle fortune. S'il reste à Troie, il y mourra glorieusement ; mais la vie est préférable même à toutes les richesses que Troie a possédées au temps de sa splendeur et à toutes celles que renferme le temple d'Apollon Pythien (5). Cependant le désir de venger Patrocle le fait changer de résolution, le retient sous les murs de Troie ; il y perd la vie. Il descend dans l'Aïdès, où il règne sur les âmes de ceux de ses soldats qu'il y a trouvés. « Tu ne regrettes pas d'être mort », lui dit Ulysse ; ce n'est pas l'avis d'Achille ; il aimerait mieux, répond-il, vivre simple manou-

---

(1) *Iliade*, XXIII, 72, 104. *Odyssée*, X, 83, 203, 476, 602.
(2) *Iliade*, XXIII, 72, 104. *Odyssée*, X, 492, 530, 565 ; XI, 37, 51, 84, 90, 150, 205, 222, 387, 467-471, 538, 541, 564.
(3) *Odyssée*, X, 495 ; XI, 207.
(4) *Odyssée*, XI, 204-222.
(5) *Iliade*, IX, 398-429.

vrier au service d'un pauvre cultivateur qui le nourrirait mal : ce serait plus agréable que de régner sur tous les morts (1).

Ce qui paraît avoir surtout frappé les Grecs, c'est l'ennui d'habiter une région si mal éclairée que l'*Aïdês* ; je dis « mal éclairée », il semble même qu'elle n'était pas éclairée du tout. Sur la terre, au contraire, le soleil est la joie des hommes (2). Voir la lumière du soleil et vivre, c'est la même chose dans la langue du héros Diomède (3) et de la déesse Thétis (4), parlant l'un de lui-même, l'autre de son fils Achille.

La conception romaine n'est pas différente. Le séjour des morts est à la fois souterrain (5) et ténébreux (6). Virgile, ne sachant comment expliquer le voyage d'Enée dans le séjour infernal, imagine que son héros y trouve une clarté semblable à celle de la nuit dans une forêt quand la lune répand à travers les feuilles sa lumière douteuse qui ôte à tous les objets leur couleur.

> Ibant obscuri sola sub nocte per umbram
> Perque domos Ditis vacuas et inania regna;

(1) *Odyssée*, XI, 485-491.
(2) *Odyssée*, XII, 274.
(3) *Iliade*, V, 120.
(4) *Iliade*, XVIII, 61.
(5) « Imus in viscera terrae et in sede manium opes quaerimus. » Pline le Naturaliste, l. XXXIII, § 2.
(6) « Tenebris tenentur Ditis aeterna domo. » Epitaphe romaine, *Corpus inscriptionum latinarum*, t. I, 1ʳᵉ édit., p. 220, n° 1009.

> Quale per incertam Lunam sub luce maligna
> Est iter in silvis, ubi caelum condidit umbra
> Jupiter et rebus nox abstulit atra colorem (1).

Si Virgile eût adopté la doctrine reçue, son héros n'aurait rien vu du tout.

La plaine *Elusion* d'Homère, les îles des bienheureux chez Hésiode, la plaine agréable, *Mag meld*, les îles des morts et des dieux chez les Celtes sont éclairées par le soleil ; c'est un autre monde beaucoup plus beau, beaucoup plus séduisant que celui-ci. Voilà pourquoi les Celtes, dit Lucain, étaient si braves : « Les guerriers, sans
» hésiter, se précipitaient sur le fer de l'ennemi ;
» la pensée de la mort ne les effrayait pas. A leurs
» yeux, il fallait être bien lâche pour épargner une
» vie qui allait recommencer (2). »

Mais dans cette vie nouvelle il fallait retrouver un corps, des armes et tous les objets mobiliers dont on avait l'usage habituel. De là, nécessité d'une sépulture régulière, d'un tombeau contenant les objets dont un autre exemplaire était nécessaire au mort dans l'autre vie. Donner cette sépulture est un devoir de piété et d'humanité qui s'impose aux parents et aux amis.

On a émis à ce sujet une théorie nouvelle. La

---

(1) *Énéide*, l. VI, v. 268-272.

(2)   ...Inde ruendi
In ferrum mens prona viris, animaeque capaces
Mortis, et ignavum rediturae parcere vitae.
(Lucain, *Pharsale*, l. I, v. 460-462.)

crainte des revenants serait la cause des funérailles. Si cette doctrine était la vraie, Achille n'aurait pas eu la prétention de refuser à Hector les funérailles qu'il donne si solennellement à Patrocle. Les pierres entassées sur la tombe ont pour objet d'empêcher la violation des sépultures par les animaux et les hommes, leur but n'est pas de faire obstacle au retour du mort. Le mort que l'on devrait craindre est l'ennemi laissé sans sépulture et que dévorent les chiens et les oiseaux ; ce n'est pas le père, le frère, le fils ou l'ami qu'on aime tendrement et dont on est également aimé. L'affection qu'on a pour lui est la cause des soins qu'on donne à sa sépulture ; si on ne les donne pas, on néglige d'accomplir un de ces pieux devoirs qu'imposent la parenté et l'amitié ; les dieux pourront punir l'oubli de ce devoir (1). Mais le mort aime trop le vivant pour songer à lui nuire. Quand Patrocle, encore sans sépulture, vient trouver Achille endormi, et le supplie de lui rendre au plus tôt les derniers honneurs, il ne le menace d'aucune vengeance, il se borne à une prière (2).

Entre le mode de sépulture des Celtes et celui des guerriers homériques, il y a une grande différence : le Celte pratique la sépulture par inhuma-

---

(1) « Μή τοί τι θεῶν μήνιμα γένωμαι. » *Odyssée*, XI, 73. « De peur
» que l'oubli où tu m'auras laissé ne provoque contre toi la
» colère des dieux. »

(2) *Iliade*, XXIII, 62-92.

tion, le guerrier homérique est incinéré. Quand nous parlons de la sépulture par inhumation chez les Celtes, il faut bien comprendre. On ne brûlait pas, on enterrait le chef défunt avec armes, bijoux, vêtements et autres objets sans vie : on brûlait sur la fosse les animaux, les esclaves vivants qu'on envoyait avec lui dans l'autre monde. C'est déjà le système pratiqué dans les sépultures Mycéniennes fouillées par Schliemann et qui appartiennent à une civilisation antérieure à celle d'Homère (1). Cette civilisation est, neuf ou dix siècles plus tard, celle des Celtes au temps de César, plus récemment celle des Irlandais à l'époque où, chez eux, s'établit le christianisme; c'est celle des populations latines et ombriennes à l'époque la plus ancienne où l'histoire remonte.

Il y a d'autre part une époque préhistorique, où, tant en Italie qu'en Gaule, l'usage dominant a été celui de l'incinération; c'est la coutume néolithique. L'usage de l'inhumation lui succéda; il est caractéristique de la période mycénienne, il doit avoir été celui des premiers Romains, il est celui des Celtes en Gaule et dans les îles Britanniques.

---

(1) W. Helbig, *L'épopée homérique expliquée par les monuments*, traduction française de M. Trawinski, p. 65 et suiv. Iwan Müller, *Handbuch der klassischen Altertumswissenschaft*, t. IV, 1ʳᵉ partie, p. 461 c. Cf. Henry Schliemann, *Mycènes*, traduction française de J. Girardin, p. 234, 235, 242, 245, 294, 373, 376. A Mycènes, les corps n'avaient été aucuns incinérés, quoi qu'en dise ce zélé chercheur qu'était Schliemann.

Puis l'incinération revient à la mode ; c'est la pratique usitée dans la littérature homérique ; elle devient dominante à Rome et dans tout l'empire romain jusqu'au christianisme, qui la fait disparaître (1). L'avantage de l'incinération était de rendre inutile la violation de la sépulture, d'empêcher que cette violation produisît aucun effet sur la situation théorique du mort dans l'autre vie. J. Grimm suppose que l'incinération a été inventée par des populations nomades (2) : celles-ci sont hors d'état de prendre soin de sépultures faites par inhumation dans un pays où l'on ne séjourne pas et d'en empêcher la violation.

Chez les Germains, on brûlait les riches, on enterrait les pauvres (3). Les riches incinérés échap-

(1) *Handbuch der römischen Alterthümer*, t. VII, 1ʳᵉ partie. *Das privat Leben der Roemer*, 1ʳᵉ partie, 2ᵉ édition, p. 374-377. *Manuel des antiquités romaines*, La vie privée des Romains, traduite par Victor Henry, t. I, p. 437 et suiv. Comparer le mémoire de J. Grimm : *Ueber das Verbrennen der Leichen*, qui date de 1849, dans les *Kleinere Schriften*, t. II, p. 211-313. Ce mémoire, aujourd'hui arriéré sur bien des points, conserve cependant une grande valeur. Le texte de César, l. VI, c. 19, § 4, « servi et clientes, quos ab iis dilectos esse constabat una cremabantur, » est accepté comme exact par M. Salomon Reinach, suivant lequel l'incinération avait pénétré en Gaule dès l'époque de César. L'opinion de J. Quicherat est que César, habitué aux funérailles romaines, et sachant qu'il y avait un bûcher aux funérailles des grands seigneurs gaulois, n'a pas compris la différence entre le système romain et le système celtique.

(2) *Kleinere Schriften*, t. II, p. 218.

(3) Simrock, *Handbuch der deutschen Mythologie*, 5ᵉ édition, p. 602.

paient au danger d'être déterrés ; les pauvres trouvaient leur sécurité dans leur misère.

Les funérailles sont certainement un des actes religieux les plus importants que l'homme connaisse. Mais il y a un autre acte qui tient dans toutes les religions une place considérable : c'est le sacrifice ; et de tous les sacrifices, le plus efficace est, suivant la croyance générale, le sacrifice humain ; le christianisme seul conçoit quelque chose de plus grand : le sacrifice divin.

On peut distinguer en Gaule, d'après César, deux sortes de sacrifices humains : 1° ceux qui ont pour objet la guérison des maladies ; 2° ceux dont le but est d'écarter le danger de mort par l'effet d'accidents, tel celui qui menace les hommes engagés dans une guerre (1).

De l'idée qui a inspiré les sacrifices de la première catégorie, sacrifices pour cause de maladie, il faut rapprocher la doctrine celtique qu'exprime un passage bien connu de César : « Apollon éloigne les maladies, » *Apollinem morbos depellere* (2). Au début de l'*Iliade*, Apollon, pour venger Chrusés, son prêtre, envoie une maladie épidémique

---

(1) « Qui sunt affecti gravioribus morbis, quique in proeliis periculisque versantur, aut pro victimis homines immolant, aut se immolaturos vovent. » *De bello gallico*, l. VI, c. xvi, § 2.

(2) *De bello gallico*, l. VI, c. xvii, § 3.

aux Grecs. Quand ceux-ci veulent calmer la colère du dieu et mettre un terme au fléau qui décime l'armée, ils font des sacrifices, les uns privés, que chaque Grec célèbre en particulier (1), un autre public et plus solennel, qu'Ulysse, au nom de l'armée, va offrir au dieu dans son temple (2).

On a dit que, contrairement à ce que nous apprend la littérature postérieure, il n'y a pas eu de victime humaine offerte à Apollon dans cette solennelle expiation (3). Mais la restitution de Chruséis à son père, le prêtre d'Apollon, est l'exact équivalent du sacrifice humain : elle est faite sans rançon. Agamemnon avait refusé de rendre Chruséis moyennant une rançon, c'est-à-dire en acceptant la valeur vénale de la jeune fille; il la rend sans rien recevoir en échange, il subit exactement la perte que lui ferait subir l'immolation de Chruséis.

La cruauté, odieuse à nos yeux, qui nous révolte dans le sacrifice humain, n'a rien de répugnant aux époques primitives où nous transportent l'*Iliade* et l'*Odyssée*, témoin l'immolation de douze jeunes Troyens sur le bûcher de Patrocle (4); une question domine alors toutes les autres; c'est ce que nous pouvons appeler en langage moderne la

---

(1) *Iliade*, I, 315-318.
(2) *Iliade*, I, 430-474.
(3) Voyez Stengel, chez Iwan Müller, *Handbuch der klassischen Altertumswissenschaft*, t. V, p. 88.
(4) *Iliade*, XXIII, 175, 176.

question d'argent : l'argent, *pecunia*, vaut tout, la vie et même l'honneur ; Héphaïstos, surprenant Aphrodite, sa femme, en flagrant délit d'adultère, ne pense qu'à une chose, c'est à l'argent que son infortune doit lui rapporter : restitution par son beau-père du prix d'achat de la femme infidèle, dommages-intérêts à payer par le complice (1). L'immolation d'une femme ou d'un homme sacrifié aux dieux, c'est une dépense de tant ; l'affaire est bonne si le dieu reconnaissant montre un peu de largesse en retour. Dans l'*Iliade*, on donne la femme vivante, comme le dieu l'avait demandée par l'organe de son prêtre ; on sacrifie, en outre, des bœufs : l'épidémie cesse, elle ne tue plus personne ; l'opération a donc été lucrative.

L'immolation de la victime humaine est une façon de donner cette victime au dieu qu'on invoque ; dans le cas de Chruséis, le don a dû se faire sans ôter la vie à Chruséis. Il y avait d'autres circonstances où la mort paraissait nécessaire ; c'était le cas le plus fréquent, quoiqu'il ne se présente ni dans l'*Iliade*, ni dans l'*Odyssée*.

Dès le sixième siècle avant Jésus-Christ, c'était en Grèce une doctrine universellement reçue que les sacrifices humains étaient un moyen de mettre un terme aux épidémies. Vers l'année 620 avant notre ère, disent les uns, 612 suivant un autre

---

(1) *Odyssée*, VIII, 318-319, 344-358.

calcul (1) des partisans de Cylon, qui aspirait à la tyrannie, s'étant emparés de l'Acropole d'Athènes, avaient été massacrés dans le temple même d'Athéna, en violation du droit d'asile. Un jugement provoqué par Solon, alors déjà fort influent, avait condamné les meurtriers à l'exil ; mais dans la quarante-sixième olympiade, 596-593, une maladie épidémique, causée, dit-on, par la colère non encore apaisée de la déesse, sévissait dans Athènes ; on recourut aux conseils du crétois Épiménide, qui fit sacrifier des brebis et deux jeunes gens dont Diogène Laerce nous a conservé les noms. Alors l'épidémie cessa. Nous connaissons par le même auteur la date du voyage d'Épiménide (2). Elle est confirmée par Plutarque dans sa vie de Solon (640-559), où il parle des relations que Solon eut avec Épiménide pendant que ce dernier se trouvait à Athènes (3). Il est difficile d'admettre que le voyage d'Épiménide à Athènes n'ait eu lieu que dix ans ans avant le commencement des guerres médiques, c'est-à-dire en 502, comme le prétend Platon (4) ; en 502 Solon était mort depuis cinquante-sept ans. C'est donc dans la première moitié du sixième

---

(1) Pauly, *Real Encyclopädie*, t. II, p. 818 ; t. III, p. 192 ; t. VI, p. 1280.

(2) Diogène Laerce, l. I, c. x, § 109, édit. Didot, p. 28-29.

(3) Plutarque, *Solon*, 12. *Vies*, édit. Didot, t. I, p. 100, 101. Cf. Hérodote, l. V, c. LXXI, édit. Didot, p. 250 ; Thucydide, l. I, c. CXXVI, édit. Didot, p. 47.

(4) Platon, *De legibus*, l. I, édit. Didot, t. II, p. 276, l. 15-21.

siècle avant J.-C., et même probablement au commencement de ce siècle, qu'un double sacrifice humain fut solennellement célébré dans Athènes sur le conseil d'Epiménide : Solon en fut probablement témoin.

L'épidémie athénienne dont Épiménide avait obtenu la cessation était causée par la vengeance d'Athéna : le temple de cette déesse avait été souillé par le meurtre des partisans de Cylon. C'était une cause exceptionnelle de maladie contagieuse. Plus souvent à Athènes le nom divin que nous rencontrons associé au danger de la mort causée par une épidémie est, comme dans l'*Iliade*, celui d'Apollon.

Une vieille idée grecque est que la mort, quand elle semble produite par la maladie ou la vieillesse, est en réalité l'effet de flèches invisibles lancées aux hommes par le dieu du soleil Apollon, aux femmes par la déesse de la lune Artémis. C'est ainsi qu'au premier livre de l'*Iliade*, vers 43-64, on voit Apollon percer de ses flèches, pendant neuf jours, les Grecs dans leur camp pour venger l'injure faite à son prêtre par Agamemnon. De même pour venger une parole insultante dite par Nioba à l'adresse de Latone, leur mère, Apollon de ses flèche tue les six fils de Nioba; Artémis, de la même manière, ôte la vie aux six filles de cette malheureuse femme ; c'est au vingt-quatrième chant de l'*Iliade*, vers 602-609. Dans l'*Odyssée*, les flèches mortelles d'Apollon percent les hommes,

celles d'Artémis, atteignent les femmes, sans que
ni le dieu ni la déesse ait aucune vengeance à
exercer. Suria est une île fertile où abondent les
troupeaux, le vin, le froment, où la famine et les
maladies sont inconnues ; mais quand les habitants
vieillissent, Apollon et Artémis arrivent avec leurs
arcs, et de leurs douces flèches leur ôtent la vie (1).
Ulysse, ayant évoqué les morts, voit apparaître sa
mère ; il lui demande comment elle a quitté la vie,
si c'est par l'effet d'une longue maladie ou si elle
a été frappée par les douces flèches d'Artémis :
« Ni l'un ni l'autre », lui répond sa mère, « ce
qui m'a fait mourir c'est le chagrin que m'a causé
ton absence (2). » Pénélope, irritée contre Antinoos, un des prétendants, souhaite qu'Apollon le
perce d'une de ses flèches (3). Mélanthios, esclave
d'Ulysse, ayant pris parti pour les prétendants,
émet le vœu que Télémaque périsse frappé par
une des flèches d'Apollon (4). Pénélope, découragée, dit qu'elle désire recevoir d'Artémis une douce
mort (5). Cette pensée lui vient une seconde fois :
« Artémis » s'écrie-t-elle, « déesse vénérable, fille
de Zeus, puisses-tu, me lançant une flèche dans
la poitrine, m'ôter au plus tôt la vie (6) ? »

(1) *Odyssée*, XV, 403-411.
(2) *Odyssée*, XI, 170-173, 198-203.
(3) *Odyssée*, XVII, 494.
(4) *Odyssée*, XVII, 251.
(5) *Odyssée*, XVIII, 202.
(6) *Odyssée*, XX, 61-63.

Apollon, envoyant aux hommes la mort et les maladies qui la causent, pouvait aussi leur faire grâce de la vie en chassant les maladies. Cette grâce, on la demandait par des sacrifices, or, de toutes les victimes qu'on peut immoler, la plus éminente est l'homme ; c'est la doctrine de l'Inde, comme celle de la Grèce et de Rome. L'Inde place les victimes dans l'ordre suivant : 1° homme, 2° cheval, 3° bête à cornes, 4° mouton, 5° chèvre (1). Chez les Germains, comme chez les autres peuples indo-européens, les sacrifices humains passaient pour exercer une action plus puissante que ceux d'animaux (2).

La langue grecque possède un mot pour désigner la victime humaine dont l'immolation doit assurer le salut du peuple. Ce mot est φαρμακός, qu'on peut traduire ici par « médecine préventive ». Il fut une époque archaïque où, dans la ville d'Athènes, le six des Thargélies, correspondant à peu près au milieu du mois de mai, on célébrait une fête dans laquelle deux hommes étaient immolés à Apollon, l'un pour l'expiation des fautes des hommes d'Athènes, l'autre pour l'expiation de celles des femmes. Le but

---

(1) Leist, *Graeco-italische Rechtsgeschichte*, p. 258; *Altarisches Jus gentium*, p. 284, 293, 315.

(2) Voir les textes réunis par Grimm, *Deutsche Mythologie*, 3ᵉ édit., p. 38-40, 1200, 1201; cf. Mogk, chez Paul, *Grundriss der germanischen Philologie*, t. I, p. 1123; Simrock, *Handbuch der deutschen Mythologie*, 5ᵉ édit., p. 508, 509.

était d'éloigner les épidémies (1). Apollon avait un doublet en Arcadie, c'était Zeus Λύκαιος, auquel on sacrifiait ostensiblement des victimes humaines au quatrième siècle avant notre ère, quand Platon écrivait sa Πολιτεία (2), et cette pratique paraît s'être continuée mystérieusement sous l'empire romain, au moins jusqu'au second siècle après J.-C. (3).

(1) Voyez l'article *Apollon*, chez Roscher, *Ausführliches Lexikon der griechischen und römischen Mythologie*, t. I, p. 430. A comparer les textes réunis dans le *Thesaurus linguae graecae*, t. VIII, p. 654, et surtout le passage suivant d'Helladios : « Ὅτι ἔθος ἦν ἐν Ἀθήναις φαρμακοὺς ἄγειν δύο, τὸν μὲν ὑπὲρ ἀνδρῶν, τὸν δὲ ὑπὲρ γυναικῶν πρὸς τὸν καθαρμὸν ἀγομένους. Καὶ ὁ μὲν τῶν ἀνδρῶν μελαίνας ἰσχάδας περὶ τὸν τράχηλον εἶχε, λευκὰς δ' ἅτερος. Συβάκχοι δέ φησιν ὠνομάζοντο. Τὸ δὲ καθάρσιον τοῦτο λοιμικῶν νόσων ἀποτροπιασμὸς ἦν, λαβὸν τὴν ἀρχὴν ἀπὸ Ἀνδρόγεω τοῦ Κρητός, οὗ τεθνηκότος ἐν ταῖς Ἀθήναις παρανόμως τὴν λοιμικὴν ἐνόσησαν οἱ Ἀθηναῖοι νόσον, καὶ ἐκράτει τὸ ἔθος ἀεὶ καθαίρειν τὴν πόλιν τοῖς φαρμακοῖς. » Photius, *Bibliotheca*, édit. Immanuel Bekker, p. 534 B.

(2) Platon, Πολιτεία, l. II ; édit. Didot, t. II, p. 158, l. 34-38.

(3) Pausanias, l. VIII, c. XXXVIII, § 7, édit. Didot, p. 415, dit qu'il ne lui serait pas agréable d'exposer en détail comment se fait le sacrifice : « Qu'il soit, » dit-il, « ce qu'il est et ce qu'il a été dès le commencement. » Ἐχέτω δὲ ὡς ἔχει καὶ ὡς ἔσχεν ἐξ ἀρχῆς. Cf. Frazer, *Pausanias' Description of Greece*, vol. IV, p. 189. On peut en rapprocher le texte suivant : « Νῦν οὐκ ἐν Ἀρκαδίᾳ μόνον τοῖς Λυκαίοις, οὐδ' ἐν Καρχηδόνι τῷ Κρόνῳ κοινῇ πάντες ἀνθρωποθυτοῦσιν » (Porphyre, *De abstinentia*, II, 27, édition d'Utrecht, 1757, t. II, p. 150). Pausanias écrivait dans la seconde moitié du deuxième siècle. Porphyre a vécu plus tard, de 233 à 304 environ. L'autorité de Porphyre peut être considérée comme inférieure à celle de Pausanias. Porphyre répète peut-être sans vérification la doctrine d'un auteur plus ancien ; il est difficile d'admettre que des sacrifices humains se soient encore faits en Grèce vers la fin du troisième siècle de notre ère.

Le plus intéressant pour nous c'est que les Athéniens, ce peuple si éminent par ses arts, sa littérature, sa philosophie, ont cru qu'en immolant chaque année deux hommes au dieu de la mort, Apollon, on pouvait conserver la vie à un grand nombre d'autres personnes.

C'est à peu près la doctrine gauloise telle qu'on la connaît par J. César. « Ceux, » dit-il, « qui » sont atteints de maladies graves,... ou immo- » lent des victimes humaines, ou font vœu d'en » immoler, et pour ces sacrifices ils se servent du » ministère des druides; ils croient que, si pour » vie d'homme on ne donne pas vie d'homme, on » ne peut calmer la colère des dieux immortels. » Des sacrifices de ce genre sont chez eux une » institution publique (1). » Ce qui a surtout frappé l'imagination des modernes, c'est la phrase où César nous montre les Gaulois construisant d'immenses statues de bois et d'osier qu'ils remplissaient d'hommes vivants et qu'ils brûlaient en l'honneur de leurs dieux (2). Strabon parle de ces funèbres mannequins et des hommes qu'on y entassait, mais il ne dit pas que ces hommes fussent brûlés vifs, et il ajoute qu'avec ces malheureux

---

(1) *De bello gallico*, l. VI, c. XVI, § 2-3.

(2) « Alii immani magnitudine simulacra habent, quorum contexta viminibus membra vivis hominibus complent; quibus succensis, flamma exanimantur homines. » *De bello gallico*, l. VI, c. XVI, § 4.

on y mettait des animaux de toute espèce (1). César et Strabon nous donnent probablement chacun dans ces deux passages un arrangement plus ou moins complet d'un texte aujourd'hui perdu de Poseidónios (2).

L'usage des feux de la Saint-Jean est une continuation de cette coutume celtique. Le feu de la Saint-Jean a été allumé tous les ans à Paris, place de Grève en face de l'Hôtel de Ville, le 23 juin, veille de la fête, cela non seulement au moyen âge, mais encore au dix-huitième siècle. Or il n'est pas autre chose qu'une forme atténuée de ces antiques sacrifices humains ; et nos feux d'artifice n'en sont que le perfectionnement.

Le feu de la Saint-Jean a été d'un usage général en Europe ; il est la continuation d'usages plus anciens, à cette différence près que la date du 23 juin semble appartenir au Christianisme ; la date primitive était un peu plus tôt : à Athènes, comme nous avons vu, vers le milieu de mai ; à Rome, le 21 avril, le jour de la fête des *Palilia* ou *Parilia* (3). Un sacrifice était une des cérémonies

---

(1) « Καὶ κατασκευάσαντες κολοσσὸν χόρτου καὶ ξύλων, ἐμβαλόντες εἰς τοῦτον βοσκήματα καὶ θηρία παντοῖα καὶ ἀνθρώπους, ὡλοκαύτουν. » Strabon, l. IV, c. IV, § 5 ; édit. Didot, p. 164, 165 ; Cougny, t. I, p. 142.

(2) Karl Müllenhoff, *Deutsche Altertumskunde*, t. II, p. 182.

(3) Sur cette fête, voir les textes auxquels renvoie Marquardt, *Handbuch der römischen Alterthümer*, 2ᵉ édit., t. VI, *Sacralwesen*, p. 207-208 ; *Manuel des antiquités romaines*, traduction de M. Brissaud, *Le Culte chez les Romains*, t. II, p. 249 et suiv.

de la fête romaine (1), et ce que ce sacrifice avait de particulier, c'est que les hommes et les animaux sautaient sur le feu du bûcher. Ovide le raconte ; il ajoute qu'il a fait trois fois lui-même ce saut périlleux :

« Per flammas saluisse pecus, saluisse colonos (2).
Certe ego transilui positas ter in ordine flammas (3)... »

Chez les Celtes, dans le groupe gaélique, la date choisie était le 1er mai, qu'on appelait non point *Palilia* ou *Parilia*, mais *Beltene*. Sous le mot *Bealtuin* le dictionnaire gaélique de la *Highland Society* d'Écosse cite un extrait du compte rendu statistique de la paroisse de Callander, dans le comté de Perth ; on y voit que le 1er mai une personne désignée par le sort devait trois fois sauter sur le feu qu'on allumait ; c'est l'usage romain. Mais faire sauter les personnes et les animaux sur le feu du 1er mai était dangereux, bien qu'on ait vu en France, dans notre siècle, des enfants sauter sur le feu de la Saint-Jean. Le glossaire de Cormac, ixe ou xe siècle nous apprend que les druides d'Irlande avaient introduit un perfectionnement qui consistait à allumer deux feux au lieu d'un ; évitant de faire sauter les animaux sur un feu unique, on

---

(1) Denys d'Halicarnasse, l. I, c. LXXXVIII ; édit. Didot, p. 68, l. 21, 22.
(2) Ovide, *Fastes*, IV, 805.
(3) Ovide, *Fastes*, IV, 727.

les faisait passer entre les deux feux, et on considérait ce procédé comme un sûr moyen d'éviter les épizooties (1).

Les textes irlandais ne nous enseignent pas qu'au moyen âge on brûlât dans ces feux des victimes. A Paris, au seizième siècle, on en brûlait encore ; il semble même qu'on les brûlait vivantes, comme les hommes dont parle César. Nous l'apprenons par un compte des dépenses de la ville de Paris. Le texte qui nous intéresse a été publié par Sauval, *Histoire et recherche des antiquités de Paris*, in-f°, t. III, p. 632 (2) : « A Lucas Pomme-
» reux, l'un des commissaires des quais de la ville,
» cent sols parisis, pour avoir fourni durant trois
» années finies à la Saint-Jean 1573 tous les chats
» qu'il fallait au dit feu, comme de coutume ;
» même pour avoir fourni il y a un an, où le roi
» y assista, un renard pour donner plaisir à Sa
» Majesté, et pour avoir fourni un grand sac de
» toile où étaient les dits chats. »

J. Grimm, dans sa *Deutsche Mythologie*, 3ᵉ édition, p. 569 et suivantes, a donné une savante étude sur les feux périodiques qui, chez les différents peuples, ont été originairement allumés pour brûler des victimes, et qui sont plus tard devenus des feux de joie. On y remarque l'usage fréquent

---

(1) Whitley Stokes, *Three irish Glossaries*, p. 6, traduction, p. 19.
(2) Cf. Dulaure, *Histoire physique, civile et morale de Paris*, seconde édition, t. IV, p. 465-468.

de placer parmi les matières combustibles une roue, symbole du soleil (1). Ainsi « en Poitou, » pour célébrer la Saint-Jean, on entoure d'un » bourrelet de paille une roue de charrette; on » allume le bourrelet avec un cierge bénit, puis » l'on promène la roue enflammée à travers la » campagne, qu'elle fertilise, si l'on en croit les » gens du pays (2). »

Nos feux d'artifice, continuation des feux de joie du moyen âge et des feux qui, plus anciennement, brûlaient périodiquement des victimes humaines, mettent souvent sous les yeux des spectateurs des pièces tournantes qu'on appelle soleils; c'est une forme perfectionnée de la vieille tradition païenne, c'est-à-dire du culte d'Apollon, cette personnification du plus grand des astres. La confusion faite sous l'empire romain, entre le dieu romain Jupiter et le dieu ou les dieux gaulois du soleil (3), est ici sans intérêt.

Outre les sacrifices qui avaient pour objet d'écarter les maladies épidémiques, on en célébrait d'autres pendant les guerres pour assurer la victoire et éviter la mort dans les batailles. Les Gaulois

---

(1) Cf. H. Gaidoz, *Etudes de mythologie gauloise. Le dieu gaulois du soleil et le symbolisme de la roue*, Paris, Leroux, 1886, extrait de la *Revue archéologique*, 1884, 1885.

(2) *Magasin pittoresque*, 1834, p. 71-72.

(3) Gaidoz, *Etudes de mythologie gauloise*, précitées, p. 4 et suiv.

immolaient à cet effet des victimes humaines (1). L'*Iliade* ne nous offre pas l'exemple de sacrifices de ce genre. Agamemnon, trompé par un songe où la victoire lui a été promise, se prépare à livrer une grande bataille aux Troyens; chacun sacrifie à l'un des dieux immortels et lui demande d'échapper à la mort et à la cruelle violence du dieu de la guerre, Arès; suit un sacrifice solennel célébré au nom de toute l'armée par Agamemnon (2). Il n'est pas ici question de victimes humaines. Mais l'*Iliade* n'est pas la première épopée qu'aient possédée les Grecs. Elle cite elle-même une épopée plus ancienne, celle des Sept contre Thèbes (3). Le texte primitif en est perdu, mais a servi de base à des compositions tragiques à l'aide desquelles on peut la reconstituer.

En voici un fragment. Il y avait à Thèbes un devin, nommé Teïrésias, qui plus tard, évoqué par Ulysse, sortit du lugubre séjour des morts pour prédire comment se termineraient les épreuves du roi d'Ithaque, victime de la haine de Poséidaôn (4). Teïrésias vivait encore quand les sept héros vinrent assiéger Thèbes. C'est lui qui indique à Créon, futur roi de Thèbes, comment il pourra sauver la

---

(1) « Quique in proeliis periculisque versantur aut pro victimis homines immolant, aut se immolaturos vovent. » *De bello gallico*, l. VI, c. XVI, § 2.

(2) *Iliade*, II, 400-419.

(3) *Iliade*, IV, 378; V, 804; VI, 223; X, 286; XIV, 114.

(4) *Odyssée*, X, 492; XI, 90-151.

ville, qui est sur le point de tomber entre les mains de l'ennemi : Créon aura, s'il le veut, à sa disposition, un remède efficace, φαρμακός, suivant l'expression consacrée : qu'il sacrifie son fils Ménoïkeus ; Ménoïkeus est le cousin-germain des deux frères Etéocle et Polynice, qui se disputent le trône ; il doit mourir immolé au dieu de la guerre Arès, ou Thèbes périra. Ménoïkeus, résigné à son sort fatal, monte sur le haut d'une tour, et là s'enfonce lui-même une épée dans la gorge (1).

Ménoïkeus, quoique fils du futur roi de Thèbes, de Créon qui va monter sur le trône après la mort prochaine d'Etéocle et de Polynice, n'est pas encore l'homme qui tient le premier rang dans la cité. Mais une doctrine plus radicale exige le sacrifice de la vie du chef lui-même. La légende grecque met parmi les premiers rois d'Athènes Codros, qui aurait vécu au onzième siècle avant notre ère, et qui, en renonçant héroïquement à la vie, assura la victoire à son peuple. Le discours de Lycurgue contre Léocrate, quatrième siècle avant J.-C., nous raconte cette antique légende : des ennemis ont envahi le territoire d'Athènes ; l'oracle de Delphes déclare que ces ennemis s'empareront d'Athènes s'ils ne tuent pas le roi Codros ; Codros, vêtu comme un mendiant, et armé, non d'une lance ni

---

(1) Euripide, *Phoenissae*, vers 980-1092. Cf. Apollodore, *Bibliothèque*, l. III, c. XVI, § 7, alinéa 8 ; *Fragmenta historicorum graecorum*, t. I, p. 160. « Ἀπέκτεινε δὲ ἑκούσιος αὐτὸν κατὰ τὸ μάντευμα τὸ ἐκ Δελφῶν, » Pausanias, IX, c. 25, § 1 ; édition Didot, p. 464.

d'une épée, mais simplement d'une faux, sort de la ville et s'avance vers le camp ennemi ; deux hommes en sortent pour l'observer ; de sa faux il en tue un ; l'autre, tirant son épée, le frappe mortellement (1) : ce fut le salut d'Athènes.

Agamemnon, malgré sa bravoure, *Iliade*, livre XI, est vaincu par les Troyens après le songe trompeur que Zeus lui a envoyé au II° livre ; c'est que, s'il risque sa vie quand il compte sur sa force physique et son adresse pour échapper aux dangers des combats, il n'a pas le froid courage qui va au-devant d'une mort certaine pour le salut de la patrie, ainsi que l'a fait Codros. Il est égoïste comme roi, ainsi qu'il l'a été comme mari quand il a comparé Chruséis, sa maîtresse, à Clutemnestre, sa femme légitime, en donnant la préférence à sa maîtresse (2). Sa mort par la complicité d'un rival et d'une femme adultère (3) est la conséquence naturelle de cette préférence ; de même la défaite des Grecs par les Troyens est le résultat de la sage lâcheté qui fait le fond de son caractère politique. Il avait à Aulis, suivant la légende, sacrifié sa fille pour obtenir un vent favorable (4) ; sa conduite alors avait été celle du juif Jephté ; Jephté promit à Dieu, pour obtenir la victoire, la première vic-

---

(1) Lycurgue, *Contra Leocratem*, § 85-87. *Oratores attici*, édit. Didot, t. II, p. 15-16.

(2) *Iliade*, I, 113-115.

(3) *Odyssée*, II, 265-304 ; XI, 409-411.

(4) Eschyle, *Agamemnon*, vers 109-159, 184-249.

time qui se présenterait à lui : cette victime fut sa fille (1). Quelle supériorité ont sur lui Codros à Athènes, les Décius à Rome ! Les Décius, au quatrième siècle avant notre ère et au commencement du troisième, vont désarmés à la mort pour assurer la victoire à leurs soldats ; c'est leur vie à eux-mêmes qu'ils sacrifient pour le salut de la patrie (2).

La Judée, au temps les plus héroïques, n'a jamais eu de Décius, pas plus que de Régulus ou de Lucrèce. Agamemnon et Jephté donnent la vie de leurs enfants, c'est le système carthaginois, c'est celui des peuples qui seront vaincus ; la victoire finale des Grecs à Troie n'est en rien l'œuvre d'Agamemnon, qui n'a su que retarder ce résultat définitif préparé par l'héroïsme de ses subordonnés, dont Achille est le plus éminent. Au moment de livrer aux Troyens une bataille qu'il espère décisive, Agamemnon immole un bœuf et adresse à Zeus une prière : « Puissé-je, » dit-il, « avant le soir voir la maison de Priam s'écrouler dans les flammes, le fer pénétrer dans la poitrine d'Hector, et ses compagnons autour de lui étendus dans la poussière (3) ! » Mais ce vœu ne fut pas exaucé. Et pourquoi ? Si Agamemnon avait été un autre

---

(1) *Juges*, XI, 30, 31.
(2) Tite-Live, VIII, 9, 10 ; X, 28, 29. M. Mommsen, *Römische Geschichte*, 6ᵉ édit., t. I, p. 355 note, croit probablement avec raison que le récit relatif au premier Décius est fabuleux.
(3) *Iliade*, II, 412-418.

homme, il aurait consulté Calchas. Calchas lui aurait fait la même réponse que l'oracle de Delphes à Codros. Agamemnon aurait été, à l'imitation de Codros, et comme le firent plus tard les Décius, chercher sans armes la mort donnée par la main de l'ennemi, mais alors il n'y avait plus d'*Iliade*.

L'héroïsme de Ménoïkeus à Thèbes, de Codros à Athènes, des deux Décius à Rome, appartient à un âge tout à fait primitif de la civilisation. Un temps vient où des actes semblables paraîtraient inspirés par la folie. Les progrès de la civilisation dans le monde antique abaissent les courages ; pour obtenir d'avance la certitude de la victoire, il faut toujours des victimes, mais au lieu de se sacrifier soi-même on immole des prisonniers de guerre.

Voulant assurer le succès de la bataille de Salamine, l'Athénien Thémistocle, en exécution d'un oracle, fit immoler trois jeunes et beaux captifs perses ; c'était en 479 (1), au siècle où, dans Athènes même, Phidias sculpta ses chefs-d'œuvres, où, dans la même ville, Eschyle, Sophocle et Euripide composèrent leurs immortelles tragédies, et Socrate enseigna. Plus de deux siècles après, en 216, un Gaulois et une Gauloise, un Grec et une Grecque furent enterrés vivants à Rome ; cet acte cruel devait garantir le triomphe des Romains (2);

---

(1) Tite-Live, l. XXII, c. LVII, § 6.
(2) Plutarque, *Thémistocle*, c. XIII, § 2-5 ; *Vies*, édit. Didot, t. I, p. 142, 143.

le temps héroïque des Décius était passé. Quoi qu'il en soit, les sacrifices humains, faits ou promis chez les Gaulois, suivant César, *De bello gallico*, VI, 16, 2, par les guerriers qui sont exposés à périr dans les combats, sont le résultat d'une doctrine fataliste, universelle dans le monde antique : nécessité de morts avec possibilité d'échange.

Cette doctrine explique par exemple comment, au désespoir des pères, les prisonniers de guerre faits par les Gaulois ne pouvaient être rachetés et pourquoi ces malheureux étaient immolés aux dieux dans de sanglants sacrifices (1). On croyait que leur mort cruelle assurait à d'impitoyables vainqueurs la continuation de la vie. De là l'indignation oratoire de Cicéron quand, plaidant pour Fonteius, il prétend qu'on doit refuser toute valeur aux témoignages des Gaulois contre son client. Suivant lui, ce qui fait l'importance du témoignage, c'est son caractère religieux : or, dit-il, « que doit-on penser de la religion d'un peuple qui
» sous l'empire de la crainte, voulant apaiser la
» colère des dieux, souille par des sacrifices hu-
» mains les autels et les temples? Ils ne croient
» pas pouvoir pratiquer la religion sans la violer
» par un crime. Qui l'ignore? Ils ont conservé jus-
» qu'à ce jour la barbare coutume d'immoler des
» hommes. Quelle peut être la bonne foi de gens

---

(1) Tite-Live, l. XXXVIII, c. 47. Diodore de Sicile, l. XXXI, c. 13; édit. Didot, t. II, p. 499; Cougny, t. II, p. 448.

» qui croient pouvoir par un crime et par le sang
» humain apaiser la colère divine. » A lire Cicéron, il semblerait que les Gaulois ont seuls dans l'antiquité pratiqué les sacrifices humains.

Les sacrifices aux dieux semblent un moyen d'exercer une action sur la marche future des événements ; ils ne sont pas le seul. Il y a d'autres pratiques, qu'il est essentiel d'observer si l'on ne veut pas se préparer de grands désagréments pour l'avenir. Il faut éviter certains actes et certains nombres.

Ainsi on aurait fort à se repentir de l'imprudence que l'on commettrait si l'on négligeait de se laver les mains avant d'offrir aux dieux un sacrifice ou même une simple libation (1) ; c'est une mesure de propreté respectueuse, elle ne suffirait pas quand on vient de tuer quelqu'un et qu'on est couvert de sang. Tel est le cas d'Hector, lorsque, après avoir frappé mortellement dans la mêlée plusieurs guerriers grecs, il rentre dans Troie pour prier sa femme et les vieillards de faire un sacrifice aux dieux ; quant à lui, il s'abstient. « Avec mes mains impures, » dit-il, « je n'ose verser du vin noir en l'honneur de Zeus ; il n'est pas permis d'adresser une prière au maître des nuées, au fils de Kronos, quand on est souillé de sang et boue (2). »

---

(1) *Iliade*, IX, 171-177 ; XXIII, 40-41 ; XXIV, 302-305 ; cf. I, 313-314. Cf. R. Dareste, *La science du droit en Grèce*, p. 89, 90, 91.
(2) *Iliade*, VI, 263-268.

Ceci explique pourquoi en Gaule les druides au temps de César ne prennent point part à la guerre (1). Leur rôle est d'apporter la paix. Quand deux armées sont en présence, que les épées sont tirées, les lances abaissées, on voit les druides et les bardes se précipiter entre les bataillons opposés et calmer la fureur des guerriers qui allaient s'entretuer (2) ; après avoir ainsi sauvé les vies que la guerre allait trancher, ils immolent des victimes humaines qu'ils sacrifient aux dieux, mais en les brûlant, par conséquent sans verser de sang (3). Il est évident que l'exemption du service militaire qu'ils avaient obtenue était présentée par eux non comme un privilège, mais comme le résultat d'une prohibition divine, ce qu'on appela plus tard en Irlande *geiss*. Les folkloristes, qui prennent leurs exemples chez les populations sauvages de l'époque moderne, ont mis à la mode le mot *tabou*. En droit canonique on dit *irrégularité*. Le prêtre chrétien qui a versé le sang humain devient *irrégulier* : dès lors les fonctions sacrées lui sont interdites, comme elles le sont par exemple au bigame.

Une autre règle, d'un caractère plus général, est

---

(1) « Druides a bello abesse consueverunt. » *De bello gallico*, l. VI, c. 14, § 1.

(2) Diodore de Sicile, l. V, c. 31, § 6; édit. Didot, t. I, p. 273, l. 9-13. Cougny, *Extraits des auteurs grecs*, t. II, p. 392.

(3) « Pro victimis homines immolant aut so immolaturos vovent, administrisque ad ea sacrificia druidibus utuntur. » *De bello gallico*, l. VI, c. 16, § 2.

de prendre la droite quand on est en route. Lors de la course de chevaux qui fut faite en l'honneur de Patrocle, Nestor adressa à son fils Antilochos des conseils qui nous montrent en quoi devaient consister dans cette solennité hippique le rôle du cocher. L'extrémité du champ de courses était marquée par une borne autour de laquelle il fallait tourner pour revenir ensuite au point de départ (1). C'était le cheval de gauche qui devait en ce moment être le plus près de la borne (2), et la roue devrait approcher le plus possible de la borne (3) sans se briser contre elle (4). Le char devait donc arriver à droite de la borne et revenir par la gauche après avoir tourné autour.

Prendre la droite est encore l'usage général du cocher français, et il fut un temps où l'on attachait généralement à cette pratique une valeur superstitieuse. Quand la reine Medb, attristée par des pressentiments douloureux, se mit en route pour la grande expédition où elle devait s'emparer du taureau de Cooley, son cocher, pour repousser les mauvais présages, fit faire au char un tour à droite (5). Le principe général indo-européen est de considérer la droite comme de bon augure, et la gauche comme le côté mauvais.

---

(1) *Iliade*, XXIII, 309, 462, 466.
(2) *Iliade*, XXIII, 338.
(3) *Iliade*, XXIII, 339, 340.
(4) *Iliade*, XXIII, 341, 467.
(5) *Lebor na hUidre*, p. 55, col. 1, l. 35.

Chez les Grecs, un coup de tonnerre à droite (1), un oiseau qui vole à droite, annoncent le bonheur (2). Les mêmes signes à gauche sont de mauvais présages (3). Hector, qui n'est pas grec, se moque de ce mode de divination (4).

Les Etrusques, qui n'étaient pas indo-européens, mettaient à gauche les présages heureux, à droite les mauvais ; cette mode fut introduite à Rome par les aruspices d'Etrurie : les *sinistrae aves*, le tonnerre à gauche, annonçaient le bonheur; les *dextrae aves*, le tonnerre à droite, le malheur (5). C'est le contraire de l'usage grec et celtique ; le mot « sinistre » en français a pris un sens conforme à l'usage celtique, que nos cochers suivent encore lorsque dans les rues de Paris ils prennent la droite : se détourner à gauche y est défendu ; c'est, pour parler comme les Irlandais, une sorte de *geiss*, ou, comme disent les folkloristes, un *tabou*.

Dans le même ordre d'idées rentre le préjugé qui attache une idée favorable à certains nombres, à l'exclusion des autres. Les bons nombres sont :

---

(1) *Iliade*, II, 253.
(2) *Iliade*, X, 274, 275; XIII, 821; *Odyssée*, II, 146-154; XV, 160-178; 525-534; XVII, 150-160.
(3) *Iliade*, XII, 201-229; *Odyssée*, XX, 242-246.
(4) *Iliade*, XII, 239-240.
(5) Mommsen et Marquardt, *Handbuch der römischen Alterthümer*, t. VI, *Sacralwesen*; 2ᵉ édition, p. 403, 404 ; traduction de M. Brissaud, *Le Culte chez les Romains*, t. II, p. 115.

trois et son carré qui est *neuf*, *sept* et son carré qui serait *quarante-neuf*, mais qui est devenu, en nombre rond, *cinquante*. Le nombre *douze* semble compris dans la série.

Trois est un nombre divin. C'est le nombre des degrés de parenté en ligne directe, père, grand-père, bisaïeul, qui sont la base de la famille indo-européenne (1); c'est le nombre des générations au milieu desquelles Nestor a vécu (2); c'est le nombre aussi des plus anciennes divinités : la terre, le ciel et l'eau, spécialement l'eau du Styx, ces trois dieux redoutables par qui jurent Héra (3) et Calypso (4); la terre, le ciel et la mer qu'Héphaïstos a représentés sur le bouclier d'Achille (5); c'est le nombre de ces fils de Kronos qui se partagent l'empire du monde : Zeus, qui a le ciel; Poseïdaôn, les mers; Aïdóneus, le séjour souterrain des morts.

La triade est également connue des Irlandais : les *Tuatha dé Danann*, population divine dont les historiens chrétiens ont fait une race humaine (6), ont à leur tête trois dieux, *tri déi*, sur les noms des-

---

(1) Leist, *Graeco-italische Rechtsgeschichte*, p. 20, 21.
(2) *Iliade*, I, 250, 251.
(3) *Iliade*, XV, 36-38.
(4) *Odyssée*, V, 184-186.
(5) *Iliade*, XVIII, 483.
(6) *Cours de littérature celtique*, t. I, p. 57, 174, 222, 249, 260; t. II, p. 140-191, 226-336; t. V, p. 402-448.

quels les textes ne sont pas d'accord (1). Le roi suprême légendaire d'Irlande, Lugaid, a trois pères qui sont trois frères, époux de leur sœur (2).

De cette conception de la triade est issue l'idée bizarre de personnages ayant sur un seul corps trois têtes, comme le Géruoneus grec (3) dans les monuments les plus anciens, et comme le chien infernal Kerberos à partir de Sophocle (4). De là aussi les dieux à trois têtes (5) ou à trois visages sur une seule tête (6), sculptés par les artistes gallo-romains.

Là est sans doute l'origine de l'assollement triennal que la science moderne a tant de peine à combattre. De là l'usage celtique de disposer les axiomes sous la forme ternaire : « Honorer les dieux, ne rien faire de mal, agir en brave » est une maxime druidique conservée par Diogène Laerce (7). On peut comparer les triades galloises.

---

(1) *Cours de littérature celtique*, t. II, p. 145, 372; t. V, p. 424, 532; cf. *ibid.*, p. 408.

(2) *Cours de littérature celtique*, t. II, p. 274, 275.

(3) F.-A. Voigt, chez Roscher, *Ausführliches Lexikon der griechischen und römischen Mythologie*, t. I, col. 1630-1633.

(4) Voir le même Lexique, t. II, col. 1126.

(5) Autel de Beauno; Alexandre Bertrand, *Nos origines, la religion des Gaulois*, p. 317.

(6) Autels de Reims, de Dennevy (Saône-et-Loire); tricéphale du cabinet Lucas à Reims, vases avec tricéphale du cabinet des médailles de Paris et du Musée de Mons (Belgique), *ibid.*, p. 316, 344, 370, 371.

(7) Diogène Laerce, *Proœmium*, 5; édit. Didot, p. 2, l. 22-23;

L'idée grecque est que le chiffre *trois* constitue quelque chose de complet ; toutefois, pour atteindre la perfection, quand il s'agit non pas de faits simultanés, mais de faits successifs, le nombre *trois* doit être dépassé ; il faut qu'il soit « franc, » comme on dit en droit français ; on ne doit compter ni le jour de départ, ni le jour d'arrivée. Ainsi que J. Grimm l'a fait observer, il est d'usage courant, en français, de dire « huit et quinze jours » pour « sept et quatorze (1) ; » de même on ne compte *trois*, en Grèce, qu'une fois le nombre suivant entamé.

Trois fois Patrocle veut monter sur le mur de Troie, c'est à la quatrième qu'il est repoussé définitivement par Apollon (2). Trois fois il se précipite sur les Troyens ; à la quatrième, Apollon le désarme (3). Achille s'élance trois fois sur Hector qu'Apollon protège ; à la quatrième fois, il reconnaît l'inutilité de ses efforts (4). Diomède a déjà eu avec Enée semblable aventure ; après s'être trois fois élancé sur Enée, avoir été chaque fois repoussé par Apollon, il a été à la quatrième attaque contraint à la retraite par les menaces du

---

Cougny, *Extraits des auteurs grecs*, t. V, p. 84. J'ai déjà dit que je dois à M. Salomon Reinach l'indication de ce passage.

(1) *Deutsche Rechtsalterthümer*, 2ᵉ édit., p. 215. A comparer l'article 1033 du Code de procédure français.

(2) *Iliade*, XVI, 702-703.

(3) *Iliade*, XVI, 783-804.

(4) *Iliade*, XX, 445-448.

dieu (1). Télémaque essaye en vain trois fois de tendre l'arc d'Ulysse ; s'il eût voulu, à la quatrième tentative, il aurait réussi, mais il y renonce pour en laisser l'honneur à son père (2).

A ces exemples d'insuccès, comparons les suivants : Poseïdaon, partant de Samothrace, se rend à Aïgaï ; il fait trois pas, au quatrième il est arrivé (3). Pénélope se joue des prétendants pendant trois ans, sous prétexte d'une étoffe qu'elle a commencé de tisser, qu'elle veut achever et qui doit servir aux funérailles de Laerte, son beau-père ; la quatrième année est commencée : le triomphe de cette ruse est assuré par le retour d'Ulysse et par le massacre des audacieux qui prétendaient s'emparer de sa femme (4). Achille, poursuivant Hector, lui fait faire trois fois le tour des remparts de Troie (5) ; c'est à la quatrième fois, qu'Hector s'étant arrêté, le héros grec, vainqueur enfin d'une façon définitive, le tue (6).

On comprend pourquoi le duel d'Aias et de Dioméde, aux funérailles de Patrocle, est terminé, grâce à l'intervention des témoins, aussitôt après la troisième attaque (7) ; ce duel était un jeu, et si

---

(1) *Iliade*, V, 436-443.
(2) *Odyssée*, XXI, 125-129.
(3) *Iliade*, XIII, 20, 21.
(4) *Odyssée*, II, 89-106 ; XIII, 377 ; XIX, 141-152 ; XXIV, 141, 142.
(5) *Iliade*, XXII, 165, 251.
(6) *Iliade*, XXII, 208-213, 365-367.
(7) *Iliade*, XXIII, 817-823.

la quatrième attaque avait eu lieu, un des deux combattants y aurait péri. L'armée grecque, raconte Andromaque, a trois fois tenté l'assaut de la ville de Troie, du côté le plus faible du rempart, mais elle n'a pas réussi (1); nous savons la cause de cet insuccès : la quatrième tentative n'a pas encore été faite ; voilà pourquoi le résultat de la guerre est encore incertain. Ulysse, à l'entrée des enfers, essaye trois fois d'embrasser l'ombre de sa mère, elle lui échappe aussitôt; il n'a pu lui tendre une quatrième fois les bras : on ne réussit qu'à la quatrième fois.

C'est conforme à l'usage du cultivateur homérique comme du cultivateur français moderne : avant d'aller avec des chevaux ou des bœufs chercher la récolte d'un champ de blé, il faut aller avec eux le labourer trois fois (2).

Cette conception de la nécessité d'une quatrième tentative pour assurer le succès paraît avoir pénétré dans la littérature celtique. Les trois ouvriers divins qui, à la bataille de Moytura, réparent les armes des *Túatha dé Danann* font chacun leur travail en trois mouvements, mais il en faut un quatrième pour terminer l'ouvrage (3). Dechtere, sœur du roi

(1) *Iliade*, VI, 435-438.
(2) *Iliade*, XVIII, 542.
(3) *Bataille de Moytura*, publiée par Whitley Stokes, § 122; *Revue celtique*, t. XII, p. 92-95; *Cours de littérature celtique*, t. V, p. 432.

d'Ulster, et cinquante jeunes filles enlevées à la fois par le dieu Lug disparaissent pendant trois ans ; une fois ce délai écoulé, on les retrouve, mais c'est la quatrième année (1).

Toutefois, ce développement du chiffre *trois* n'apparaît, en Irlande comme en Grèce, que lorsqu'il s'agit de faits successifs. Dans le principal cycle épique de l'Irlande, trois héros tiennent le premier rang parmi les guerriers. Ce sont : Lôegaire Bûadach, Conall Cernach, Cûchulainn. Les cheveux de Conall ont trois couleurs ; il y a trois couleurs sur les joues de Cûchulainn (2). Les fils d'Usnech, dont l'un est le mari de la malheureuse Derdriu, sont trois. *Trois* est aussi le nombre des Horaces et des Curiaces, ces héros légendaires de l'histoire romaine.

Le carré de *trois* est *neuf*. De là les neuf muses grecques. Neuf hérauts contiennent la foule des Grecs assemblés (4). Quand Hector défie le plus brave des Grecs, neuf guerriers s'offrent pour le combattre (5). Héphaïstos représente sur le bouclier qu'il fabrique pour Achille neuf chiens gar-

---

(1) *Conception de Cûchulainn. Cours de littérature celtique*, t. V, p. 26 et suiv.
(2) *Cours de littérature celtique*, t. V, p. 111, 115.
(3) *Odyssée*, XXIV, 60.
(4) *Iliade*, II, 96, 97.
(5) *Iliade*, VII, 161.

dant un troupeau (1). Patrocle a neuf chiens (2). A Pylos, on célèbre un sacrifice devant le peuple assemblé; il y a neuf bancs; sur chaque banc, cinq cents hommes sont assis, et chacun de ces neuf groupes humains offre neuf bœufs au dieu Poseidaôn (3). Ulysse, naviguant avec une flotte de douze vaisseaux, aborde en une île où il prend un gibier abondant; il en fait le partage, il attribue neuf chèvres à l'équipage de chaque vaisseau (4). Chez les Phéaciens, les juges des jeux sont au nombre de neuf (5). Neuf est le nombre des degrés qui constituent la famille indo-européenne, trois en ligne directe ascendante, trois en ligne directe descendante, trois en ligne collatérale (6).

Le caractère magique de ce nombre apparaît en Irlande. Dans la seconde moitié du septième siècle, une épidémie terrible enleva les deux tiers de la population; saint Colman se réfugia avec ses élèves dans une île séparée de la côte d'Irlande par une distance de neuf vagues; car, dit un auteur irlandais du moyen âge, les savants racontent que cet intervalle fait obstacle au passage de l'épidémie (7). Lorsque les hommes, les fils de Milé, vin-

---

(1) *Iliade*, XVIII, 578.
(2) *Iliade*, XXIII, 173.
(3) *Odyssée*, III, 4-8.
(4) *Odyssée*, IX, 154-160.
(5) *Odyssée*, VIII, 258.
(6) Leist, *Graeco-Italische Rechtsgeschichte*, p. 20, 21.
(7) Préface à l'hymne de Colman. Whitley Stokes, *Góidelica*, 2ᵉ édit., p. 121; cf. Windisch, *Irische Texte*, t. I, p. 838.

rent en Irlande pour faire la conquête de cette île sur les dieux, c'est-à-dire sur les *Tuatha dê Danann*, ils durent, avant de débarquer, reculer en arrière à une distance de neuf vagues (1), pour laisser honorablement à ceux qu'ils allaient vaincre le temps de faire leurs préparatifs de défense. Morann, fils du roi Cairpre Cenncaitt, était né difforme; on lui fit prendre un bain de mer, et quand la neuvième vague l'atteignit, il se trouva guéri (2). L'apparition de jolies troupes d'oiseaux fut un des phénomènes qui annoncèrent la naissance du grand héros Cûchulainn; ces troupes étaient au nombre de neuf (3).

Quand il s'agit d'événements successifs en Grèce, il faut que le nombre *neuf* soit franc, par conséquent dépassé. Pour le nombre *trois* nous avons vu la même règle. Le siège de Troie a duré neuf ans; Troie succombe dans le courant de la dixième année (4). L'épidémie qui vient ravager le camp des Grecs au début de l'*Iliade* dure neuf jours et se termine le dixième (5). Phoïnix, retenu prisonnier par ses amis pendant neuf jours, s'en-

---

(1) *Dar nói tonna.* Livre de Leinster, p. 13, col. 1, l. 39; cf. *Cours de littérature celtique*, t. II, p. 256.

(2) *Echtra Cormaic*, chez Windisch et Whitley Stokes, *Irische Texte*, t. III, p. 189, 207.

(3) Windisch, *Irische Texte*, t. I, p. 136, l. 15; p. 137, l. 1, 2. Cf. *Cours de littérature celtique*, t. V, p. 34-35.

(4) *Iliade*, II, 134, 329; XII, 15. *Odyssée*, V, 107; XIV, 240, 241.

(5) *Iliade*, I, 53-474.

fuit la dixième nuit (1). Priam, ayant racheté le cadavre d'Hector, le pleure pendant neuf jours; c'est le dixième jour qu'on met le feu au bûcher (2). Les enfants de Nioba sont restés neuf jours sans sépulture, et leurs funérailles ont été célébrées le dixième (3). Quand les voyages d'Ulysse sur mer le conduisent vers un séjour agréable, ils durent neuf jours et se terminent le dixième ; ce fut ainsi qu'il arriva dans l'île de Calypso (4), dans celle des Lotophages (5), dans celle des Thesprotes (6); sans la faute de ses compagnons, son retour à Ithaque n'aurait pas été autant retardé, et, parti de l'île d'Aïolos, il serait rentré dans sa patrie le dixième jour, après neuf jours de navigation (7).

Le chiffre *neuf* peut être doublé et même triplé. Il est doublé aux funérailles d'Achille ; on ne met le feu au bûcher que le dix-huitième jour, et c'est le dix-neuvième qu'on recueille les os du défunt (8). Le voyage d'Ulysse pour aller d'Ogygie, île de Calypso, dans l'île des Phéaciens, dure le double des précédents voyages : dans ceux-là il

(1) *Iliade*, IX, 470-476.
(2) *Iliade*, XXIV, 664, 665, 784-787.
(3) *Iliade*, XXIV, 610-612.
(4) *Odyssée*, VII, 253; XII, 447.
(5) *Odyssée*, IX, 82, 83.
(6) *Odyssée*, XIV, 314, 315.
(7) *Odyssée*, XIV, 314, 315.
(8) *Odyssée*, XXIV, 65.

arrivait le dixième jour; cette fois-ci c'est le vingtième (1). Le siège de Troie s'est terminé au bout de neuf ans, c'est-à-dire la dixième année : Ulysse rentre à Ithaque la vingtième année (2), c'est-à-dire après deux périodes de neuf années franches, formant un total de dix-neuf ans.

Dix-huit ans $= 2 \times 9$ est en Irlande le nombre fatal fixé par le druide à Mael Duin. Mael Duin ne doit pas emmener, lui compris, plus de dix-huit hommes; c'est le nombre des compagnes qui les accueilleront dans l'île des femmes, et tant que ce nombre d'hommes est dépassé, Mael Duin ne rencontre que mésaventures (3).

Le chiffre *neuf* est triplé dans les aventures de Bran, fils de Febal; le nombre des navigateurs et celui des femmes aimables qui reçoivent leur visite est élevé à vingt-sept (4). Ce chiffre de trois fois neuf, le cube de trois, apparaît dans l'*Iliade* en une circonstance typique : Patrocle tue trois fois neuf hommes en trois attaques, puis il périt la quatrième (5). De même le héros irlandais Cûchulainn, lançant trois fois son javelot, tue chaque fois neuf hommes, puis il est blessé mortellement (6).

---

(1) *Odyssée*, VI, 170.
(2) *Odyssée*, XIX, 484.
(3) *Cours de littérature celtique*, t. V, p. 450, 451.
(4) Kuno Meyer, *The voyage of Bran*, t. I, p. 16, 17; 30, 31.
(5) *Iliade*, XVI, 784-787.
(6) *Cours de littérature celtique*, t. V, p. 339-345.

Le nombre *sept* et son carré *quarante-neuf*, en chiffre rond *cinquante*, a aussi une valeur magique. *Sept* est le nombre de jours que dure à peu près un quartier de la lune ; de là vient la semaine hébraïque, formule de la plus ancienne concordance établie entre le mouvement apparent du soleil et celui de la lune : elle a précédé le mois et l'année. Sept est aussi le nombre des planètes connues des Grecs (1).

Quand Agamemnon, au nom de toute l'armée, offre un sacrifice à Zeus, le dieu suprême, et lui demande une victoire décisive sur les Troyens, les sept principaux chefs des Grecs sont rangés près de lui, autour du bœuf immolé (2). Sont à comparer les sept chefs réunis contre Thèbes ; ils viennent d'immoler un taureau, ils ont recueilli le sang dans un bouclier ; dans ce sang, tous les sept ils plongent la main, et ils jurent de détruire la ville de Thèbes. La pièce d'Eschyle qui, dès l'an 476 avant notre ère, raconta comment ce serment fut prononcé, est la forme dramatique d'une épopée plus ancienne ; à Thèbes, dont le siège est le sujet de cette épopée, déjà connue d'Homère (3), on entrait, suivant Homère, par sept portes (4), nombre égal à celui des sept chefs assiégeants.

(1) *Hymnes homériques*, VIII, 7.
(2) *Iliade*, II, 405-408.
(3) *Iliade*, IV, 376-398 ; V, 801-808 ; VI, 222-223 ; X, 285, 286 ; XIV, 114.
(4) *Iliade*, IV, 406 ; *Odyssée*, XI, 263.

Le Soleil avait sept troupeaux de vaches et autant de troupeaux de brebis (1). Quand le dieu Arès tombe, terrassé par Athéna, son vaste corps couvre à terre sept fois la longueur de la mesure appelée πελέθρον; cela fait un peu plus de deux cents mètres (2). Des sept peaux qui revêtent le bouclier d'Aias, la septième arrête la lance d'Hector (3). Agamemnon offre sept femmes à Achille (4).

Sept femmes, c'est en Irlande la valeur d'un homme. Les sept portes de Thèbes se retrouvent en Irlande au château de Mac-Dâtho (5). Arès étendu par terre, couvrait la longueur de sept fois vingt-neuf mètres; le corps du géant irlandais Fergus a plus de sept fois, en toutes ses dimensions, la longueur du corps d'un homme ordinaire (6). Sept est le nombre des exploits accomplis par Cûchulainn enfant (7); d'autres disent trois exploits seulement; mais quand il exécuta le dernier, il avait sept ans (8). Sept ans est l'âge où le fils qu'il avait eu d'Aiffe en Grande-Bretagne devait venir le trouver en Irlande (9). Sept ans sont l'es-

---

(1) *Odyssée*, XII, 128, 129.
(2) *Iliade*, XXI, 407.
(3) *Iliade*, VII, 248; cf. 220, 221; XI, 545.
(4) *Iliade*, XI, 128, 270, 638; cf. XIX, 245, 246.
(5) *Cours de littérature celtique*, t. V, p. 71.
(6) *Cours de littérature celtique*, t. V, p. 8.
(7) H. Zimmer, *Zeitschrift* de Kuhn, t. XXVIII, p. 446-449.
(8) Livre de Leinster, p. 68, col. 1, l. 13-14; cf. H. Zimmer, *Zeitschrift* de Kuhn, t. XXVIII, p. 483.
(9) *Cours de littérature celtique*, t. V, p. 47.

pace de temps pendant lequel le dieu Nuadu, qui avait perdu la main à la première bataille de Moytura, resta dépouillé de la royauté (1). Ce fut plus tard la durée de l'interrègne qui suivit la mort du roi suprême Conaire, jusqu'à l'avènement de Lugaid, élève du héros Cûchulainn (2).

Quand il s'agit de phénomènes successifs, le nombre ordinal ὄγδοος, ὀγδόατος, « huitième, » indique en Grèce que le nombre cardinal *sept* est complet ou franc comme on dit en droit français. Le traître Aïgisthos règne sept ans à Mycènes; c'est la huitième année qu'Oreste, fils d'Agamemnon, remplissant un devoir sacré, vient venger sur lui le meurtre de son père et faire triompher la justice violée par le succès de l'assassin (3). Ulysse reste sept ans prisonnier chez la déesse Calypso; libre enfin, il part la huitième année (4). Son séjour imaginaire en Egypte avait aussi duré sept ans, et Ulysse serait sorti d'Egypte la huitième année (5).

Sept est donc, comme *neuf*, un nombre favorable.

---

(1) Whitley Stokes, *The second battle of Moytura*, § 40. *Revue celtique*, t. XII, p. 70, 71. *Cours de littérature celtique*, t. V, p. 399.
(2) *Cours de littérature celtique*, t. V, p. 187.
(3) *Odyssée*, II, 303-308.
(4) *Odyssée*, VII, 259.
(5) *Odyssée*, XIV, 284.

Six, par opposition à *sept* et à *neuf*, est un mauvais nombre chez les Grecs. Ulysse, après avoir passé chez Calypso sept ans, arrive la huitième année chez les Phéaciens, par lesquels il est admirablement reçu ; après neuf jours de navigation, échappant seul à la tempête où ont péri ses compagnons, il parvient dans l'île de la déesse Calypso, qui lui fait si excellent accueil ; mais ce fut après six jours seulement qu'il aborda chez les Lestrygons anthropophages, qui dévorèrent une partie de ses compagnons (1). Les survivants mangèrent pendant six jours les génisses du Soleil, sans se préoccuper de la colère de cet astre divin ; le septième jour, c'est-à-dire quand le nombre six fut franc, ils s'embarquèrent et périrent dans une tempête (2). La Phénicienne, qui avait enlevé Eumaïos, le futur pâtre d'Ulysse, mourut le septième jour de navigation : alors le nombre *six* était complet (3).

Lorsqu'il ne s'agit pas de faits successifs, cette substitution du nom de nombre ordinal suivant au nom de nombre cardinal caractéristique n'a pas lieu. Le nombre des compagnons d'Ulysse tués par les Cicones est de *six* dans chaque navire (4). Le monstre Scylla a six têtes, autant de gueules (5),

---

(1) *Odyssée*, X, 80-132.
(2) *Odyssée*, XII, 271-419.
(3) *Odyssée*, XV, 477-478.
(4) *Odyssée*, IX, 60.
(5) *Odyssée*, XII, 90, 91.

où sont engloutis six des compagnons d'Ulysse (1). *Six* est aussi le nombre qu'en dévore le cyclope Polyphème (2).

Du chiffre funeste *six* il n'est pas question dans le monde celtique.

Le carré de sept est quarante-neuf ; il est remplacé dans la pratique grecque et celtique par le nombre rond *cinquante*. Ce chiffre est souvent employé, d'abord quand il s'agit d'hommes.

Les sept navires de Philoctétès sont chacun montés par cinquante rameurs (3). Les cinquante navires d'Achille ont amené chacun cinquante guerriers (4). Cinquante Thébains avaient été placés en embuscade sur la route où, devant Thèbes, devait passer Tudeus, père de Diomède, et Tudeus les avait tués tous (5). Priam avait cinquante fils, et pour eux, dans son palais, cinquante chambres (6). Les Troyens campent la nuit dans la plaine, ils allument des feux, ces feux sont au nombre de mille, autour de chaque feu cinquante hommes sont assis (7). Le vieux Nestor, racontant ses exploits, du temps où il était jeune, prétend que

---

(1) *Odyssée*, XII, 110, 246.
(2) *Odyssée*, IX, 288, 289 ; 311, 312 ; 344.
(3) *Iliade*, II, 718, 719.
(4) *Iliade*, XVI, 168-170 ; cf. II, 685.
(5) *Iliade*, IV, 378-398.
(6) *Iliade*, VI, 244-246 ; XXIV, 495.
(7) *Iliade*, VIII, 561-563,

dans une bataille il a pris cinquante chars; ces chars portaient chacun un guerrier accompagné d'un cocher, sa lance tua ces deux fois cinquante hommes (1). Cinquante est le nombre des femmes esclaves chez Alcinoos, roi des Phéaciens (2), et dans la maison d'Ulysse à Ithaque (3).

Péleus, père d'Achille, avait fait vœu de sacrifier au fleuve Sperchios cinquante moutons, si son fils revenait de Troie vivant (4). Les truies confiées à la garde d'Eumaïos, porcher d'Ulysse, sont au nombre de cinquante (5). Les sept troupeaux de vaches et les sept troupeaux de brebis qui appartiennent au Soleil sont chacun de cinquante têtes (6). Nestor raconte qu'autrefois, quand il était jeune, il a, dans une guerre, pris cinquante troupeaux de vaches, autant de troupeaux de brebis, autant de troupeaux de cochons, autant de troupeaux de chèvres (7).

En regard des cinquante femmes esclaves d'Al-

---

(1) *Iliade*, XI, 748, 749.
(2) *Odyssée*, VII, 103.
(3) *Odyssée*, XXII, 421, 422.
(4) *Iliade*, XXIII, 144-149.
(5) *Odyssée*, XIV, 15, 16.
(6) *Odyssée*, XII, 129, 130. Ce seraient les jours et les nuits d'une année lunaire composée de cinquante semaines, c'est-à-dire de trois cent cinquante jours et de trois cent cinquante nuits, en ne comptant ni les taureaux ni les béliers : avec un mâle par troupeau, on aurait eu sept jours et sept nuits, ou une semaine de plus.
(7) *Iliade*, XI, 678, 679.

cinoos et d'Ulysse, nous pouvons mettre en Irlande : les cinquante compagnes de Dechtere, sœur de Conchobar, roi d'Ulster (1) ; les cinquante femmes qui, dans le château de Bricriu, font cortège à chacune des trois prétendantes à la primauté (2) ; les cinquante femmes qui composent la suite d'Emer quand, armée d'un poignard, elle veut tuer la déesse Fand, sa rivale (3). Fand, avant d'épouser le dieu Manannan, avait à son service cinquante femmes et autant d'hommes ; un nombre égal d'esclaves des deux sexes appartenait à Manannan (4). Nestor, dans une bataille, s'était emparé de cinquante chars en tuant deux hommes sur chacun ; à la bataille de Gabra, Oisin tua deux fois cinquante guerriers (5). En regard des troupeaux grecs de cinquante vaches, on peut mettre les cinquante vaches qui, en Irlande, d'après une recension, accompagnent le taureau de Cooley (6).

En Irlande, un multiple de *cinquante* est très fréquent : c'est *trois fois cinquante* ou cent cinquante. Il est rare dans la littérature grecque. Nestor raconte qu'en son jeune âge, il a, dans une

---

(1) *Cours de littérature celtique*, t. V, p. 25, 26, 28, 30.
(2) *Cours de littérature celtique*, t. V, p. 92-95.
(3) *Cours de littérature celtique*, t. V, p. 208, 212.
(4) *Cours de littérature celtique*, t. V, p. 213.
(5) *Cours de littérature celtique*, t. V, p. 392.
(6) H. Zimmer dans la *Zeitschrift* de Kuhn, t. XXVIII, p. 450, 478, 508, 514.

guerre heureuse, pris à l'ennemi cent cinquante juments au poil bai (1); c'est chez Homère un exemple unique. Dans l'épopée irlandaise, le chiffre cinquante est souvent triplé. Les cinquante vaches, qu'une rédaction donne au taureau de Cooley, sont élevées à trois fois cinquante par une autre recension (2). Le nombre des femmes qui aiment le héros Cûchulainn est fixé à cinquante à la fin du récit qui nous raconte comment ce héros est mort; on l'a élevé au triple en remaniant le début de ce morceau (3). Les jeunes Irlandais réunis à la cour du roi d'Ulster, Conchobar, sont trois fois cinquante (4). Il y a trois fois cinquante chambres dans le palais de ce roi (5) et dans celui du dieu Labraid (6). Chez Ailill et Medb, roi et reine de Connaught, on compte trois fois cinquante jeunes femmes (7). La déesse Eand raconte qu'elle a aussi trois fois cinquante femmes (8). Le chef des *file* d'Irlande arrive chez le roi Guaire Aidne avec

---

(1) *Iliade*, XI, 680, 681.

(2) H. Zimmer dans la *Zeitschrift* de Kuhn, t. XXVIII, p. 478, 479.

(3) *Cours de littérature celtique*, t. V, p. 334, 353; cf. *Revue celtique*, t. III, p. 176, 185; Livre de Leinster, p. 119, col. 2, l. 14; p. 122, col. 2, l. 32.

(4) H. Zimmer dans la *Zeitschrift* de Kuhn, t. XXVIII, p. 446, 454, 459.

(5) *Cours de littérature celtique*, t. V, p. 12.

(6) *Cours de littérature celtique*, t. V, p. 184.

(7) *Cours de littérature celtique*, t. V, p. 117, 125.

(8) *Cours de littérature celtique*, t. V, p. 212.

trois fois cinquante poètes, autant d'élèves, de chiens, de domestiques et de femmes (1).

Est-ce le hasard qui a produit le multiple de *cinquante* par *sept?* Suivant Homère, avons-nous dit, le soleil a sept fois cinquante bêtes à cornes et autant de moutons (2). On a rapproché, non sans raison, ce chiffre de celui des jours de l'année lunaire (3); mais, cette année étant de 354 ou 355 jours (4), le rapprochement ne peut avoir qu'une valeur approximative; sept fois cinquante est avant tout l'association de deux nombres en quelque sorte sacrés. Sept fois cinquante est un chiffre qui se retrouve dans la littérature irlandaise : le *file* du premier degré devait savoir sept fois cinquante histoires (5); cette science n'a aucun rapport avec la détermination du nombre des jours compris dans l'année lunaire.

Le nombre *douze* est aujourd'hui, chez nous, celui des articles de lingerie que les ménagères rangent dans leurs armoires. Il semble que tel était l'ordre observé dans les bahuts de Priam. Au mo-

---

(1) H. Zimmer dans la *Zeitschrift* de Kuhn, t. XXVIII, p. 532.
(2) *Odyssée*, XII, 129, 130.
(3) Adalbert Kuhn dans les *Mémoires de l'Académie des sciences de Berlin*, 1873, classe de philosophie et d'histoire, p. 139; cf. Aristote, édit. Didot, t. IV, p. 148, col. 1.
(4) Unger chez Iwan Müller, *Handbuch des klassischen Altertumswissenschaft*, t. I, p. 567.
(5) « Secht caocat la h-ollaman, » *Ancient Laws of Ireland*, t. I, p. 44; cf. *Cours de littérature celtique*, t. I, p. 822.

ment de partir pour le camp des Grecs, où il va racheter le cadavre de son fils, il tire de ses bahuts une partie des objets précieux qu'il compte offrir au terrible Achille : douze beaux manteaux de femmes, douze manteaux simples à l'usage des hommes, douze tapis, douze manteaux à l'usage des deux sexes, douze tuniques (1).

Le rangement par *douzaines* paraît avoir été aussi observé dans les arsenaux. Douze haches étaient placées en ordre dans celui d'Ulysse (2). Grâce à cet ordre, le traître Mélanthios, allant au plus vite chercher dans l'arsenal d'Ulysse des armes pour les prétendants dont Ulysse a commencé le massacre, leur apporte douze boucliers, douze lances et douze casques (3).

Douze est un nombre commercial. Dans la rançon que le prêtre Maron a donnée à Ulysse sont comprises douze amphores de vin (4). Douze chevaux sont au nombre des objets de prix qu'Agamemnon offre et fait accepter à Achille pour réparer l'insulte causée par l'enlèvement de Briséis (5). *Douze* est un nombre qui apparaît dans les marchés qu'on fait avec les dieux : on immole aux dieux des victimes ; eux, en échange, accorderont, pense-t-on, le bienfait qu'on leur demande. Hélénos, fils de

---

(1) *Iliade*, XXIV, 230-231.
(2) *Odyssée*, XIX, 570-576, 578 ; XXI, 76, 421, 422.
(3) *Odyssée*, XII, 144, 145.
(4) *Odyssée*, IX, 204.
(5) *Iliade*, IX, 123-127, 265-269 ; XIX, 244.

Priam, dit que les femmes troyennes doivent supplier Athéna d'avoir pitié de la ville de Troie et faire vœu de sacrifier à cette déesse douze génisses d'un an (1); ce conseil, porté par Hector à Hécube, sa mère, est suivi; le vœu inutile est solennellement formulé (2). Les Phéaciens pour calmer la colère de Poseïdaon lui sacrifient douze taureaux.

Douze est un nombre qu'emploient les éleveurs : Ulysse a sur le continent douze troupeaux de vaches, autant de moutons, autant de cochons, autant de chèvres (4). Noemon, Iphitos ont chacun douze juments (5). Agamemnon, avons-nous déjà dit, offre douze chevaux à Achille (6).

Douze s'oppose quelquefois à cinquante et prend alors un sens péjoratif. Sur les cinquante femmes esclaves d'Ulysse, douze se sont laissé séduire par les prétendants (7); elles sont punies de mort (8). Priam, qui a cinquante fils (9), n'a que douze filles (10).

Le nombre *douze* est employé, en Grèce, avec sens de durée; c'est le nombre des jours pendant

---

(1) *Iliade*, VI, 75-101.
(2) *Iliade*, VI, 237-311.
(3) *Odyssée*, XIII, 181-187.
(4) *Odyssée*, XIV, 100-102.
(5) *Odyssée*, IV, 635, 636; XXI, 22-23.
(6) *Iliade*, IX, 123-127, 265-269; XIX, 244.
(7) *Odyssée*, XXII, 419-425.
(8) *Iliade*, VI, 462-473.
(9) *Iliade*, VI, 243-246.
(10) *Iliade*, VI, 247-250.

lesquels Hector, tué par Achille, est resté sans sépulture dans le camp des Grecs ; après la douzième aurore, Apollon prend la parole dans l'assemblée des dieux pour se plaindre de cette cruauté (1), et, la nuit suivante, Priam emmène le cadavre de son fils (2). Douze est le nombre de jours pendant lequel Zeus et les autres dieux sont en villégiature chez les Éthiopiens ; ils sont partis la veille du jour où Thétis raconte leur départ à Achille (3) ; douze aurores se succèdent et ils rentrent dans le palais de l'Olympe, après douze jours pleins, c'est-à-dire le douzième jour à dater de l'entretien que Thétis eut avec Achille le lendemain de leur départ (4).

Le nombre douze doit, sans doute, sa popularité au nombre des mois qui composent l'année lunaire commune. Mais l'intercalation d'un treizième mois est souvent nécessaire pour rétablir la concordance de l'année lunaire avec l'année solaire. De là les *treize* mois pendant lesquels Arès fut captif (5), les treize guerriers thraces tués par Diomède (6) et les treize rois des Phéaciens (7).

En Irlande, le nombre *douze* est moins fréquent qu'il ne l'est en Grèce. Citons, cependant, les

---

(1) *Iliade*, XXIV, 31-32.
(2) *Iliade*, XXIV, 676-691.
(3) *Iliade*, I, 423-424.
(4) *Iliade*, I, 493-495 ; cf. 425.
(5) *Iliade*, V, 387.
(6) *Iliade*, X, 487-496.
(7) *Odyssée*, VIII, 390-392.

douze héros d'Ulster et leurs douze lits (1), les douze fenêtres de la maison de Mac Dâ Thô (2).

Mais chez les Celtes, le nombre douze n'a une sérieuse importance que dans le système des mesures. Tandis que le pied grec se divise en seize doigts, le pied celtique se partage en douze pouces. Le pouce mesure s'appelle en irlandais *ordlach*, mot dérivé de *ordu*, nom du plus gros des doigts de la main (3). Le nom gallois de la même mesure est *modwed*, en breton *meudad*, dérivé du nom du même gros doigt, en gallois archaïque *maut*, aujourd'hui *bawd*, en breton *meud* (4).

Ainsi l'usage de diviser le pied en douze pouces paraît d'origine celtique. A Rome, on partageait le pied en douze parties, mais le nom de chacune de ces parties, *uncia*, ne signifie pas « pouce ; » c'est proprement un poids, une division de la livre.

En Grèce, la division du pied en douze parties est inconnue. Ce qui est commun à la Grèce et aux Celtes, c'est le multiple du pied par cent : πέλεθρον chez Homère (5), *candetum* chez les Gaulois, suivant Isidore de Séville ; la mesure grecque et la mesure celtique sont à la fois linéaires et de superficie (6).

(1) *Cours de littérature celtique*, t. V, p. 83, 151.
(2) *Cours de littérature celtique*, t. V, p. 118.
(3) *Revue celtique*, t. XII, p. 161. Sur le suffixe -*lach*, voyez *Grammatica celtica*, 2ᵉ édit., p. 855.
(4) Ernault, *Glossaire moyen-breton*, p. 413-414.
(5) *Iliade*, XXI, 407.
(6) Isidore, *Origines*, l. XV, c. 15, § 6. Cf. Unger chez Iwan

Pour le calcul des jours, il y a un autre usage grec qui paraît s'accorder avec l'usage celtique : c'est de commencer le jour non pas à minuit, comme faisaient les Romains, mais au coucher du soleil, en comptant la nuit entière avec le jour qui suit. C'est ainsi qu'Agamemnon, parlant d'une démarche faite par Ulysse l'avant-veille au soir, dit qu'elle a eu lieu « hier (1). » Cette préséance de la nuit sur le jour était de règle en Gaule ; elle explique la coutume celtique de compter par nuits et non par jours, usage qui paraît avoir fort étonné César (2), et qui était aussi germanique.

Les nombres qui précèdent apparaissent dans la loi Salique et en général dans les textes de droit germanique, sauf *cinquante*, et nous ignorons pourquoi cette exception (3).

C'est à propos du nombre *sept* que se produit la concordance la plus frappante. Sept chefs ont ac-

---

Müller, *Handbuch der klassischen Altertumswissenschaft*, t. I, p. 666, 670.

(1) *Iliade*, XIX, 140-141. Comparez IX, 262 et suiv. ; cf. Unger chez Iwan Müller, *Handbuch der klassischen Altertumswissenschaft*, t. I, p. 552-553.

(2) « Spatia omnis temporis non numero dierum sed noctium finiunt; dies natales et mentium et annorum initia observant, ut noctem dies subsequatur. » *De bello gallico*, l. VI, c. 18, § 2. Cf. *Cours de littérature celtique*, t. VII, p. 145-151.

(3) Jacob Grimm (*Deutsche Rechtsalterthumer*, 2ᵉ édit., introduction, c. V ; *Zahlen*, p. 207 et suiv.) n'a pas recueilli d'exemple du chiffre *cinquante*.

compagné Agamemnon dans la cérémonie du sacrifice célébré en l'honneur de Zeus, pour demander à ce dieu la victoire; sept rachimbourgs servent d'assesseurs au comte franc quand il remplit les fonctions de juge (1). En regard du délai de sept ans dans la littérature grecque et dans la littérature irlandaise, on peut mettre le délai de sept nuits dans la procédure franque (2).

Aux *trois* ans que dure le travail de Pénélope, l'absence de Dechtere et l'assolement traditionnel de nos champs, on peut comparer le délai de trois nuits avant l'expiration duquel, dans la procédure franque, le détenteur de l'objet volé peut être contraint de s'en dessaisir entre les mains d'un sequestre (3). Des groupes de trois personnes que nous offrent la littérature grecque et la littérature celtique, on peut rapprocher les trois *sacibarones* qui jugent à l'exclusion du comte franc (4) et les trois témoins exigés en divers cas par la même loi franque (5), quand la loi hébraïque se contente de

---

(1) *Loi Salique*, 1ᵉʳ texte, c. I, § 3; édit. Hessels, col. 316; c. LVII, § 1; col. 361.

(2) *Loi Salique*, 1ᵉʳ texte, c. XL, § 7, 8, 10; édit. Hessels, col. 235, 244; c. LII, col. 334.

(3) *Loi Salique*, 1ᵉʳ texte, c. XXXVII, § 1, 2; édit. Hessels, col. 208. Pardessus, *Loi Salique*, p. 384 note, 425. Thonissen, *L'organisation judiciaire, le droit pénal et la procédure pénale de la Loi Salique*, p. 348.

(4) *Loi Salique*, 1ᵉʳ texte, c. LIV, § 4; édition Hessels, col. 343.

(5) *Loi Salique*, 1ᵉʳ texte, c. XL, § 10; édit. Hessels, col. 244; —

deux (1). Comparons les trois petits-fils du dieu Tuisco, fils de la terre, légendaire et primitif ancêtre de la race germanique (2).

L'épidémie envoyée aux Grecs par Apollon pour venger son prêtre a duré *neuf* jours et s'est terminée le dixième ; les voyages heureux d'Ulysse ont duré le même temps. Quand l'enfant d'un Franc salien a vécu plus de neuf nuits, sa valeur est sextuplée : elle passe de cent sous à six cents ; telle est la somme que doit son meurtrier (3). Neuf hérauts fort la police dans l'assemblée des Grecs ; neuf témoins sont quelquefois exigés par la loi Salique (4).

Cette loi prévoit le vol d'un troupeau composé d'un étalon et de *douze* juments (5). L'*Odyssée* raconte qu'Iphitos avait un troupeau de douze juments et qu'Héraclès tua Iphitos pour s'emparer de ce troupeau (6).

Nous avons trouvé dans les textes celtiques des multiples de *neuf*, deux fois neuf hommes, trois

---

c. XLVI, § 4, 5; col. 298; — c. XLVII, § 2, 3; col. 298; — c. LVI, § 2, 3, 4, 5; col. 361.

(1) *Deutéronome*, XIX, 15.
(2) Tacite, *Germania*, 2.
(3) *Loi Salique*, 5ᵉ et 6ᵉ texte, et *Lex emendata*, édit. Hessels, col. 122, 125.
(4) *Loi Salique*, 2ᵉ texte, c. XXXIX, § 3; édition Hessels, col. 227 ; — c. XLVI, § 6; col. 298.
(5) *Loi Salique*, 1ᵉʳ texte, c. XXXVIII, § 5; édition Hessels, col. 217.
(6) *Odyssée*, XXI, 22-30.

fois neuf hommes. La loi Salique les remplace par des multiples de *sept* : 1° deux fois sept nuits = 14; 2° trois fois sept nuits = 21; 3° six fois sept nuits = 42; 4° douze fois sept nuits = 84 (1).

Mais sept fois sept nuits ou 49, et le nombre rond cinquante qui paraît en être la forme abrégée, sont absents de cette loi où apparaît le système décimal avec cinq délais : dix, vingt, trente, quarante et quatre-vingt nuits (2). Quarante-neuf et cinquante font également défaut dans la procédure irlandaise. En Irlande, nous trouvons les délais décimaux de cinq, dix, vingt et quarante nuits dans les textes de droit (3), en face du chiffre cinquante dans la littérature de la même île et dans les textes homériques.

Quoi qu'il en soit de ces différences, les nombres trois, neuf, sept et douze, consacrés par la religion et par le droit, qui ne se distingue guère de la religion dans la doctrine primitive, paraissent avoir été jadis considérés comme investis par la nature d'une sorte de puissance mystérieuse. C'est la croyance à la fois des Grecs, des Celtes, des Ger-

(1) 1° *Loi Salique*, 1ᵉʳ texte, c. XL, § 9; édit. Hessels, col. 244; — c. LVI, § 4; col. 361; — 2° c. XL, § 10, col. 244. — 3° *Edictum Hilperici*, § 7; p. 409. — 4° *ibid.*, p. 410.

(2) 1° *Loi Salique*, 1ᵉʳ texte, c. XLV, § 2; édit. Hessels, col. 280; — 2° *Pactus legis salicae*, 1ᵉʳ texte, § 5, 12; p. 416, 417; — 3° *Loi Salique*, 6ᵉ texte, c. XXXV, § 4, col. 203; — 4° 1ᵉʳ texte, c. XLVII, § 1, col. 298; — c. L, § 1, col. 316; c. LVI, § 3, col. 361; — 5° c. XLVII, § 5, col. 307 : 1° 10, 2° 20, 3° 30, 4° 40, 5° 80 nuits.

(3) *Cours de littérature celtique*, t. VIII, p. 226, 229, 240, 244.

mains : nous trouvons aussi cette croyance dans la littérature la plus ancienne de l'Inde (1) ; elle semble indo-européenne.

(1) E. W. Hopkins, *The holy numbers of the Rigvéda*, dans *Oriental Studies, a selection of the papers read before the Oriental Club of Philadelphia*, 1888-1894. Ce mémoire, qui m'a été obligeamment signalé par M. Strachan, professeur à l'université de Manchester, traite : du nombre trois aux pages 141-144, 156-159 ; du nombre neuf aux pages 154-159 ; du nombre sept aux pages 144-147, 156-159. Pour le nombre douze, l'auteur renvoie à un autre mémoire publié par lui dans le *Journal of the American Oriental Society*.

CHAPITRE IV.

LA FAMILLE HOMÉRIQUE ET LA FAMILLE CELTIQUE.

LA MONOGAMIE, LES CONCUBINES, LES BATARDS, LA POLYANDRIE, L'INCESTE. — L'ACHAT DE LA FEMME VENDUE AU MARI PAR LE PÈRE, PAR LE FILS MAJEUR; AGE DE LA MAJORITE DU FILS. — CADEAUX DU FIANCÉ, DOUAIRE, DOT. — PUISSANCE PATERNELLE, MEURTRE DU PÈRE PAR LE FILS. — PUDEUR DES FEMMES, LES BAINS, LE DROIT DU SEIGNEUR, LA VIRGINITÉ, LES DÉESSES VIERGES, LES VIERGES DE SENA.

La monogamie est la base de la famille hellénique comme de la famille romaine, comme de la famille celtique. Elle n'est pas un obstacle au concubinat, je dis le concubinat, dans le sens français du mot, et non dans le sens juridique romain (1); j'appelle concubine la παλλακίς des Grecs.

(1) « Eo tempore quo quis uxorem habet, concubinam habere non potest. » Paul, *Sentences*, l. II, c. 20. Le jurisconsulte païen Paul fut membre du conseil impérial sous Septime Sévère, qui régna, comme on sait, de 193 à 211. Le principe énoncé dans le passage que nous venons de citer persista dans la législation des

Le mari peut avoir pour concubines ses femmes esclaves; mais la femme légitime est seule maîtresse de maison, l'esclave concubine reste esclave, et les enfants qu'elle a de son maître n'ont pas droit à la succession de celui-ci.

La littérature homérique ne nous donne qu'un exemple de polygamie simultanée (1), et encore est-il plus apparent que réel. C'est dans l'*Iliade* qu'il apparaît : Priam, roi de Troie, a deux femmes légitimes : la première est Hécube qu'il a épousée d'abord et qui lui a donné dix-neuf fils; elle est encore vivante quand Priam se rend au camp des Grecs pour y racheter le cadavre d'Hector (2); la seconde, plus jeune, est venue probablement remplacer Hécube trop vieille et devenue stérile : c'est Laothoa fille d'Altès, roi des Lélèges; elle a apporté une grosse dot (3); elle a donné à Priam deux fils, Lucaon et Poludôros (4). Poludôros est le plus

---

empereurs chrétiens. Une constitution de Constantin, de l'année 320, *Code de Justinien*, l. V, t. 26, déclare qu'on ne peut avoir à la fois une concubine et une femme légitime. Sur le concubinat dans le sens français du mot, voir Kovalewsky, *Coutume contemporaine et loi ancienne*, p. 31, 155-161.

(1) La polygamie simultanée, défendue à tout le monde par le droit canon, se distingue de la polygamie successive, permise aux laïques, mais interdite aux clercs qu'elle rend irréguliers et auxquels elle fait perdre tous les privilèges attachés à la cléricature. La polygamie successive, antérieure à l'ordination, rend l'ordination impossible sauf dispense.

(2) *Iliade*, XXIV, 495-497.
(3) *Iliade*, XXII, 51.
(4) *Iliade*, XXI, 84-89; XXII, 46-48.

jeune des fils de Priam, celui que le père aime le plus (1). Achille le perce de sa lance (2), puis il enfonce son épée dans la poitrine de Lucaon (3). Nulle part ni Lucaon, ni Poludôros ne sont qualifiés de bâtards, et il est inadmissible que leur mère, fille d'un roi et bien dotée, ait été concubine ; elle a été la seconde femme légitime de Priam, après Hécube délaissée, mais non expulsée, et ses fils tenaient dans la maison de Priam un rang égal à celui des fils d'Hécube.

Telle n'était pas la situation des fils que Priam avait eu de ses esclaves et qui sont qualifiés chacun de bâtard, νόθος. Deux d'entre eux servent de cochers à leurs frères et par conséquent font ainsi fonction de domestique : θεράπων : Isos conduit les chevaux d'Antiphos (4), Kébrionês ceux d'Hector ; Antiphos et Hector sont tous deux fils légitimes (5).

Le grec Teucros, fils bâtard de Télamon, a été élevé dans la maison paternelle (6) ; il accompagne sous les murs de Troie son frère consanguin Aias, un des principaux guerriers grecs ; mais il se sert à la guerre d'une arme d'ordre inférieur et peu appréciée chez les héros grecs de l'*Iliade* : abrité derrière le bouclier d'Aias, il lance de son arc des

---

(1) *Iliade*, XX, 409, 410.
(2) *Iliade*, XX, 413-418.
(3) *Iliade*, XXI, 116-135.
(4) *Iliade*, XI, 101-104.
(5) *Iliade*, XVI, 737-739.
(6) *Iliade*, VIII, 281-285.

flèches aux Troyens (1). Ulysse, de retour à Ithaque, mais ne voulant pas encore se faire reconnaître par Eumaïos son pâtre, lui raconte qu'il est né en Crète d'un père riche et d'une concubine esclave ; que son père avait d'une femme légitime beaucoup de fils ; que ceux-ci, à la mort du père, se partagèrent la fortune en lui donnant à lui fort peu de chose (2) : ils ne lui devaient rien.

Médon, fils bâtard d'Oïleus, roi des Locriens, a une position élevée, mais ce n'est pas à sa filiation qu'il la doit : ayant commis un meurtre, il a dû s'exiler (3) ; dans sa patrie nouvelle la tache de sa naissance ne l'a pas suivi. Il était bâtard dans son pays : sorti de son pays, il est hôte ; il est devenu un des deux lieutenants du roi thessalien Philoctétès malade dont, avec un collègue, il commande les troupes (4). De ce qu'il a obtenu cette haute fonction hors de la ville où il est né, on ne peut conclure que dans cette ville il aurait atteint la même situation.

En voici la preuve. L'*Odyssée* nous montre dans le palais de Ménélas à Sparte, Mégapenthès, fils de ce roi et d'une esclave ; Hélène n'a donné qu'une fille à Ménélas ; depuis, cette belle femme n'a pas eu d'enfants (5). Du vivant de Ménélas, Méga-

---

(1) *Iliade*, VIII, 266-279, 302, 312 ; XIII, 170 ; XIV, 515 ; XV, 455.
(2) *Odyssée*, XIV, 199-209.
(3) *Iliade*, XIII, 694, 695 ; XV, 332-334.
(4) *Iliade*, II, 726-728.
(5) *Odyssée*, IV, 11-14 ; XV, 103, 122.

penthés semble traité en fils de roi. Mais ce n'est pas Mégapenthés qui, si nous admettons la véracité de la tradition grecque, hérite de Ménélas ; Ménélas a pour successeur à Sparte, Oreste, son neveu et son gendre, le second mari de sa fille Hermione, le fils et le vengeur d'Agamemnon : les Lacédémoniens pensèrent que le fils d'une esclave n'était pas digne de régner sur eux (1).

Il y avait des femmes légitimes qui acceptaient sans jalousie la concurrence des femmes esclaves. Telle était Théanô, femme du troyen Anténor : pour faire plaisir à son mari, elle avait élevé avec ses fils le fils bâtard d'Anténor, sans faire de différence entre ses enfants à elle et celui qui était né d'une autre.

Mais il se trouvait aussi des femmes légitimes qui étaient jalouses. Quelques-unes obtenaient de leur mari une complète fidélité. Telle paraît avoir été Anticleïa, mère d'Ulysse. Laerte, son mari, avait acheté au prix énorme de vingt vaches, près de sept fois le prix ordinaire, Eurucleïa, jeune esclave fort distinguée, qui devint plus tard l'intendante de la maison d'Ulysse ; par crainte de mé-

---

(1) Pausanias, l. II, c. 18, § 6 ; édit. Didot, p. 93. Cf. l. I, c. 33, § 8, p. 50. La loi athénienne excluait de la succession les enfants illégitimes ; elle permettait seulement de leur faire un legs jusqu'à concurrence de mille drachmes. R. Dareste, *Les plaidoyers civils de Démosthène*, t. I, p. XXVIII. Sur les enfants illégitimes dans le droit ossète, voyez Kovalewsky, *Coutume contemporaine et loi ancienne*, p. 201-203.

contenter sa femme, Laerte respecta toujours Eurucleïa qui, semble-t-il, venait déjà d'être mère quand elle entra dans la maison de Laerte, puisqu'elle devint nourrice d'Ulysse : Ulysse, de retour à Ithaque, lui rappelle le temps où, lui dit-il, « tu me nourrissais sur ta mamelle (1). » De là le titre de « petite maman », μαῖα, que lui donne Ulysse (2) et que lui conservent par imitation Pénélope (3) et Télémaque (4). Ce titre s'oppose à celui plus solennel de « mère, » μήτηρ, réservé à Anticleïa (5) et à Pénélope (6).

Tous les maris n'étaient pas aussi vertueux que Laerte : on peut citer outre Priam, le grec Amuntor, père de Phoïnix; Amuntor, homme mûr, avait une esclave jeune et jolie qu'il préférait à sa femme déjà un peu fanée : celle-ci, pour se venger, obtint de son fils qu'il fît la cour à la jeune esclave et supplantât son père, l'infidèle mari; ce ne fut pas difficile et brouilla le père avec le fils : celui-ci dut quitter pour toujours la maison paternelle (7).

(1) *Odyssée*, XIX, 482, 483.
(2) *Odyssée*, XIX, 182, 500; XXIII, 171.
(3) *Odyssée*, XXIII, 11, 35, 59, 81.
(4) *Odyssée*, II, 349; XIX, 16; XX, 129.
(5) *Odyssée*, XI, 164, 210.
(6) *Odyssée*, I, 328. On remarquera qu'Eurucleïa n'est jamais appelée τιθήνη comme la nourrice d'Astuanax, fils d'Hector (*Iliade*, VI, 389, 467; XXII, 505). Peut-être Eurucleïa a-t-elle été une simple bonne d'enfant tenant Ulysse sur son sein pour lui donner à boire du lait de vache, et restée vierge toute sa vie comme les déesses Athéna, Artémis, Hestia.
(7) *Iliade*, IX, 447-480.

On sait quelle vengeance terrible Clutemnestre tira de l'insulte que lui fit Agamemnon en ramenant avec lui de Troie comme maîtresse en titre Cassandre, fille de Priam. Cassandre était fort belle; dans l'espérance de l'épouser, Othruoneus avait risqué sa vie qu'Idoméneus lui avait ôtée (1) : Clutemnestre jalouse tua Cassandre, et non contente, fit tuer Agamemnon par Aïgisthos (2).

Le régime du mariage celtique est la monogamie, mais souvent, comme en Grèce, elle est associée au concubinat. C'est le concubinat qui explique la pluralité des femmes en Gaule dans un passage du *De bello gallico* (3).

Ainsi le roi épique d'Ulster, Conchobar, a une femme légitime Mugain Aitencaithrech, aussi appelée Ethne Aitencaithrech, fille d'Eochaid Feidlech, roi suprême d'Irlande (4); cela ne l'empêche pas d'entretenir dans son palais ostensiblement une concubine, présente pendant un an à toutes les fêtes qu'il donne, c'est la malheureuse Derdriu, sa prisonnière, dont il a fait tuer le mari (5). On ne voit pas que la femme légitime ait élevé une plainte.

---

(1) *Iliade*, XIII, 363-382.
(2) *Odyssée*, III, 303, 304; XI, 409-426.
(3) L. VI, c. 19, § 3; cf. *Cours de littérature celtique*, t. VII, p. 211.
(4) *Cours de littérature celtique*, t. V, p. 89, 101, 176. *Eithni Uathach*, dans le Livre de Leinster, p. 124, col. 2, l. 38, 40.
(5) *Cours de littérature celtique*, t. V, p. 231-235.

D'autres ont été moins tolérantes. Telle fut la femme d'un certain irlandais appelé Dubthach, qui, ayant acheté une femme esclave, la rendit grosse et devint ainsi père de sainte Brigite : il avait une femme légitime ; celle-ci, jalouse, le menaça de divorce s'il ne revendait pas la femme esclave. Comme, en cas de divorce, le mari aurait été obligé de rendre la dot de sa femme, en y ajoutant le douaire constitué au moment du mariage, Dubthach, meilleur administrateur, ou si l'on veut plus intéressé, plus avare qu'amoureux, céda, et se sépara de sa concubine qu'il vendit à un druide (1).

Il y a un ménage royal irlandais qui ressemble fort à celui du roi troyen Priam entre ses deux femmes légitimes et ses concubines, à cette différence près que les enfants sont moins nombreux en Irlande qu'à Troie : c'est le ménage du roi suprême Diarmait, fils de Fergus Cerrbéol. Ce prince régnait au milieu du vie siècle de notre ère (2). On lui connaît deux femmes légitimes simultanées, comme à Priam, et deux concubines, contemporaines des deux femmes : des deux concubines, il eut des enfants qui restèrent toujours dans une situation inférieure. Quant au deux femmes légi-

---

(1) *Vie de sainte Brigite*, Whitley Stokes, *Three middle-irish Homilies*, p. 52-55; *Lives of saints from the Book of Lismore*, p. 35, 36, 183, 184.

(2) Annales de Tigernach, éditées par Whitley Stokes, *Revue celtique*, t. XVII, p. 139, 146.

times, il avait épousé la seconde parce que la première était stérile ; elle ne l'était pas devenue après avoir mis au monde, comme Hécube, dix-neufs enfants, elle l'était par suite de faiblesse constitutionnelle ; plus tard bénie par un saint et mieux portante, elle eut un fils, Aed Slâne, qui partagea en Irlande avec le chef d'une autre famille, la royauté suprême (1).

La pluralité des femmes ou polygamie simultanée, a pour pendant la pluralité simultanée des maris ou polyandrie.

Il n'est pas question de polyandrie chez Homère. Mais suivant Polybe, la polyandrie a existé à Lacédémone : dans cette ville, dit l'historien grec, trois ou quatre hommes, même davantage, surtout des frères, étaient les époux de la même femme, et les enfants nés de ce bizarre mariage leur appartenaient en commun (2).

J. César attribue aussi la polyandrie aux Bretons : il dit que chez eux la même femme appartient souvent en commun à dix ou douze hommes, surtout à des frères, au père et à ses fils ; mais

---

(1) *Cours de littérature celtique*, t. VII, p. 218. Aux textes cités, joindre la vie de saint Aidus, c. 18, chez De Smedt et De Backer, *Acta sanctorum Hiberniæ*, p. 343-344 ; et Annales de Tigernach, éditées par Whitley Stokes dans la *Revue celtique*, t. XVII, p. 139, 142-144, 146, 163, 165.

(2) Polybe, l. XII, c. 6, § 8 ; édit. Didot, p. 508 ; cf. Leist, *Graeco-italische Rechtgeschichte*, p. 78.

suivant lui, les enfants qui naissent de ces unions, au lieu d'être communs aux maris comme à Lacédémone, appartiennent à celui qui a le premier épousé la femme (1). De ce genre de mariage, il ne paraît pas qu'il y ait eu trace en Gaule. Mais nous le trouvons dans la légende irlandaise suivant laquelle Lugaid, roi suprême d'Irlande dans l'épopée de Cûchulainn, était fils de Clothru, fille du roi suprême Eochaid Feidlech, et femme simultanément des trois fils du même Eochaid. Lugaid était considéré comme ayant trois pères (2); c'est conforme à l'usage de Lacédémone ; ce n'est pas la coutume bretonne qui, suivant César attribuait la paternité au premier époux à l'exclusion des autres.

L'histoire de Clothru ne nous donne pas seulement l'exemple de la polyandrie, on y voit celui du mariage entre frère et sœur (3). Dans la littérature homérique, ce genre d'union est usité chez les dieux : Zeus, dieu suprême, est mari de sa sœur

---

(1) *De bello gallico*, l. V, c. 14, § 4, 5. Sur la polyandrie, voyez Kovalewsky, *Coutume contemporaine et loi ancienne*, p. 31, 177, 178, 183. Cf. Smirnov, *Les populations finnoises des bassins de la Volga et de la Kama*, traduction de Paul Boyer, p. 114-116, 118, 337.

(2) *Aided Meidbe*, dans le livre de Leinster, p. 124, col. 2, l. 49-53.

(3) Sur le mariage entre frère et sœur chez les Finnois, voyez Smirnov, *Les populations finnoises des bassins de la Volga et de la Kama*, traduction de Paul Boyer, p. 338, 339.

Héra (1); les six fils d'Aïolos, dieu des vents, ont épousé chacun une de leurs six sœurs (2). Mais les textes homériques ne nous offrent aucun exemple d'union semblable entre les mortels ; seulement nous y voyons le grec Diomède et le troyen Iphidamas mariés chacun avec une sœur de leur mère; d'autre part, Alcinoos, roi des Phéaciens, a pris pour femme une fille de son frère (3). Ce qui est interdit d'une façon absolue en Grèce, c'est le mariage entre le fils et la mère. Epicasta, ayant épousé son fils Oïdipous, qu'elle ne reconnaissait pas alors, est saisie d'une telle honte, qu'elle se pend de désespoir quand elle s'aperçoit de ce crime involontaire (4).

Mais l'épopée irlandaise, moins chaste, n'attri-

---

(1) *Iliade*, XVI, 432 ; XVIII, 356.

(2) *Odyssée*, X, 5-7. On sait que la loi athénienne admettait le mariage du frère avec la sœur consanguine, mais non avec la sœur utérine. Dareste, *Les plaidoyers civils de Démosthène*, t. I, p. XXV. Ainsi, au point de vue des empêchements au mariage, la parenté utérine au deuxième degré comptait à l'exclusion de la parenté consanguine; de là vient qu'en grec les mots qui expriment littéralement la parenté utérine au deuxième degré, ἀδελφός, ἀδελφή, ont remplacé les deux mots indo-européens qui désignent le frère et la sœur; en grec, le premier a changé de sens, le second est inusité; tandis que le germanique, le celtique, le latin et à sa suite les langues romanes, le français par exemple, ont conservé la tradition : « frère » et « sœur » sont la forme française de mots indo-européens dont le premier ne signifie plus frère en grec, dont le second a disparu de cette langue.

(3) Voy. les textes réunis par Buchholz, *Homerische Realien*, t. II, p. 19.

(4) *Odyssée*, XI, 271-280.

bue pas une fierté pareille à Clothru qui devint la femme de son fils Lugaid, roi suprême d'Irlande, et eut de lui un fils, Crimthand Nia Nair, élevé plus tard à la même dignité que son père (1). Suivant Strabon, qui avait sans doute entendu raconter la légende de Clothru, les Irlandais auraient eu la coutume d'épouser leurs mères et leurs sœurs (2). Il n'est pas certain qu'on doive sur ce point prendre au sérieux au moins sur le premier point le géographe grec, et que le mariage entre fils et mère ait jamais été un usage irlandais.

La femme légitime doit, dans le monde arien, être libre et avoir une situation de fortune et de famille analogue à celle de son mari, c'est ce qui la distingue de la concubine. Quand Patrocle faisait espérer à une esclave, à Briséis, cette malheureuse captive, qu'elle pourrait en Grèce un jour épouser Achille (3), il cherchait à lui être agréable, mais ne croyait pas un mot de ce qu'il lui disait. Si Achille était retourné en Grèce, son père se serait occupé de le marier, et le héros grec aurait en ce moment eu le choix parmi les filles des

---

(1) *Lebar Gabala*, dans le Livre de Leinster, p. 23, col. 1, l. 49-51; col. 2, l. 1-8. Sur Lugaid, voy. Annales de Tigernach, éditées par Whitley Stokes dans la *Revue celtique*, XVI, p. 405, 411, 414; sur Crimthand, *ibid.*, p. 414-416.
(2) Strabon, l. IV, c. 5, § 4; édit. Didot, p. 167, l. 25-27.
(3) *Iliade*, XIX, 297-299.

grands seigneurs du pays (1). Quant à Briséis, Achille, si nous l'en croyons lui-même, regrette qu'elle n'ait pas perdu la vie le jour où il l'a faite prisonnière : une flèche lancée contre elle en ce moment par la déesse Artémis aurait, dit-il, rendu grand service aux Grecs (2). Briséis était pour lui un instrument de plaisir, et il la méprisait.

Chez Homère, les femmes légitimes : 1° sont achetées à leur père par leur mari ; 2° elles reçoivent de leur père une dot ; 3° elles obtiennent de leur mari des présents qui peuvent quelquefois avoir assez d'importance pour constituer ce que l'on appellera plus tard douaire en français.

Je dis d'abord que les femmes légitimes sont achetées du père. Ainsi Eumaïos raconte que Laerte et Anticleïa, père et mère d'Ulysse, avaient une fille, qu'ils l'ont mariée, et qu'ils ont reçu un prix considérable (3). Le terme technique pour désigner ce prix d'achat est en grec ἔεδνον ou au pluriel ἔεδνα ou plus brièvement ἔδνον, ἔδνα. Aphrodite ayant été infidèle à Héphaïstos, son mari, le père d'Aphrodite devra rendre au mari trompé les ἔεδνα, qu'il a reçus de lui (4). Le prix d'achat de la femme se payait ordinairement en vaches, et il était d'autant plus élevé que la fiancée était plus belle. Un

---

(1) *Iliade*, IX, 393-397.
(2) *Iliade*, XIX, 59-61.
(3) *Odyssée*, XV, 367.
(4) *Odyssée*, VIII, 318, 319.

des sujets représentés par Héphaïstos sur le bouclier d'Achille est un groupe de jeunes garçons et de jeunes filles qui dansent : les jeunes filles sont belles, elles rapporteront à leurs parents beaucoup de vaches (1).

Cependant le prix pouvait être autrement fixé. Ainsi Agamemnon, avouant qu'il avait eu des torts envers Achille, déclare qu'il lui doit une indemnité : il lui propose de lui donner en mariage une de ses trois filles, en le dispensant de payer à la façon ordinaire le prix d'achat régulièrement dû ; ce prix se compensera avec une partie des dommages-intérêts dont Agamemnon se reconnaît débiteur envers Achille pour lui avoir fait l'injure de lui enlever Briséis (2).

Othruoneus, prétendant à la main de Cassandre, fille de Priam, est agréé : au lieu de fournir en bétail le prix d'achat de sa fiancée, ἔεδνον, il le payera en service militaire ; telle est la convention conclue entre lui et son futur beau-père : il vient en conséquence combattre les Grecs ; Idoméneus le perce de sa lance et, s'emparant du cadavre, l'entraîne vers le camp grec pour le faire dévorer par les chiens : « Viens », dit-il, par une lugubre plaisanterie, « viens, nous allons parler mariage, nous
» savons pas mal faire payer le prix d'achat d'une
» femme, nous ne sommes pas de mauvais rece-

---

(1) *Iliade*, XVIII, 593, 594.
(2) *Iliade*, IX, 146-288.

» veurs d'ἕεδνον, » en grec ἐεδνωταί. Othruoneus avait payé de sa vie une femme qui lui avait été promise, et qui ne put lui être donnée, puisqu'il mourut avant livraison (1).

Qui vendait au fiancé sa femme ? Le père, quand elle se mariait pour la première fois. Sur ce point toutes les législations sont d'accord. Mais lorsqu'il s'agit d'une veuve qui se remarie, la question se pose de savoir si le prix de vente appartient à sa famille d'origine ou à celle de son mari défunt. Le droit grec est sur ce point différent du droit celtique. A Athènes, le fils majeur est le maître, κύριος, de sa mère veuve, la mère ne peut se remarier sans le consentement de son fils (2). La règle est la même dans la loi burgonde ; on la trouve, plus anciennement aussi, dans le droit homérique au cas toutefois où la veuve est restée au domicile de son mari (3). Dans le droit

---

(1) *Iliade*, XIII, 362-382. Il y a dans l'*Iliade* d'autres exemples d'achat de femmes par le fiancé ; c'est ainsi qu'Hector épouse Andromaque, X, 472 ; que Néleus épouse Chloris, XI, 279-284 ; que Boros épouse Poludôra, XVI, 178 ; qu'Echéclès épouse Polumèla, XVI, 190.

(2) R. Dareste, *Les plaidoyers civils de Démosthène*, t. I, p. xxv : *La science du droit en Grèce*, p. 63. Cf. R. Dareste, B. Haussoullier et Th. Reinach, *Les inscriptions juridiques grecques*, t. I, p. 55, 56.

(3) Télémaque dit que lorsqu'il connaîtra d'une façon certaine la mort de son père, il célébrera les funérailles du défunt, puis il mariera Pénélope : « ἀνέρι μητέρα δώσω » (*Odyssée*, II, 220-223). L'obligation qu'il a de donner des repas aux prétendants est la conséquence de ce droit qu'il a de remarier sa mère. Si Pénélope

de l'Irlande, la mère veuve retombe toujours sous la puissance paternelle ; rentrée légalement dans sa famille, sortie, par conséquent, de celle de son mari, quand elle veut se remarier, elle n'a pas à consulter son fils. Dans le droit grec, pour que la femme veuve sorte légalement de la famille de son mari, il faut qu'elle abandonne la maison conjugale, et retourne habiter la maison de son père ; alors seulement le père reprend l'autorité que le mariage lui a fait perdre.

Pour avoir autorité sur sa mère restée dans la maison conjugale, le fils doit être majeur.

Télémaque est majeur à la date à laquelle l'*Odyssée* nous transporte. C'est la vingtième année après le départ d'Ulysse pour Troie (1). Dix-neuf ans se sont écoulés depuis que l'absence d'Ulysse a commencé, or, la naissance de Télémaque est antérieure au début de cette absence, Télémaque était à la mamelle au moment où les guerriers grecs partirent pour venger Ménélas et entreprendre la guerre de Troie (2). Par conséquent, au re-

---

retourne chez Icarios son père et rompt par là le lien qui l'attache à la famille de son mari, Télémaque sera déchargé de l'obligation de recevoir chez lui les candidats à la main de sa mère. Sur les repas qui précédaient le mariage et pouvaient ruiner une maison, voyez Kovalewsky, *Coutume contemporaine et loi ancienne*, p. 165.

(1) *Odyssée*, XVI, 206 ; XIX, 484 ; XXI, 208 ; XXIV, 322.
(2) *Odyssée*, XI, 447-449.

tour d'Ulysse, Télémaque doit avoir une vingtaine d'années. Nous savons qu'à Athènes, au IVᵉ siècle avant Jésus-Christ, l'âge de la majorité était dix-huit ans (1). Aucun des textes homériques ne nous dit formellement quel était l'âge de la majorité dans le monde grec à l'époque où ces textes furent composés. Mais nous voyons Télémaque faire acte de fils majeur en plusieurs circonstances.

Deux surtout sont caractéristiques. Phémios, au rez-de-chaussée de la maison d'Ulysse, dans la salle où les hommes sont réunis, chante le retour des héros grecs qui ont pris Troie; Pénélope, au premier étage, entend et s'attriste, elle descend et prie Phémios de changer de sujet; Télémaque dit à sa mère de se mêler de ce qui la regarde et de laisser Phémios continuer : « C'est moi », dit-il, « qui suis le maître de la maison », et ses ordres sont exécutés (2).

Au moment où Ulysse, non encore reconnu, va tenter l'épreuve de l'arc qui se terminera par le massacre des prétendants, Télémaque fait de nouveau acte d'autorité : il invite sa mère à rentrer dans la chambre des femmes et ordonne à un esclave de mettre, malgré les prétendants, l'arc entre les mains d'Ulysse : « C'est moi », répète-t-il, « qui suis le maître de la maison : » sa mère et

---

(1) R. Dareste, *Les plaidoyers civils de Démosthène*, t. I, p. XXVI.

(2) *Odyssée*, I, 325-359.

l'esclave obéissent (1). La formule dont Télémaque se sert pour exprimer son autorité dans la maison est celle qu'emploie Alcinoos, quand il parle de l'autorité qu'il exerce en qualité de roi sur le peuple des Phéaciens.

Alcinoos dit :

>Τοῦ γὰρ κράτος ἐστ' ἐνὶ δήμῳ (2).

Et Télémaque :

>Τοῦ γὰρ κράτος ἐστ' ἐνὶ οἴκῳ (3).

C'est en conséquence de ce principe qu'il remariera sa mère, si celle-ci continue d'habiter la maison conjugale et ne retourne pas chez Icarios son père.

Ainsi Télémaque est maître de maison, quoiqu'il ait un grand-père paternel, Laerte, encore vivant ; la puissance paternelle de durée illimitée chez les Romains, chez les Gaulois et en Irlande (4), ne s'étend pas sur les hommes majeurs, dans le droit grec; mais elle subsiste sur les femmes ; quand la veuve, sortie de la maison du mari, rentre dans sa famille, c'est à son père que doit être adressée

---

(1) *Odyssée*, XXI, 344-379.
(2) *Odyssée*, XI, 353. Glose : « ἐμοῦ οὔτινος ἰσχύς ἐστιν ἐν τῷ δήμῳ. » Dindorf, *Scholia graeca in Homeri Odysseam*, Oxford, 1855, t. II, p. 510.
(3) *Odyssée*, I, 359; XXI, 353.
(4) *Cours de littérature celtique*, t. VII, p. 344.

la demande en mariage ; c'est à lui que le futur époux, une fois agréé, paye le prix d'achat de la fiancée. La règle pour ce cas est identique à celle du droit celtique, où même le droit du père sur sa fille passe aux frères quand le père est décédé (1).

Mais revenons au droit homérique. Si, veuve et partie de la maison conjugale, Pénélope se remarie, ce sera avec Icarios, son père, que le prétendant agréé devra traiter du prix (2) ; ce prix sera naturellement le plus haut possible : Pénélope, dit deux fois un des prétendants, appartiendra à celui de nous qui fera l'offre la plus élevée (3). Ulysse dit de même à Nausicaa que son mari sera celui des candidats qui consentira à la payer le plus cher (4).

L'usage d'acheter les femmes libres qu'on épouse a été général dans le monde indo-européen, il se trouve en Irlande. Il a existé évidemment en Gaule comme dans le monde homérique ; mais ce qui est remarquable, c'est la résiliation de la vente de la femme, réalisation qui, paraît-il, se produit de plein droit en Grèce, quand après le décès du mari, la veuve quitte le domicile conjugal ; c'est qu'alors le père, dans le droit homérique, reprend

---

(1) *Cours de littérature celtique*, t. VII, p. 246, 247.
(2) *Odyssée*, I, 274-278 ; II, 50-54, 104-196.
(3) *Odyssée*, XVI, 390-391 ; XXI, 161, 162 ; cf. II, 113, 114.
(4) *Odyssée*, VI, 159.

l'autorité sur sa fille, comme dans le droit irlandais, où la fille veuve ou divorcée qui se remarie est de nouveau vendue par son père ; seulement, en ce cas, en Irlande, le père ne touche qu'une partie du prix : le reste appartient à la fille (1).

Outre le prix d'achat dû au père, le fiancé faisait des cadeaux, δῶρα, à sa fiancée. Hélène, recevant à Sparte la visite du jeune Télémaque, lui fait présent d'un voile qu'au moment de son mariage il donnera à sa femme, et que jusqu'à ce jour sa mère lui gardera (2). Iphidamos, épousant Théano, sa tante, lui donne d'abord cent vaches, puis ajoute mille chèvres et moutons (3) ; c'est un douaire. Beaucoup moins généreux, le roi suprême d'Irlande, Eochaid Airem, ne donna à sa femme Etain, que sept femmes esclaves, l'équivalent de trente-cinq bêtes à cornes. Pénélope, qui après vingt ans de mariage doit être un peu défraîchie, est traitée encore moins libéralement ; outre le prix d'achat dû à son père, si elle abandonne la maison conjugale, à son fils dans le cas contraire, les prétendants offrent à Pénélope elle-même des cadeaux, δῶρα ; Eurumachos est celui qui fait les choses le plus largement et sur le chapitre des

---

(1) *Cours de littérature celtique*, t. VII, p. 230 ; t. VIII, p. 121 ; cf. Kovalewsky, *Coutume contemporaine et loi ancienne*, p. 161-163, 165-167.

(2) *Odyssée*, X, 125-128.

(3) *Iliade*, XI, 243-244 ; cf. 221-227.

cadeaux, δῶρα, et sur celui du prix d'achat, ἕεδνα; comme ἕεδνα nous ignorons ce qu'il propose; mais quant aux cadeaux, il n'est pas très généreux, il se borne à offrir un beau collier (1).

Dans quelques-uns des passages de l'*Odyssée* où il s'agit des conditions auxquelles Pénélope pourrait se remarier, son père et son fils sont passés sous silence, et il semble que Pénélope toucherait les ἕεδνα, ce qui aurait été irrégulier (2) : ἕεδνα est alors employé abusivement pour désigner à la fois le prix d'achat dû au père ou au fils et les cadeaux destinés à Pénélope qui est considérée comme ayant mandat du père ou du fils pour fixer le montant du prix d'achat (3).

Outre les cadeaux donnés par le fiancé, la fille qui se remariait recevait de son père une dot. La dot qu'Agamemnon offre de donner avec une de ses filles, si Achille l'accepte, consistera dans la souveraineté de sept villes (4).

On a vu plus haut que Priam, épousant en secondes noces Laothoa, fille d'Altès, roi des Lélèges, reçut de son beau-père une grosse dot. Cette

---

(1) *Odyssée*, XVIII, 17, 18, 279, 290-303, et *Cours de littérature celtique*, t. VII, p. 232.

(2) *Odyssée*, XI, 117; XVI, 390, 391; XXI, 161, 162; XIX, 529.

(3) Probablement il s'agit ici du cas où Pénélope, restant dans la maison conjugale, le prix d'achat appartiendrait à Télémaque. Le mandat du fils à sa mère semblerait tout naturel.

(4) *Iliade*, IX, 147-157; 290-298.

dot serait suffisante pour la rançon des deux fils que Priam a eus de Laothoa, si ces deux fils sont prisonniers ; déjà une fois, pour racheter un d'eux, Priam a donné cent vaches ; c'est donc à deux cents vaches au moins que la dot se monte (1), deux cents vaches pourraient aujourd'hui valoir 60,000 francs environ.

Il ne paraît pas que Pénélope ait été traitée fort généreusement par son père Icarios, quand elle épousa Ulysse, ni qu'Ulysse lui ait alors donné des objets de grande valeur. Quand, au nom des prétendants, Antinoos notifie à Télémaque d'avoir à renvoyer de sa maison sa mère, et à la mettre en demeure de se remarier en prenant l'époux que son père et elle choisiront, Télémaque refuse, et donne diverses raisons de sentiment, plus une raison d'intérêt, la voici : renvoyer sa mère est une insulte pour laquelle il peut être contraint à payer des dommages-intérêts au père de sa mère Icarios. De l'ennui que lui causerait l'obligation de restituer la dot et le douaire de sa mère, il ne dit mot (2). En Gaule, au temps de César, le douaire était égal à la dot, et appartenait, comme la dot, au survivant des deux époux (3).

---

(1) *Iliade*, XXII, 46-51 ; cf. XXI, 81-90.

(2) *Odyssée*, II, 111-114, 129-137. Sur la constitution de dot en Grèce, voir R. Dareste, B. Haussoullier, Th. Reinach, *Recueil des inscriptions juridiques grecques*, t. I, p. 48-62, 366-369, 464, 465.

(3) *De bello gallico*, l. VI, c. 19, §§ 1, 2. Cf. P. Collinet, dans la *Revue celtique*, t. XVII, p. 321 et suiv.

La langue homérique ne nous offre pas d'expression technique pour désigner la dot ni le douaire. Le nom grec de la dot, φερνή, apparaît au cinquième siècle avant notre ère, celui du douaire, τὰ ἀντίφερνα, littéralement « compensation de la dot, » expression grecque qui a pénétré dans le Code de Justinien (1) au sixième siècle de notre ère, semble avoir existé au cinquième siècle avant Jésus-Christ. Hélène est arrivée à Troie en apportant comme dot les trésors, κτήματα, enlevés par elle et par son ravisseur Paris à Ménélas, roi de Sparte, et auxquels les Grecs paraissent tenir au moins autant qu'à la femme (2); Eschyle, parlant d'elle, dit qu' « en compensation de cette dot, » ἀντίφερνον, elle a donné à Troie la ruine (3); les dépouilles de Troie ramenées à Sparte par Ménélas sont le douaire qu'Hélène a en compensation de la dot volée à Ménélas. Des gens délicats ne comprennent pas que Ménélas ait pardonné à Hélène. Ils ne se reportent pas aux mœurs du temps. Les dépouilles de Troie avaient réparé tous les torts d'Hélène; c'était pour elle un douaire qui n'était pas sorti de la poche de Ménélas.

Chez Homère, la dot proposée par Agamemnon à Achille est appelée μείλια (4), mot qui veut dire

---

(1) Code de Justinien, livre V, titre III, loi 20.
(2) *Iliade*, III, 70, 72, 91, 93, 255, 282, 285, 458; VII, 389, 390, 400-401; XIII, 626-627.
(3) Eschyle, *Agamemnon*, 406.
(4) *Iliade*, IX, 147.

simplement « cadeaux, » et, pour désigner le douaire, Homère ne connaît pas davantage un terme technique. Des trois payements qui sont la condition du mariage : 1° prix d'achat payé au père; 2° dot donnée par le père à la fille; 3° douaire donné par le mari à la femme, un seul dans la langue homérique est distingué par une expression technique, c'est le prix d'achat de la femme « ἕεδνον; » l'expression correspondante en gallois est *gober, gobyr, amober, amobyr* (1); chez les Lombards *méta;* dans la loi Salique, quand il s'agit de second mariage, *reipus;* dans la loi des Burgundes au même cas, et déjà pour le premier mariage, *vittemon* (2). Chose singulière, le terme technique équivalent manque en irlandais, comme en latin, mais les deux langues ont chacune un mot pour désigner le contrat par lequel le père vend sa fille au mari : *coemptio* à Rome, *coibche* en Irlande; et ces deux mots veulent dire « achat, marché (3). »

La dot, φερνή en grec dès le cinquième siècle avant Jésus-Christ, en latin *dos*, c'est le *tinol* irlandais, l'*agweddy* gallois (4).

---

(1) *Cours de littérature celtique*, t. VII, p. 234.

(2) Grimm, *Deutsche Rechts-Alterthümer*, 2ᵉ édit., p. 422-425. Edit de Rotharis, § 178; Carl Meyer, *Sprache und Sprachdenkmäler der Langobarden*, p. 26, 27. Loi Salique, édition Hessels, c. XLIV, col. 271 et suiv. Loi des Burgundes, c. 66, 69. Pardessus, La Loi Salique, p. 686.

(3) *Cours de littérature celtique*, t. VII, p. 230. Cf. Whitley Stokes, *Three Irish Glossaries*, p. 71.

(4) *Cours de littérature celtique*, t. VII, p. 231, 234.

Le douaire, appelé bien postérieurement à Homère τὰ ἀντίφερνα en Grèce, c'est le *tinnscra* irlandais (1), l'*enepuuert*, *enebarz* breton (2), le *cowyll* gallois (3), le *morgengabe* germanique (4); il était usité en Gaule, mais on ignore son nom gaulois (5).

Des règles relatives au mariage revenons à la théorie de la puissance paternelle, dont nous n'avons encore traité que d'une manière incomplète.

Une chose singulière dans la famille d'Ulysse : Laerte a été, avant Ulysse, roi des Céphalléniens (6), auxquels appartiennent les îles d'Ithaque, de Jacinthe, de Samos, etc., et une portion de la côte voisine (7); vieux et veuf il vit à Ithaque retiré des affaires, hors de la ville, dans une propriété rurale, qu'il cultive lui-même avec quelques esclaves mâles; ce n'est plus à lui, c'est à Ulysse qu'appartient la maison de ville, qu'appartiennent les esclaves Eurucleïa et Eumaïos, bien que Laerte

---

(1) *Cours de littérature celtique*, t. VII, p. 232.
(2) *Cours de littérature celtique*, t. VII, p. 233.
(3) *Cours de littérature celtique*, t. VII, p. 234.
(4) Pardessus, *Loi Salique*, p. 672.
(5) *Cours de littérature celtique*, t. VII, p. 231-232. Sur le douaire en droit romain, *donatio ante nuptias*, puis *donatio propter nuptias*, voyez Paul-Frédéric Girard, *Manuel élémentaire de droit romain*, p. 941, 942.
(6) *Odyssée*, XXIV, 378.
(7) *Iliade*, II, 631-635.

les ait tous les deux achetés de ses deniers (1). Ulysse se considère bien comme propriétaire d'Eurucleïa puisqu'il la menace de la tuer si elle lui désobéit (2). Eumaïos est comme elle passé au service d'Ulysse qui lui promet une femme, une maison, des biens, une situation sociale approchant de la sienne, en un mot l'affranchissement (3).

Laerte, roi détrôné, est la vertu même; fidèle à sa femme quand elle vivait (4), il couche en hiver seul près du foyer, entouré de ses esclaves mâles, dans la poussière, vêtu d'habits misérables; en été des feuilles lui servent de matelas (5). On prendrait ce vieillard pour un moine chrétien, si ce n'était la vieille esclave qui prenait soin de lui, préparait sa nourriture (6), lui faisait prendre des bains, frottait d'huile ses membres fatigués (7). Il a depuis longtemps dépassé l'âge où les hommes accomplissent des exploits à la guerre, et cependant, grâce à la protection d'Athêna, il tue un homme dans la bataille livrée par Ulysse et Télémaque aux parents des prétendants qu'ils ont massacrés (8); il vaut donc physiquement quelque

---

(1) *Odyssée*, I, 430; XV, 483.
(2) *Odyssée*, XIX, 489, 490.
(3) *Odyssée*, XXI, 189, 216.
(4) *Odyssée*, I, 429-433.
(5) *Odyssée*, XI, 187-194.
(6) *Odyssée*, I, 191; XXIV, 211-212.
(7) *Odyssée*, XXIV, 366.
(8) *Odyssée*, XXIV, 513-525.

chose encore ; cependant à Ithaque où il a régné, dans son palais devenu le palais de son fils, il n'a plus aucune autorité.

Ce vieux mauvais sujet de Priam ne compte plus militairement ; son rôle comme guerrier ne consiste plus qu'à regarder en curieux du haut des murs de Troie les deux armées ennemies (1), et cependant il règne encore ; quand on veut conclure un traité entre Grecs et Troyens, son intervention est nécessaire à la validité du contrat (2). Ses cinquante fils, Hector même, qui à sa place commande l'armée troyenne (3) et risque sa vie en livrant au nom de cette armée des combats singuliers (4), n'ont pas, comme Ulysse à Ithaque, un domicile séparé du domicile paternel, ils habitent chacun une chambre à Troie dans la vaste maison où le vieux Priam est resté le maître (5).

La littérature homérique nous offre donc deux manières d'entendre la puissance paternelle : l'une est conforme au droit romain et gaulois qui fait durer cette puissance autant que la vie du père (6) ; la situation du vieux Priam, à l'égard de ses fils, est conforme à la règle romaine et gauloise qu'on

---

(1) *Iliade*, III, 11-244.
(2) *Iliade*, III, 245-301.
(3) *Iliade*, III, 76-78 ; VII, 55, 56.
(4) *Iliade*, VII, 65-305 ; XVI, 726-867 ; XXII, 250-365.
(5) *Iliade*, VI, 244-246.
(6) *Cours de littérature celtique*, t. VII, p. 244-249.

trouve aussi en Irlande avec un léger correctif dont nous allons parler.

Dans un autre système, qui est bien différent, le fils, à sa majorité, devient indépendant de son père ; il est de plein droit émancipé ; c'est le système gallois (1), germanique, athénien (2), c'est le système suivi à Ithaque. Ulysse devenu majeur s'est marié, a reçu en avancement d'hoirie une part de la fortune paternelle. Plus jeune, plus apte à ces exploits sans lesquels, en Grèce alors, on ne conçoit pas un bon chef d'armée, il a remplacé son père Laerte dans le commandement des soldats levés pour la guerre de Troie et par conséquent dans la royauté qu'à Ithaque on considère comme inséparable des fonctions de général.

Maintenant en Europe on met partout, à un âge qui varie, les fonctionnaires à la retraite. En Irlande, la loi qui maintenait indéfiniment le fils sous l'autorité paternelle avait un correctif : lorsque le père, trop vieux pour subvenir par son travail à ses besoins, tombait à la charge de son fils, il passait dans sa dépendance juridique en une certaine mesure ; alors, quand il faisait un contrat désavantageux, son fils pouvait faire annuler ce contrat (3). Le père était presque assimilé à un enfant.

A une époque primitive, le droit était bien plus

---

(1) *Cours de littérature celtique*, t. VII, p. 245.

(2) R. Dareste, *Les plaidoyers civils de Démosthène*, t. I, p. XXV-XXVI.

(3) *Cours de littérature celtique*, t. VII, p. 248.

dur pour lui : comme le père avait le droit de tuer son enfant, surtout l'enfant nouveau-né (1), le fils avait le droit et même chez certains peuples le devoir de tuer son vieux père (2) : conséquence impitoyable du principe éternel, quoique brutal, qui refuse à tout être inutile le droit à la vie. Il n'y avait pour le fils que deux châtiments à craindre : 1° la haine de son père qui, quoique défunt, avait conservé la seconde vie qu'ont tous les morts et qui pouvait, sous forme de revenant, troubler le sommeil du meurtrier ; 2° l'exécration publique : — cela chez les peuples qui au lieu de considérer le meurtre du vieux père comme un acte religieux le regardaient comme impie ; — mais, même chez ces peuples plus rapprochés de nos idées modernes, le meurtre du père échappait à la juridiction des tribunaux criminels, puisque ceux-ci n'avaient droit de connaître que des crimes contre

(1) *Cours de littérature celtique*, t. II, p. 242, 243; cf. Leist, *Graeco-italische Rechtsgeschichte*, p. 60, 61; Kovalewsky, *Coutume contemporaine et loi ancienne*, p. 189.

(2) Schrader, *Sprachvergleichung und Urgeschichte*, 2ᵉ édit., p. 548; cf. Leist, *Altarisches jus civile*, p. 184, note. — M. Kovalewsky, *Coutume contemporaine et loi ancienne*, p. 197, constate qu'en droit ossète le meurtre d'un père par son fils reste impuni, comme le meurtre d'un frère par son frère. Chez les Mordves, tribu finnoise du centre de la Russie d'Europe, l'usage a existé de tuer solennellement à coups de bâton le père trop vieux pour pouvoir subvenir par son travail à la dépense qu'exigeait la conservation de sa vie. Jean N. Smirnov, *Les populations finnoises des bassins de la Volga et de la Kama*, traduction de Paul Boyer, p. 352.

la sûreté de l'Etat ; en outre, il ne pouvait être châtié par la vengeance privée : si le meurtrier avait ôté la vie à un membre d'une autre famille, le plus proche parent du mort aurait eu le droit, même le devoir, d'exercer la vengeance en appliquant la loi du talion ; mais le fils qui avait ôté la vie à son père était précisément la personne chargée de venger ce meurtre. Phoïnix, brouillé avec son père, voulait d'abord le tuer ; mais la crainte d'être appelé parricide, πατρόφονος, et d'avoir par conséquent mauvaise réputation en Grèce, a retenu son bras (1).

Le droit romain primitif peut être cité ici ; il ne punissait pas le fils meurtrier de son père ; quand le mot *paricidas* apparaît dans la législation romaine, il s'applique au cas du meurtre d'un citoyen quelconque (2). Plutarque témoigne sa surprise de ce qu'à Rome, sous les rois, il n'ait été porté aucune loi contre le fils qui tue son père et qu'une loi royale ait appelé meurtre de père, πατροκτονία, tout meurtre d'un homme quelconque (3). Mais cet écri-

---

(1) *Iliade,* IX, 459-461. Cf. Leist, *Altarisches jus civile*, p. 184, note. Un autre parent du père ne pouvait tuer le fils meurtrier ; par là il aurait affaibli sa famille.

(2) « Nam paricida non utique is qui parentem occidisset dicebatur, sed qualemcumque hominem. Id autem ita fuisse indicat lex Numae Pompili regis, his composita verbis : Si quis hominem liberum dolo sciens morti duit, paricidas esto. » Festus abrégé par Paul Diacre au mot *Parrici.* Cf. M. Voigt, *Die XII Tafeln*, t. II, p. 794, 795.

(3) « Ἴδιον δέ μηδεμίαν δίκην παρὰ πατροκτόνων ὁρίσαντα, πᾶσαν

vain commet une erreur d'étymologie courante de son temps et qui persiste du nôtre : *paricidas* ne veut pas dire « meurtrier de père. » Si une loi royale avait ordonné que tout meurtrier d'un citoyen quelconque serait traité comme s'il avait tué son père, cela aurait signifié qu'aucun meurtrier ne serait puni. Le sens du texte légal est l'opposé : *paricidas esto* veut dire « qu'il y ait meurtrier de pareil », c'est-à-dire que la loi du talion soit appliquée à la famille du meurtrier, *talio esto* (1).

Il est donc vraisemblable qu'en Gaule au temps de la conquête romaine, comme en Grèce à l'épo-

---

ἀνδροφονίαν πατροκτονίαν προσειπεῖν. » Plutarque, *Romulus*, t. 22, § 6 ; édit. Didot, *Vitae*, t. I, p. 37.

(1) « Si membrum rupit, ni cum eo pacit, talio esto. » Festus. M. Voigt, *Die XII Tafeln*, t. I, p. 732; t. II, p. 534. *Paricidas* veut dire « meurtrier de pareil, » comme *agricola* « cultivateur de champ; » l'idée primitive que ce mot représente est ceci : la famille A vient de perdre par un meurtre un de ses membres valant tant, par exemple valant trois vaches; or le meurtrier appartient à la famille B. En conséquence, la famille A est en droit de tuer dans la famille B un homme de même valeur que le mort, c'est-à-dire un homme valant trois vaches. C'est une doctrine qui n'a aucun rapport avec nos croyances poétiques modernes sur la pénalité. Le droit que le vengeur du sang avait de tuer n'importe quel membre de la famille du meurtrier est constaté par M. Kovalewsky, *Coutume contemporaine et loi ancienne*, p. 247-250; aujourd'hui la théorie du crime n'a aucun rapport avec la doctrine primitive, *ibid.*, p. 286-288. *Paricidas* exprime à peu près la même règle de droit qu'un passage du Coran cité par M. Kovalewsky, *ibid.*, p. 261, note : « La peine du » talion vous est prescrite pour le meurtre : un homme libre pour » un homme libre, l'esclave pour l'esclave, et une femme pour » une femme. »

que homérique, comme à Rome sous les rois, le meurtre du père par le fils n'était puni que par le mépris public.

Il ne faut pas, sur ce point d'histoire, imiter Aristarque qui, au deuxième siècle avant J.-C., trouvant scandaleux les quatre vers homériques où Phoïnix raconte qu'il eut la pensée de tuer son père, imagina de les retrancher (1), exemple suivi encore tout récemment dans les traductions de MM. Giguet et Pessonneaux. En 458, Eschyle avait pu mettre sur la scène, dans les Euménides, l'acquittement solennel d'Oreste, meurtrier de sa mère, acquittement obtenu il est vrai à une seule voix de majorité. Environ un siècle plus tard, Platon, dans son traité des *Lois*, dit que celui qui tue son père ou sa mère mériterait, s'il était possible, de souffrir plusieurs fois la peine de mort (2). Il se produit quelquefois en bien peu d'années de grands changements dans les mœurs.

En Grèce, ce changement était la conséquence lentement produite par l'institution de la juridiction criminelle qui remonte à Dracon, 621 avant J.-C. (3), et qui fut perfectionnée par Solon au com-

---

(1) Plutarque, *De audiendis poetis*, dans les *Scripta moralia*, édit. Didot, t. I, p. 32, p. 430, l. 47-50.

(2) Platon, *Les lois*, édit. Didot, t. II, p. 430, l. 48-51.

(3) Sur le fragment de la législation de Dracon qu'une inscription nous a conservé, voir R. Dareste, *Les plaidoyers civils de Démosthène*, t. II, p. 56; R. Dareste, B. Haussoullier, Th. Reinach, *Les inscriptions juridiques grecques*, t. II, p. 1-24.

mencement du siècle suivant. Mais en Gaule il n'y avait pas, comme à Athènes, de juridiction criminelle pour le crime commis par un citoyen contre son concitoyen.

Une grande différence existe entre les Celtes et les Grecs à un autre point de vue. Les Grecs ont pour la femme un respect dont la littérature irlandaise n'offre pas trace.

Certains auteurs modernes ont paru trouver fort étranges les passages d'Homère où l'on voit des femmes donner leur aide aux hommes qui se baignent. Quand Télémaque a introduit dans le palais de son père Théoclumène, son hôte, tous deux se déshabillent, ils entrent chacun dans une baignoire, des servantes les lavent, les frottent d'huile et les rhabillent (1). D'autres servantes rendent le même service à Télémaque et à Peïsistratos, son jeune compagnon, chez Ménélas à Sparte (2), à Ulysse chez Alcinoos (3). Ce qui surtout choque nos idées modernes, c'est de voir la plus jeune fille de Nestor, roi de Pylos, laver Télémaque au bain, le frotter d'huile et le rhabiller (4). Ulysse espion, déguisé en mendiant, se présente au palais de Priam, roi de cette ville ; il est reconnu par Hélène, belle-fille de Priam ; Hélène peut, sans

---

(1) *Odyssée*, XVIII, 85-90.
(2) *Odyssée*, III, 48, 49.
(3) *Odyssée*, VIII, 454, 455.
(4) *Odyssée*, III, 464-467.

provoquer l'indignation des Troyens, lui donner les mêmes soins que la fille de Nestor à Télémaque (1). Dans les *Anglais chez eux* de Francis Wey, il y a un chapitre intitulé « Diane au bain d'Actéon. » Cependant à Londres j'ai entendu beaucoup parler de dames qui voulaient vêtir d'une culotte une statue célèbre ; les femmes grecques n'avaient pas les mêmes scrupules à l'époque homérique.

Leur manière d'agir semblait toute naturelle et parfaitement conciliable avec une bonne tenue de maison. Ulysse, chez les Phéaciens, dans le palais du roi Alcinoos, n'est pas reçu comme chez les déesses Calypso ou Circé. Il couche seul sous le portique (2), au devant du palais, tandis que Nausikaa, fille du roi, passe la nuit à l'intérieur de l'édifice, dans sa chambre (3), et ses servantes soit dans la salle des femmes, au rez-de-chaussée, soit au premier étage (4) ; Alcinoos et la reine dans une autre pièce, au fond du palais (5). La même règle est appliquée à Télémaque chez Nestor, roi de Pylos (6) ; à Peïsistratos, et à Télémaque chez Ménélas, roi de Sparte (7). Dans le palais d'Ulysse, à

---

(1) *Odyssée*, IV, 250-253.
(2) *Odyssée*, VII, 335-345.
(3) *Odyssée*, VII, 15 ; cf. Buchholz, *Homerische Realien*, t. II, 2ᵉ partie, p. 104, 105.
(4) Buchholz, *Homerische Realien*, t. II, 2ᵉ partie, p. 105-119.
(5) *Odyssée*, VII, 346, 347.
(6) *Odyssée*, III, 397-401.
(7) *Odyssée*, IV, 296-305 ; XV, 4, 5.

Ithaque, tandis que les servantes couchent dans la salle des femmes, au rez-de-chaussée (1), Pénélope au premier étage (2), Télémaque est seul dans sa chambre, sur le devant du palais (3). De même, Ulysse, de retour dans son palais, doit y coucher tout seul tant que sa femme ne l'a pas reconnu (4).

Le monde des dieux semble avoir été de mœurs beaucoup moins sévères. Quand, précédemment, le même Ulysse était allé, au delà des mers, faire visite aux déesses Calypso et Circé, ces déesses sans mari, il est vrai, l'avaient immédiatement reçu dans leur lit, cela sans qu'aucun mariage eût été préalablement célébré. Les Irlandais Bran mac Febail, Mael Duin et leurs compagnons, dans leur voyage mystérieux au pays des dieux et des morts, trouvent de même des épouses qui semblent attendre leur arrivée et qui s'unissent à eux sans aucune formalité légale ou religieuse.

En Grèce, dans les maisons bien tenues, les choses se passent autrement; mais, dans la littérature irlandaise, les relations entre hommes et femmes sont les mêmes que dans le monde des dieux. Je ne parle pas des femmes adultères; de tout temps, il y en a eu : Medb, reine de Connaught, infidèle à

---

(1) Buchholz, *Homerische Realien*, t. II, 2ᵉ partie, p. 117.
(2) Buchholz, *Homerische Realien*, t. II, 2ᵉ partie, p. 119.
(3) *Odyssée*, I, 335-427; cf. Buchholz, *Homerische Realien*, t. II, 2ᵉ partie, p. 104.
(4) *Odyssée*, XXIII, 171, 172, 177-180.

son mari, se conduit avec Fergus, l'exilé d'Ulster, comme Arès avec Aphrodite (1). Mais quand Medb et Ailill, son mari, reçoivent dans leur palais la visite des héros d'Ulster, tous hommes mariés, ils leur donnent à chacun, avec des lits, une compagne passagère, et celle de Cûchulainn est Findabair, la propre fille du roi et de la reine (2). Dans la littérature épique de l'Irlande, le roi d'Ulster, Conchobar, a sur toutes les femmes de ses états un droit royal identique au soi-disant droit féodal, qu'on a appelé, en français, droit du seigneur (3); il l'a d'abord au moment du mariage de chaque femme ; il le reprend toutes les fois que, dans un voyage, il reçoit l'hospitalité chez un de ses sujets (4). Dans la seconde moitié du sixième siècle de notre ère, Cumascach, fils du roi suprême d'Irlande Ainmere, prétendit imiter le roi épique, mais les mœurs étaient changées ; il y perdit la vie après avoir inutilement prétendu s'emparer de la femme de Brandub, roi de Leinster (5). A Rome,

---

(1) *Lebor na hUidre*, p. 65, col. 2, l. 31-39; cf. H. Zimmer, dans la *Zeitschrift* de Kuhn, t. XXVIII, p. 450, 451, 479-480.

(2) *Cours de littérature celtique*, t. V, p. 117, 124. H. Zimmer, dans la *Zeitschrift* de Kuhn, t. XXVIII, p. 626. Windisch, *Irische Texte*, t. I, p. 281, l. 2; p. 283, l. 19; p. 286, l. 1.

(3) *Cours de littérature celtique*, t. V, p. 7, 49, 127.

(4) *Cours de littérature celtique*, t. V, p. 8, 29. H. Zimmer dans la *Zeitschrift* de Kuhn, t. XXVIII, p. 462; cf. Windisch, *Irische Texte*, p. 145, l. 6-8.

(5) *The Borama*, édition Whitley Stokes, dans la *Revue celtique*, t. VIII, p. 54-65; édit. H. O'Grady, *Silva Gadelica*, texte, p. 370-

le viol de Lucrèce par le fils d'un roi avait été le signal d'une révolution.

Le droit du seigneur appartient, dans l'usage antique, à tout vainqueur sur la femme libre, transformée en esclave par la défaite et la mort de son mari. Achille l'exerçait sur Briséis. Des femmes barbares ont préféré à cette honte le sacrifice de leur vie; on le vit l'an 101 av. J.-C. à la bataille des *Campi Raudii*, quand l'armée des Cimbres germains, comprenant aussi des Gaulois dans ses rangs, fut battue par Marius. Mais d'autres craignaient plus de mourir; de là ce tableau chez César, à l'assaut de Gergovie : les femmes se montrent, la poitrine nue, sur le haut des remparts; elles demandent grâce de la vie, quelques-unes même descendent au pied du mur et se livrent aux soldats romains (1). Ce geste des femmes gauloises demandant grâce, *pectore nudo*, est aussi germanique; mais chez Tacite, *Germania*, 8, ce n'est pas à l'ennemi que les femmes à la guerre montrent leurs seins, c'est à leurs compatriotes, en les suppliant de ne pas les laisser, par la défaite, tomber en servitude. L'usage pour les femmes de se découvrir la poitrine quand elles demandent grâce se retrouve dans la littérature de l'Irlande avec le même caractère provoquant qu'au

---

374; traduction, p. 408-411; cf. O'Curry, *Manners and Customs*, t. II, p. 336-340.

(1) *De bello gallico*, l. VI, c. 37, § 5.

siège de Gergovie (1). De cet effet de la peur, il ne faut pas tirer des conséquences exagérées.

Une des conséquences de la monogamie et du mépris qu'inspire la prostituée, c'est la vieille fille, qui n'a d'autre avenir que de rester dans la famille, sœur et tante, et d'être, sauf exception, dans la société, un être inutile, à moins de prendre un rôle religieux. La littérature homérique la plus récente offre trois exemples de la vieille fille : Artémis, Athéna, Hestia, trois déesses, dont la dernière avait même déjà fait vœu de virginité perpétuelle (2). La première est déjà qualifiée de vierge dans l'*Odyssée* (3). Les deux autres reçoivent pour la première fois cette qualité en termes formels dans un hymne qui ne remonte pas au delà du septième siècle avant notre ère et qui peut être moins ancien. Mais les nombreux passages d'Homère où il est question d'Athéna s'accordent parfaitement avec la doctrine de l'hymne. Athéna offre le type de cette bienveillance féminine et chastement désintéressée pour laquelle le plaisir

---

(1) *Cours de littérature celtique*, t. V, p. 117. Windisch, *Irische Texte*, t. I, p. 280, l. 11, 12. Il est traité de ce sujet à un point de vue différent dans un livre de M. J. Rhys, *The arthurian Legend*, p. 179-182.

(2) Hymne III, *in Venerem*, vers 7-28.

(3) *Odyssée*, VI, 109 : παρθένος ἀδμής, l'épithète de Nausikaa, VI, 228; cf. Roscher, *Ausführliches Lexikon der griechischen und römischen Mythologie*, t. I, col. 580.

d'avoir rendu service est une rémunération suffisante et qui ne demande ni n'obtient rien de plus. Athêna est la protectrice de Tudeus (1), de Diomède (2), de Ménélas (3), d'Achille, d'Ulysse et de Télémaque : Tudeus lui a dû ses succès dans la guerre des Sept contre Thèbes ; elle sert de cocher à Diomède (4) ; elle éloigne d'Achille la lance jetée contre lui par Hector (5) ; grâce à elle, la flèche lancée par le troyen Pandaros et qui devait tuer Ménélas est détournée du but et ne fait qu'une légère blessure au roi grec (6) ; quand Ulysse se lève pour parler dans l'assemblée des Grecs, Athêna est près de lui, sous forme de héraut, et c'est elle qui impose silence à la multitude ; plus tard il lui doit le prix de la course (7).

Après le siège de Troie, elle a pendant plusieurs années abandonné Ulysse à la vengeance de Poseïdaôn et à ses amours adultères avec Circé et Calypso. Elle recommence à s'occuper de lui quand arrive le terme de son séjour dans l'île de Calypso ; c'est grâce à la protection d'Athêna qu'Ulysse sort de cette île, où des chaînes immorales le tenaient captif, et parvient dans celle des

(1) *Iliade*, X, 285-290.
(2) *Iliade*, V, 828.
(3) *Iliade*, IV, 7-8.
(4) *Iliade*, V, 835-841.
(5) *Iliade*, XX, 438, 439.
(6) *Iliade*, IV, 127-140.
(7) *Iliade*, II, 278-282 ; XXIII, 770-783.

Phéaciens ; là, elle lui sert de guide jusqu'au palais du roi Alcinoos (1) où il est si bien accueilli. Quand, enfin, il est parvenu à Ithaque, elle est là pour le conseiller (2) ; elle ôte le bon sens aux prétendants qui veulent lui enlever sa femme Pénélope (3) ; pendant le combat contre eux, elle apparaît aux côtés d'Ulysse et de Télémaque sous la forme de Mentor (4) ; enfin, c'est elle encore qui, empruntant la même forme, assure à Ulysse la victoire sur les parents des prétendants qu'il avait tués : elle conclut la paix entre Ulysse et les vengeurs de ces malheureux (5). Sous les traits de Mentès, elle a donné à Télémaque le conseil d'aller chez Nestor et chez Ménélas chercher des nouvelles d'Ulysse (6) ; prenant la figure de Mentor, elle lui a servi de guide dans ce dangereux voyage (7).

Les Irlandais ont aussi une déesse de la guerre, Mórrigu ; elle ressemble sur quelques points à la déesse grecque Athéna. Ainsi, on la voit apparaître sous forme d'oiseau quand elle vient annoncer au taureau de Cooley l'approche de l'armée ennemie (8).

---

(1) *Odyssée*, I, 44-87 ; V, 5-20 et suiv.; VII, 14-77.
(2) *Odyssée*, XIII, 221-439.
(3) *Odyssée*, XX, 345, 346.
(4) *Odyssée*, XXII, 205-238.
(5) *Odyssée*, XXIV, 502-548.
(6) *Odyssée*, I, 96-323.
(7) *Odyssée*, II, 260 et suiv.
(8) In *Mórrigan sóm in deilb éuin. Lebor na hUidre*, p. 64, col. 2, l. 30, 31. Cf. H. Zimmer, dans la *Zeitschrift* de Kuhn, t. XXVIII, p. 450.

De même Athéna, après avoir, sous la figure de Mentor, conduit Télémaque à Pylos, disparaît sous forme d'oiseau de proie (1); c'est l'apparence d'une hirondelle qu'elle prend pendant le massacre des prétendants (2). Mais Mórrigu est une prostituée; on sait à quelle condition elle offre ses services au héros Cûchulainn. Athéna est le type de la vierge chaste, le type de la vierge chrétienne, inconnu dans l'Ancien-Testament; aussi est-ce elle qui, dans le *Télémaque* de Fénelon, sert de guide au jeune héros.

Si les Grecs ont inventé ce type divin, s'ils nous en ont donné, dans leur mythologie, trois exemples, Artémis, Athéna, Hestia, c'est qu'ils ont eu le modèle quelquefois sous les yeux et qu'il a provoqué leur admiration. Or, ce modèle est le produit de la monogamie; il est inconnu chez les polygames, et, quoique monogames, les Celtes d'Irlande ne lui ont pas donné place dans leur littérature épique. Mais, en Gaule, Méla mentionne les neuf prêtresses vierges de Sena (3) qui seraient le pendant des six Vestales romaines et de la

---

(1) *Odyssée*, III, 371, 372.

(2) *Odyssée*, XXII, 239, 240.

(3) Mela, III, 48. M. Salomon Reinach a émis l'hypothèse que l'assertion de Mela n'a aucune valeur historique. *Revue celtique*, t. XVIII, p. 1. Circé serait, suivant lui, le prototype des neuf vierges de Sena. Mais Circé n'est pas vierge et n'a pas huit compagnes.

vierge prophétesse des Germains, Veleda (1), au nom celtique, comme on l'a établi (2).

Quoi qu'il en soit, le degré de moralité attesté par les poèmes homériques paraît supérieur à celui que nous montre la littérature épique de l'Irlande et que nous pouvons supposer dans la Gaule indépendante.

(1) « Munius Lupercus, legatus legionis, inter munera missus Velædae. Ea virgo nationis Bructerae late imperitabat. » Tacite, *Histoires*, l. IV, c. 61.

(2) Whitley Stokes et A. Bezzenberger, *Urkeltischer Sprachschatz*, p. 277.

CHAPITRE V.

LA GUERRE.

LE CHAR. — LES ARMES DÉFENSIVES : LE BOUCLIER, LE CASQUE, LA COTTE DE MAILLES. — LES ARMES OFFENSIVES : L'ARC ET LA FLÈCHE, LA PIERRE LANCÉE PAR LA MAIN SEULE OU AVEC LA FRONDE ; LA LANCE, L'ÉPÉE, LA MASSUE. — LA CHEVELURE, LA *braca*, LA TUNIQUE, LE MANTEAU DU GUERRIER. — L'USAGE DE COUPER, D'EMPORTER ET DE CONSERVER LES TÊTES DES ENNEMIS TUÉS. — LE VOCABULAIRE MILITAIRE ET L'ORIGINE DE L'ARMEMENT CELTIQUE.

Ce qui paraît avoir le plus frappé les Romains à leurs premières rencontres avec les armées gauloises, c'est dans ces armées l'usage du char de guerre.

Le récit de la bataille de l'Allia, 18 juillet 390, est une œuvre de rhétorique chez Tite-Live, livre V, c. 38; et Plutarque, *Camille*, c. 18, n'a pas eu d'autre source. Il n'y a aucun renseignement historique à tirer de ces deux récits. Pour nous trouver en présence d'un texte historique, il faut laisser s'écouler près d'un siècle et arriver à la bataille de Sentinum, 295 : là le récit de Tite-Live nous montre en Italie une armée romaine mise en déroute par une charge des Gaulois debout sur leurs chars (1), comme les guerriers homériques (2). Le bruit inusité de ces chars effraye les chevaux de la cavalerie romaine qui se précipitent sur les légions et en écrasent les premiers rangs. Pour sauver l'armée romaine en lui rendant le courage, il fallut la *devotio* du consul Decius, qui alla sans armes chercher la mort dans les rangs des ennemis. Ce récit est sans doute emprunté à Fabius Pictor, qui, né l'an 254 ou à peu près avant Jésus-Christ (3), soit environ quarante ans après la campagne des Romains contre les Gaulois en 295, était âgé d'une vingtaine d'années quand les derniers témoins de la bataille de Sentinum avaient environ quatre-vingts ans. Il a donc dû raconter des faits parfaitement connus à Rome au temps où il écrivait.

Suivant des auteurs que Tite-Live cite sans les nommer, le nombre des chars gaulois aurait été de mille dans cette bataille (4). Un peu plus de

---

(1) « Essedis carrisque superstans armatus hostis. » Tite-Live, l. X, c. 28, § 9; cf. ci-dessous, p. 330.

(2) *Iliade*, IV, 366; XVI, 198; XXIV, 700, 701.

(3) H. Peter, *Historicorum romanorum relliquiae*, p. LXXI.

(4) « Qui in hostium exercitu... mille carpentorum scripsere fuisse. » Tite-Live, l. X, c. 30, § 5; cf. Orose, l. III, c. 21, § 6; édition donnée par Charles Zangemeister pour l'Académie de Vienne, p. 186.

soixante et dix ans après, en 222, le roi gaulois Virdomaros, du haut de son char, lançait ses javelots, quand à Clastidium, dans la haute Italie, près du Pô, il fut tué par le consul Marcus Claudius Marcellus (1). Encore un siècle s'écoule : c'est en char que combat en Gaule le roi des Arvernes Bituitos, lorsque, le 8 août 121, au confluent de l'Isère et du Rhône, est livrée la bataille où, par la victoire du consul Quintus Fabius Maximus, surnommé plus tard *Allobrogicus*, commence dans la Gaule transalpine la conquête préparée par les succès de Marcus Fulvius Flaccus en 125, de Gaius Sextius Calvinus en 124, et achevée par Jules César environ soixante-dix ans plus tard. Dans cette bataille, les éléphants des Romains produisirent sur l'armée gauloise le même effet qu'en Italie les chars gaulois sur la cavalerie romaine à la bataille de Sentinum en 295. Bituitos, fait prisonnier par trahison quelque temps après, figura dans la solennité du triomphe de son vainqueur; son char d'argent, du haut duquel il avait combattu et dans lequel on l'avait fait remonter, fut, — avec ses

---

(1) Claudius Eridanum traiectos arcuit hostes,
 Belgica cui vasti parma relata ducis
Virdomari. Genus hic Rheno jactabat ab ipso
 Nobilis erectis fundere gaesa rotis.
 Illi virgatas maculanti sanguine bracas
 Torquis ab incisa decidit unca gula.
  (Properce, l. V, élégie x, vers 39-43.)

Variante au 1er vers : *e Rheno* au lieu d'*Eridanum*; au 4e, lisez *Mobilis e tectis*.

armes et ses vêtements de couleurs variées et voyantes, — ce qui surtout attira les regards des spectateurs pendant cette cérémonie si gaie pour les Romains et si douloureuse pour lui (1).

Plusieurs monnaies romaines représentent des chars celtiques. La plus intéressante est émanée du triumvir L. Hostilius Saserna et date de l'année 46 avant notre ère; elle nous montre sur le char deux personnages qui fuient : le premier, le cocher, est assis tenant d'une main les rênes de ses deux chevaux, de l'autre main un fouet; le second personnage, le guerrier, debout, armé du bouclier et du javelot, s'est tourné en arrière pour frapper ceux qui le poursuivent (2).

(1) Nihil tam conspicuum in triumpho quam rex ipse Bituitus, discoloribus in armis argenteoque carpento, qualis ipse pugnaverat. » Florus, I, 37 (III, 2), § 5.

(2) Babelon, *Description historique et archéologique des monnaies de la république romaine*, t. I, p. 552. Le bouclier est représenté fort petit; on dira peut-être que c'est le bouclier celtique du temps de Polybe, deuxième siècle (l. II, c. 30, § 3; édit. Didot, t. I, p. 89; Cougny, *Extrait des auteurs grecs*, t. II, p. 98), et non celui dont parle Poseidônios, premier siècle; Diodore de Sicile, l. V, c. 30, § 2; édit. Didot, t. I, p. 272; Cougny, t. II, p. 98. La véritable explication est que, probablement, nous avons ici la fantaisie d'un graveur qui n'avait jamais vu de bouclier gaulois ni breton.

Ce guerrier est probablement breton. A cette époque les Gaulois ne combattaient plus en char. Les chars gaulois, dont on a découvert les débris dans le département de la Marne et dont on peut étudier les restes au musée de Saint-Germain, remontent à une date plus ancienne. Les Celtes de Gaule pratiquaient encore, il est vrai, l'usage du char de guerre au commencement du premier siècle avant notre ère. Poseïdônios, qui fit vers l'an 90 un voyage d'exploration dans la Gaule méridionale, constata que dans ce pays il y avait des chars de guerre montés chacun par deux hommes : un cocher et un guerrier ; du haut de leurs chars les guerriers lançaient des javelots ; puis, descendant de ces chars, ils mettaient l'épée à la main pour attaquer l'ennemi. Le récit de Poseïdônios nous a été conservé par Diodore de Sicile (1).

Mais quand, une trentaine d'années après Poseïdônios, César vint en Gaule, il ne remarqua aucun char de guerre dans les armées que la Gaule indépendante lui opposa de l'année 58 à l'année 50 ; il n'en rencontra qu'en Grande-Bretagne dans ses deux expéditions des années 55 et 54 avant Jésus-Christ (2). En 54, le roi breton Cassivellaunos em-

---

(1) Diodore de Sicile, l. V, c. 29, § 1 ; édit. Didot, t. I, p. 271, l. 22-26 ; Cougny, *Extraits des auteurs grecs*, t. II, p. 384 ; cf. Strabon, l. IV, c. 5, § 2 ; édit. Didot, p. 166, l. 37, 38 ; Cougny, t. I, p. 148.

(2) *De bello gallico*, l. IV, c. 24, § 2 ; c. 32, § 5 ; l. V, c. 9, § 3 ; c. 15, § 1 ; c. 16, § 2 ; c 17, § 4.

ploya contre lui quatre mille *essedarii* (1), c'està-dire, — à deux *essedarii*, autrement dit deux hommes par char, — deux mille chars de guerre, le double du nombre de ceux avec lesquels les Gaulois avaient chargé l'armée romaine à Sentinum en 295.

Nous retrouvons les chars de guerre dans la littérature épique de l'Irlande. C'est en char que combattent Cûchulainn et les héros contemporains.

L'équitation chez eux, comme dans la littérature homérique, est l'exception. Ainsi, quand Sualtam, légalement père de Cûchulainn, constate que son fils, épuisé par la fatigue et les blessures, ne peut plus tenir tête à l'ennemi, il monte sur un des deux chevaux du héros et va prévenir de cette terrible situation le roi Conchobar et ses guerriers (2); c'est à cheval que Conall poursuit, atteint et tue le meurtrier de Cûchulainn (3). De même, quand Diomède et Ulysse, après avoir sans bruit pénétré la nuit dans le campement de l'armée troyenne endormie, ont tué le roi thrace Rhêsos et douze de ses guerriers, ils évitent prudemment de réveiller les autres dormeurs; ils laissent en place le char du roi, ils se

---

(1) *De bello gallico*, l. V, c. 19, § 1, 2.

(2) Tainic Sualtam reime for in Liath Macha d'óen eoch. Livre de Leinster, p. 93, col. 2, l. 10, 11; cf. Zimmer, *Zeitschrift* de Kuhn, t. XXVIII, p. 470.

(3) *Cours de littérature celtique*, t. V, p. 350-352. Whitley Stokes, *Revue celtique*, t. III, p. 183, 184.

bornent à prendre chacun un cheval sur lequel ils montent pour regagner le camp des Grecs (1).

Le combat à cheval, quand une circonstance spéciale ne le motive pas, est en Irlande un des caractères qui distinguent les compositions épiques postérieures aux plus anciens des morceaux dont se compose le cycle de Cûchulainn et de Conchobar. Le combat en char est remplacé par le combat à cheval dans le cycle de Find mac Cumail et d'Oisin, troisième siècle de notre ère (2), et dans des morceaux ajoutés au cycle de Conchobar et de Cûchulainn à une date relativement récente : c'est ainsi que, dans l' « Exil des fils de Doel l'oublié, » Eocho Rond combat à cheval contre Cûchulainn (3); de même, dans l' « Enlèvement des vaches de Dartaid, » le roi et sa suite sont à cheval : le char de guerre des temps anciens paraît abandonné (4).

La même révolution stratégique s'est produite en Gaule avant l'arrivée de César. C'est à cheval, et non en char, que les *equites* gaulois attaquent les légions romaines. Bien antérieurement, quand en 279, les Gaulois des régions danubiennes envahi-

---

(1) *Iliade*, X, 513, 529.
(2) *Cours de littérature celtique*, t. V, p. 390, 391. Windisch, *Kurzgefasste irische Grammatik*, p. 118-120.
(3) *Cours de littérature celtique*, t. V, p. 156. Windisch, *Irische Texte*, t. II, 1re partie, 177, 192.
(4) Windisch, *Irische Texte*, t. II, 2e partie, p. 186. *Graig aluind allmardo fout*, « beaux chevaux étrangers sous toi, » p. 190, col. 1, 2, l. 32, 33 ; cf. p. 198, l. dernière; p. 199, l. 1 et note 1.

rent la Grèce, ils avaient reconnu la supériorité de l'équitation sur le char de guerre. Suivant Jérôme de Cardie, auteur contemporain, dont le récit est reproduit par Pausanias quatre siècles et demi plus tard, l'armée gauloise, qui atteignit Delphes, se composait de cent cinquante-deux mille fantassins et de vingt mille quatre cents chevaliers tous à cheval, et chacun accompagné de deux écuyers à cheval comme lui, ce qui donnait un total de soixante et un mille deux cents cavaliers groupés trois par trois; pour désigner cette organisation militaire, il y avait un mot gaulois : *tri-markisia*, dont le premier terme est le thème du nombre cardinal trois; le second terme de ce mot dérive du celtique *marco-s*, « cheval, » que Pausanias écrit à l'accusatif singulier, μάρκαν, supposant un nominatif *marca-s* (1), variante de *marco-s*. Les Grecs pensaient que le système stratégique dont il s'agit ici était emprunté aux Perses (2).

Ainsi dans l'expédition contre Delphes, les Gaulois des pays situés à l'est du Rhin ont renoncé

---

(1) Comparez les noms de rivière masculins en *as*, ὁ Γαρούνας, τὸν Γαρούναν, Strabon, l. I, c. 1, § 14, édition Didot, p. 157, l. 17, 18; ὁ Σηκοάνας, Strabon, l. IV, c. 3, § 3; *ibid.*, p. 160, l. 37. Les Romains en ont fait des noms féminins, *Garumna*, *Sequana*, et ces noms sont restés féminins en français. César est probablement l'auteur de ce changement de genre contre lequel Ptolémée proteste avec Strabon.

(2) Pausanias, l. X, c. 19, § 9-12; édition Didot, p. 516, 517; Cougny, *Extraits des auteurs grecs*, t. IV, p. 163, 164; cf. *Revue celtique*, t. IX, p. 390.

au char de guerre; ils semblent alors n'avoir, en fait de véhicule, eu que des chariots, ἅμαξαι, au nombre de deux mille destinés au transport de bagages (1); ils se rendaient compte des inconvénients du char de guerre, dont le principal était de verser très facilement. Les Gaulois se défièrent aussi des chars de guerre en Italie à la bataille de Télamon en 225; ils placèrent ces chars, συνωρίδες, avec les chariots à bagages, ἅμαξαι, sur les ailes de l'armée, et se battirent les uns à cheval, les autres à pied (2) : leur défaite de Sentinum en 295 leur avait servi de leçon. Cette leçon n'empêcha pas Virdomaros et Bituitos de combattre en char, l'un en Italie, dans la guerre de l'année 222, l'autre en Gaule, dans celle de l'annnée 121, comme nous l'avons vu plus haut; et tous deux furent vaincus, le premier même y perdit la vie.

Des monuments qui à Pergame, en Asie Mineure, rappellent la victoire d'Attale Ier, roi de Bithynie en 241 avant J.-C., il semble résulter qu'il y avait à cette date des chars de guerre dans les troupes gauloises d'Asie; or elles furent battues en cette journée comme devaient l'être en d'autres régions Virdomaros et Bituitos (3).

---

(1) Diodore de Sicile, l. XXII, c. 9; édition Didot, t. II, p. 437, 438; Cougny, *Extraits des auteurs grecs*, t. II, p. 432.

(2) Polybe, l. II, c. 28, § 5, 9; édition Didot, t. I, p. 88; Cougny, *Extraits des auteurs grecs*, t. II, p. 92.

(3) Théodore Reinach, dans la *Revue celtique*, t. X, p. 125.

Ces expériences multipliées firent abandonner complètement le char de guerre aux Gaulois dans leur lutte contre César, 58-50 avant J.-C. Le char de guerre conservé dans les îles Britanniques, en Grande-Bretagne, à l'époque où César y fit ses deux expéditions, 55, 54 avant J.-C., en Irlande vers le début de l'ère chrétienne, paraît avoir disparu même dans cette dernière île au troisième siècle de notre ère, date des héros Find et Oisin.

Une grande différence entre le char de guerre celtique et le char de guerre grec, c'est que le char celtique est pourvu d'un banc à deux places : l'une pour le guerrier assis à gauche, l'autre pour le cocher qui se tenait à droite comme dans l'Inde ancienne (1); sur le char de guerre grec et sur ceux de toutes les nations orientales ariennes ou anariennes, on ne pouvait être que debout. Le vieil irlandais avait une expression pour désigner la place du cocher à droite, c'était *faitsi;* tandis que dans la même langue, la place du guerrier à gauche s'appelait *fochla* (2). Un coussin couvrait le banc tout entier, et, pour le désigner, il y avait, paraît-il, en irlandais une troisième expression, *fort-*

Salomon Reinach, dans la *Revue archéologique*, nouvelle série, t. XIII, 1889, p. 199, note 4.

(1) H. Zimmer, *Altindisches Leben*, p. 296.

(2) Whitley Stokes, *Three irish glossaries*, p. xxxix; cf. traduction du Glossaire de Cormac, p. 80, et Glossaire d'O'Clery, *Revue celtique*, t. IV, p. 414, 420.

che (1). La place du cocher était, disons-nous, à droite, usage conservé en France. Quand le guerrier voulait combattre, il se levait; on le voit, p. 330, sur la monnaie d'Hostilius Saserna; alors le mouvement de son bras droit n'était pas gêné par le voisinage du cocher qui restait assis. Le mot *essedum*, dont se servent César et Tite-Live pour désigner le char gaulois, est à proprement parler le nom du banc fixé sur le char. Ce mot veut dire « siège extérieur, siège hors de la maison (2), » *ex-sedon;* c'est par une figure de mots fréquente, par une synecdoche, le nom de la partie employé pour signifier le tout.

Le char de guerre paraît être d'origine chaldéenne. On le trouve déjà chez les Chaldéens environ trois mille ans avant J.-C. (3) : il a été exporté de la même région que les céréales (4); avec elles

(1) *Aided Conchulainn*, dans la Revue celtique, t. III, p. 178. *Táin bó Cúailngi* dans le Livre de Leinster, p. 82, col. 2, l. 29; cf. Windisch, *Irische Texte*, t. I, p. 572.

(2) *Sedon* est le mot gallois moderne *sedd*, « siège. »

(3) Maspero, *Histoire ancienne des peuples de l'Orient classique*, t. I, p. 606. Sarzec-Heuzey, *Découvertes en Chaldée*, pl. III bis. Cf. ci-dessous. p. 356, n. 2; Maspero, t. II, p. 216; W. Helbig, *L'épopée homérique*, traduction Trawiński, p. 160.

(4) « J'ai fait autrefois observer, dans mes *Recherches sur les
» origines de l'Egypte*, que la culture du blé ne pouvait être ori-
» ginaire de la vallée du Nil, les céréales n'existant pas à l'état
» indigène en Egypte. Je me suis même appuyé sur ce fait parmi
» d'autres pour essayer de prouver l'origine asiatique des pre-
» miers Egyptiens, ou tout au moins de leur civilisation. Cet
» argument eût été d'une valeur bien plus grande, si j'avais su,
» comme je l'ai constaté aujourd'hui, que le même instrument,

22

il est venu des bords de l'Euphrate sur les rives du Nil, bien antérieurement à l'époque où nous constatons sa présence chez les Grecs d'abord, puis successivement en Italie, en Gaule, en Grande-Bretagne et en Irlande. Adopté après les Chaldéens par les Hittites et les Assyriens (1), il est passé des Asiatiques aux Egyptiens vers le dix-septième siècle avant notre ère au plus tard.

Mais il n'a pas été utilisé de la même façon par tous les peuples. La plupart des Asiatiques montaient trois sur le même char, tandis que les Egyptiens comme les Grecs, les Indous et les Celtes, n'étaient jamais que deux, un guerrier et un cocher, sur chacun de leurs chars (2). Un point sur lequel tous les usages s'accordent en Asie, en Egypte, en Grèce, en Gaule, en Irlande, c'est de donner au char de guerre deux roues et d'y atteler ordinairement deux chevaux ; un cheval ou trois chevaux (3) sont l'exception.

» armé d'éclats de silex, servit en Mésopotamie, comme en » Egypte, à la récolte des céréales, qui ici croissent naturellement » dans tout le pays et jusque sur les *tells* de Suse. » J. Morgan, *Compte rendu sommaire des travaux archéologiques exécutés du 3 novembre 1897 au 1er juin 1898*, p. 10. M. Morgan n'est pas le premier qui ait constaté qu'en Mésopotamie les céréales sont indigènes.

(1) Helbig, *L'épopée homérique*, p. 169-173 ; cf. ci-dessous, p. 356, n. 2. Le char de guerre a existé aussi chez les Etrusques, Helbig, *ibid.*, p. 184, 185.

(2) Maspero, *Histoire ancienne des peuples de l'Orient classique*, t. II, p. 216-218, 225. W. Helbig, *ibid.*, p. 160-161.

(3) On peut citer comme exemple Pédasos, cheval de renfort

M. Théodore Reinach a publié dans la *Revue celtique*, t. X, p. 122-133, un savant mémoire où il discute l'autorité des textes de l'antiquité qui attribuent aux Celtes des chars armés de faux. Il conteste à ces documents toute valeur historique. Certainement aucun des textes antiques concernant la Gaule indépendante ne nous autorise à penser que ses habitants aient eu l'usage du char armé de faux.

Mais suivant Lucien, les Galates ou Gaulois d'Asie Mineure, dans une bataille livrée vers l'an 272 avant J.-C. au roi de Syrie Antiochos le Grand, auraient engagé quatre-vingts chars armés de faux (1). Lucien, il est vrai, écrivait plus de quatre siècles après l'événement et paraît n'avoir eu d'autres sources qu'un poème épique composé par Simonide de Magnésie. On peut pour cette raison révoquer en doute le témoignage de Lucien; mais des chars de guerre armés de faux sont aussi attribués aux Bretons par Frontin (2) et Méla (3); or tous deux écrivaient au premier siècle après J.-C. et ils ont été contemporains de la conquête de la Grande-Bretagne par les Romains. Suivant Frontin, les Bretons auraient opposé à

attelé au char d'Achille quand Patrocle y monte. *Iliade*, XVI, 152-154, 467-471; cf. Buchholz, *Homerische Realien*, t. I, 2ᵉ partie, p. 176-178.

(1) Lucien, *Antiochus sive Zeuxis*, § 8, édition Didot, p. 247; Cougny, *Extrait des auteurs grecs*, t. VI, p. 68.
(2) Frontin, *Stratagèmes*, l. II, c. 3, § 18.
(3) Mela, l. III, c. 6.

César des chars armés de faux ; Méla donne l'usage de ces chars comme existant de son temps, c'est-à-dire un siècle après César. Toutefois ni César, ni Tacite n'en ont rien dit.

Il y a une explication possible de ce silence : c'est que les chars armés de faux, pouvant faire autant de mal aux compagnons de guerre qu'aux ennemis, n'aient été qu'une exception et que, la plupart des chars de guerre étant dépourvus de cet appendice dangereux, César et Tacite aient considéré comme une quantité négligeable les quelques chars armés de faux qui ont été opposés aux Romains par les Celtes insulaires.

La littérature irlandaise connaît le char de guerre armé de faux, mais elle n'en mentionne qu'un : celui du grand héros Cûchulainn. Ce fameux personnage épique, ayant à combattre seul contre toute une armée, engagea la lutte avec un char de guerre armé de faux : *cath-charpat serda* suivant le *Táin bó Cúailngi* (1) ; ce char était garni de pointes de fer (2), de tranchants minces (3), de crocs (4),

---

(1) *Lebor na hUidre*, p. 80, col. 1, l. 22. Livre de Leinster, p. 78, col. 1, l. 19. Windisch, *Irische Texte*, t. I, p. 770. H. Zimmer dans la *Zeitschrift* de Kuhn, t. XXVIII, p. 460. Cf. O'Sullivan, chez E. O'Curry, *Manners and Customs*, t. I, p. CCCCLXXXIII.

(2) « co n- erraib iarnaidib, » Windisch, *Irische Texte*, t. I, p. 527, au mot *err* 1°.

(3) « co n- a faebraib tanaidib, » Windisch, *Irische Texte*, t. I, p. 770, au mot *serda*, col. 1 ; cf. p. 535, au mot *faebur*.

(4) « co n- a baccanaib, » Windisch, *Irische Texte*, t. I, p. 770, col. 1.

avait ses essieux munis de pointes (1). Il est mentionné, hors du *Táin bó Cúailngi*, dans quelques textes irlandais, où il est appelé plus brièvement *carpat serda* (2). Cûchulainn avait fait son éducation militaire en Grande-Bretagne. Il n'y a pas de raison pour refuser de croire que les Bretons, évitant d'armer de faux tous leurs chars, ce qui eût été dangereux pour les Bretons eux-mêmes, aient en quelques circonstances fait usage de ce procédé exceptionnel contre une armée ennemie, et il peut être bien hardi de refuser toute valeur historique à la légende suivant laquelle il semble que cette pratique ait été importée de Grande-Bretagne en Irlande par Cûchulainn.

Les armes du guerrier celte sont au nombre de cinq : une défensive, le bouclier; quatre offensives, la pierre, la lance, l'épée, la massue.

Le bouclier est de même grandeur que le guerrier, comme Diodore de Sicile, copiant Poseïdônios, le constate; il est par conséquent très lourd, sem-

---

(1) « co n- a thairngib gáithe bitis o fertsib, » *Irische Texte*, t. I, p. 770, col. 1, au mot *serda*; cf. p. 803, col 2, au mot *tairnge*.
(2) *Táin bó Cúailngi*, dans le *Lebor na hUidre*, p. 78, col. 2, l. 41; dans le Livre de Leinster, p. 76, col. 2, l. 45; cf. H. Zimmer, *Zeitschrift* de Kuhn, t. XXVIII, p. 459, 535. *Tochmarc Feirbe*, dans *Lebor na hUidre*, p. 125, col. 2, l. 5. *Amra Choluimb chille*, chez Whitley Stokes, *Góidelica*, 2ᵉ édition, p. 158, et dans *Lebor na hUidre*, p. 6, col. 2, l. 31, 32.

blable, par son poids, au plus grand des boucliers grecs (1). Les autres armes défensives attribuées aux guerriers celtiques par divers textes, sont de date relativement peu ancienne.

Les casques d'airain que Diodore de Sicile nous montre sur la tête des guerriers gaulois, les cottes de mailles de fer dont il affuble quelques uns d'entre eux (2) sont, au premier siècle de notre ère, une imitation récente de l'armement des Romains et des Grecs.

Ainsi, les cornes que Diodore nous montre sur les casques gaulois sont la reproduction métallique d'un modèle mentionné dans l'*Iliade* ; quand Ulysse

---

(1) Θυρεοῖς μὲν ἀνδρομήκεσι. Diodore de Sicile, l. V, c. 30, § 2; éd. Didot, t. I, p. 272, l. 67; Cougny, *Ext. des auteurs grecs*, t. II, p. 388. « Scutis protecti corpora longis, Virgile, Enéide, VIII, 662. Cf. W. Helbig, *L'épopée homérique*, trad. Trawinski, p. 419, pl. 151. — Polybe, l. II, c. 30, § 3 (éd. Didot, t. I, p. 89; Cougny, *Extraits des auteurs grecs*, t. II, p. 98), racontant la bataille de Télamon, 225 avant J.-C., dit que le bouclier gaulois ne pouvait couvrir complètement l'homme : οὐ γὰρ δυναμένου τοῦ γαλατικοῦ θυρεοῦ τὸν ἄνδρα περισκέπειν; quelque grand que fût le bouclier, le guerrier gaulois qui n'avait pas d'autre arme défensive, qui souvent même était nu, ne pouvait menacer l'ennemi de la lance ou de l'épée sans se découvrir et sans exposer aux traits de l'ennemi le côté droit de son corps que dans ce cas rien ne protégeait.

(2) Diodore de Sicile, l. V, c. 30, § 2, 3; édition Didot, t. I, p. 272; Cougny, *Extrait des auteurs grecs*, t. II, p. 388; Cf. Varron, *De lingua latina*, l. V, § 116; édition Spengel, p. 48. Suivant Varron, la cotte de mailles serait une invention gauloise; cf. Marquardt, *Handbuch der römischen Alterthümer*, t. V, 2e édition, p. 337.

part pour son exploration nocturne, Mérionés lui met sur la tête un casque de cuir orné de blanches défenses de sanglier (1). Les jolis casques pointus décrits par M. Alexandre Bertrand, *Archéologie celtique et gauloise*, 2ᵉ édition, pp. 355 et suivantes (2), sont des coiffures de parade et non de guerre. Le casque, *cath-barr*, manque dans les textes irlandais les plus anciens ; il est, en Irlande, l'indice d'une composition relativement récente.

Quant aux cottes de mailles gauloises dont parle Diodore de Sicile, probablement d'après Poseïdónios, et que Poseïdónios avait vues en Gaule au commencement du premier siècle avant Jésus-Christ, Polybe, au siècle précédent, nous en montre déjà dans l'armement du légionnaire romain (3). Rien ne prouve que les Romains les aient empruntées, comme on l'a supposé, aux

(1) ...ἀμφὶ δέ οἱ κυνέην κεφαλῆφιν ἔθηκεν
ῥινοῦ ποιητήν...
...ἔκτοσθε δὲ λευκοὶ ὀδόντες
ἀργιόδοντος ὑὸς θαμέες ἔχον ἔνθα καὶ ἔνθα.
(*Iliade*, X, 261-264.)

(2) Cf. Alexandre Bertrand et Salomon Reinach, *Les Celtes dans les vallées du Pô et du Danube*, p. 101-103.

(3) « ἀλυσιδωτοὺς περιτίθενται θώρακας. » Polybe, l. VI, c. 23, § 15 ; édition Didot, t. I, p. 351. Diodore, en parlant des Gaulois, se sert de la même expression : « Θώρακας δ'ἔχουσιν οἱ μὲν σιδηροῦς ἀλυσιδωτούς, » l. V, c. 30, § 3 ; éd. Didot, t. I, p. 272, l. 17, 18 ; Cougny, *Extraits des auteurs grecs*, t. II p. 388. Varron dit : « Ex anulis ferrea tunica. » Les cuirasses d'or attribuées aux Gaulois par Diodore (l. V, c. 27, § 3, édition Didot, t. I, p. 270, l. 30 ; Cougny, t. II, p. 380) sont la parure exceptionnelle de quelques chefs.

Celtes qui se faisaient gloire de combattre nus (1).

Originairement donc le bouclier est la seule arme défensive usitée dans les armées celtiques. Pas plus que le légionnaire romain, le guerrier celte ne se sert de l'arc dont le maniement est inconciliable avec l'emploi du bouclier, derrière lequel il s'abrite. Pour tirer de l'arc, il faut tenir l'arc de la main gauche, la flèche de la droite ; il est impossible de porter avec la même main l'arc et le bouclier (2) ; au contraire, le bouclier, soutenu de la main gauche, ne gêne pas le guerrier qui, de la main droite, lance le javelot, puis frappe avec l'épée.

La flèche semble avoir été la plus ancienne arme de jet de l'homme. Elle est restée l'arme principale dans l'Inde (3), l'Assyrie, l'Egypte (4), la Perse (5). Chez les Grecs homériques, elle est

---

(1) Polybe, l. II, c. 28, § 8; édition Didot, t. I, p. 88; Cougny, *Extraits des auteurs grecs*, t. II, p. 92, 94. Diodore de Sicile, l. V, c. 29, § 2; édition Didot, t. I, p. 271, l. 27, 28; Cougny, t. II, p. 384. Sur les guerriers gaulois nus dans les monuments de l'art antique, voir Salomon Reinach, *Répertoire de la statuaire grecque et romaine*, t. I, p. 141; t. II, p. 199. Au t. I, p. 53, un Gaulois est vêtu seulement de la braca.

(2) *Iliade*, XIII, 715, 716; cf. VIII, 266, 267.

(3) H. Zimmer, *Altindisches Leben*, p. 298-300. Schrader, *Sprachvergleichung und Urgeschichte*, 2ᵉ édition, p. 322, 323.

(4) Maspero, *Histoire ancienne des peuples de l'Orient classique*, t. II, p. 225, 621, 623, 625, 632, 636.

(5) Perrot et Chipiez, *Histoire de l'Art dans l'antiquité*, t. V, 790, 791, et pl. XII.

encore l'arme divine que décochent Apollon (1), Artémis (2), Héraclès (3); les dieux, gens arriérés, conservent un vieil usage; mais, chez les hommes, la flèche est une arme d'ordre inférieur dont ne se servent ordinairement que les soldats de condition infime, comme le bâtard Teucros (4), ou les traîtres et les lâches, comme Pandaros et Pâris. C'est d'une flèche, lancée en violation d'un traité solennel, que Pandaros blesse Ménélas, roi de Sparte (5); d'une autre flèche, il blesse Diomède (6) qui lui lance un javelot et le tue (7). Comme lui est archer, Pâris qui, après avoir enlevé Hélène à Ménélas au mépris des lois de l'hospitalité, fuit devant ce mari trompé (8). Il paraît que c'est d'une flèche que ce poltron a tué le grand héros Achille (9).

Cependant, le brave guerrier crétois Mérionés combat alternativement avec la lance que son bras projette (10) et avec les flèches que de son arc il décoche (11). La lance est l'arme des guerriers qui

---

(1) *Iliade*, I, 37, 45-52, etc.
(2) *Iliade*, V, 53, 447; VI, 428; XX, 39, 71; XXIV, 605-606.
(3) *Odyssée*, XI, 607.
(4) *Iliade*, VIII, 266-334; XII, 350; XIII, 313-314; XV, 436-493.
(5) *Iliade*, IV, 88-147.
(6) *Iliade*, V, 95-132.
(7) *Iliade*, V, 286-296.
(8) *Iliade*, XI, 369-400, 505-508, 581.
(9) *Iliade*, XXII, 359-360.
(10) *Iliade*, XIII, 159, 247, 256, 260, 296, 528, 529, 567, 574.
(11) *Iliade*, XIII, 650-652.

combattent en char; l'arc et la flèche sont l'arme des fantassins. C'est ainsi qu'on voit l'archer Mérionés arriver à pied sur le champ de bataille où plus tard son cocher lui amène son char (1); et ensuite dans les jeux célébrés aux funérailles de Patrocle, il prétend successivement au prix de la course en char (2) et à celui du tir de l'arc (3); classé quatrième au premier concours (4), il est premier au second (5). Mérionés est un personnage de basse naissance; grâce à son mérite, il sert de lieutenant à Idoménéus, roi de Crète, qui lui donne le commandement de son arrière-garde (6). Cela ne l'empêche pas d'être un simple écuyer, ὀπάων (7), une sorte de domestique, θεράπων (8); mais cet écuyer, ce domestique, a lui-même un écuyer, ὀπάων, qui lui sert de cocher et qui conduit son char (9); voilà comment il est alternativement un illustre guerrier combattant en char ou à pied — avec la lance — et un misérable fantassin tirant de l'arc.

Dans l'*Iliade*, aucun des grands personnages de l'armée grecque ne se sert de l'arc. Comme le

---

(1) *Iliade*, XVII, 610-613; cf. X, 260.
(2) *Iliade*, XXIII, 351, 528, 529.
(3) *Iliade*, XXIII, 860.
(4) *Iliade*, XXIII, 614, 615.
(5) *Iliade*, XXIII, 870-883.
(6) *Iliade*, IV, 253, 254; cf. II, 650, 651.
(7) *Iliade*, VII, 165; VIII, 263; X, 58; XVII, 258.
(8) *Iliade*, XXIII, 528, 860.
(9) *Iliade*, XVII, 610, 611.

guerrier Hittite (1), c'est de la lance que combat Aias, fils d'Oïleus (2), pendant que ses sujets, les Locriens, forment le seul corps d'archers qu'on trouve dans l'armée grecque (3). Quand, une nuit, Ulysse et Diomède partent tous deux en éclaireurs, à pied, sans chars, sans écuyers ni cochers, pour voir ce que devenait l'armée troyenne, Mérionès croit bien faire en donnant son arc et son carquois au premier des deux héros (4). Mais Ulysse, comme Diomède, pour tuer Dolon, le roi thrace Rhésos et douze de ses soldats, ne fit usage d'autre arme que de son épée (5) ; l'arc de Mérionès lui servit seulement de cravache pour accélérer l'allure des chevaux de Rhésos dont les deux guerriers s'emparèrent (6). C'est à la fin de l'*Odyssée* que se découvre le talent d'Ulysse à manier l'arc et les flèches avec lesquels il tue les prétendants ; cet arc et ces flèches

---

(1) Maspero, *Histoire ancienne des peuples de l'Orient classique*, t. II, p. 225. Helbig, *L'Epopée homérique*, traduction Trawinski, p. 169, 171. Grâce à l'obligeance de M. Maspero et de la maison Hachette, nous donnons p. 387, une planche extraite de l'ouvrage de M. Maspero : en regard des Egyptiens armés d'arcs et vainqueurs, elle représente les Hittites armés de javelots et vaincus. Naturellement, c'est un artiste égyptien qui est l'auteur du monument reproduit par cette planche. Dans un monument d'origine hittite, les rôles seraient renversés : les Egyptiens battus, et les Hittites triomphants.
(2) *Iliade*, II, 527-530.
(3) *Iliade*, XIII, 715, 716.
(4) *Iliade*, X, 260.
(5) *Iliade*, X, 456, 484.
(6) *Iliade*, X, 513-514.

étaient depuis vingt ans déposés à Ithaque dans la chambre servant de trésor, quand Pénélope eut l'idée de les en tirer (1). Cet exploit d'Ulysse ne peut être primitif.

L'arc et la flèche sont inusitées chez les Irlandais et chez les Celtes de Grande-Bretagne, comme chez le légionnaire romain. Le nom de la flèche, en irlandais *saighed*, en gallois *saeth*, en breton *saez*, est emprunté au latin *sagitta*. Celui de l'arc, *bogha* en irlandais, *bwa* en gallois, est d'origine germanique (2). Les Irlandais de la plus vieille littérature épique ne se servent pas de l'arc, même à la chasse. Au début d'un des plus anciens morceaux de cette littérature, Cûchulainn veut prendre des oiseaux; il frappe de son épée ceux qui sont près de lui; à ceux qui sont plus éloignés, il jette une pierre avec sa fronde, il lance un javelot (3). Les fils d'Usnech sont si bons coureurs qu'ils prennent le gibier à la course (4).

Cependant, en Gaule, à l'époque de la conquête romaine, il y avait des archers; dans le grand effort que fit en l'année 52 avant notre ère Vercingétorix pour soulever la Gaule contre les Ro-

---

(1) *Odyssée*, XXI, 1-41.

(2) Kluge, *Etymologisches Woerterbuch der deutschen Sprache*, 5ᵉ édit., p. 48, au mot *Bogen*.

(3) *Cours de littérature celtique*, t. V, p. 177-178. Windisch, *Irische Texte*, t. I, p. 207.

(4) *Cours de littérature celtique*, t. V, p. 226. Windisch, *Irische Texte*, t. I, p. 72, l. 11.

mains, il réunit un certain nombre d'archers dont le concours fut impuissant (1). Ces archers devaient appartenir à la partie la plus infime de la population, probablement aux descendants des habitants primitifs, que les Gaulois, venant des contrées situées à l'est du Rhin, avaient, par la conquête, soumis à leur domination.

Lorsque les boucliers étaient, comme ceux des Gaulois, assez grands pour protéger tout le corps du guerrier et que le guerrier ne se découvrait pas, les flèches de l'armée ennemie ne pouvaient l'atteindre. L'archer, n'ayant pas de bouclier, n'avait aucun moyen d'éviter le javelot lancé par son adversaire. Quant à la fatigue qu'aurait causée à celui-ci la charge du bouclier, elle était supprimée par l'emploi du char; le guerrier n'en descendait qu'au moment d'aborder l'ennemi qui, s'il était archer, dépourvu de bouclier, n'avait plus possibilité de se défendre. L'emploi du bouclier et du char de guerre a donné en Europe aux Indo-Européens, élèves des Hittites, à une époque préhistorique, il y a environ quatre mille ans, une supériorité analogue à celle que les Espagnols arrivant en Amérique ont due aux armes à feu lors des grandes conquêtes faites par eux au seizième

---

(1) *De bello gallico*, l. VII, c. 31, § 4; c. 36, § 4; c. 41, § 3; c. 80, § 3, 7; c. 81, § 2; cf. Strabon, l. IV, c. 4, § 3; édit. Didot, p. 163, l. 45; Cougny, *Extraits des auteurs grecs*, t. I, p. 136.

siècle de notre ère, trois mille cinq cents ans environ plus tard (1).

Les Indo-Européens, à l'époque reculée dont il s'agit, se servaient probablement déjà d'armes métalliques, cuivre ou même bronze.

La pierre a été la matière des armes offensives les plus anciennes. A l'époque homérique, l'usage de la pierre taillée, qui fournissait les haches et les poignards, paraît abandonné. La pierre n'est plus employée que brute et comme projectile. Il y a deux manières de la lancer : une primitive, avec la main; une perfectionnée, avec la fronde. Le nom grec de la fronde, σφενδόνη, apparaît une fois dans l'*Iliade* : Ménélas ayant été blessé, sa plaie fut pansée en employant comme bandage une fronde en cordes de laines habilement tournées; c'était un domestique, θεράπων, un écuyer si l'on veut, qui portait cette fronde, σφενδόνη (2).

Les Locriens, qui étaient armés d'arcs, comme on l'a vu plus haut, se servaient aussi de frondes;

---

(1) Le danger de la flèche pour le légionnaire romain provenait de ce que, simple fantassin, il avait forcément un bouclier léger. Ce bouclier, long de quatre pieds seulement, n'abritait qu'une partie du corps (Marquardt, *Handbuch der rœmischen Alterthümer*, t. V, 2ᵉ édition, p. 326, note 6; traduction Brissaud, *L'organisation militaire chez les Romains*, p. 11, note 7). Le guerrier grec ou celte qui combattait en char pouvait avoir un bouclier plus lourd et par lequel il était complètement protégé quand il ne se découvrait pas pour lancer son javelot.

(2) *Iliade*, XIII, 600.

mais, dans le passage de l'*Iliade* où ce fait est mentionné, cet instrument est désigné par une périphrase : le terme technique y fait défaut (1).

Chez les Grecs homériques, l'homme distingué méprisait la fronde, qui était considérée comme une arme de laquais : il lançait la pierre avec la main. C'est ainsi qu'on procédait dans le monde des dieux. Athéna, la déesse vierge de la guerre, en lutte avec le dieu libertin de la guerre Arès, prend dans sa main robuste une pierre noire, raboteuse et grosse que les hommes d'autrefois avaient plantée en terre pour servir de borne à un champ; elle la lui jette, l'atteint à la tête et le terrasse. Aphrodite veut venir en aide à son amant, Athéna la jette par terre aussi, en se moquant de ces deux luxurieux impuissants (2).

Les guerriers éminents dont l'*Iliade* met en relief les exploits ne se servent pas plus qu'Athéna de la fronde : ils lancent comme elle la pierre avec la main, tels sont parmi les Grecs : Diomède luttant contre Enée, qui aurait succombé sans l'intervention d'Aphrodite, sa mère (3); Aïas, fils de Télamon, rendant à Hector le coup qu'il venait de recevoir (4); Patrocle, tuant Kébrionés, frère bâtard et cocher d'Hector (5). Parmi les Troyens,

(1) *Iliade*, XIII, 716.
(2) *Iliade*, XXI, 403-433.
(3) *Iliade*, V, 302-317.
(4) *Iliade*, VII, 270-272.
(5) *Iliade*, XVI, 733-744.

Hector agit de même : il prend de sa main robuste la pierre noire, raboteuse et grosse qu'il lance contre le bouclier d'Aïas, fils de Télamon (1); c'est d'une pierre saisie dans la main et vivement jetée qu'il frappe entre l'épaule et le cou l'archer Teucros, frère d'Aïas : Teucros tombe grièvement blessé (2).

Chez les Celtes, on trouve à la fois la fronde, comme chez les Grecs, et l'usage de lancer la pierre sans fronde, avec la main.

Les Gaulois connaissaient la fronde (3). En l'année 54 avant Jésus-Christ, L. Aurunculeius Cotta, lieutenant de César, combattant contre les Eburons, fut blessé au visage par une pierre lancée avec une fronde (4). La même année des balles en terre cuite sont jetées par les frondes gauloises dans le camp de Quintus Tullius Cicero (5). La fronde est de même, en l'année 52, une des armes dont se servent contre les Romains les Gaulois au siège d'Alésia (6). C'était aussi probablement déjà à l'aide de frondes, qu'en 57, les Belges assiégeant

---

(1) *Iliade*, VII, 263-267.
(2) *Iliade*, VIII, 320-331.
(3) Strabon, l. IV, c. 4, § 3; édit. Didot, p. 163, l. 45, 46; Cougny, *Extraits des auteurs grecs*, t. I, p. 136.
(4) *De bello gallico*, l. V, c. 35, § 8.
(5) *De bello gallico*, l. V, c. 43, § 1.
(6) *De bello gallico*, l. VII, c. 81, § 2.

Bibrax, ville des *Remi*, avaient lancé des pierres sur les remparts (1).

Moins fiers que les héros homériques, les héros irlandais de la littérature épique font usage de la fronde comme les Gaulois. C'est grâce à l'emploi de la fronde que trois illustres personnages irlandais purent être tués par leurs adversaires.

Un de ces personnages appartient à la mythologie : c'est un des dieux méchants, c'est le fomore Balor ; à la bataille de Moytura, le dieu Lug, ce patron des hommes de métier et entre autres des soldats de profession, saisit sa fronde et lance à Balor une pierre qui, lui entrant dans l'œil, lui traverse la tête (2).

Conchobar, le roi épique d'Ulster, mourut des suites d'une blessure causée par une balle de fronde, mais cette balle n'était pas une pierre, c'était un mélange fait de terre et de la cervelle du roi de Leinster Mesgegra, tué par le héros d'Ulster Conall Cernach. Le meurtre de Mesgegra était un acte profondément injuste : ce roi avait péri en poursuivant le poète d'Ulster Aitherne, qui emmenait cent cinquante femmes enlevées violemment par lui aux sujets de Mesgegra. La balle de fronde à la fabrication de laquelle avait servi la cervelle de Mesgegra était conservée

---

(1) *De bello gallico*, l. II, c. 6, § 2.

(2) *Cours de littérature celtique*, t. V, p. 438 ; *Bataille de Moytura*, édit. Whitley Stokes, *Revue celtique*, t. XII, p. 100.

comme un trophée sur une étagère dans le palais du roi Conchobar. Cét, fils de Maga, guerrier de Connaught, réussit à s'emparer de cette balle, et, de sa fronde, il la lança contre le roi Conchobar : il atteignit le but, la balle pénétra dans la tête du roi, si profondément qu'on ne put l'enlever, puis un jour elle sortit avec un flot de sang, et Conchobar expira : Mesgegra était vengé (1).

La principale ennemie de Conchobar était la reine Medb de Connaught, dont Cét, fils de Maga, était sujet. Elle fut tuée par un fils de Conchobar, Furbaide, qui ainsi vengea la mort de son père blessé par Cét et mort des suites de ce funeste exploit. Il surprit Medb au moment où elle se baignait dans le Shannon ; il était de l'autre côté de ce fleuve : il ne prit pas le temps de chercher une pierre ; il plaça dans sa fronde le morceau de gâteau sans doute fort dur et compact qu'il mangeait ; et ce projectile improvisé, frappant violemment la reine à la tête, lui ôta la vie (2). Ainsi donc Furbaide s'était acquitté du devoir sanglant imposé par l'usage à tout fils dont le père avait péri de mort violente. La reine payait la dette de Cét son subordonné ; c'était conforme au droit de

---

(1) *Cours de littérature celtique*, t. V, p. 366-373. O'Curry, *Lectures on the mss. materials*, p. 637-643.

(2) Livre de Leinster, p. 124, col 2°; p. 125, col. 1. *Contents* par R. Atkinson, p. 29-30. O'Curry, *Manners and Customs*, t. II, p. 290-291.

cette époque primitive. Mais revenons à notre sujet.

Cûchulainn se servait de la fronde à la chasse aux oiseaux (1) et à la guerre contre les hommes ; c'est ainsi qu'il tue le fou d'Ailill, roi de Connaught, prenant ce malheureux pour le roi dont il avait revêtu les habits (2) ; de même, il lance à l'armée d'Ailill des pierres en telle quantité que personne n'ose plus lever la tête (3) ; il ose menacer de sa fronde *Mórrigu*, la déesse de la guerre (4).

La langue irlandaise a deux noms pour la fronde : 1° *tabail*, en gallois *tafl* (5) ; 2° *tailm*, en breton *talm* (6). Le correspondant breton du premier de ces mots est *taol*, qui veut dire « coup, jet, » d'où le verbe *teurel*, « jeter, » au participe passé *taolet*. Ainsi la fronde est une arme celtique.

Les héros irlandais lancent aussi des pierres avec la main sans fronde, comme Athéna, comme les héros homériques : il y a même en irlandais un

---

(1) *Cours de littérature celtique*, t. V, p. 178. Windisch, *Irische Texte*, t. I, p. 207, l. 23-26. Livre de Leinster, p. 154, col. 2, l. 27.

(2) *Lebor na hUidre*, p. 71, col. 1, l. 42-44. H. Zimmer dans la *Zeitschrift* de Kuhn, t. XXVIII, p. 454.

(3) Livre de Leinster, p. 75, col. 2, l. 15-18. H. Zimmer, dans la *Zeitschrift* de Kuhn, t. XXVIII, p. 458.

(4) Windisch, *Irische Texte*, t. II, 2ᵉ partie, p. 247, l. 77 ; p. 254.

(5) Whitley Stokes, *Urkeltischer Sprachschatz*, p. 122 ; Windisch, *Irische Texte*, t. I, p. 797.

(6) Whitley Stokes, *Urkeltischer Sprachschatz*, p. 124 ; Windisch, *Irische Texte*, t. I, p. 800.

terme consacré pour désigner ce genre de projectile, c'est *lia láime* (1).

La principale arme de jet du héros homérique, comme du guerrier hittite, est le javelot ou la lance, déjà connue des Chaldéens primitifs : hampe de bois plus ou moins longue, munie aux deux extrémités d'une pointe en bronze (2). Elle est bien plus redoutable que la flèche. Blessé d'une flèche que Pâris lui a lancée, et qui lui a percé le pied de part en part, Diomède se moque de cet accident : « Autant vaudrait, » dit-il, « un coup donné » par une femme ou par un enfant, tandis que ce- » lui qui est atteint par mon javelot laisse sa » femme veuve, ses enfants orphelins, et les oi- » seaux dévorent son cadavre (3). » Cependant sa blessure l'oblige à se retirer du champ de bataille (4) et il est quelque temps hors d'état de prendre part active à la guerre (5). Plus heureux

---

(1) E. O'Curry, *Manners and Customs*, t. II, p. 263, 264, 275, 295.

(2) Helbig, *L'épopée homérique*, traduction Trawinski, p. 435, 436. Un des plus anciens monuments de la sculpture chaldéenne remontant à environ trois mille ans avant notre ère représente le roi de Lagash Idinghiranaghin sur son char de guerre; il semble tenir un arc de la main droite, une lance de la main gauche, devant lui sont des flèches. Maspero, *Histoire ancienne des peuples de l'Orient classique*, t. I, p. 606; cf. Sarzec et Heuzey, *Découvertes en Chaldée*, pl. III bis.

(3) *Iliade*, XI, 369-395.
(4) *Iliade*, XI, 399-400.
(5) *Iliade*, XIV, 128-130.

quand précédemment Pandaros l'avait blessé d'une flèche à l'épaule, il avait pu alors rester sur le champ de bataille et continuer à combattre avec succès, tuant plusieurs guerriers troyens, entre autres deux fils de Priam (1).

Homère emploie ordinairement deux mots pour désigner la lance : ἔγχος et δόρυ. Ces deux mots sont synonymes ; mais δόρυ, dans un sens restreint, désigne quelquefois une arme de moindre dimension que celle qui est appelée proprement ἔγχος. Un guerrier n'emporte au combat qu'un ἔγχος : la haste volumineuse de l'ἔγχος suffit pour remplir la main, tandis qu'on peut tenir dans la main fermée, au lieu d'un ἔγχος, deux δόρυ, au duel δοῦρε.

Les guerriers dans la mêlée sont souvent armés de l'ἔγχος. Tel est Mérionés, lieutenant d'Idoméneus, roi de Crète : il était venu combattre avec un seul ἔγχος ; cette arme se brisa sur le bouclier de Déiphobos ; Mérionés dut aller chercher une arme de rechange (2). Comparez l'unique lance, ἔγχος οἶον, d'Achille (3). Ἔγχος c'est l'arme antique, l'arme des dieux, celle dont se servent le dieu de la guerre Arès (4) et sa puissante rivale Athéna (5) ; c'est l'arme des combats singuliers, par exemple celle de Ménélas et de Pâris dans leur duel : cha-

---

(1) *Iliade*, V, 95-165.
(2) *Iliade*, XIII, 159-168, 256-258, 296.
(3) *Iliade*, XVI, 140.
(4) *Iliade*, V, 594 ; XXI, 393.
(5) *Iliade*, V, 745.

cun prend une lance, ἔγχος (1), la jette à son adversaire ; celle de Pâris s'arrête sur le bouclier de Ménélas ; celle de Ménélas traverse le bouclier et la cuirasse de Pâris ; puis Ménélas, n'ayant pas d'autre arme de jet, saisit son épée (2). Hector et Aïas luttent l'un contre l'autre ; chacun d'eux a son ἔγχος et le lance à son adversaire : l'arme pénètre dans le bouclier qu'elle atteint ; Hector et Aïas arrachent chacun de leur bouclier l'ἔγχος de leur ennemi et le lui renvoient (3). Hector et Achille, dans le duel célèbre qui se termine par la mort du premier des deux héros, ne tiennent dans leur main droite qu'un ἔγχος chacun ; Hector comptait sur Déiphobos pour lui en procurer un second, mais Déiphobos était absent, et Hector s'écrie : « Je suis perdu (4). » Il semble bien qu'Hector et Patrocle dans leur duel étaient armés de la même façon (5).

Il y a une arme de jet plus légère que l'ἔγχος : dans la langue homérique, aucun terme spécial ne la distingue et on la désigne comme l'ἔγχος par le terme générique δόρυ, qui, dans un sens étroit, s'oppose à ἔγχος. Nous l'appellerons « javelot. »

Pâris, dans son duel avec Ménélas, n'aura qu'un ἔγχος ; il porte deux javelots pendant la bataille

---

(1) *Iliade*, III, 338, 339.
(2) *Iliade*, III, 345-346, 355-356, 361.
(3) *Iliade*, VII, 244-262.
(4) *Iliade*, XXII, 273-277, 289, 293-305.
(5) *Iliade*, XVI, 801, 828.

qui précède (1). Dans la bataille, dont le récit occupe les chants XI, XII et XIII de l'*Iliade*, Agamemnon (2) et Idoméneus (3) du côté des Grecs sont aussi chacun armés de deux javelots; de même, du côté des Troyens, Sarpédon (4) et Hector (5). Nestor dans sa tente avait à côté de lui deux javelots (6). Patrocle, revêtu des armes d'Achille, part en guerre contre les Troyens : il tient à la main deux javelots ; il n'a pas pris l'unique lance, ἔγχος οἶον d'Achille (7). De même dans l'*Odyssée*, plusieurs fois Ulysse apparaît armé de deux javelots (8). Quelques-uns des guerriers Hittites qui combattent en char environ neuf siècles plus tôt ont également chacun deux javelots (9).

Suivant Strabon, les Gaulois, outre l'arc et la fronde dont se servent quelques-uns d'entre eux, ont trois armes de jet : il donne le nom gaulois des deux premières, mais en le déformant, 1° λόγχη, mot grec, pour λαγκία, 2° μάδαρις pour μάταρις (10). Le

(1) *Iliade*, III, 18.
(2) *Iliade*, XI, 43.
(3) *Iliade*, XIII, 241.
(4) *Iliade*, XII, 298.
(5) *Iliade*, XII, 461, 465.
(6) *Iliade*, X, 76.
(7) *Iliade*, XVI, 139, 140.
(8) *Odyssée*, I, 256; XII, 228; XVIII, 377; XXII, 101, 125.
(9) Helbig, *L'épopée homérique*, p. 171. Maspero, *Histoire ancienne des peuples de l'Orient classique*, t. II, p. 225; voir la planche de son livre reproduite plus bas, p. 387.
(10) Strabon, l. IV, c. 4, § 3; édit. Didot, p. 163, l. 44-46; Cougny, *Extraits des auteurs grecs*, t. I, p. 136.

nom gaulois λαγχία est donné par Diodore de Sicile. Suivant ce compilateur grec, la *lancia* gauloise, — les auteurs latins écrivent *lancea*, — a un fer long d'une coudée, c'est-à-dire de 44 centimètres, large de 15 centimètres ou deux fois la mesure grecque dite παλαίστη, « quatre doigts (1). » A la bataille de Trasimène, en 217 avant J.-C., où les Romains furent vaincus par Annibal, Ducarios, cavalier insubre, c'est-à-dire Gaulois cisalpin de Milan en Italie, tua d'un coup de lance le consul Gaius Flaminius (2). Nous citerons, p. 362, 363, les passages de l'historien romain L. Cornelius Sisenna qui attestent l'emploi de la même arme par les Gaulois cisalpins pendant la guerre sociale en 90 et 89 avant notre ère.

En Gaule Transalpine, l'an 51 avant J.-C., Commios, roi des Atrebates, c'est-à-dire des habitants d'Arras, blessa d'un coup de lance le maître de la cavalerie de Marc-Antoine, du futur triumvir qui alors était un des lieutenants de Jules César. Ce maître de cavalerie, C. Volusenus Quadratus, avait été envoyé pour faire prisonnier Commios qui échappa (3). Le nom de l'arme avec laquelle le Romain fut frappé, *lancia*, *lancea*, est du nombre si petit des mots gaulois que le français a conservés ; nous disons encore une « lance. »

(1) Diodore de Sicile, l. V, c. 30, § 4; édition Didot, t. I, p. 272, l. 23-26; Cougny, *Extraits des auteurs grecs*, t. II, p. 388, 390.
(2) Tito-Livo, l. XXII, c. 6.
(3) *De bello gallico*, l. VIII, c. 48, § 5.

Sur la forme de l'arme de jet appelée *mataris*, ou *materis*, nous n'avons aucune indication.

Suivant Tite-Live, cet auteur si souvent mal informé, le consul M. Popilius Laenas aurait, en 350 avant J.-C., reçu à l'épaule un coup de *mataris* dans une bataille contre les Gaulois, près d'Albe la longue, ancienne capitale du Latium (1). Mais cette bataille est imaginaire; les Gaulois se retirèrent sans avoir combattu (2).

Au contraire ce qui est historique, c'est l'intervention des Gaulois cisalpins dans la guerre sociale, du côté des Romains d'abord, en l'année 90 avant J.-C., puis l'année suivante du côté des Italiens insurgés contre les Romains. Lucius Julius Caesar, proche parent du futur dictateur Gaius Julius Caesar, qui devait conquérir la Gaule Transalpine, fut consul en l'année 90 et remporta près d'*Acerrae* en Campanie, aujourd'hui Acerra, province de Caserta, circondario de Nola, une victoire à laquelle prit part un corps auxiliaire de dix mille fantassins gaulois (3). Ils avaient probablement été levés par Sertorius, devenu plus tard si célèbre en Espagne, mais qui alors venait d'être

---

(1) Tite-Live, l. VII, c. 24, § 3.
(2) Polybe, l. II, c. 18, § 7; édit. Didot, t. I, p. 81; Cougny, *Extraits des auteurs grecs*, t. II, p. 64.
(3) Appien, *De bello civili*, l. I, c. 42; édit. Didot, p. 303; Cougny, *Extraits des auteurs grecs*, t. IV, p. 84. Appien donne au consul le prénom de Sextus.

envoyé comme questeur dans la Gaule Cisalpine (1), et c'est d'eux qu'il est question dans un passage du livre III des *Historiae* de L. Cornelius Sisenna, auteur romain contemporain. Ce passage est un fragment conservé par Nonius Marcellus : *Galli lanceis* MATERIBUS*que configunt* (2). Le livre III de Sisenna se rapporte à l'année 90 avant J.-C. (3).

L'année suivante, L. Cornelius Sylla, le futur dictateur, alors lieutenant du consul Lucius Porcius Cato, livra deux batailles à Cluentius, un des chefs des Italiens soulevés contre Rome. Dans la première, près de *Pompeii*, Cluentius fut vainqueur; dans la seconde, près de Nole, il perdit à la fois et la victoire et la vie. Il avait, au moins dans la seconde de ces batailles, des auxiliaires gaulois; un d'eux, de grande taille, provoqua au combat singulier le plus brave guerrier de l'armée romaine et fut tué par un petit numide (4). C'est probablement des auxiliaires gaulois de Cluentius qu'il est question dans un passage de l'historien romain L. Cornelius Sisenna, en son livre IV, extrait conservé comme le précédent par Nonius Marcellus. Ce li-

---

(1) Plutarque, *Sertorius*, c. 4, § 1; *Vies*, édit. Didot, t. II, p. 679.

(2) Hermann Peter, *Historicorum romanorum relliquiae*, t. I, p. 282, fragment 29; *Historicorum romanorum fragmenta*, p. 180, n° 29.

(3) Hermann Peter, *Historicorum romanorum relliquiae*, t. I, p. CCCXXVIIII.

(4) Appien, *De bellis civilibus*, I, 50; édit. Didot, p. 306; Cougny, *Extraits des auteurs grecs*, t. IV, p. 84.

vre racontait les événements de l'année 89 avant Jésus-Christ (1). On y lisait : *Galli* MATERIBUS *ac lanceis tamen medium perturbant agmen* (2). Ce texte semble se rapporter à la bataille de *Pompeii* où les Romains furent battus.

La troisième arme de jet des Celtes, suivant Strabon, a une haste de bois et ressemble à l'arme romaine appelée γρόσφος par Polybe ; elle sert principalement à la chasse aux oiseaux (3). Le γρόσφος, suivant Polybe, a une haste de bois longue de deux coudées, soit 89 centimètres, et épaisse d'un doigt, soit 27 millimètres ; la longueur du fer égale la largeur de la main ouverte en écartant le plus possible le pouce et le petit doigt, soit 22 centimètres (4). C'était l'arme des soldats qui formaient la quatrième classe de l'armée romaine ; elle est appelée par Denys d'Halicarnasse δόρυ (5), par Tite-Live *hasta* dans un sens restreint (6) ; elle paraît ressembler beaucoup à l'arme nommée par Tite-Live *verrutum* (7), par Denys σαύνιον (8) ; σαύνιον

---

(1) Hermann Peter, *Historicorum romanorum relliquiae*, t. I, p. CCCXXVIIII.

(2) Hermann Peter, *ibid.*, p. 288, fragment 71 : *Historicorum romanorum fragmenta*, p. 183, n° 71.

(3) Strabon, l. IV, c. 4, § 3 ; édit. Didot, p. 163, l. 46-48 ; Cougny, *Extraits des auteurs grecs*, t. I. p. 136.

(4) Polybe, l. VI, c. 22, § 4 ; édit. Didot, t. I, p. 350.

(5) Denys d'Halicarnasse, l. IV, c. 17 ; édit. Didot, p. 205, l. 42.

(6) Tite-Live, l. I, c. 43, § 6.

(7) Tite-Live, *ibid.*

(8) Denys d'Halicarnasse, l. IV, c. 17 ; édit. Didot, p. 205, l. 49.

désigne le *gaison* gaulois chez Diodore de Sicile, quand, d'après Poseidônios, il nous montre les Gaulois du haut de leurs chars lançant le σαύνιον à l'ennemi (1). L'arme que Diodore indique par ce mot doit être celle qu'en 222 Virdomaros lançait du haut de son char quand il fut tué par le consul Claudius Marcellus, et Properce, chantant cet exploit du général romain, appelle *gaesum* le javelot de Virdomaros :

Nobilis erectis fundere gaesa rotis (2).

César, nous montrant, en l'an 56 avant Jésus-Christ, son lieutenant, Servius Galba, assiégé par les Gaulois alpins à *Octodurus*, aujourd'hui Martigny, en Suisse, dans le Valais, nous parle des *gaesum* que lançaient les assiégeants (3).

Le guerrier soit gaulois soit romain qui se servait de cette arme de jet en tenait deux à la main quand il arrivait sur le champ de bataille. Chez Virgile, les Gaulois, montant à l'assaut du Capitole, l'an 390 avant Jésus-Christ, ont chacun deux *gaesum* (4). Properce parle au pluriel, *gaesa*, de l'arme lancée par le chef gaulois Virdomaros. Nous trouvons donc ici les deux javelots des guerriers homéri-

---

(1) Diodore de Sicile, l. V, c. 29, § 1 ; édit. Didot, t. I, p. 271, l. 22-25 ; Cougny, *Extraits des auteurs grecs*, t. II, p. 384.
(2) Variante : *Mobilis e tectis...*
(3) *De bello gallico*, l. III, c. 4, § 1.
(4) *Énéide*, VIII, 661-662. Cf. Tite-Live, l. IX, c. 36, § 6.

ques et hittites dont il a été question page 359 et dont l'usage remonte, pour les guerriers homériques, à huit cents ans ; pour les guerriers hittites, à dix-sept cents ans environ avant notre ère.

Les javelots gaulois avaient outre une haste de bois, une pointe de fer plus longue qu'une épée, c'est-à-dire longue d'un mètre environ au moins, — tandis que le fer du γροσφος ou *hasta* des Romains avait à peine le quart de cette longueur : vingt-deux centimètres. — Voilà ce que Diodore de Sicile dit du σαύνιον gaulois (1). Il emprunte probablement cette indication à Poseidônios ; elle remonte donc au commencement du premier siècle avant Jésus-Christ. Trois cents ans environ plus tard, le grammairien Pollux dit que le γαισόν est tout entier de fer, ὁλοσίδηρον. De son temps, la haste de bois de cette arme avait été supprimée comme inutile.

Le nom de cette arme se rencontre dans les textes épiques irlandais sous la forme *gai*, *gae*, tandis qu'il n'y est question ni de *mataris*, ni de *lancea*. Les autres espèces de javelots dont nous pouvons relever la mention dans les mêmes documents s'appellent *sleg* et *mânais*, et il serait, je crois, difficile de déterminer la forme de ces deux armes, comme du *gae* ou *gai* irlandais (2).

(1) Diodore de Sicile, l. V, c. 30, § 5 ; édit. Didot, t. I, p. 272, l. 26-28 ; Cougny, *Extraits des auteurs grecs*, t. II, p. 390.

(2) Voir, par exemple, Livre de Leinster, p. 97 et suiv., la des-

Cûchulainn, dans la bataille où, luttant seul contre toute une armée, il finit par perdre la vie, n'avait apporté qu'un seul *gai;* les ennemis auxquels il l'avait lancé, le ramassaient et le lui lançaient à leur tour; ce fut ainsi qu'à la troisième fois un d'eux le blessa mortellement (1). Nous avons vu, page 358, Hector et Aïas, se livrant l'un contre l'autre un combat singulier, lancer chacun son ἔγχος à l'adversaire, puis lui renvoyer celui qui leur a été adressé et qui a pénétré dans leur bouclier (2).

Il n'est pas bien certain qu'on doive considérer comme gauloise la *cateia,* arme de jet qui, suivant M. Salomon Reinach, aurait été identique à la francisque des guerriers francs; ce serait une hache de combat. La *cateia* semble avoir été d'origine germanique : des Germains, elle passa à d'autres peuples barbares (3).

cription des guerriers d'Ulster dans le *Táin bó Cúailngi.* E. O'Curry, *Manners and Customs*, t. II, p. 316-318, a donné des extraits d'une traduction de ce passage. Dans ce passage du Livre de Leinster, p. 100, col. 1, l. 9, on peut remarquer : 1° les épithètes « pointu » et « léger » du *gai : gae aith étromm* qui semblent s'accorder avec ce que nous savons du *gaison* gaulois, 2° la formule « lance à cinq pointes » *sleg cuic rind*, p. 99, col. 1, l. 12, 23, col. 242, qui semble indiquer une arme de plus grande dimension; telle semble être aussi la valeur de l'épithète *lethan*, « large, » accolée à *mánais*, p. 97, col. 1, l. 31.

(1) Whitley Stokes, dans la *Revue celtique*, t. III, p. 178-181.
(2) *Iliade*, VII, 244-262.
(3) Voir les textes réunis par M. Holder, *Altceltischer Sprach-*

De la hache de combat, ἀξίνη, πελεκύς, il n'est question qu'exceptionnellement dans l'*Iliade* (1).

Nous arrivons à l'épée qui semble être l'arme par excellence des Grecs et des Celtes.

Il y a ici une observation préalable à soumettre au lecteur. L'*Iliade* et l'*Odyssée* appartiennent encore à l'âge du bronze. Les textes relatifs aux Gaulois nous font descendre à l'âge du fer. Or, il est difficile de fixer par ces textes la date à laquelle les Gaulois commencent à se servir d'épées de fer. On suppose qu'ils en avaient à la bataille de l'Allia, en 390; aucun texte ne l'établit. Il faut descendre au dernier quart du troisième siècle pour trouver sur ce point des indications précises.

Le passage de Plutarque qu'on cite généralement à ce sujet est sans autorité. L'auteur grec, parlant d'une victoire imaginaire que M. Furius Camillus, dictateur pour la cinquième fois, aurait remportée sur les Gaulois en l'an 367 avant notre ère, raconte que, pour mettre ses soldats à l'abri des coups de taille que les Gaulois donnaient avec leurs épées sur la tête et sur les épaules de leurs adversaires, Camille fit prendre à la plupart de ses soldats des casques de fer et entourer les boucliers de cercles

---

schatz, t. I, col. 839-840; et les savantes études de MM. A. Bertrand et S. Reinach, *Les Celtes dans les vallées du Pô et du Danube*, p. 191-199.

(1) *Iliade*, XIII, 612; XV, 711; cf. Helbig, *L'épopée homérique*, traduction Trawinski, p. 438.

d'airain (1). Mais la *Vie de Camille*, par Plutarque, d'où ce passage est extrait, est tout entière un roman : la victoire du dictateur romain sur les Gaulois, en 367, est imaginaire, quoi qu'en disent Tite-Live (2) et Appien (3) et bien que, par respect pour ces historiens, M. Mommsen en ait accepté la réalité (4).

C'est dans le récit des événements de l'année 225 av. J.-C. que, pour la première fois chez Polybe, il est question des épées gauloises sans pointe et seulement tranchantes (5); en 223, les mêmes épées sans pointe se déforment aux premiers coups de taille; en sorte que, pour s'en servir de nouveau, il faut les redresser en enfonçant le bout en terre et en les frappant du pied (6). On trouve encore ces épées gauloises sans pointe, en 216, à la bataille de Cannes (7). Les épées de la littérature épique

---

(1) Plutarque, *Camille*, 40; *Vies*, édit. Didot, t. I, p. 180; Cougny, *Extraits des auteurs grecs*, t. III, p. 92, 94.

(2) Tite-live, l. VI, c. 42.

(3) Appien, *Celtica*, I; édit. Didot, p. 24; Cougny, *Extraits des auteurs grecs*, t. IV, p. 8.

(4) Mommsen, *Romische Geschichte*, 6ᵉ édit., t. I, p. 333; cf. C. I. L., t. I, 2ᵉ édit., p. 170. La vraie doctrine est celle qu'expose M. Benedictus Niese dans le recueil de M. Iwan Müller, *Handbuch der klassischen Altertumswissenschaft*, t. III, p. 594.

(5) Polybe, l. II, c. 30, § 7; édit. Didot, t. I, p. 89; Cougny, *Extraits des auteurs grecs*, t. II, p. 98.

(6) Polybe, l. III, c. 33, § 5; édit. Didot, t. I, p. 91; Cougny, *Extraits des auteurs grecs*, t. II, p. 104, 106.

(7) Polybe, l. III, c. 114; édit. Didot, t. I, p. 198; Cougny, *Extraits des auteurs grecs*, t. II, p. 250. Tite-Live, l. XXII, c. 46, § 5.

irlandaise sont naturellement de fabrication plus moderne.

La massue, κορύνη, apparaît une fois dans l'*Iliade*. Elle était de fer, la seule arme de fer que l'*Iliade* mentionne : elle appartint d'abord au roi béotien Aréithoos, qui la préférait à l'arc et à la lance. Après la mort d'Aréithoos, elle passa à Ereuthalion, domestique, θεράπων, du roi des Arcadiens Lucoorgos. Malgré cette arme, Ereuthalion fut tué par Nestor (1).

L'Irlande a deux noms pour la massue, *matan* et *lorg*; ces deux mots désignent un instrument de bois. C'est avec une massue que dans le *Fled Bricrend*, un géant frappe les cochers de Lôegaire Bûadach, de Conall Cernach et de Cùchulainn (2). Le récit de la bataille mythologique de Moytura nous montre le dieu Dagda armé d'une massue avec laquelle il compte briser les os des Fomore (3). La massue irlandaise semble avoir été quelquefois employée comme arme de jet (4).

De tout ce qui précède, il résulte que l'arme-

---

(1) *Iliade*, VII, 136-156, cf. 8, 9.

(2) Windisch, *Irische Texte*, t. I, p. 272, 273. *Cours de littérature celtique*, t. V, p. 106-108. H. Zimmer dans la *Zeitschrift* de Kuhn, t. XXVIII, p. 625.

(3) Whitley Stokes, *Revue celtique*, t. XII, p. 86, 87, 92, 93. *Cours de littérature celtique*, t. V, p. 427, 431.

(4) Windisch, *Irische Texte*, t. I, p. 298. *Cours de littérature celtique*, t. V, p. 139.

ment du guerrier celte offre une grande ressemblance avec celui du guerrier homérique ; les différences ne portent que sur des points secondaires. On trouve la même ressemblance dans la coiffure.

Le guerrier celte porte les cheveux longs : il est, comme disent les Latins, *comatus*; nous trouvons cet usage en Irlande, où l'introduction de la tonsure par le clergé chrétien est considérée comme une humiliation (1). Le mot qui veut dire chauve, *mael*, signifie aussi esclave en Irlande. De même le guerrier grec dans l'*Iliade* se distingue par ses longs cheveux, καρηκομόωντες Ἀχαιοί, comme les rois chevelus des Francs mérovingiens.

A cette observation, joignons-en une autre : une partie des Grecs, à cette date, avait conservé la chevelure blonde des pays plus septentrionaux; trois des principaux héros de l'*Iliade*, Achille (2), Ulysse (3), Ménélas (4) sont blonds, ξανθοί, comme les Gaulois. Ceux-ci, suivant Diodore de Sicile, ne sont pas seulement blonds, mais cherchent à augmenter artificiellement cette teinte naturelle de leur chevelure (5), à leurs yeux plus distinguée

---

(1) Le texte caractéristique a été publié par M. Whitley Stokes, *The tripartite Life*, t. II, p. 344.
(2) *Iliade*, I, 197.
(3) *Odyssée*, XIII, 431.
(4) *Iliade*, III, 284; IV, 183.
(5) Diodore de Sicile, l. V, c. 28, § 1; édit. Didot, t. I, p. 270,

que la chevelure brune des peuples méridionaux et des populations vaincues.

Le vêtement du guerrier gaulois ressemble aussi beaucoup à celui du guerrier grec au temps d'Homère; mais chez les écrivains et dans les monuments figurés, une différence importante apparaît : le Gaulois des textes classiques et des statues qui ne le représentent pas nu (1) porte déjà la culotte, *braca*, qui n'est pas un vêtement homérique, et dont les Germains ont comme les Gaulois pratiqué l'usage dans l'antiquité.

La *braca* apparaît pour la première fois à la bataille de Télamon, gagnée par les Romains sur les Gaulois l'an 225 avant notre ère. Les *Insubres* et les *Boii*, deux peuples cisalpins, y combattirent vêtus de la *braca* et du manteau appelé *sagum*; les Transalpins ou Gaisates se dépouillèrent de leurs vêtements avant la bataille, ils étaient entièrement nus quand ils attaquèrent les Romains (1). Diodore de Sicile constate que l'usage de la *braca* existait en Gaule au premier siècle avant notre ère (2). On peut supposer que ce vêtement, d'origine perse et

---

l. 39-41; Cougny, *Extraits des auteurs grecs*, t. II, p. 380. Sur l'emploi du savon pour faire rougir les cheveux, voyez Pline, l. XXVIII, § 191.

(1) Polybe, l. II, c. 28, § 7, 8; édit. Didot, t. II, p. 88; Cougny, *Extraits des auteurs grecs*, t. II, p. 92, 94.

(2) Diodore de Sicile, l. V, c. 30, § 1; édit. Didot, t. I, p. 272, l. 3; Cougny, *Extraits des auteurs grecs*, t. II, p. 386.

scythe, a été apporté en Gaule par la conquête belge vers l'an 300 avant Jésus-Christ (1). Cette conquête l'introduisit aussi en Grande-Bretagne : Martial, en l'an 96 de notre ère, parle d'une grosse femme aussi large que les vieilles culottes d'un pauvre breton (2) ; ces culottes bretonnes sont les *bragou braz*, « braies larges, » que portent encore dans la Bretagne française quelques vieillards ; nous ignorons si telle était la forme des culottes que Strabon attribue aux Belges vers l'an 20 de Jésus-Christ (3).

Mais la culotte, *braca*, est inconnue dans les plus anciennes compositions épiques irlandaises : elle est étrangère au costume national des Highlanders écossais, colonie irlandaise qui remonte au commencement du sixième siècle après J.-C. ; elle ne fait donc pas plus partie du costume celtique primitif que du costume grec antique.

Le vêtement du guerrier homérique se compose de deux pièces : 1° une robe ou tunique, χιτών, d'étoffe non teinte ; 2° un manteau, la χλαῖνα, remplacée quelquefois par le φᾶρος, vêtement réservé aux chefs. Ce manteau s'attachait sur la poitrine et

---

(1) Strabon nous apprend que les Belges portaient la culotte, l. IV, c. 4, § 3 ; édit. Didot, p. 163, l. 35, 36 ; Cougny, *Extraits des auteurs grecs*, t. I, p. 136.

(2) Martial, l. XI, épigramme 21, vers 9.

(3) Voyez le texte cité dans la note 1.

était souvent rouge ou pourpre (1). Ces deux pièces se retrouvent en Gaule et en Irlande.

Pour désigner la tunique gauloise, Diodore de Sicile se sert du mot grec χιτών et nous apprend qu'elle était de plusieurs couleurs. Quant au manteau, Diodore l'appelle σάγος et dit que l'étoffe était rayée (2).

Les couleurs donnaient donc au costume gaulois un aspect un peu différent de celui qu'offrait le costume homérique. Le goût des Gaulois pour les étoffes rayées (3), dont ils se faisaient faire des culottes (4) et des manteaux (5), a beaucoup frappé les Romains, et aurait en Grèce étonné les contemporains d'Homère.

Une autre différence entre les Grecs homériques et les Gaulois consiste en ceci : le Grec homérique se rasait la moustache et laissait pousser la barbe du menton (6); le noble gaulois se rasait le menton et portait longue la moustache qui dans

---

(1) Helbig, *L'épopée homérique*, traduction Trawinski, p. 217 et suiv.

(2) Diodore de Sicile, l. V, c. 30, § 1 ; édit. Didot, t. I, p. 272, l. 1-3 ; Cougny, *Extraits des auteurs grecs*, t. II, p. 386. César, *De bello gallico*, l. V, c. 42, § 3, se sert du diminutif *sagulum* pour désigner le manteau des *Nervii*, peuple belge.

(3) Silius Italicus, l. IV, vers 155.

(4) Properce, l. V, élégie 10, vers 43.

(5) Virgile, *Enéide*, VIII, 660.

(6) Helbig, *L'épopée homérique*, traduction Trawinski, p. 316-324.

les repas eût gêné fort des hommes soucieux de la propreté. Les gens du peuple, ou faisaient comme les grands, ou ne se rasaient pas du tout et portaient barbe entière (1).

Inutile d'insister sur le collier dont se pare le guerrier gaulois, et qui en Grèce était réservé aux femmes. En Irlande, les hommes portaient le même ornement.

Une autre différence entre les usages grecs au temps d'Homère et les usages celtiques, tant sur le continent qu'en Irlande, c'est que les Grecs n'avaient pas, comme les Celtes continentaux et insulaires, habitude d'emporter en guise de trophée la tête de l'ennemi vaincu. Le plus ancien exemple daté de cette coutume celtique est donné par Tite-Live dans son récit de la bataille de Clusium en 295 (2), et elle persiste encore en Irlande dans la littérature épique (3). Lugaid, fils de Cûroï, vengeant son père, coupe la tête du célèbre héros Cûchulainn, meurtrier de Cûroï, et part, emportant cette tête qui est un témoin de sa victoire (4); le vengeur de Cûchulainn est Conall Cernach, qui,

(1) Diodore de Sicile; l. V, c. 28, § 3; édit. Didot, t. I, p. 270, l. 46-52; Cougny, *Extraits des auteurs grecs*, t. II, p. 382.
(2) Tite-Live, l. X, c. 26, § 11.
(3) *Cours de littérature celtique*, t. V, p. 77, 97, 113, 116, 138, 139, 141, 154-158.
(4) *Cours de littérature celtique*, t. V, p. 347.

vainqueur de Lugaid, lui coupe la tête et l'emporte à son tour (1).

Dans une salle du palais des rois d'Ulster, on conservait les têtes des ennemis les plus illustres qu'on avait tués (2). L'usage de garder comme des trésors ces lugubres reliques existait aussi en Gaule au premier siècle avant notre ère; certains les mettaient dans des coffres (3), d'autres les suspendaient comme ornements dans le vestibule de leurs maisons. Vers l'année 90 avant Jésus-Christ, l'historien grec Poseidônios fut le témoin indigné d'abord, puis indifférent, de cette inhumaine et dégoûtante coutume (4).

Nous ne voyons nulle part que les Grecs, au temps d'Homère, aient fait collection des têtes des ennemis tués; mais l'idée de couper la tête de l'ennemi mort et de l'emporter comme trophée a été grecque autant que celtique. Ménélas a tué Hupérênor (5); Euphorbos, frère d'Hupérênor, veut, en vengeant ce meurtre, consoler son père Panthoos et sa mère Frontis que la perte de leur fils a plongés dans le deuil; il va combattre Ménélas dont il

---

(1) *Cours de littérature celtique*, t. V, p. 352, 353.

(2) *Cours de littérature celtique*, t. V, p. 11.

(3) Diodore de Sicile, l. V, c. 29, § 5; édit. Didot, t. I, p. 271, l. 45-47; Cougny, *Extraits des auteurs grecs*, t. II, p. 386.

(4) Strabon, l. IV, c. 4, § 5; édit. Didot, p. 164, l. 40-46; Cougny, *Extraits des auteurs grecs*, t. I, p. 140. Cf. Diodore de Sicile, l. V, c. 29, § 4; édit. Didot, t. I, p. 271, l. 40-45; Cougny, *Extraits des auteurs grecs*, t. II, p. 386.

(5) *Iliade*, XIV, 516-519.

compte, fol espoir, leur apporter la *tête* et les armes (1). Hector ayant tué Patrocle, s'est emparé des armes du vaincu ; il veut aussi lui couper la *tête* et l'emporter (2). Achille, à son tour, promet à son défunt ami Patrocle de lui apporter la *tête* et les armes d'Hector (3).

Mais de garder comme ornement dans une maison comme chez les Celtes ces lugubres trophées, il n'est pas dit un mot. Hector compte fixer sur un poteau la tête de Patrocle (4). Achille pense faire manger par des chiens la tête d'Hector (5). On sait qu'aucun de ces projets ne fut exécuté ; Hector ne put s'emparer du cadavre de Patrocle ; Achille accepta la rançon du cadavre d'Hector ; mais une des expressions dont se sert Homère atteste le vieil usage de décapiter les vaincus et de considérer comme un trophée leur tête sanglante et livide. Le prix payé par Priam, ce malheureux père, au meurtrier de son fils, est appelé « énorme rançon de la *tête* d'Hector (6). »

La mythologie conserve le souvenir du même usage, quand elle nous montre Persée tranchant la tête de Méduse et la rapportant dans l'île de Sériphos. Hésiode nous dépeint Persée emportant sur

---

(1) *Iliade*, XVII, 39, 40.
(2) *Iliade*, XVII, 125, 126 ; XVIII, 176, 177.
(3) *Iliade*, XVIII, 335.
(4) *Iliade*, XVIII, 176, 177.
(5) *Iliade*, XXII, 348.
(6) « Ἑκτορέης κεφαλῆς ἀπερείσι' ἄποινα ; » *Iliade*, XXIV, 579.

son dos la tête énorme de sa victime (1). Un Gaulois n'aurait pas autrement agi que ce héros mythique de la poésie grecque.

Il y a un peu plus d'un siècle, Paris a vu la populace en fureur porter en triomphe sur des piques les têtes coupées de ceux qu'elle croyait ses ennemis. Mais c'est un exemple que n'a imité aucun des grands hommes de cette époque terrible. Je n'ai lu nulle part que Robespierre ait fait embaumer les têtes de Louis XVI et de Danton pour en orner soit une pièce de son appartement, soit le vestibule de la salle où se tenaient les séances de la Convention. Or c'était chez les Gaulois, au premier siècle de notre ère, une coutume générale que nous retrouvons en Irlande, et la tête coupée de Méduse, employée en Grèce comme motif de décoration (2), semble remonter au même usage aussi antique que révoltant.

Les lois de l'esprit humain sont partout identiques : au même degré de civilisation, on trouve partout des institutions semblables en dépit de la chronologie et quelles que soient la langue et la race. L'équipement du guerrier celte est le même ou à peu près que celui du guerrier homérique et, pour désigner les différentes parties de cet équi-

---

(1) *Bouclier d'Hercule*, vers 223.
(2) Helbig, *L'épopée homérique*, traduction Trawinski, p. 498.

pement, toutes les expressions sont différentes, d'où invraisemblance d'un emprunt par les Celtes aux Grecs, aussi bien que par les Grecs aux Celtes. Pour trouver des ressemblances linguistiques, ce n'est pas du côté de la Grèce qu'en général il faut se tourner, c'est vers Rome et la Germanie.

Le guerrier homérique et le guerrier celte ont deux armes offensives principales : l'épée et la lance.

Les noms grecs de l'épée : ὁ ξίφος, τὸ φάσγανον, τὸ ἄορ, sont inconnus dans le monde celtique ; le nom celtique de l'épée *cladibos, en vieil irlandais claideb, en gallois cleddyf, en breton kleze, est probablement l'origine du latin gladius; au quatrième siècle ou au commencement du troisième, les Romains auront emprunté l'épée celtique, comme ils devaient plus tard emprunter l'épée espagnole; et gladius, qui n'a pas d'étymologie latine, n'est autre chose que cladibos mal prononcé. A Rome, pour désigner l'épée, on a deux mots, tous deux étrangers à la langue grecque : gladius, qui semble d'origine celtique ; ensis, le même mot que le sanscrit asish (1); en sorte que dans cette ville, longtemps capitale du monde civilisé, le Celte et l'Indou semblent se donner la main par-dessus la Grèce et sans la toucher. Il semble donc avoir existé à une époque préhistorique une géographie politique toute différente de celle que l'histoire nous ap-

---

(1) Brugmann, Grundriss, t. I, 2ᵉ édition, p. 407.

prend. C'est une doctrine qui paraît confirmée par les observations suivantes.

Les noms de la lance chez Homère sont : τὸ ἔγχος, τὸ δόρυ, τὸ ξυστόν, ἡ μελίη, ὁ ἄκων; aucun ne se rencontre dans les textes celtiques, et ceux-ci nous offrent un nom de la lance qui est commun aux Celtes et aux Germains, et qui a pénétré à Rome, *gaison* = *ghaiso-n*, devenu en irlandais *gai*, *gae* avec chute de l's médial, gardé d'abord en germanique dans la forme *gaisa-n*, comme l'établit par exemple le second terme du nom propre [H]ario-gaisos conservé par un auteur grec : — ainsi s'appelait un roi des Quades en l'an 174 de notre ère (1); — puis en germanique l's a été atteint par le rhotacisme; on prononce depuis longtemps *ger* en allemand. Le rhotacisme est une loi du latin; or cette loi n'a pas atteint les mots étrangers introduits dans la langue à partir d'une date inconnue, mais antérieure à la censure d'Appius Claudius Caecus, (312-308 avant J.-C.) qui fixa par l'écriture cette mutation de la prononciation. *Gaison*, *gaesum* en latin est un de ces mots étrangers, il est indo-européen; c'est la forme neutre du sanscrit *hésha-s* = *ghaiso-s*, « arme de jet »; or cette forme neutre qui a pénétré en grec où on l'écrit χαῖον, avec une

---

(1) Dion Cassius, l. LXXI, § 13, 14; édition d'Immanuel Bekker, t. II, p. 341. Comparez l'étude sur le nom du roi vandale *Geisa-rix*, vulgairement Genséric, par Ferdinand Vrede, *Die vandalischen Sprachreste*, p. 56-58. *Geisa-rix* peut être traduit par « Roi du javelot, » et *Hario-gaisos* par « Javelot d'armée. »

variante masculine χαῖος, y désigne non pas une arme de jet, mais la houlette que le pacifique berger tient à la main pour diriger son troupeau (1). Nous avons pour ce mot une signification belliqueuse indo-italo-celto-germanique que le grec n'a pas connue. Le grec échappe au sens militaire d'arme de jet que donnent à cette expression l'Inde, la Celtique, la Germanie, et que Rome a emprunté; le grec prend ainsi une place à part dans le monde indo-européen.

L'arme défensive du guerrier européen est le bouclier, ordinairement en grec ἡ ἀσπίς, τὸ σάκος, deux mots étrangers au latin et aux langues celtiques. On rapproche généralement le latin *scutum* du grec τὸ σκῦτος, « peau (2). » Le cuir est une des matières employées à la fabrication des boucliers chez Homère, et le *scutum* romain est en bois couvert de cuir (3).

Mais il faut remarquer ceci : chez Homère, le cuir des boucliers s'appelle ὁ ῥινός (4) et non τὸ σκῦτος; σκῦτος, dans la langue homérique, est le cuir des chaussures (5). Quand, par une figure de mots

---

(1) Brugmann, *Grundriss*, t. I, 2ᵉ édition, p. 188.
(2) Brugmann, *Grundriss*, t. I, 2ᵉ édition, p. 112.
(3) Athénée, l. VI, c. 106; cf. Marquardt, *Handbuch der römischen Alterthümer*, 2ᵉ édition, t. V, p. 326; traduction de M. Brissaud, *De l'organisation militaire chez les Romains*, p. 11, note 7.
(4) *Iliade*, VII, 248; XIII, 406, 804; XVI, 636.
(5) *Odyssée*, XIV, 34.

dans la littérature homérique, on emploie le nom de la partie pour désigner le tout, ce que les grammairiens nomment une synecdoche, quand par conséquent le nom du cuir sert à désigner le bouclier, on appelle le bouclier ὁ ῥινός (1). D'autre part *scutum* = *skŭ-to-m est un mot différent de σκῦτος = *sku-t-os*, qui serait en latin de la troisième déclinaison et non de la seconde comme *scutum*.

Il semble plus rationnel de rapprocher *scŭtum* de l'irlandais *sciath*, du breton *skoued*, du gallois *yskwyd* « écu », qui s'expliquent par un primitif celtique *skèto-s = **skeito-s ; scŭtum* viendrait d'un primitif latin *skoito-n*, ne différerait du mot celtique que par une légère déviation de prononciation et par le genre, et serait devenu *scŭtum* par l'effet de la loi qui a fait prononcer *mŭnia*, le vieux mot *moenia* = *moinia* (2). Le mot latin *scŭtum*, comme le mot celtique *skeito-s, s'expliquerait donc par une racine ϲκει, ϲκοι, ϲκι, d'où vient aussi le grec σκίρον, « parasol », « ombrelle » ; le σκίρον garantissait des rayons du soleil, dans une procession d'Athènes, la prêtresse d'Athéna, le prêtre d'Erechtheus et celui d'Hélios (3). Le mot latin et

---

(1) *Iliade*, IV, 447 ; XII, 263.
(2) Whitley Stokes et Bezzenberger, *Urkeltischer Sprachschatz*, p. 309 ; cf. Brugmann, *Grundriss*, t. I, p. 185.
(3) Voir les gloses au vers 18 des *Ecclesiazusae* d'Aristophane dans les *Scholia graeca in Aristophanem*, édition donnée chez Didot par Fr. Dübner, p. 315, 539 ; cf. Strabon, l. IX, c. 1, § 9 ; édition Didot, p. 338, l. 13, 17, et Aristophane, *Thesmophoriazusae*,

le mot celtique désignent l'arme défensive qui mettait le guerrier à l'abri des traits lancés par l'ennemi ; l'idée fondamentale est la même que celle du mot grec, la racine semble identique, le suffixe seul diffère.

Les noms grecs du char de guerre ἄρμα, ὄχος et δίφρος sont inconnus chez les Celtes, et un des noms celtiques de ce char est *carros*, dont le sens ordinaire au premier siècle de notre ère et depuis, est chariot à quatre roues ; mais *carros*, chez Tite-Live, dans le récit des événements de l'an 295, prend un sens plus général où le char de guerre est compris (1). *Carros* = *krso-s* ne diffère du latin *currus* = *krsu-s* que par la voyelle finale du thème ; *carros* est identique à l'allemand *ross*, « cheval, » anciennement *hros* = *krso-s* (2). A l'époque où, l'équitation étant inconnue, on n'employait pas le cheval autrement qu'attelé, le cheval était considéré comme une partie d'un tout ; ce tout était le char, comprenant non seulement

---

vers 834. Cette procession donnait son nom à une fête appelée σκιροφόρια, d'où le nom du mois σκιροφοριών qui commençait le 12 juin; cf. *Handbuch* d'Iwan Müller, t. V, 3ᵉ partie, p. 170 (article de Paul Stengel); Brugmann, *Grundriss*, t. I, 2ᵉ édition, p. 555.

(1) « Essedis carrisque superstans armatus hostis. » Tite-Live, l. X, c. 28, § 9; cf. Holder, *Altceltischer Sprachschatz*, t. I, col. 811. C'est une traduction de Fabius Pictor.

(2) Brugmann, *Grundriss*, t. I, 2ᵉ édition, p. 468; cf. Whitley Stokes, *Urkeltischer Sprachschatz*, p. 72; Willy Foy dans *Indogermanische Forschungen*, t. VI, p. 338.

l'œuvre du charron, mais aussi les animaux employés comme moteur. Quand les Germains se servirent du nom du char pour désigner le cheval, ils firent usage par là de l'espèce de synecdoche qui consiste à donner à la partie le nom du tout. Chez Homère, on rencontre le procédé inverse, une autre espèce de synecdoche : le nom de la partie désigne le tout, lorsque, par exemple, le poète nous montrant un guerrier qui va monter en char dit : ἵππων ἐπιβησόμενον (1) ; la traduction littérale serait « qui montera sur les chevaux. »

J'ai dit que les noms grecs du char de guerre sont étrangers aux langues celtiques, il y en a un pour lequel un critique pourra me faire une objection : ὄχος, qu'Homère emploie au pluriel ὄχεα, ὀχέων, ὄχεσφιν, ὀχέεσσι, tient lieu d'un primitif *uogh-os de la même racine que le latin *vehiculum* = *uegh-tlo-n*, *uegh-tro-n*, que l'irlandais *fén* = *uegh-no-s* (2) et que l'allemand *wagen* = *uogh-no-s*, même sens. Mais l'identité des racines n'empêche pas *uogh-os* et *uegh-no-s* d'être deux mots différents, puisque les suffixes ne sont pas les mêmes ; tandis qu'entre *ueghnos* devenu *fén* et *uoghnos* transformé en *wagen* la différence ne consiste que dans la prononciation de la voyelle radicale. Cette différence est la même que celle qui, dans les verbes, distingue le parfait du présent, λέλοιπα de λείπω, et ne nous

---

(1) *Iliade*, V, 46 ; XVI, 343.
(2) Whitley Stokes, *Urkeltischer Sprachschatz*, p. 266.

empêche pas d'attribuer λέλοιπα au même verbe que λείπω.

Du char, la principale partie est la roue, en latin *rota*, en irlandais *roth*, en allemand *rad*; ces deux dernières formes s'expliquent par un substantif primitif *roto-s ou *roto-m, dérivé de la forme fléchie d'une racine RET, étrangère à la langue grecque, mais qui existe en sanscrit, en iranien, en latin, en celtique, en germanique. On en trouve la forme normale : 1° dans le sanscrit *ráthas* et dans l'iranien *ratho*, « char, » tous deux provenant d'un primitif *réto-s;* 2° dans le verbe irlandais *rethim*, « je cours, » en breton *redek*, « courir. » La forme fléchie se rencontre en irlandais non seulement dans le nom de la roue comme en latin et en allemand, mais dans un verbe irlandais *roithes*, « qui fait courir, » dont un exemple nous est connu par une pièce de vers composée par Cinaed ùa Artacain, auteur du dixième siècle (1). Enfin, c'est par cette forme fléchie que s'explique le nom ligure de plusieurs cours d'eau, l'un de Corse, les autres de Gaule, *Rotános*, changé en *Rhodanos* par les Grecs de Marseille sous l'influence du vers homérique :

Πὰρ ποταμὸν κελάδοντα, παρὰ ῥοδανὸν δονακῆα (2).
Près du fleuve sonore, près d'un groupe de flexibles roseaux.

---

(1) Livre de Leinster, p. 32, col. 1, l. 29; Whitley Stokes, *Urkeltischer Sprachschatz*, p. 232.

(2) *Iliade*, XVIII, 576.

La seconde partie de ce vers peut aussi se traduire « près du *Rhodanos* où il y a tant de roseaux. » Ce vers appartient à la description célèbre du bouclier fabriqué pour Achille par Héphaïstos sur la demande de Thétis. Un des sujets représentés sur ce bouclier est un troupeau de vaches qui se rend au pâturage sur le bord d'un fleuve anonyme. Les Phocéens, fondateurs de Marseille, trouvant à quelque distance de cette ville un fleuve *Rotanos*, crurent avoir découvert le cours d'eau dont Homère avait parlé dans le vers précité (1).

Nous avons donc, pour le nom de la roue et pour sa racine, comme pour le nom du char, un exemple des cas où le grec se sépare du latin, du celtique, du germanique et du sanscrit. Cependant l'usage de faire les transports à l'aide de véhicules, supportés par des roues et traînés par des chevaux qu'on attelait au moyen du joug, remonte à l'époque de l'unité indo-européenne.

Le sanscrit *áçva-s*, le latin *equus*, l'irlandais *ech*, le gothique *aihva-*, le gaulois *epo-s*, le grec ἵππος sont le même mot.

Il y a de même identité entre le sanscrit *yŭgam*, le grec ζυγόν, le latin *jŭgum*, en français joug, le gothique *juk*, en allemand moderne *ioch* et le gallois *ieu*, en breton *ieo* = *iugo-n*; l'*u* final du gal-

---

(1) Cf. K. Müllenhoff, *Deutsche Altertumskunde*, t. I, 2ᵉ édition, p. 193, 194.

lois, l'o final du breton sont la voyelle finale du thème qui persistait encore lorsque déjà le *g* avait péri; comparez le breton *fao*, « hêtre, » = *fagus*, d'où dérive le gallois *ffawydd*, même sens. Les mots gallois et breton qui désignent le joug ne sont pas empruntés au latin, puisqu'on trouve en irlandais le dérivé *ughaim* (1), génitif *uaighme*, nom. pl. *uaghma*, substantif féminin signifiant « harnais, » et qui suppose un primitif *iugamis*, avec une variante *iugamā* (2), tous deux dérivés de *iugo-m*. Ces noms du cheval et du joug, dont il vient d'être question, remontent à la période de l'unité indo-européenne, tandis que ceux du char de guerre, ainsi que le terme latin *rota*, dont nous avons fait « roue, » et ses variantes *roto-s, *roto-n, trois mots désignant peut-être la roue creuse à rayons par opposition à la roue pleine, sont plus récents. Les Indo-européens avaient déjà l'usage de mettre les chevaux sous le joug quand ils ont emprunté le char de guerre probablement aux Hittites.

(1) Genèse, XXXI, 34; cf. Thomas de Vere Coneys, *An irish-english Dictionary*, p. 377. En gaélique d'Ecosse, on écrit avec une faute d'orthographe, *d* pour *h*, « iudheam, » Dictionnaire de la *Highland Society*, t. II, p. 337; Macbain, *An etymological Dictionary of the gaelic language*, p. 348.

(2) Dans mon explication du nom divin *Verjugodumnus* (*Les noms gaulois chez César*, p. 60-61), j'ai supposé que l'*u* de *jugo-* était long et que *jugo-* = *jougo-* = *jeugo-*. Cette doctrine a été acceptée par M. Whitley Stokes, *Urkeltischer Sprachschatz*, p. 224. Elle n'est pas certaine.

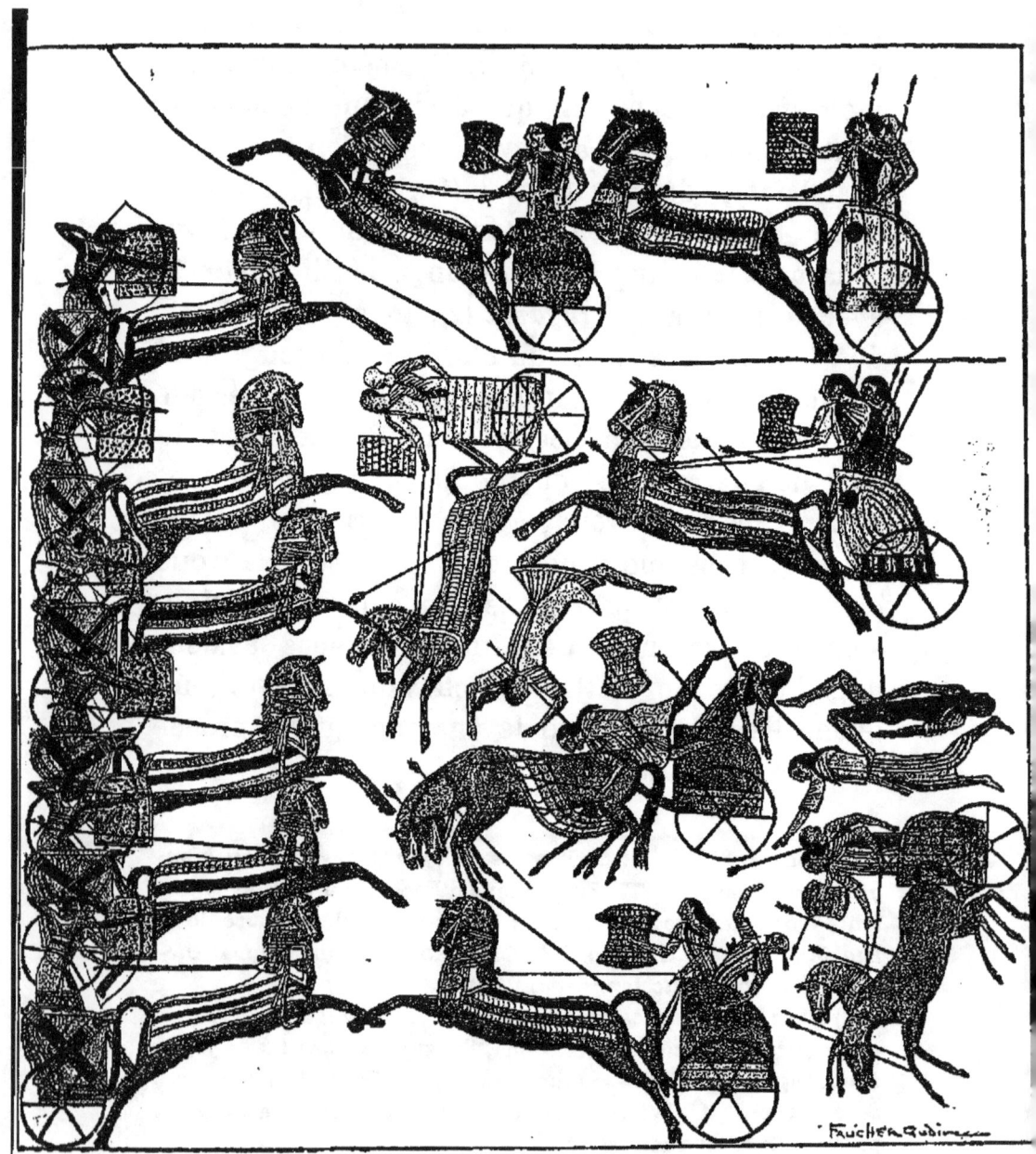
COMBAT ENTRE LES ÉGYPTIENS ET LES HITTITES.

Ce qu'a surtout de caractéristique la stratégie celtique, c'est l'usage du char de guerre, à deux roues et deux chevaux, monté par deux hommes, un cocher et un guerrier, le second de ces hommes étant armé de la lance, souvent de deux lances, de l'épée, d'un bouclier de même taille que lui, environ 1^m,70, au lieu de 1^m,18, comme le bouclier du légionnaire romain qui le protégeait si mal contre les flèches des archers parthes.

C'est un système militaire emprunté presque entièrement à l'orient anarien : de Chaldée vient le char à deux roues et deux chevaux; deux hommes seulement sur ce char, tel est le plus ancien usage de la Chaldée; les Assyriens et les Hittites ont mis trois hommes sur le char, l'Egypte a conservé la vieille coutume d'y faire monter deux hommes seulement, c'est la pratique grecque et celtique. Des deux armes du guerrier chaldéen, la lance et la flèche, l'Egypte et l'Assyrie n'ont donné que la seconde au guerrier combattant en char; chez les Hittites, chez les Grecs, chez les Celtes, le guerrier n'emploie que la première, la lance (1) ; mais quant au grand bouclier de la taille du guerrier, nous ne le trouvons que chez deux peuples, les Grecs et les Celtes. Le bouclier grec, ou prend la

---

(1) Maspero, *Histoire ancienne des peuples de l'Orient classique*, t. II, p. 225, a donné une planche représentant une bataille entre Egyptiens vainqueurs et Hittites vaincus; nous l'avons déjà citée plus haut, nous la reproduisons ici.

forme d'un cercle unique, ou consiste en deux cercles, l'un en haut, l'autre en bas, qui se pénètrent l'un l'autre au milieu de la hauteur totale. Le bouclier gaulois de l'arc d'Orange se termine en pointe en haut et en bas, comme l'amortissement en arc brisé des fenêtres des églises gothiques, et ses côtés sont arrondis en forme d'arcs de cercle (1); c'est par conséquent une invention indépendante de celle du grand bouclier des Grecs.

L'équipement militaire dont il s'agit, char de guerre, bouclier, javelot, épée, est donc dans ses traits principaux un emprunt fait directement à l'Orient anarien par les Grecs et par les Celtes, mais cet emprunt s'est opéré par chacun des deux peuples indépendamment de l'autre ; il a été modifié, en Grèce et chez les Celtes, suivant le génie particulier de chacun des deux peuples, sans qu'il y ait eu influence appréciable de l'un sur l'autre. C'est ainsi que les Celtes ont imaginé de munir d'un banc leur char de guerre, tandis que le char de guerre grec en a toujours été dépourvu, comme le char de guerre oriental.

Une autre invention celtique, inconnue aux Grecs

---

(1) Helbig, *L'épopée homérique*, p. 169, 171. Voir cependant des boucliers en forme de rectangle dessinés sur une lame de poignard trouvée à Mycènes, Helbig, *L'épopée homérique*, p. 419. Comparez les boucliers gaulois sculptés sur l'arc d'Orange. Desjardins, *Géographie historique et administrative de la Gaule romaine*, t. III, planches XII et XIII, la seconde reproduite ici.

ARC D'ORANGE — BAS-RELIEFS SURMONTANT L'UNE DES PETITES PORTES
E. Desjardins, Geog. de la Gaule rom. Lib. Hachette, T. III, Pl. XIII

homériques, mais commune aux Celtes et aux Romains, c'est l'enseigne de guerre. Les Romains ont eu d'abord cinq enseignes par légion : aigle, loup, taureau à tête humaine, cheval, sanglier, réduites à une seule, l'aigle, à la fin du deuxième siècle avant Jésus-Christ (1). A Rome, l'enseigne du sanglier occupait la dernière place (2). C'était la seule enseigne des Gaulois (3). A Langres, on avait fait du porc sauvage ou domestique un dieu, *Mercurius Moccus* (4).

---

(1) Pline, l. X, § 16; cf. Mommsen, *Römische geschichte*, 6ᵉ éd., t. II, p. 194. Marquardt, *Handbuch der römischen Alterthümer*, t. V, 2ᵉ édition, p. 354; traduction de M. Brissaud, *De l'organisation militaire chez les Romains*, p. 47. Nous ne parlons pas ici des *signa* spéciaux aux centuries ou aux cohortes. Taureau à tête humaine : *Mannköpfige Stier*, est la doctrine de M. Mommsen. Pline et Festus cités par Marquardt disent *Minotaurus*; le minotaure grec était un homme à tête de taureau. Decharme, *Mythologie de la Grèce antique*, 2ᵉ édition, p. 556. Roscher, *Ausführl. Lexicon*, t. II, col. 3006-3010. Il y a entre le minotaure grec et le *Cernunnos* gaulois, homme cornu, une curieuse analogie.

(2) « [Porci effigies inter militari]a signa quintum locum [obtinebat]. » Festus, p. 234 a.

(3) Voir les sculptures de l'arc d'Orange, E. Desjardins, *Géographie historique et administrative de la Gaule romaine*, t. III, pl. XII. Salomon Reinach, *Répertoire de la statuaire grecque et romaine*, t. II, p. 746, 747.

(4) Mowat, *Inscriptions de la cité des Lingons*, p. 42. En Gaule, le cochon était presque aussi dangereux que le sanglier. Les Gaulois faisaient passer aux cochons la nuit aux champs, et ces animaux attaquaient l'homme inconnu qui s'approchait d'eux. Strabon, l. IV, c. 4, § 3; éd. Didot, p. 163, l. 51-54; Cougny, t. I, p. 136. Sur le cochon magique en Irlande et en Galles, *Revue celtique*, t. II, p. 92, 121, t. XVII, p. 100-102; cf. *C. I. L.*, t. V, p. 634.

Après le lion, le sanglier est dans l'*Iliade* le premier des animaux sauvages. Un des récits épisodiques que cette vaste composition contient a pour sujet une chasse au sanglier et ses conséquences; c'était en Etolie : Méléagre tua le sanglier, et la difficulté de résoudre équitablement la question de savoir qui aurait la hure et la peau de la bête eut pour résultat une guerre entre deux peuples (1). Pour donner une idée de la valeur d'Idoméneus, roi de Crète, Homère le compare à un sanglier (2). Les guerriers grecs qui entourent Diomède ressemblent à des lions qui mangent la chair crue ou à des sangliers à la force indomptable (3). Hector, le grand héros troyen, une fois sur le champ de bataille, est tel qu'un sanglier ou qu'un lion (4). Trois sortes d'animaux belliqueux sont représentés sur le bouclier d'Héraclès : le premier est l'ours, le troisième le lion, le deuxième, c'est le sanglier (5).

Cependant, les Grecs n'ont eu, ni comme les Celtes, ni comme les Romains, l'idée de prendre l'image du sanglier comme signe de ralliement à la guerre. C'est un des points nombreux sur les-

---

(1) *Iliade*, IX, 531-594. Sur la chasse au sanglier, cf. VIII, 338; XI, 293, 294; XVII, 725, 726; *Odyssée*, VI, 104.
(2) *Iliade*, IV, 253; XIII, 472-475.
(3) *Iliade*, V, 782-783.
(4) *Iliade*, XII, 41-49.
(5) *Odyssée*, XI, 611.

quels Celtes et Romains se ressemblent entre eux en se séparant des Grecs.

Celtes et Romains s'accordent pour conserver le nom du chef politique et militaire des Indo-Européens, *rix, rēx*, que les Grecs ont perdu. Ils ont gardé le nom indo-européen du frère et de la sœur, mais les Grecs ont supprimé le second et détourné le premier de son sens originaire en changeant la loi primitive indo-européenne des empêchements au mariage, en ne laissant subsister l'empêchement dirimant qu'entre frère et sœur utérins; les Grecs ont substitué ἀδελφέος, ἀδελφός, ἀδελφή, étymologiquement « co-utérin, co-utérine, » « frère et sœur par mère, » aux vieux mots * *bhrátér* et * *suesór* que le le latin et le grec ont conservé de concert avec le sanscrit et le germanique sans faire de distinction entre utérin et consanguin dans la théorie des empêchements au mariage.

La parenté entre Celte et Grec homérique tient sur certains points à une origine commune ; les mots qui veulent dire père et mère, par exemple, sont décisifs. Mais l'accord sur beaucoup de détails s'explique par les lois générales de l'esprit humain et par le degré de civilisation, tel le passage de Caton : *Pleraque Gallia duas res industriosissime persequitur : rem militarem et argute loqui* (1). « La

---

(1) H. Peter, *Historicorum romanorum relliquiae*, t. I, p. 61, n° 34; *Historicorum romanorum fragmenta*, p. 48, extrait de Charisius, II.

» Gaule [cisalpine] cultive avec ardeur et talent
» deux arts, l'art de la guerre et celui de parler
» habilement. » C'est le double talent d'Ulysse,
et le texte latin est une traduction libre d'un vers
homérique :

Οἷος ἐκεῖνος ἔην τελέσαι ἔργον τε ἔπος τε (1).

« Il était également capable, soit d'agir [mili-
» tairement] soit de parler. »

Ainsi, dans la première moitié du deuxième siècle avant Jésus-Christ, M. Porcius Caton, décrivant
les mœurs des Gaulois cisalpins, leur applique un
arrangement latin du vers grec dans lequel Homère
résume les qualités distinctives du héros qui a
donné son nom à la seconde de ses célèbres épopées.

Autre exemple de ressemblance entre les Celtes
et les héros d'Homère : Diodore de Sicile constate
que les marchands italiens, amenant du vin dans
la Gaule transalpine, « en obtiennent souvent un
prix incroyable : ils fournissent une cruche de vin,
en échange on leur donne un esclave (2). » Les
Grecs, au siège de Troie, paient aussi en esclaves

---

(1) *Odyssée*, II, 272.

(2) « Ἀντιλαμβάνουσι τιμῆς πλῆθος ἄπιστον· διδόντες γὰρ οἴνου κερά-
μιον, ἀντιλαμβάνουσι παῖδα. » Diodore de Sicile, l. V, c. 26, § 4;
édit. Didot, t. I, p. 270, l. 12-14; Cougny, *Extraits des auteurs
grecs*, t. II, p. 378.

une partie du vin qu'on leur apporte de Lemnos (1).

Nous finirons par ce rapprochement. Nous avons commencé en citant le passage de Diodore de Sicile où, un peu plus d'un siècle après Caton, l'historien grec constate chez les Gaulois transalpins l'usage homérique de récompenser le courage du héros par la meilleure part dans les festins, et nous avons dit que cette coutume existe également dans l'Irlande épique.

Les Gaulois, pendant les trois siècles qui ont précédé notre ère, les Irlandais, tels que nous les dépeint leur littérature épique la plus ancienne, mise par écrit dans le moyen âge, étaient à peu près au même degré de civilisation que les Grecs et les Troyens de l'épopée homérique environ huit cents ans avant Jésus-Christ.

(1) Ἔνθεν ἄρ' οἰνίζοντο καρηκομόωντες Ἀχαιοί,
ἄλλοι μὲν χαλκῷ.....
ἄλλοι δ' ἀνδραπόδεσσι.

(*Iliade*, VII, 471-475.)

CORRECTIONS ET ADDITIONS

P. 20, l. 11-12. Les *Acta triumphalia capitolina* se terminent à l'année 735 de Rome, 19 avant J.-C.

P. 91, note 1, *au lieu de* Boucher, *lisez* Bouché.

P. 106, 107. Outre les textes qui établissent qu'en Irlande les druides étaient mariés, on peut citer, relativement à la Gaule, deux passages de la *Commemoratio professorum Burdigalensium*, d'Ausone, 1° V, 7 :

Tu Baiocassi stirpe druidarum satus ;

2° XI, 27-28 :

Stirpe satus druidum
Gentis Aremoricae.

Monumenta Germaniae historica. Auctorum antiquissimorum tomi V pars posterior, p. 58, 64.

P. 118, l. 12, *au lieu de* père, *lisez* frère.

P. 199, l. 18, *au lieu de* le bouclier, *lisez* les boucliers.

P. 344, note 4. Chez Place; *Ninive et l'Assyrie*, pl. 50, on voit le roi armé de l'arc, et deux de ses servants portent chacun une lance.

P. 374-375. Des textes relatifs à l'usage celtique de couper, d'emporter et de conserver comme un trophée la tête de l'ennemi mort, rapprocher : 1° le passage de Tite-Live, l. XXIII, c. 24, § 12, où l'on voit que du crâne de L. Postumius, consul romain, les Gaulois cisalpins avaient fait une coupe; 2° la conclusion de la pièce irlandaise : *Goire Conaill Chernaig i Cruachain*, récemment publiée par M. Kuno Meyer : on y lit que, suivant une prophétie, boire du lait dans le crâne du héros Conall Cernach devait rendre aux guerriers affaiblis leur force première, *Zeitschrift für celtische Philologie*, t. I, p. 106, 109.

TABLE DES MOTS GRECS

ἀδελφεός, 393.
ἀδελφή, 295, 393.
ἀδελφός, 295, 393.
αἰθέρι ναίων, 203.
ἄκων, 379.
ἀμάξαι, 335.
ἀντίφερνα, 307, 309.
ἀξίνη, 367.
ἄορ, 378.
Ἀπολλογένης, 172.
ἄριστοι, 132.
ἀσπίς, 380.

γαιζῆται, 122.
γαισάται, 122, 123.
γαισόν, 123, 365.
γρόσφος, 363, 365.

δημιοεργοί, 115, 125.
δῆμος, 132.
διογένης, 166-168.
δόρυ, 357, 363, 379.
δρῦς, 178.
δῶρα, 304, 305.

ἐγκοίμησις, 90.
ἔγχος, 357, 358, 366, 379.
ἔδνον, 297.
ἔεδνον, 297-299, 305, 308.
εἴδωλον, 213, 228.
ἑρκεῖος, 157.

Ϝεστία, 157.

ζυγόν, 385.

θεράπων, 287, 346, 350, 369.
θυόσκοος, 86.

Ἰαπετός, 211.
Ἰδαῖος, 203.
ἱερεύς, 87, 101, 103, 131.
ἵππος, 385.

καρηκομόωντες, 370.
Κηφισογένης, 172.
κῆρυξ, 124.
κορύνη, 369.
κτέρεα, 215.
κτερίζειν, 215.
κτήματα, 307.
κύριός, 299.

λαγκία, 360.
ληϊστῆρες, 126, 127, 130.
λῃστεία, 126.

μαῖα, 290.
μάντις, 77, 79, 101, 110, 123, 130-133.
μάρκαν, 334.
μείλια, 307.
μελίη, 379.
μήτηρ, 290.

Νειλογένης, 172.
νόθος, 287.

νυμφόληπτος, 184.

ξανθός, 370.
ξίφος, 378.
ξυστόν, 379.

ὄγδοος, ὀγδόατος, 269.
Ὀλύμπιος, 203.
ὀνειροπόλος, 87.
οἰωνιστής, 86.
οἰωνοπόλος, 86.
ὀπαών, 346.
ὄχος, 383.

παλλακίς, 285.
Παναχαιοί, 157.
πατροκτονία, 314.
πατρόφονος, 314.
πέλεθρον, 279.
πελεκύς, 367.
πρεσβύτερος, 150.

ῥινός, 380, 381.

σάγος, 373.

σάκος, 380.
σαύνιον, 363, 365.
σκία, 228.
σκίρον, 381.
σκιροφόρια, 382.
σκῦτος, 380, 381.
σφενδόνη, 350.

Τειχοσκοπία, 43.
τέκτονες, 123, 132
τιθήνη, 290.

φαρμακός, 240, 248.
φᾶρος, 372.
φερνή, 308.
φάσγανον, 378.
φηγός, 177.

χαῖον, χαῖος, 379, 380.
χιτών, 372, 373.
χλαῖνα, 372.
χρησμολογία, 91.

ψυχή, 214, 228.

TABLE ALPHABÉTIQUE DES MATIÈRES

Achat de la femme qui se marie, 72, 236, 297-305, 308.
Adultère, 71, 74, 168, 170, 177, 181, 182, 202, 236, 249, 297, 320, 321.
Aèdes grecs, 69-71, 123, 132, 134-136.
Aes dána, 115.
Affranchissement d'esclave, 310.
Agneaux, 104,
Aigle, 83, 200, 391.
Air, 203, 204.
Amazones, 34, 191, 192. Voyez Déesse de la guerre.
Ame, 53, 152, 195, 214, 217, 228. Voyez Immortalité.
Anguille, 192.
Année lunaire, 151, 267, 272, 275, 278.
Anthropomorphisme, 154, 165-194.
Aralou, 218, 225.
Arbres divinisés, 154, 174, 177-179.
Arbre du pays des morts, 220.
Arc, 81, 214, 219, 260, 287, 301, 344-349, 359, 369, 397.
Ar-chu, 55.
Argent, 19, 52, 56, 103, 139, 200, 201.
Aristocratie celtique, 115, 130-132. Voyez Chevaliers, Druides.

Armes gauloises et grecques, 341-370.
Armes dans l'autre monde, 214-219, 232.
Armes irlandaises, 44, 194, 348, 353-356, 365, 369, 378, 381.
Armes romaines, 11, 13, 23, 343, 348, 350, 363, 364, 378.
Asile (Droit d'), 237, 238.
Assolement triennal, 258, 281.
Astronomie druidique, 151.
Autre vie, 152, 209-230.
Aveugles, 138, 140.

Baguette magique, 148.
Bains, 317, 318, 354.
Balle de fronde, 352-354.
Ban-fháith, 92, 95.
Ban-fhili, 92-95.
Barbe, 186, 373, 374.
Bardes, 74-77, 95-98, 123, 130, 134, 139.
Barditus, 78.
Barque des morts, 212, 223-225.
Bâtard, 287-289.
Baudrier, 214.
Bélier, 149.
Bière, 140, 141.
Blessures des dieux, 190, 191, 193.
Blonds (les Celtes, les Grecs), 143, 188, 209, 371.

Bœuf, 4, 6, 12, 17, 62, 103, 158, 159, 215, 236, 250, 263, 267.
Bogha, 348.
Borne de champ, 351.
Bouclier, 5, 8, 139, 190, 199, 257, 262, 267, 268, 276, 287, 298, 330, 341, 342, 344, 349, 352, 357, 358, 380, 381, 385, 389, 390, 397.
Bourgeoisie celtique, 115, 116, 123, 125, 130, 131, 132.
Braca, 22, 343, 371, 372.
Bracelet gaulois, 8.
Brebis, 149, 215, 237, 268, 272.
Bride, 64.
Brigands, 126, 127, 130.
Bronze, 2, 45, 144, 350, 367.
Bronzier, 115, 123.
Brouillard magique, 36, 144, 187, 190.
Bûcher, 60, 86, 215-217, 219, 232, 235, 265. Voyez Funérailles, Sacrifice.

Cadeaux de noces, 304, 305, 308.
Cairde chlaidib, 31.
Calendrier, 151.
Candetum, 279.
Canere, 133.
Canim, 133.
Carpat-serda, 341.
Carros, 382.
Casque, 16, 190, 276, 342, 343.
Cateia, 366.
Cath-charpat-serda, 340.
Caution, 72.
Cavernes habitées par des dieux et des hommes, 205-208.
Ceinturon, 6.
Céréales, 337.
Cerf, 59, 60, 204.
Cernunnos, 391.
Chambre, 271, 274, 301, 311, 318.
Chambre haute, 40-42, 44. Voyez Premier étage.
Chant, Chanteurs, 69, 73, 74,
81, 133, 134, 148. Voyez Aëdos, Bardes, File.
Char de guerre, 19, 22, 36, 37, 43, 44, 56, 61, 64, 82, 84, 93, 95, 139, 215, 216, 255, 272, 273, 327-341, 346, 349, 350, 356, 382-390.
Char d'un dieu, 212.
Charpentier, 115, 123, 130.
Chasse, 60, 263, 348, 363, 392.
Chat, 88, 245.
Chaudron, 185.
Chêne, 112, 159, 169, 177, 178.
Cheval, 19, 21, 25, 36, 37, 61, 64, 82, 93, 141, 215, 216, 240, 276, 277, 330, 332-335, 338, 382, 383, 385-387, 389, 391.
Chevaliers gaulois, 95, 98, 130-132, 333, 334, 373.
Cheveux, 143, 144, 188, 209, 262, 370, 371.
Chèvre, 240, 272, 277, 304.
Chevreuil, 60.
Chien de garde, de luxe et de chasse, 65, 66, 88, 140, 159, 195-197, 210, 215, 258, 262, 263, 276.
Chien de guerre, 55-64, 208.
Ciel divinisé, 154, 155, 257, 264.
Ciel, séjour des dieux, 203-205; et de certains morts, 213, 214, 219.
Cinquante, 271-275, 277, 280, 314.
Claideb, 378.
Clients, 216, 225.
Cocher, 36, 37, 41, 64, 82, 189, 191, 255, 256, 272, 287, 323, 331, 336, 338, 346, 369, 389.
Cochon, 62, 63, 88, 130, 136, 141, 185, 208, 272, 277, 391.
Coemptio, 308.
Coibche, 308.
Collier gaulois, 8, 9, 22, 122, 374; — grec, 305.
Comatus, 370.
Combat singulier, 4-34, 52-54,

TABLE ALPHABÉTIQUE DES MATIÈRES. 403

104, 171, 192, 260, 311, 357, 358, 362.
Commerçant, 125, 127, 128, 130.
Colombe, 84.
Concubines, 80, 81, 249, 285-292.
Corbeau, 13, 16, 195-200.
Corneille, 195-200.
Cornes sur casque et sur tête humaine, 342, 343, 391.
Cosmographie, 151.
Cotte de mailles, 343.
Coucou, 141.
Couleur des vêtements, 19, 22, 112, 141, 144, 330, 373.
Coupes, 45, 131, 397.
Couronne d'or, 12, 17.
Cours d'eau divinisés. Voyez Fleuves.
Course de chevaux attelés, 29, 30, 166, 255, 346.
Crâne servant de coupe, 131, 397.
Créances, 216.
Crimes. Voyez Droit d'asile, Juridiction criminelle, Meurtre, Vengeance.
Cú, 59.
Cucullus, 76, 77.
Cuiller, 185.
Cuirasse, 19, 343, 358.
Culotte, 22, 343, 371-373.
Currus, 382.
Cygne, 194.

Danse, 69, 73, 298.
Décapité survivant, 39, 40, 46, 47, 49-54.
Déesse de la guerre, 180, 185, 191-193, 195, 197-200, 322-325, 351, 355, 357. Voyez Amazones.
Déesse de la mort, 238, 239, 297.
Degrés de parenté, 257, 263.
Dépouilles opimes, 19, 21, 22.
Devins, 77-95, 101, 115, 130, 133, 247. Voyez Vates.

Devotio, 250, 251, 328.
Dichetal do chennaib cnáime, 91, 133.
Dieu de la mort, 238, 239, 297.
Dieu des gens de métier, 115, 124, 353.
Dieu suprême, 103, 104, 157-161.
Dieux, 23, 71-74, 80, 87, 102, 104, 115, 124, 143, 153-210, 212, 278, 294, 295.
Dieux des morts, 153, 155, 197, 198, 208, 211, 212, 219, 220.
Divination, 77-95, 99, 100, 152, 256.
Divorce, 202, 292, 304.
Dixième année, dixième jour, 264, 265, 282.
Dos, 308.
Dos de bœuf, 4, 6.
Dot, 286, 305-308.
Douaire, 292, 304, 306-309.
Douze, 275-280, 282, 283, 284.
Dragon, 81.
Droit d'asile, 237, 238.
Droit du seigneur, 320, 321.
Droite, 84, 143, 254-256, 336, 337.
Druides, 63, 90, 93-95, 97-101, 104-114, 131, 133, 149-154, 163-165, 254, 266, 397.
Dryades, 93, 94.
Duel, 4-34, 54, 191, 260, 357, 358. Voyez Combat singulier.
Dún, 106.
Dusii, 165, 182-184.

Eau divinisée, 154, 175, 257.
Eau magique, 63.
Ech, 385.
Echanson, 115, 123, 124.
Ecole mixte, 110.
Ecriture, 68, 111, 144-146, 216.
Eléphants, 329.
Eloquence gauloise, 394.
Elysée, 209, 211-214, 220-222, 224, 225, 230.
Emailleurs, 130.

Empêchements au mariage, 294-296, 393.
Enfer, 84, 195, 208, 209, 211, 212, 214, 229, 247.
Enseignement druidique, 107, 111, 113, 149-154, 216.
Enseignement du grec, 111, 112.
Enseignes gauloises, 192, 390, 391.
Ensis, 378.
Epée espagnole, 9, 11, 378.
Epée gauloise, 9, 11, 52, 87, 98, 254, 331, 367-369, 378, 389, 390.
Epée grecque, 6, 188, 248, 249, 287, 347, 357, 378, 390.
Epée irlandaise, 31, 41, 46, 144, 193, 348, 378.
Epidémies, 80, 85, 234-243, 263, 282.
Epizooties, 245.
Epopée gauloise, 8, 28, 52-54, 65.
Epopées grecques, épopées irlandaises, 27-42, 48, 55-64, 129, 134-146, 247, 267, 323.
Equitation, 19, 332-334.
Equites. Voyez Chevaliers.
Equus, 385.
Esclaves, 95, 107, 126, 130, 208, 215, 216, 225, 232, 239, 272, 273, 277, 286-291, 296, 297, 301, 304, 309, 310, 315, 317, 321, 370, 394.
Essedarii, 332.
Essedum, 337, 382.
Evocation des morts, 144-146.
Exemption du service militaire, 104, 254.
Exil, 84, 288, 320.

Fáith, *uatis*, 77, 92, 110, 111, 123, 133.
Fatisi, 336.
Famille, 257, 263, 285-326.
Faucon, 84, 204.
Faux, 112, 249.
Faux (char armé de), 339-341.

Fée, 29.
Femmes celtiques, 65, 66, 92-95, 109, 110. Voyez Mariage, Préséance, Prophétesse.
Fén, 383.
Fer, 2, 342, 367, 369.
Feu d'artifice, 246.
Feu de la Saint-Jean, 243-246.
File, *fili*, 46, 47, 77-79, 88-90, 110, 123, 124, 133, 134, 138-146, 148, 149. Voyez * *Ueles*.
Filles et fils des dieux, 42, 74, 165-185, 188, 189, 201, 202, 213.
Flèche, 81, 187, 190, 203, 214, 238, 239, 287, 297, 323, 344-349, 356, 357, 387, 389.
Fleuves divinisés, 154, 155, 171, 172, 174, 176, 177, 183, 184.
Fochla, 336.
Forêt divinisée, 178.
Forgeron, 55, 71, 115, 123, 130, 208, 210.
Fortche, 336, 337.
Foyer, 155, 156.
Franc (jour), 259.
Fronde, 31, 350-355, 359.
Fumier, 38, 42, 60.
Funérailles, 69, 70, 166, 196, 197, 215, 217, 225, 260, 265, 346.

Gae, 365.
Gaesum, 364, 365, 379.
Gaesati, 122, 123.
Gai, 365, 366.
Gaisates, 17, 19, 20, 371.
Gaison, 364, 379.
Gauche, 83, 254-256, 336.
Géants, 36-40, 47, 186, 268, 369.
Geiss, 254, 256.
Génisses, 270, 277. Voy. Vaches.
Géographie enseignée par les druides, 151.
Gladius, 378.
Grec (enseignement du), 111.
Grottes. Voyez Cavernes.
Guerre, 327-395.

Gui, 112.

Hache, 50, 169, 178, 276, 350, 367.
Hache magique, 38-40, 46, 47.
Harpe, 134. Voyez Lyre.
Harpiste, 115, 123.
Hasta, 363.
Hérauts, 124, 132, 262, 282, 323.
Hirondelle, 194, 325.
Histoire enseignée par les druides, 150, 151.
Histoires racontées par les *file*, 133, 134, 136, 142, 275.
Historien, 115, 123.
Hospitalité, 84, 140-143, 155, 288, 317-320, 345.
Huitième, 269.
Hydromel, 148.

Iles des morts, 212, 224, 230, 266.
Illégitimes (Enfants). Voyez Bâtards.
Imbas forosnai, 89-92.
Immortalité de l'âme, 144, 145, 152, 197, 208-231.
Immortalité des dieux, 200-202.
Impureté, 253, 254.
Incantare, 133.
Incantation, 30, 37, 46, 63, 88-90, 114, 133, 139, 141, 143-145, 148, 189.
Inceste, 258, 293-296, 393.
Incinération, 215-217, 219, 232-234.
Incubatio, 90.
Inhumation, 216, 232-234.
Invisibilité, 144, 187-190, 210.
Irrégularité, 254.

Jambières, 144.
Javelot, 123, 159, 266, 329-331, 348, 349, 356-366, 390. Voyez Lance.
Jeûne, 90, 145.

Joug, 385, 386.
Jour commençant au coucher du soleil, 280.
Jugement des morts, 221, 222, 226, 227.
Jugum, 385.
Juments, 274, 282.
Juridiction criminelle, 97, 98, 176, 177, 313, 314, 316, 317. Voyez Vengeance.
Juridiction druidique, 97, 98.
Justice suprême, 155, 203, 208, 221, 227.

Lac, 38, 46, 47.
Laiton, 45.
Lamaseries thibétaines, 105, 112.
Lance, 5, 57, 98, 102, 123, 169, 170, 185, 190, 193, 254, 268, 276, 287, 323, 345, 346, 347, 356-366, 369, 379, 380, 387, 389, 390.
Lancea, 360, 362, 363, 365.
Lansquenet, 121.
Laudationes funebres, 7, 8, 13.
Légionnaire romain, 341, 350.
Légitimes (enfants), 286, 287, 293.
Légitimes (femmes). Voyez Mariage.
Lépreux, 142, 143.
Lia láime, 356.
Lièvre, 59, 60.
Lion, 59, 159, 169, 214, 392.
Lorg, 369.
Loup, 141, 391.
Louve, 192.
Lune divinisée, 154, 238.
Lymphatus, 184.
Lyre, 69, 73, 74, 75, 81, 136.

Magi, c'est-à-dire druides, 112, 114.
Magie, 30, 36-40, 46, 47, 49-54, 63, 133, 147-149.

Mag Meld, 212, 216, 230.
Majorité des fils, 300-303, 312.
Maladies, 234-242. Voyez épidémies.
Mânais, 365.
Manœuvres, 130.
Manteau, 144, 276, 372, 373.
Marchand, 125, 127, 128, 131.
Mariage, 74, 106, 107, 180, 188, 194, 285-309, 319.
Masculinité (droit de), 299-303.
Massue, 36, 38, 40, 369.
Mâtan, 369.
Mataris, materis, 361-363, 365.
Médecine, médecins, 115, 123, 130, 132, 167, 193, 350.
Mer divinisée, 174, 175, 257.
Mercenaire (soldat), 116-123.
Métiers (gens de), 115, 123, 125, 130-132, 140, 353.
Meurtre, 84, 269, 288, 291, 375.
Meurtre du père par le fils, 312-317.
Miel, 149, 209, 220, 221.
Moines chrétiens, 105, 108-111, 114, 146, 204, 310.
Monogamie, 180, 188, 191, 273, 285, 286, 291.
Monstre du lac, 38.
Montagnes divinisées, 154.
Morale druidique, 97, 152, 165, 258.
Morceau du héros, 3, 4, 6, 12, 17, 36, 38, 40, 44-47, 54, 61-63, 395.
Morgengabe, 309.
Morts, 209-234. V. Dieux, Iles.
Moustache, 373, 374.
Moutons, 215, 240, 272, 275, 277, 304.

Neuf, 262-267, 270, 282, 283.
Neuvaine des Ulates, 30-32, 34.
Noces, 74. Voyez Repas.
Nombres, 256-284.
Nourrice, 290.

Nudité des Grecs, 317; — des guerriers gaulois, 8, 343, 371; — des femmes gauloises, germaines, 321, 322.
Nuit, 280, 282.

Ogam, 68.
Oie, 142.
Oiseaux, 45, 74, 80, 83-86, 141, 193-200, 256, 264, 324, 325, 348.
Ombres (les morts), 218, 223, 228, 261.
Or, 19, 45, 52, 64, 96, 102, 112, 122, 123, 139, 144, 192, 195, 214.
Orge, 141, 142.
Ours, 214, 391.
Ouvriers de métier, 115, 123, 125, 130-132, 140, 353.

Palilia, 243, 244.
Panathênaia, 136.
Paricidas, 314, 315.
Parilia, 243, 244.
Parjure, 208, 226, 227.
Parricide, 312-317.
Part du héros. Voyez Morceau.
Pectore nudo, 321.
Philosophie druidique, 152.
Physiologie, 100, 152.
Pied de cochon, 63.
Pied, mesure, 279.
Pierre de guerre, 5, 181, 185, 350-352, 355, 356.
Pierres précieuses, 45.
Pirate, 125-130, 206, 208.
Poeta, 111.
Poète, 96, 115, 123. Voyez Aède, Barde, *File*.
Poignard, 273, 350.
Polyandrie, 258, 293, 294.
Polygamie, 285, 286, 292, 293.
Polythéisme gaulois, 161-163.
Pomme et pommier du pays des morts, 220.
Pouce, mesure, 279.
Pourpre, 19, 373.

Prédiction, 80, 81, 85, 86, 92-94, 106, 113, 169, 202, 247.
Premier étage, 41, 70, 301. Voyez Chambre haute.
Présages, 80, 83, 84, 255, 256. Voyez Divination.
Préséance parmi les femmes, 36, 38, 40, 42, 44.
Présents de noces, 304, 305.
Prêtres, 87, 99, 101-104, 131, 132, 158, 236, 276. Voyez Druides.
Prêtresses, 325.
Prière aux dieux, 104, 113, 147, 158, 159, 203, 250.
Prisonniers, prisonnières de guerre, 186, 215, 235, 251, 252, 291, 296, 297, 321.
Prophètes. Voyez Devins.
Prophétesse, 78, 79, 89, 92-94.
Prolétaires, 130.
Pudeur, 72, 317, 318, 321.
Puissance paternelle, 299, 300, 309-312.

Quatrième fois, 259-262.
Queue du cochon, 63.

Rachimbourgs, 281.
Reipus, 308.
Religion, 146-284.
Renard, 245.
Repas de noces, 83, 293, 294.
Résurrection des morts, 53, 152, 197, 214-216, 218, 219, 222, 223.
Rethim, 384.
Revenants, 231, 313.
Rex, 393.
Rex sacrorum, 104.
Rivières divinisées, 176, 177, 183, 184. Voyez Fleuves.
Rhotacisme, 379.
Rota, 384, 386.
Roue, 338, 384, 386, 387, 389.
Royauté, 103, 104, 158, 160, 269, 293, 312, 393.

Sacibarones, 281.
Sacrifices d'animaux, 70, 84, 86, 88, 97, 100, 101, 103, 104, 145, 147, 158, 240, 250, 263, 277, 281.
Sacrifices humains, 86, 87, 101, 153, 234-254.
Sagitta, 348.
Sagum, 371.
Saighed, 348.
Saints irlandais, 109, 110, 145.
Salle de fête, 40, 41.
Salle des femmes, 318.
Salle des hommes, salle des festins, 70, 126, 134, 194, 301.
Sang humain, 253-254.
Sanglier, 59, 141, 204, 214, 391, 392.
Saumon, 204.
Sceau, 27.
Sceptre, 160.
Scheol, 218.
Sciath, 381.
Scutum, 381.
Semaine, 267.
Sept, 267-270, 275, 280, 281, 283, 305.
Sépulture, 196, 216, 217, 219, 230-234, 265, 278.
Serment, 154, 155, 226, 227, 267.
Sid, 194, 205, 206.
Sinistre, 256.
Six, 270, 271.
Sleg, 365.
Sociale (Organisation), 67-146.
Soldat de profession, 115, 120, 353.
Soldat mercenaire, 116-123.
Soleil divinisé, 154, 155, 227, 238, 246, 268, 270, 275.
Songes, 83, 87-90, 247, 249.
Stérilité des femmes, 63, 286, 293.
Suicide, 295.

Taball, 355.

TABLE ALPHABÉTIQUE DES MATIÈRES.

Tabou, 254, 256.
Taille des dieux, 185.
Taille des Gaulois, 22, 25, 362.
Tailm, 355.
Talio, 315.
Tartare, 208, 211.
Taureau, 169, 201, 202, 267, 277, 391.
Taureau de Cooley, 28-30, 32, 33, 53, 54, 201, 202, 255, 273, 274.
Teinm lóida, 91.
Terra repromissionis, 210.
Terre divinisée, 154, 155, 227, 257.
Témoins, 281, 282.
Tête coupée du vaincu, 9, 22, 38, 63, 353, 354, 374-377, 397.
Théologie druidique, 153.
Tinnscra, 309.
Tinol, 308.
Tirs beo, 212.
Tír nam-ban, 212, 221.
Tír sorcha, 210.
Tír tairngeri, 210.
Tonnerre, 203, 209, 256.
Tonsure, 370.
Torques, 9, 122.
Tragédie, 132.
Treize, 278.
Triade, 258.
Trimarkisia, 334.
Trois, 257-262, 273-274, 281-283.
Tricéphale, 258.
Truie, 141, 272.

Tunique, 144, 276, 372, 373.
Tutelle perpétuelle des femmes, 299-303.

*ueles, 77, 79, 92, 93, 94, 99, 123, 130, 133. Voyez file.
Uncia, 279.
Unité divine, 161-165.

Vaches, 55, 61, 62, 92, 107, 129, 137, 143, 145, 146, 149, 154, 180, 192, 240, 268, 270, 272, 273, 275, 277, 289, 297, 298, 304, 305, 306, 385. Voyez Génisses.
Vates, 77, 92-94, 97, 99-101, 110, 123, 130, 133.
Vengeance, 238, 269, 289, 300, 314, 324, 354, 375.
Vent, divinité, 227.
Vers gaulois, 73.
Vêtements, 19, 22, 112, 141, 144, 189, 215, 232, 276, 304, 330, 371-373.
Veuve, 299-305.
Vierge, 156, 191, 290, 322, 325, 326, 351.
Vin, 52, 103, 148, 221, 239, 276, 394.
Vingtième année, 266.
Virgatae bracae, sagulae, 22.
Vœu de chasteté, 156, 322.
Vœu de sacrifice, 227.
Voile, 304.

TABLE

DES

NOMS PROPRES DE PERSONNES ET DE DIEUX [1]

Achille, 4, 6, 58, 60, 68-70, 74, 80-83, 85, 87, 134, 166, 169, 170, 171, 188, 195, 196, 207-215, 217, 228, 229, 231, 250, 257, 260, 262, 265, 268, 271, 272, 276-278, 296-298, 305, 307, 321, 323, 339, 347, 357, 358, 370, 376, 385.
Actor Azeïdas, 170.
Aed, fils de Duach Dub, 139.
Aed Find, 138, 139.
Aedan, 181.
Aed Slane, roi suprême d'Irlande, 293.
Agamemnon, 4, 5, 43, 58, 68, 70, 71, 73, 85, 87, 104, 155, 158, 160, 166, 167, 171, 196, 203, 228, 235, 238, 247, 250, 251, 267-269, 276, 277, 280, 281, 289, 291, 298, 305, 307, 359.
Aïacos, 171.
Aïas, fils de Télamon, 3-6, 35, 43, 81, 158, 159, 167, 196, 260, 268, 287, 351, 352, 358, 365.

Aïas, fils d'Oïleus, 81, 158, 347.
* Aïdés, Aïdoneus, 155, 156, 195, 208, 209, 257.
Aiffe, 268.
Aïgisthos, 58, 73, 74, 196, 269, 291.
Ailbe, nom d'un chien, 55, 60-64.
Ailill, roi de Connaught, 28, 42, 44, 45, 61, 64, 92, 93, 274, 320, 355.
Ainmere, roi suprême d'Irlande, 320.
* Aïolos, 265, 295.
Aitherne, 353.
Alcinoos, 134, 171, 272, 273, 295, 302, 317, 318, 324.
Alcména, 171, 213.
Alexandre le Grand, 121.
Alexandre Sévère, 94.
Almu, 106.
* Alpheïos, fleuve divinisé, 171.
Altés, 286, 305.
Ambicatus, 65.

(1) Les noms des auteurs cités ne sont pas compris dans cet index. Les noms de divinités sont précédés d'un astérisque.

TABLE DES NOMS PROPRES DE PERSONNES ET DE DIEUX.

Ambroise (Saint), 108.
Amphion, 172.
Amuntor, 290.
Anau-ki, 59.
Anchisés, 20, 21, 170, 171, 179, 180.
Andromaque, 261, 299.
Anluan, 63.
Annibal, 65, 360.
Anténor, 289.
Anticleïa, 289, 290, 297.
Antigone Doson, roi de Macédoine, 118.
Antigone Gonatas, roi de Macédoine, 117.
Antilochos, 170, 255.
Antinoos, 127, 160, 238, 306.
Antiochos Hiérax, 119.
Antiochos le Grand, roi de Syrie, 119, 339.
Antiopa, 171.
Antiphos, 287.
Antoine, triumvir, 15.
* Aphrodite, 71-73, 134, 170, 178, 179, 190, 236, 297, 320, 351.
* Apollon, 5, 6, 74, 80, 87, 102, 156, 167, 170, 172, 178, 185-187, 190, 209, 228, 234, 238, 240-242, 278, 282, 345.
* Ardenne, Arduinna, forêt divinisée, 178.
Areïthoos, 369.
* Arès, 71-73, 134, 170, 185, 186, 190, 209, 247, 268, 278, 320, 351, 357.
Aréta, 171.
Ario-gaisos, 379.
* Artémis, 191, 238, 297, 322, 325, 345.
Arthur, roi épique, 175.
Arthur, fils de Bicor, 181.
Arubas, 130.
Ascalaphos, 170.
* Asôpos, fleuve divinisé, 171.
Astéropaios, 171.
* Athéna, 4, 178, 180, 185, 188, 192-195, 205, 209, 237, 238, 268, 277, 322-325, 351, 355, 357, 379.
* Athu-bodua, 198.
Atreus, 166.
Attale Ier, roi de Bithynie, 335.
Auguste, empereur, 15, 16, 21.
Aurélien, empereur, 94.
* Aurore divinisée, 170, 213.
L. Aurunculeius Cotta, 352.
* Axios, fleuve divinisé, 171.

* Badb ou Bodb, 180, 192, 195, 197-200.
* Balor, 353.
Bardus, 76.
Bellérophon, 191.
Bituitos, roi des Arvernes, 56, 57, 96, 329, 335.
Blathmac, roi suprême d'Irlande, 138.
* Bodb ou Badb, 180, 192, 195, 197-200.
Boduacius, 200.
Boduacos, 199.
Boduc, 200.
Boduocus, 199.
Boduogenos, 199.
Boduognatos, 199.
Bôros, 170, 299.
Bran mac Febail, 212, 220, 266, 319.
Brandub, roi de Leinster, 320.
Brennus, 176.
Bricriu, 40, 41, 43, 55, 273.
Brigite (Sainte), 106, 207, 292.
Briséis, 166, 167, 276, 296, 298, 321.
Britomartos, 19.
Broichan, 114.
Brudeus roi des Pictes, 114.
Bude mac Bâin, 46.

Caintigern, 181, 202, 213.
Cairpre Cenncaitt, roi suprême d'Irlande, 264.

TABLE DES NOMS PROPRES DE PERSONNES ET DE DIEUX.

Calatin Dana, 33.
Calchas, 80, 81, 85, 251.
* Calypso, 154, 179, 207, 208, 257, 265, 269, 317, 318, 323.
Camulo-genus, 172.
* Camulos, 29, 173.
Caplait, 113.
Caradoc, 51
Cassandre, 291, 298.
Cassivellaunos, 331.
Castor, 168.
Cathair le Grand, roi suprême d'Irlande, 106, 108.
Cathbu, 107.
Cattaus, fils de Bardus, 76.
* Céphise, rivière divinisée, 172.
* Cerbère, 208, 210.
* Cernunnos, 391.
Cét, fils de Maga, 62, 354.
Chloris, 299.
Chruséis, 85, 235, 236, 249.
Chrusés, 80, 85, 102.
Ciarân, 145, 146.
* Circé, 147, 148, 179, 318, 319, 323.
Claude II, empereur, 77.
Ap. Claudius Caecus, 379.
M. Claudius Marcellus, consul, 7, 17-23, 329, 364.
M. Claudius Marcellus, édile, 21.
Cleitos, 213.
Cléomène, roi de Sparte, 118.
Clothru, 294, 296.
Cluentius, 362.
Clutemnestre, Clytemnestre, 58, 73, 81, 249, 291.
Codros, 248, 249, 251.
Colman (saint), 263.
Columba (saint), 109, 114.
Comgall, 109.
Commios, roi des Atrébates, 360.
Commode, empereur, 76.
Conaire, roi suprême d'Irlande, 129, 206, 269.

Conall Cernach, 35-42, 44-47, 54, 61, 62, 262, 332, 353, 369, 374.
Conchobar, roi d'Ulster, 35, 41, 45, 46, 59, 61, 64, 107, 154, 180, 201, 273, 274, 320, 332, 333, 353, 354.
Condla, 219-221.
Conn Cétchathach, roi suprême d'Irlande, 108, 202.
Constantin le Grand, 94.
Coran, 108.
Cornelius Cossus, 21.
P. Cornelius Scipio Africanus Major, 24.
P. Cornelius Scipio Aemilianus, 7, 24-27.
Cn. Cornelius Scipio Calvus, 17.
L. Cornelius Sylla, 362.
Créon, 247, 248.
Crimthand Nia Nair, roi suprême d'Irlande, 296.
Crunniuc, 29.
Cûchulainn, 30-42, 44-47, 54, 59, 61, 63, 89, 93, 180, 186, 188, 189, 191-194, 201, 202, 210, 262, 266, 268, 269, 274, 294, 320, 332, 333, 340, 341, 348, 355, 369, 374.
Culann, 210.
Cumascach, 320.
Curiaces, 262.
Cûroi mac Dairi, 36-40, 59, 374.
Cylon, 237, 238.
Cyrus le Jeune, 120.

* Dagda, 161, 185, 369.
Dallan Forgaill, 138-141.
Danaa, 171.
Dâre mac Fachtnai, 28.
Darés, 102.
Dechtere, 74, 107, 180, 201, 261, 281.
Decius, consul, 250, 251, 328.

Deiphobos, 170, 357, 358.
Démodocos, 70, 71, 135, 138.
Denys l'Ancien, 116.
Derdriu, 262, 291.
Diarmait, roi suprême d'Irlande, fils d'Aed Slane, 138, 146.
Diarmait, roi suprême d'Irlande, fils de Fergus Cerrbél, 138, 146, 292.
Dioclétien, empereur, 94.
Diomède, 58, 83, 87, 102, 158, 160, 190, 191, 229, 260, 271, 278, 323, 332, 345, 347, 351, 356, 392.
* Dionusos, 171.
* Dispater, 153, 211, 212, 223.
Divogenus, 179.
Divogena, 179.
Dobrogen, 175.
Doel, 333.
Dolon, 347.
Cn. Domitius Ahenobarbus, 56.
Domnall, roi suprême d'Irlande, fils de Muirchertach, 48.
Dond Désa, 129.
* Donn, nom d'un taureau, 28-30, 53.
Donnotaurus, 28.
Drust, roi picte, 110.
Drusticc, 110.
Dubthach, 292.
Ducarios, 360.
* Dusius, cours d'eau divinisé, 183, 184.

Echéclés, 170, 299.
Eétion, 215.
Elpenor, 215.
Emer, 188, 273.
Enée, 20, 170, 171, 190, 229, 351.
Ennomos, 83, 85.
* Ennosigaïos, 156; voyez Poseidaon.
Eochaid Airem, roi suprême d'Irlande, 194, 206, 304.

Eochaid Dallan Forgaill, 138-141.
Eochaid Feidlech, roi suprême d'Irlande, 291, 294.
Eocho Rond, 333.
* Eole, voyez Aïolos.
Ephialtès, 186, 187.
Epaminondas, 116.
Epicasta, 295.
Epiménide, 237, 238.
Erechteus, 379.
Ereuthalion, 369.
Esa, 206.
Esu-genus, 173.
Esu-nertus, 173.
* Esus, 173.
* Etain, 194, 206.
Etéocle, 248.
Ethne Aitencaithrech, 291.
Ethne la Blanche, 113.
Euchénor, 81.
Eudôros, 170.
Eumaïos, 188, 208, 270, 272, 288, 297, 309, 310.
Euphorbos, 375.
Europa, 171.
Eurualos, 125.
Eurucleïa, 289, 290, 309, 310.
Eurudamas, 83, 87.
Eurumachos, 304.
Eurupulos, 167.

Q. Fabius Maximus Allobrogicus, 329.
* Fand, 181, 188, 193, 194, 202, 273, 274.
Fedelm, devineresse, 89, 92, 93.
Fedelm la Rousse, 113.
Ferbaeth, 34, 191.
Ferdiad, 34, 191.
Fergus mac Roig, 34, 41, 46, 144, 145, 148, 149, 268, 320.
Ferloga, 64.
Fiacc, 110, 111.
Fiachna, 181, 202, 213.
Find mac Cumail, 106, 333, 336.

TABLE DES NOMS PROPRES DE PERSONNES ET DE DIEUX.

Findabair, 44, 320.
Findchaem, 107.
Finnen ou Finnian de Moville (saint), 109, 204.
Finnian de Clonard (saint), 109.
Forgoll, 133.
Frontis, 375.
M. Fulvius Flaccus, 329.
Furbaide, 354.
L. Furius Camillus, 14, 15.
M. Furius Camillus, 15, 367, 368.

Gallien, empereur, 77.
Gauvain, 49-51.
Gobannitio, 115.
* Goibniu, 115. Cf. Vulcain.
Gris de Macha, cheval merveilleux, 82.
Guaire Aidne, roi de Connaught, 138, 140-142, 274.
Guidgen, 179.
Gur-ki, 59.
Gwerngen, 179.

Halithersés, 83-85.
Hariogaisos, 379.
* Héba, 213.
Hector, 4-6, 17, 58, 69, 196, 207, 231, 250, 256, 260, 262, 265, 268, 277, 286, 287, 299, 310, 324, 351, 352, 358, 359, 365, 376, 392.
Hécube, 277, 286, 287, 293.
Hélène, 43, 168, 227, 288, 304, 307, 317, 345.
Hélénos, 5, 83, 85, 276.
* Hélios, 379. Voy. Soleil.
* Héphaïstos, 71, 102, 207, 236, 257, 262, 297, 298, 385.
* Héra, 72, 73, 154, 156, 169, 203, 207, 209, 214, 257, 295.
* Héraclés, 210, 211, 213, 214, 218, 282, 343, 392.
* Hermés, 72, 170, 172, 186.
Hermione, 289.

* Hestia, 155, 156, 322. Cf. Vesta.
Hilaire, évêque d'Arles, 108.
Honorat (saint), 108.
Horaces, 262.
L. Hostilius Saserna, 330, 337.
Huperenor, 375.

* Iahvéh, 159.
Icarios, 303, 306.
* Icauna, rivière divinisée, 176.
Idoméneus, 158, 171, 291, 298, 345, 346, 357, 359, 392.
Iphidamas, 295, 304.
Iphimedia, 186.
Iphitos, 277, 282.
Irénée (saint), 111.
Isos, 287.
Ixion, 171.

* Janus, 157.
* Jéhova, 159.
Jephté, 249, 250.
Josué, 210.
L. Julius Caesar, 361.
* Jupiter, 157. Voy. Zeus.
* Jupiter Feretrius, 19, 23.

Kébrionés, 287, 351.
* Kerbéros, 208, 210.
* Kronos, 155, 156, 197, 209, 211, 257.
Ktésios, 130.

* Labraid, 193, 274.
Laerte, 167, 168, 260, 289, 290, 297, 302, 309, 310, 312.
Laodamia, 169.
Laogonos, 102.
Laothoa, 286, 305, 306.
* Latone, 238.
Léda, 168.
Léiodés, 85.
* Liban, 194.
L. Licinius Lucullus, 24.
Lochru, 113.
Loêg, 189.

Lôigaire, roi suprême d'Irlande, 113, 227.
Lôigaire ou Lôegaire Bûadach, 35-42, 44-47, 54, 61, 62, 262, 369.
Lovernios, roi des Arvernes, 95, 96, 139.
Lucaon, 286, 287.
Lucet-mael, 113.
Lucoorgos, 369.
Lucrèce, 250, 321.
* Ludd Law-ereint, 161, 186.
* Lug, Lugus, 42, 74, 115, 124, 180, 188, 189, 201, 353.
Lugaid, roi suprême d'Irlande, 124, 269, 294.
Lugaid, fils de Cûroï, 374, 375.
Luguadicus, 124.

Mac Dâthô, 55, 60-62, 64, 136, 268, 279.
Machabées, 226.
Mael, 113.
Mael Duin, 266, 319.
Maen-ki, 59.
Maithgen, 106.
* Manannan mac Lir, 175, 181, 188, 194, 202, 212, 220, 273.
A. Manlius Torquatus, 11.
T. Manlius Torquatus, 7, 9-13, 17, 24, 26.
Marban, 141-143.
Marius, 321.
Maron, 102, 276.
* Mars, 157. Cf. Arés.
Martin (Saint), 108.
Medb, 28, 32, 33, 43-45, 61, 89, 92, 93, 189, 192, 201, 255, 274, 319, 320, 354.
Médon, 288.
Méduse, 376, 377.
Mégapenthès, 288, 289.
Mélanthios, 238, 276.
Méléagre, 392.
Memnon, 170.
Ménélas, 5, 58, 104, 153, 166-168, 189, 190, 203, 209, 210, 227, 288, 289, 300, 307, 317, 318, 323, 324, 345, 350, 357, 358, 370, 375.
Ménesthios, 170.
Ménoïkeus, 248, 251.
Mentès, 193, 324.
Mentor, 193, 194, 324, 325.
* Mercurius Moccus, 331.
Mérionès, 102, 343, 345-347, 357.
Mérops, 83.
Mesgegra, roi de Leinster, 353, 354.
* Midor, 194, 206.
Milo, 211, 263.
Minos, 171, 226.
* Minotaure, 391.
Molon, satrape de Médie, 119.
Mongán, roi d'Ulster, 133, 181, 202, 213.
Morann, 264.
Morgen, Morien, Moryen, 174, 175. Voyez Murgen.
* Môrrigu, 180, 192, 195, 197, 198, 324, 325, 355.
Mugain Aitencaithrech, 291.
Mugint, 110.
Munremar, fils de Gerrcend, 39, 40.
Murgen, 144-146, 148, 149. Voyez Morgen.
Murni, 106.

Nathcrantail, 31, 32.
Nausicaa, 302, 318.
Néleus, 299.
* Nemon, 192, 195, 197, 198.
Néron, empereur, 76.
Nestor, 58, 126, 158, 160, 166, 170, 255, 257, 271-273, 317, 318, 324, 359, 369.
* Nèt, 197, 198.
Nicomède, roi de Bithynie, 118.
* Nil, fleuve divinisé, 172.
Nioba, 238, 265.
* Nodens, Nodons, 161, 201.

TABLE DES NOMS PROPRES DE PERSONNES ET DE DIEUX. 415

Noémon, 277.
* Nuada, Nuadu Argat-lam, 161, 200, 201, 269.
Nuadu, druide, 106, 107.
* Nudens, 201. Voyez Nodens.

* Océan, 72, 169.
* Ogma, Ogmios, 115, 200, 201.
Oïdipous, 294.
Oïleus, 288. Voyez Aïas.
Oisin, 273, 333, 336.
Onétôr, 102.
Oreste, 196, 269, 289, 316.
Orsilochos, 171.
* Osiris, 224.
Otruoneus, 291, 298, 299.
Otos, 186, 187.

Pandaros, 324, 345.
Panthoos, 375.
Pâris, 81, 104, 168, 189, 227, 307, 345, 356-358.
Patrice (Saint), 112-114, 130.
Patrocle, 6, 60, 82, 166, 167, 169, 187, 215, 217, 231, 235, 255, 260, 263, 266, 339, 345, 351, 359, 376.
Peïrithoos, 171.
Peïsistratos, 317, 318.
Péleus, 74, 166, 169, 170, 272.
Pénélope, 70, 84, 88, 127, 238, 260, 281, 290, 299, 301, 303-306, 319, 324, 348.
* Persephona, 155.
Perseus, Persée, 171, 376.
Phémios, 70, 134, 135, 301.
Philippe V, roi de Macédoine, 118.
Philoctétés, 271, 288.
Phoïnix, 264, 290, 314, 316.
Pisistrate, voyez Peïsistratos.
* Podarga, 82.
Poludeukés, 168.
Poludôra, 170, 299.
Poludôros, 286, 287.
Poluidos, 81.

Poluméla, 170, 299.
Polupheïdés, 84.
Poluphémos, Polyphème, 85, 103, 126, 207, 271.
Polynice, 248.
M. Popilius Laenas, 361.
L. Porcius Cato, 362.
* Poseïdaon, 72, 73, 81, 84, 156, 170, 171, 186, 207, 209, 212, 247, 257, 260, 263, 277, 324.
L. Postumius, 131, 397.
Priam, 43, 58, 170, 171, 191, 213, 250, 265, 271, 275, 277, 286, 287, 292, 298, 305, 310, 317, 376.
* Prôteus, 207, 209.
Ptolémée Philadelphe, roi d'Egypte, 119.
Pyrrhus, roi d'Epire, 117.
Pythagore, 53, 54.

Quirinus, 21, 157.

Recrad, 112.
Regulus, 250.
Renicos, 177.
Rhadamanthus, 171, 209.
* Rheïa, 155.
Rhésos, 332, 347.
* Rhin, fleuve divinisé, 176, 177.
Romulus, 21.

Sarpedon, 168, 169, 359.
Scathach, 34, 192.
* Scylla, 270.
* Seine, fleuve divinisé, 176.
Seleucos II Callinicos, roi de Syrie, 119.
Sémélà, 171.
Sencha, 41.
Senchan Torpeïst, 138, 140-143, 148.
* Sequana, fleuve divinisé, 176.
Sertorius, 361.
Servius Galba, 364.
C. Sextius Calvinus, 329.

416 TABLE DES NOMS PROPRES DE PERSONNES ET DE DIEUX.

Sisuphos, 226.
* Soleil divinisé, 268, 270, 272. Voyez Hélios.
Solon, 236, 316.
* Sperchios, fleuve divinisé, 170, 272.
Sthénélos, 191.
Sualtam, 332.

Tadg, 106.
Tan-ki, 59.
Tanneguy, 59.
Tantale, 226.
Teïrésias, 83, 144, 148, 248.
Télamon, 287. Voyez Aïas.
Télémaque, 60, 84, 88, 160, 188, 203, 238, 260, 290, 299-302, 306, 310, 317-319, 323-325.
Télémos, 84.
* Tethra, 197, 212, 219.
* Téthus, 72.
Teucros, 287, 343, 352.
* Teutates, 174.
Thamuris, 69, 138.
Théanô, 289, 304.
Thémistocle, 251.
Théocluménos, 84, 85, 317.
* Thétis, 74, 81, 169, 207, 208, 229, 278, 385.
Thoossa, 207.
* Titans, 187, 209, 211.
Tithonos, 170, 213.
Tituos, 226.
Totati-genus, 174.
* Toutatis, 174.
Tuan mac Cairill, 204.
Tudeus, 271, 323.
Tuisco, 282.
Q. Tullius Cicero, 352.

Uath mac Immomain, 46.

Ulysse, 43, 59, 60, 71, 83-86, 88, 103, 125-127, 134, 144, 145, 148, 149, 156, 160, 167, 168, 179, 188, 191, 194, 196, 207, 208, 213, 215, 228, 235, 248, 260, 261, 263, 265, 266, 269-271, 280, 282, 289, 290, 297, 300, 301, 303, 306, 309-312, 317-319, 323, 324, 332, 342, 347, 348, 359, 370.
Urard mac Coissi, 47, 48.
Usnech (fils d'), 57, 137, 262, 348.

M. Valerius Corvus, dit par abus Corvinus, 7, 13, 15-17, 24, 26.
M. Valerius Messala Corvinus, 15, 16.
Veleda, 78, 79, 92, 93, 133, 326.
Vercingetorix, 115, 129.
* Vesta, 157. Cf. Hestia.
Virdomaros, 19, 20, 22, 23, 177, 329, 335, 364.
L. Volusenus Quadratus, 360.
* Vulcain, dieu des Gaulois, 23. Cf. Goibniu.

Xanthos, cheval merveilleux, 82.
Xénophon, 121.

* Yama, 220.
* Yonne, rivière divinisée, 176.

* Zéphyre, 82.
Zethos, 172.
* Zeus, 72, 73, 87, 102, 104, 155-160, 166, 170-172, 177, 179, 187, 197, 202-205, 207, 209, 213, 214, 241, 249, 250, 257, 267, 278, 281, 294.

TABLE DES CHAPITRES

Chapitre premier. — Observations préliminaires. — Le duel dans les batailles rangées. — Le morceau du héros. — Le chien de guerre. — Le décapité survivant. 1

Chapitre II. — La société celtique et celle de l'épopée homérique. — Les Aèdes grecs, les bardes. — Les *ueleies, vates ou devins des Celtes, les devins des Grecs homériques. — Le ἱερεύς grec et le druide. — Organisation de la société grecque et de la société celtique, l'aristocratie, la bourgeoisie, le métier de soldat. — La littérature chez les Grecs et chez les Celtes. 67

Chapitre III. — La religion des Celtes et celle d'Homère. — La magie. — L'enseignement des druides. — Le dieu suprême, l'anthropomorphisme, la taille des dieux, ils sont visibles ou invisibles à volonté. — Les héros vainqueurs des dieux. — Les dieux sous forme d'oiseaux. — L'immortalité des dieux, leurs voyages, où habitent-ils ? — Les sid, l'Elysée celtique, les morts dans l'autre monde, les modes de sépulture. — Les sacrifices humains. — La droite et la gauche. — Les bons nombres et les mauvais nombres. 147

Chapitre IV. — La famille homérique et la famille celtique. — La monogamie, les concubines, les bâtards, la polyandrie, l'inceste. — L'achat de la femme vendue par son père, par son fils majeur au mari, âge de la majorité du fils. — Cadeaux du fiancé, douaire, dot. — Puissance paternelle, meurtre du père par le fils. — Pudeur des femmes,

418   TABLE DES CHAPITRES.

les bains, le droit du seigneur, la virginité, les déesses
vierges, les vierges de Sena.. 285
CHAPITRE V. — LA GUERRE. — Le char. — Les armes défensives : le bouclier, le casque, la cotte de mailles. — Les
armes offensives : l'arc et la flèche, la pierre lancée par la
main seule ou avec la fronde ; la lance, l'épée, la massue.
— La chevelure, la *braca*, la tunique, le manteau du guerrier. — L'usage de couper et d'emporter les têtes des
ennemis tués. — Le vocabulaire militaire et l'origine de
l'armement celtique.. 327
CORRECTIONS ET ADDITIONS. 397
TABLE DES MOTS GRECS. 399
TABLE ALPHABÉTIQUE DES MATIÈRES. 401
TABLE DES NOMS PROPRES DE PERSONNES ET DE DIEUX. . . 409

TOULOUSE. — IMP. A. CHAUVIN ET FILS, RUE DES SALENQUES, 28.

www.ingramcontent.com/pod-product-compliance
Lightning Source LLC
Chambersburg PA
CBHW050903230426
43666CB00010B/2008